本书为2007年国家哲学社会科学基金项目

（项目编号：07BKG003）

本书得到首都文化建设协同创新中心

资　　助

早商城市文明的形成与发展

袁广阔　秦小丽　著

科学出版社
北　京

内 容 简 介

本书运用考古类型学文化的研究方法，对先商、早商文化进行研究。通过广泛搜集相关地区的考古材料并结合近年来的考古新发现，借鉴以往的研究成果，梳理了早商文化形成和发展的脉络，认识到郑州地区的早商文化的形成，是河北中南部下七垣文化和山东岳石文化等外来文化经过豫东，进入郑州地区与当地二里头文化融合的结果，因这一遗存首先在郑州西郊的洛达庙遗址发现，故可称之谓先商洛达庙类型。洛达庙类型是先商向早商二里冈下层文化过渡的过渡期文化。

早商文化时期的郑州商城不仅有内城，而且还有郭城，城内布局已经完全具备了城市的定义：宫殿群和祭祀场所所代表的政治中心，各种手工业作坊区域，一般民众的居住区，代表城市设施的池苑及供水和排水道系统、城门、水井、城内外道路、壕沟、埋葬区等，体现了政治与经济中心兼有的性质。早商城市文明的形成和发展过程的研究对认识早期国家的形成机制、性质、统治方式具有重要意义。

本书适合于从事考古学、历史学研究及对中国古代文化感兴趣的人员参考、阅读。

图书在版编目（CIP）数据

早商城市文明的形成与发展 / 袁广阔，秦小丽著. —北京：科学出版社，2017.1

ISBN 978-7-03-051153-9

Ⅰ. ①早⋯ Ⅱ. ①袁⋯ ②秦⋯ Ⅲ. ①城市史－研究－中国－商代 Ⅳ. ①K928.5

中国版本图书馆 CIP 数据核字（2016）第 317476 号

责任编辑：雷 英 / 责任校对：张凤琴
责任印制：张 伟 / 封面设计：美光设计

科 学 出 版 社 出版
北京东黄城根北街 16 号
邮政编码：100717
http://www.sciencep.com

北京厚诚则铭印刷科技有限公司 印刷
科学出版社发行 各地新华书店经销
*
2017 年 1 月第 一 版　开本：787×1092　1/16
2022 年 1 月第二次印刷　印张：16 1/4　插页：4
字数：385 000
定价：180.00 元
（如有印装质量问题，我社负责调换）

目 录

第一章 早商文化研究概述 (1)
  第一节 早商文化的发现状况 (1)
  第二节 关于早商文化的研究 (2)

第二章 郑州地区先商文化-洛达庙类型的形成 (7)
  第一节 郑州地区先商文化的研究状况 (7)
  第二节 洛达庙类型的文化内涵 (9)
    一、郑州商城内的洛达庙类型遗存 (9)
    二、开封地区的洛达庙类型遗存 (14)
  第三节 洛达庙类型的形成 (16)
    一、下七垣先商文化的发现 (17)
    二、下七垣先商文化的特征 (26)
    三、下七垣先商文化的南下 (26)
    四、鹿台岗遗址的下七垣先商文化遗存分析 (30)
    五、鹿台岗遗址先商文化、岳石文化与二里头文化的关系 (32)
  第四节 郑州商城的出现 (38)
    一、郑州商城内城的年代 (39)
    二、宫殿基址的年代 (42)
    三、关于外郭城的始建年代 (42)

第三章 早商文化的分期与性质 (47)
  第一节 早商文化的分期 (47)
    一、分期研究概述 (47)
    二、早商城址的分期 (49)
    三、早商陶器分期 (53)
    四、早商青铜器分期 (63)
    五、各期文化的分布状况 (66)
  第二节 早商文化城址的性质 (67)
    一、郑州商城的性质 (67)
    二、小双桥遗址的性质 (72)
    三、洹北商城的性质 (77)
    四、偃师商城的性质 (82)

五、具有军事堡垒性的小型城址 (86)
　　六、一般聚落遗址 (88)
第四章　早商城市文明时期的经济系统 (90)
　第一节　早商城市文明形成时期的经济系统概述 (90)
　第二节　综合性政治经济的中心城市——郑州商城与偃师商城 (92)
　第三节　单一而特殊的功能性城市 (95)
　第四节　有铜器和玉器出土的遗址与墓葬分布 (99)
　第五节　专业性手工业作坊聚落遗址 (104)
　第六节　早商时代的经济模式 (110)
第五章　手工业产品的分布与种类构成所反映的地域间的流通关系 (113)
　第一节　青铜工具与武器种类的分布 (113)
　　一、青铜器具的种类构成比例与地域分布 (113)
　　二、青铜器具的数量分布与铸铜作坊的关系 (122)
　第二节　青铜容器的地域分布与种类构成比 (123)
　第三节　玉石质类工具、武器的种类与分布 (129)
　　一、玉石质器具的功能性构成比例及地域间比较 (130)
　　二、玉石质器具的种类所占比例以及地域间比较 (140)
　　三、玉石质器具的地域性与手工业作坊的分布 (141)
　第四节　骨质器具的分布与生产体系 (142)
　　一、骨器的种类与分布 (142)
　　二、各地域出土骨器的数量比例 (150)
　　三、骨器的种类构成与骨器制作作坊遗址的发现 (151)
　第五节　蚌质和陶质工具的发现与分布 (152)
　　一、蚌质器具的种类与分布 (152)
　　二、陶质工具的种类与分布 (157)
第六章　早商时期陶器种类构成所反映的陶器制作体系及其地域间关系 (159)
　第一节　陶器的地域性 (159)
　第二节　陶器的系统区分与编年 (161)
　第三节　复合型遗址的分析 (164)
　　一、伊洛、郑州周边及山东地区 (164)
　　二、河南省北部和河北省南部地区 (174)
　　三、山西省西南地区 (182)
　第四节　单纯的二里冈文化遗址分析 (187)
　　一、伊洛、郑州以及周边和山东地区 (187)
　　二、河南省北部地区 (192)

三、山西省西南地区……………………………………………………（194）
　　四、豫南及长江中游地区………………………………………………（199）
　第五节　考察……………………………………………………………………（213）
　　一、中心地都城、地方城郭、一般聚落………………………………（214）
　　二、陶器的地域间动态…………………………………………………（222）
　　三、陶器系统变化的背景………………………………………………（223）
第七章　早商城市文明的形成及经济运营模式对晚商和西周城市的影响……（225）
第八章　结语………………………………………………………………………（230）
附表…………………………………………………………………………………（234）
后记…………………………………………………………………………………（250）

第一章　早商文化研究概述

第一节　早商文化的发现状况

早商文化又称二里冈文化，因最早发现于河南省郑州市东南郊的二里冈而得名。1950年秋，郑州市小学教师韩维周先生首先发现该遗址[①]。1951年春，夏鼐先生带领中国科学院考古研究所调查发掘团来郑州进行实地考古调查，他们根据河南省文物管理委员会在二里冈等地采集的标本，确认所发现的古文化遗址属于殷代遗存，明确指出这是黄河以南所发现的第一个商代文化遗址[②]。次年秋天，由中国科学院考古研究所、北京大学考古专业联合举办的全国第一期考古工作人员培训班首先对二里冈遗址进行了试掘。1955年，郑州商城的主要发现者安金槐先生发现了商城的夯土城墙，城墙周长达6960米，城内面积约300万平方米。这是当时所发现的规模最大的一座商代城址[③]，由此揭开了早商考古发掘和研究的新篇章。

此后，随着城乡基本建设的深入进行，考古工作在全国范围内大规模展开，河南、陕西、山西、河北、山东、湖北、江西等地又相继发现了一批早商遗址，如辉县琉璃阁[④]、邢台曹演庄[⑤]、藁城台西[⑥]、西安老牛坡[⑦]、耀县北村[⑧]、济南大辛庄[⑨]、泗水尹家城[⑩]等。此外，商代城址的发现和发掘也取得了重大收获。1974年北京大学考古专业实习队对湖北黄陂盘龙城遗址进行了较大规模的发掘，发现了一座早商城址。该城近方形，城垣南北长约290、东西宽约260米，地面保留最高处达3米。城内东北高、西南低，东北部高地上是宫殿建筑群，分上、下两层，其中上层建筑基址发现3座[⑪]。1974年中国社会科学院考古研究所在山西夏县发现了东下冯商城，城内有一组由圆形

---

① 河南省文物考古研究所：《郑州商城》，文物出版社，2001年。
② 安志敏：《一九五二年秋郑州二里冈发掘记》，《考古学报》第8册，1954年。
③ 河南省博物馆等：《郑州商代城址试掘简报》，《文物》1977年第1期。
④ 中国科学院考古研究所：《辉县发掘报告》，科学出版社，1956年。
⑤ 河北省文物管理委员会：《邢台曹演庄遗址发掘报告》，《考古学报》1958年第4期。
⑥ 河北省文物研究所：《藁城台西商代遗址》，文物出版社，1985年。
⑦ 宋新潮：《西安老牛坡遗址发掘的主要收获》，《西北大学学报》1988年第3期。
⑧ 北京大学考古系商周组、陕西省考古研究所：《陕西耀县北村遗址1984年发掘报告》，《考古学研究》（二），北京大学出版社，1994年。
⑨ 山东大学东方考古研究中心：《大辛庄遗址1984年秋试掘报告》，《东方考古》第4集，科学出版社，2008年。
⑩ 山东大学历史系考古专业教研室：《泗水尹家城》，文物出版社，1990年。
⑪ 湖北省博物馆等：《盘龙城一九七四年度田野考古纪要》，《文物》1976年第2期。

建筑构成的建筑群，纵横成排，据探有数十座之多①。1983年中国社会科学院考古研究所在河南偃师发现一座早商城址。该城坐落在豫西河洛平原的一片高地之上，北倚邙山，南临洛河，西南与二里头遗址隔河相望，是目前中国保存最好、最完整的一座早期城址。城址呈不规则的长方形，城内面积约190万平方米，在东、西、北三面城墙上发现7座城门，城内发现有大面积夯土基址组成的建筑群②。1984年中国历史博物馆考古部在山西垣曲发现一座商城，总面积13万平方米③。1990年河南省文物考古研究所在郑州市西北郊的石佛乡小双桥村，发现一处面积约144万平方米的二里冈上层时期（白家庄期）的大型遗址。2010年郑州市文物考古研究院又对该遗址进行了详细钻探，发现实际面积达600万平方米。目前，该遗址发现有二里冈上层的宫城、道路、灰坑、壕沟、夯筑基址残迹及石柱础等遗迹，出土有青铜建筑饰件、特磬、石圭和原始瓷器等王室重器及诸多珍贵文物。虽然没有发现外围城墙，但这些重要发现也引起了学术界的广泛关注④。1997年河南省文物考古研究所在焦作府城发现了一座商代早期城址⑤。1999年中国社会科学院考古研究所安阳考古队在殷墟遗址北部的洹北花园庄发现一座商城，总面积达470万平方米⑥。2002年郑州市文物考古研究所在郑州西郊大师姑发现城址一座，虽然始建于夏代，但在商代仍继续沿用⑦。2002年，武汉大学考古实习队在湖北云梦县城关镇王家山发现了一座早商文化时期的城址⑧。2010年11月郑州市文物考古研究院在新郑市新村镇望京楼发现了一座商代大型城址，面积约168万平方米⑨。从已有的考古发现可知，早商文化的分布范围十分广阔，向西已抵达关中和陕北南部，向东延伸至济南以东地区，向北已抵京津地区，向南以盘龙城为中心分布区，辐射至江淮地区，并抵达江西地区。

第二节　关于早商文化的研究

1. 早商文化分期的研究

1956年邹衡先生根据已有的材料，对郑州二里冈和人民公园等地发现的古代遗存进行了系统研究，认为二里冈上、下层是相对独立的文化实体，是小屯殷墟文化的前

---

① 东下冯考古队：《山西夏县东下冯遗址东区、中区发掘简报》，《考古》1980年第2期。
② 中国社会科学院考古研究所洛阳汉魏故城工作队：《偃师商城的初步勘探和发掘》，《考古》1984年第6期。
③ 中国历史博物馆考古部、山西省考古研究所、垣曲县博物馆：《垣曲商城——1985~1986年勘察报告》，科学出版社，1996年。
④ 河南省文物考古研究所：《1995年郑州小双桥遗址的发掘》，《华夏考古》1996年第3期。
⑤ 袁广阔、秦小丽：《河南焦作府城遗址发掘报告》，《考古学报》2000年第4期。
⑥ 马宝珠：《河南安阳新发现商代城址》，《光明日报》2000年1月8日。
⑦ 郑州市文物考古研究所：《郑州大师姑》（2002~2003），科学出版社，2005年。
⑧ 蒋刚：《盘龙城遗址群出土商代遗存的几个问题》，《考古与文物》2008年第1期。
⑨ 桂娟：《河南省新郑市望京楼遗址新发现夏代和商代两座大型城址》，《新华网》2011年1月12日；郑州市文物考古研究院望京楼遗址发掘资料。

身①。后来《郑州二里冈》考古专题报告出版，提出早商二里冈文化可分为上下两层，从此二里冈文化上、下层内出土器物的特征成了各地商文化比较和研究的标尺②。随着考古发掘资料的增多，邹衡先生重新对早商文化进行了系统、深入的分期，他按时代顺序把商文化分为三期七段十四组。其中，第一期为先商文化，也即商族建国前创造的文化，包括商文化的第一段第1、2两组。第二期为早商文化，包括商文化的第二、三、四段第3、4、5、6、7、8组。第三期为晚商文化，也即武丁至武庚时期商人创造的文化，包括商文化的第五、六、七段第9、10、11、12、13、14组。晚商文化显然是在早商文化的基础上继承和发展而来，直至最后为西周文化所替代③。邹先生的分期在学术界产生了巨大的影响，并有力地推动了对于早商文化等一系列问题的深入探讨。高炜先生把原二里冈上、下层文化各细分为一、二两段，并根据商城有关的叠压和打破关系，提出："商城的兴建和使用年代可推至下层第一段。……商城在二里冈期下层时还处在初创阶段，与其相关的内容还不甚丰富，而到了二里冈期上层则在内容上较前丰富，有大型基址、炼铜、制陶等作坊遗址和较多的铜器墓，等等。这些重要的遗迹现象无疑是商城使用时期形成起来的，并且是有机的整体二里冈期商文化。"④陈旭先生把郑州商城分为三个阶段，指出："南关外期为初创阶段，二里冈下层、二里冈上层为繁荣期阶段，白家庄期是其衰落期阶段。"⑤后来张文军、杜金鹏等先生又根据郑州商城和偃师商城的资料对早商文化进行了分期，张先生把郑州商城分为两期4段⑥，杜先生把偃师商城分为三期7段⑦。

2. 早商文化性质的研究

1959年，历史学家徐旭生先生赴豫西进行田野考古调查，在偃师县发现了规模宏大的二里头文化遗址，据此认为这里应是文献记载的商汤所都的西亳所在⑧。徐先生的调查引起了中国科学院考古研究所领导的高度重视。1959年秋，中国科学院考古研究所洛阳发掘队和河南省文物局文物工作队分别组成考古队对二里头遗址进行试掘。到1964年底，中国科学院考古研究所洛阳发掘队对二里头遗址考古发掘的面积达8000平方米。在遗址的中部钻探出大型宫殿基址和一些小型房基以及灰坑、陶窑、水井、墓葬等，出土了大量陶器和骨、石器。发掘者根据遗物和遗迹推测，该遗址的相对年代，上限晚于河南龙山文化，下限早于郑州二里冈期商文化，可能是商汤都城西亳。遗址

---

① 邹衡：《试论郑州新发现的殷商文化遗址》，《考古学报》1956年第3期。
② 河南省文物考古研究所：《郑州商城》，文物出版社，2001年。
③ 邹衡：《夏商周考古学论文集》，文物出版社，1980年。
④ 高炜：《略论二里冈时期商文化的分期和商城年代——兼谈与二里头文化的关系》，《中原文物》1985年第2期。
⑤ 陈旭：《郑州商代王都的兴与废》，《中原文物》1987年第2期。
⑥ 张文军等：《关于郑州商城的考古学年代及其若干问题》，《郑州商城考古新发现与研究》，中州古籍出版社，1993年。
⑦ 杜金鹏：《偃师商城年代与分期研究》，《夏商周考古学研究》，科学出版社，2007年。
⑧ 中国科学院考古研究所：《偃师二里头》，中国大百科全书出版社，1999年。

早期的堆积，早于商汤的建都时期①。这是考古工作者首次根据考古资料明确提出商汤之都的具体位置。在此之前，围绕郑州商城的性质，学界展开了多方面的讨论。郑州商城的发掘者指出："郑州商代城址不但范围广阔，而且在城内外还发掘出重要遗迹。……所有这些遗迹和遗物表明：这座城址应是商代的重要都邑。"②安金槐先生根据考古资料，并结合《括地志》等文献记载，指出："商代第十一位国王仲丁所居隞都在郑州以西的荥阳，与郑州商城时代相符，地域相近，郑州商城很有可能就是商代的隞都。"③1959年郭沫若先生来郑州视察，亲笔为河南省文化局文物工作队题诗："郑州又是一殷墟，疑本仲丁之所都。地下古城深且厚，墓中遗物富而殊。珍肴仍有黄河鲤，贞骨今看商代书。最爱市西新建地，工地林立接天衢。"因此，可以说整个20世纪60年代，学术界普遍形成了一个比较统一的认识，即从偃师二里头，到郑州二里冈，再到安阳殷墟，考古工作者已经找到了商代早中晚三个时期相连续的文化遗存，二里头遗址为汤都西亳，郑州商城为仲丁隞都。

此后河南、河北、湖北、陕西、山西等地相继发现了大量的早商文化遗址和商代城址，为重新认识早商文化的性质提供了重要依据。邹衡先生首先对二里头文化为早商文化提出了质疑，他说："二里头文化究竟是商文化还是夏文化？要解决这个问题，我们认为必须从分析商文化入手。在讨论商文化时，首先要解决的是关于成汤居亳的问题。只有确定了成汤建国的所在，才有可能探索先商文化、早商文化，从而最后确定何者为夏文化。"④通过研究，他认为偃师二里头遗址应是夏代王都的遗址，二里冈文化应是商代早期文化，郑州商城应是商初成汤所都的亳邑。邹先生的这个著名论断引起了学术界的强烈反响，由此出现了赞成和反对两种声音。高炜先生把二里冈文化与二里头三、四期和殷墟小屯文化进行了对比，认为二里冈下层第一段与二里头三、四期一脉相承，而二里冈上层文化的第二段又与小屯殷墟第一期文化相接近。最后，他说："郑州商城似乎是介于二里头遗址三期和殷墟之间的一个都邑。因而商汤都亳，似与时间较早的二里头遗址三期较合，而郑州商城是继二里头遗址三期之后兴起的商代中早期的都邑。"⑤与此同时，杨育彬等先生仍然认为郑州商城是商代中期的都城——隞都⑥。

1983年，河南偃师又发现一座商代城址，发掘者认为城址城墙被二里冈下层文化层叠压，时代应属于二里冈文化，年代与郑州商城接近。由于偃师商城的位置在尸乡沟一带，与文献记载的"西亳"地望相吻合，如《汉书·地理志》河南郡偃师县尸乡条班固注："尸乡，成汤所都。"《帝王世纪》云："偃师为西亳。"《史记·殷本纪·正

---

① 中国科学院考古研究所：《偃师二里头》，中国大百科全书出版社，1999年。
② 河南省博物馆：《郑州商代城址试掘简报》，《文物》1977年第1期。
③ 河南省文物考古研究所：《郑州商城》，文物出版社，2003年。
④ 邹衡：《夏商周考古学论文集》，文物出版社，1980年。
⑤ 高炜：《略论二里冈时期商文化的分期和商城年代——兼谈与二里头文化的关系》，《中原文物》1985年第2期。
⑥ 杨育彬：《商代王都考古研究综论》，《郑州商城考古新发现与研究》，中州古籍出版社，1993年。

义》云:"亳,偃师城也……汤即位,都南亳,后徙西亳也。"《括地志》:"尸乡亭在洛州偃师县。"又说:"亳邑故城在洛州偃师县西十四里,本帝喾之墟,商汤之都也。"因此,一部分学者认为偃师商城为早商汤都西亳。围绕郑州商城、偃师商城、二里头遗址哪个是汤都西亳的问题,学界展开了新一轮的探讨。在原有两大学说的基础上,又有了"偃师商城桐宫说"和"两京说"。黄石林、赵芝荃先生对该城的年代和性质进行了讨论,认为:"城址的年代早于二里冈下层。二里冈文化属于商代前期文化,那么,早于二里冈文化的商代城址,就应该是商代早期城址。""偃师商城即是商汤所都的西亳,殆无疑义。"①但邹衡先生认为它和郑州商城的年代是基本相同的。两城既然同属商代早期,但郑州商城的建筑规模相比偃师商城大得多,郑州商城应是汤都亳邑。根据文献记载,偃师商城应是商汤太子太甲所放的"桐宫",由此提出偃师商城即太甲桐宫的新说②。彭金章等先生认为偃师商城是盘庚所迁之亳殷③。郑杰祥认为:"偃师商城处在原夏王朝的政治中心区,显而易见,它应是商人灭夏以后在这里建立的一座重镇,用以巩固商初西部边防并镇压夏人的复辟。它可以称之为商王朝的别都,而类似于周人在灭商以后营造的东都洛邑。"④以后张国硕等先生认为偃师商城应为别都、陪都或辅都,他指出:"偃师商城是商王朝设立的第一个辅都。从考古发现来看,郑州商城与偃师商城均具有都邑性质,二城的始建年代与使用年代相近,这几乎已是公认的事实。郑州商城为汤都亳,而《汉书·地理志》、《帝王世纪》、《括地志》等文献记载偃师一带亦为汤都西亳。"⑤但杜金鹏先生认为商汤太子太甲所放处的"桐宫"与偃师商城位置不符、规模不符,偃师商城应是汤之主都⑥。

1990年河南省文物考古研究所在郑州市西北郊的石佛乡小双桥村发现了一座商代大型遗址,出土了丰富的遗迹和遗物,引起了学术界的广泛关注。陈旭先生通过考古材料与文献相结合,认为小双桥商代前期都邑遗址的位置与文献记载的隞都所在地望基本相合,小双桥遗址的文化年代与隞都的年代相近,该遗址当属仲丁之隞都,从而否定了郑州商城隞都说⑦。

1999年秋洹北商城发现以来,学术界对其年代和性质极为关注。在此前后,关于洹北花园庄遗址或洹北商城,学界已有多篇文章论及,但意见分歧较大。有人认为洹北花园庄遗址可能是盘庚所迁之殷,有人认为可能是"河亶甲居相"之所在⑧。

近年来,随着偃师商城小城和宫城北部"大灰沟"的发掘以及相关资料的发表,商

---

① 黄石林、赵芝荃:《偃师商城的发现及其意义》,《光明日报》1984年4月4日。
② 邹衡:《偃师商城即太甲桐宫说》,《北京大学学报》(社科版)1984年第4期。
③ 彭金章、晓田:《试论偃师商城》,《全国商史学术讨论会论文集》,《殷都学刊》增刊,1985年。
④ 郑杰祥:《关于偃师商城的年代和性质问题》,《中原文物》1984年第4期。
⑤ 张国硕:《夏商时代都城制度研究》,河南人民出版社,2001年。
⑥ 杜金鹏:《偃师商城与太甲桐宫刍议》,《史学月刊》1986年第1期。
⑦ 陈旭:《夏商文化论集》,科学出版社,2000年。
⑧ 岳洪彬、何毓灵:《洹北花园庄东地商代遗存的认识》,《2004年全国商史学术讨论会论文集》,1985年。

代早期文化的研究又迎来了新一轮的论战。发掘者认为,在商城中以"大灰沟"T28⑧、大城东北隅几座灰坑为代表的商文化第二段遗存与郑州二里冈H9的文化面貌基本相同,二者年代也应基本相当。因此,叠压在"大灰沟"T28⑧之下的T28⑨、T28⑩层代表的偃师商城文化第一段,在年代上超出了传统认识上的二里冈商文化,是目前所知最早的商文化遗存,大约相当于二里头文化四期的偏晚阶段。这样,早商文化的上限就有可能提早到二里头文化四期偏晚阶段,偃师商城商文化要早于郑州商城商文化。偃师商城与文献记载的"西亳"地望相吻合,应是早商的都城——西亳[①]。

在偃师商城与郑州商城的关系方面,近年来杨育彬发表了《再论郑州商城的年代、性质及相关问题》,重申郑州商城为商代前期王都,始建于二里冈下层一期晚段,距今约3500年,后为仲丁之隞都。偃师商城为商灭夏之后所建最早之都城,始建于二里头文化四期,距今约3600年,为汤都西亳[②]。

除都城性质之外,学者们也对商城布局进行了研究,如杜金鹏先生对偃师商城第八号宫殿基址进行了深入研究[③]。另外,杜先生也对新近发现的洹北商城一号宫殿建筑基址进行了分析讨论,并根据考古资料结合甲骨卜辞和古文献材料,认为其年代属于商代中期,早于殷墟宫殿而晚于偃师商城、郑州商城宫殿,可能建造于盘庚之后、武丁之前。其性质既不是朝堂也不是寝殿,而可能属于宗庙建筑[④]。

从以上的介绍可以看出,早商王朝都城地望和性质的讨论一度成为早商文化甚至是三代考古的主要课题。上述相关讨论的最大特点是把文献史料与考古材料相对应,这一点在对于若干早商城址属性的探讨上表现得尤为明显,从而推动了早商文化的研究。

---

① 杜金鹏:《偃师商城年代与分期研究》,《夏商周考古学研究》,科学出版社,2007年。
② 杨育彬:《再论郑州商城的年代、性质及相关问题》,《华夏考古》2004年第3期。
③ 杜金鹏:《偃师商城第八号宫殿基址初步研究》,《夏商周考古学研究》,科学出版社,2007年。
④ 杜金鹏:《洹北商城一号宫殿基址初步研究》,《文物》2004年第5期。

第二章 郑州地区先商文化 - 洛达庙类型的形成

第一节 郑州地区先商文化的研究状况

随着郑州二里冈早商文化的发现,早商文化的形成和来源很快成为学术界深入探讨的新课题。为了探讨二里冈文化的来龙去脉,邹衡先生把商文化按时代顺序分为三期七段十四组,其中第一期为先商文化,也即商族在建国之前所创造的文化遗存。邹衡先生又将该期分为三个类型,分别为漳河型、辉卫型和南关外型,其中南关外型位于郑州地区。而偃师商城宫城北部"大灰沟"的发掘,可能将早商文化的上限提到二里头文化四期偏晚阶段[①]。那么,郑州地区的洛达庙遗存以及"南关外型"则成为探讨郑州地区先商文化的重要遗存。

南关外遗址位于郑州市南关、郑州商城内城之南的郭城中。发掘者将这里的商代文化遗存划分为上、中、下三层,认为上层主要属于二里冈上层时期,中层约相当于二里冈下层时期,下层则早于二里冈下层时期,并命名为"南关外期"[②]。随着"南关外期"的提出,学术界就其年代与性质进行了深入的探讨,并且有较大的分歧。在中、下层的关系和年代认识上出现了两种差距较大的观点。一种观点主要是认为南关外中层与下层应合并为一层,持这种观点的主要以邹衡先生、仇祯、罗彬柯、陈旭为主。另外一种观点则认为南关外遗址的中下层不能合并,持有这种观点的学者主要是李经汉、杜金鹏、方辉等,发掘者也对中层出现下层遗物的现象做出了相关的解释,即在整理时,由于在部分探方中,中、下层的界限不甚清楚,因而将中、下层的遗物皆归于中层。在南关外中层文化遗存的性质问题上,学术界也持有不同的观点。安金槐先生把南关外下层定为早商文化,称之为"南关外期"[③];罗彬柯、仇祯先生均认为南关外中下层同属于早商文化遗存,同时,仇祯先生认为二里冈下层是一个较长的发展阶段,可分为早、晚两段;李经汉先生认为南关外中层文化是早商文化;李伯谦先生认为南关外及其下层为代表的"南关外型"不是二里冈下层早段先商文化的直接前驱[④];高煦先生将南关外中层与二里冈C1H9作为二里冈下层第一

[①] 杜金鹏:《偃师商城年代与分期研究》,《夏商周考古学研究》,科学出版社,2007年。
[②] 河南省博物馆:《郑州南关外商代遗址的发掘》,《考古学报》1973年第1期。
[③] 安金槐:《对于郑州商代南关外期遗存的再认识》,《华夏考古》1989年第1期。
[④] 李伯谦:《先商文化探索》,《中国青铜文化结构体系研究》,科学出版社,1998年。

段的代表①；杜金鹏先生认为南关外中层文化遗存晚于二里冈下层C1H9，更晚于二里头文化第四期。关于"南关外期"的来源，学术界的看法也不一致。邹衡先生认为它源于冀南的漳河型②；安金槐先生推测它来自淮河中游一带③；李伯谦先生认为它可能是夏的某一与国的文化④；杜金鹏先生认为它同豫东的岳石文化有关⑤。

目前，郑州早商文化的研究已经发展到一个新的高度，早商文化的分期与年代研究也有了一定的进展。随着南关外遗址材料的全部公布，为重新审视南关外文化遗存提供了条件。笔者在近年来对郑州早商文化研究的基础上，就南关外遗址提出了自己的一些看法。笔者认为，南关外中、下层为一个时期的地层堆积，其年代为二里冈下层一期。考古资料表明，在二里冈时期，盘龙城与郑州商城之间的关系密切，两地遗物互有发现，南关外最具特征的鼎式鬲、素面斝、素面爵等陶器均来源于湖北盘龙城遗址，这些带有浓厚湖北盘龙城因素的遗存是在商文化发展阶段中外来文化影响的一种表现，因此不宜将其称之为"南关外期"，更不宜称之为"南关外文化"⑥。

除了南关外期，郑州地区还有一种文化，即洛达庙文化，它也同先商文化有关。笔者在这里将其称为"先商文化-洛达庙类型"，之所以重提其命名问题，一方面是因为该遗址发现的时间较早，另一方面是发掘者在后来发表的报告中将其统称为洛达庙文化。郑州洛达庙遗址最早于1954年秋在郑州西郊的洛达庙村附近发现。1956～1958年，河南省文物工作队第一队对此进行了考古发掘。根据洛达庙遗址早、中、晚三期地层叠压关系和各层内包含的主要陶器特征的不同，由早到晚初步区分为"洛达庙一期"、"洛达庙二期"和"洛达庙三期"⑦。《郑州商城》发掘报告将商城内发掘出的该时期遗存也称之谓洛达庙文化。

本书所指的洛达庙类型是指郑州、开封一带发现的遗存，年代属于二里头文化晚期范畴，但文化面貌与二里头文化之间发生了较大的变化，比如含有一定的下七垣文化和岳石文化因素的文化遗存，如杞县段岗的H14⑧、牛角岗的H16⑨，新密曲梁的H4016、H4001⑩等单位。从目前的考古资料来看，洛达庙遗址的一、二期为二里头文化，但其三期的文化面貌与二期相比，已经发生了较大的变化，如炊器方面已经出现了较多的三足空足器，如鬲、甗、斝等。但由于洛达庙遗址发掘报告中资料发表晚，

---

① 高炜：《略论二里冈期商文化的分期和商城年代——兼论其与二里头文化的关系》，《中原文物》1955年第2期。
② 邹衡：《夏商周考古学论文集》，文物出版社，1980年。
③ 安金槐：《对于郑州商代南关外期遗存的再认识》，《华夏考古》1989年第1期。
④ 李伯谦：《先商文化探索》，《中国青铜文化结构体系研究》，科学出版社，1998年。
⑤ 杜金鹏：《郑州南关外中层文化遗存再认识》，《考古》2001年第6期。
⑥ 袁广阔：《关于"南关外期"文化的几个问题》，《中原文物》2004年第6期。
⑦ 河南省文物研究所：《郑州洛达庙遗址发掘报告》，《华夏考古》1989年第4期。
⑧ 郑州大学文博学院、开封市文物工作队：《豫东杞县发掘报告》第191～230页，科学出版社，2000年。
⑨ 郑州大学历史系考古专业、开封市博物馆考古部、杞县文物保管所：《河南杞县牛角岗遗址试掘报告》，《华夏考古》1994年第2期。
⑩ 李维明：《试论曲梁、岔河夏商文化遗址的分期》，《华夏考古》1991年第2期。

内容也不够丰富，其三期文化的来源和性质在学术界并没有引起足够的重视。随着郑州商城内的黄河水利委员会（简称"黄委会"）青年公寓、紫金山路中段、电力学校、北大街菜地以及商城北墙下发现有洛达庙三期为代表的遗存[①]，笔者经过对这些遗址出土的遗物进行认真整理和分析，认为以洛达庙三期为代表的遗存在郑州商城内城下面分布较广，文化内涵也十分丰富，青年公寓下层的遗存还应当早于洛达庙遗址的第三期。因此，郑州商文化当是由本地的"洛达庙类型"发展而来。如黄委会青年公寓出土的陶鬲 CSHQT45⑥:20 与下七垣文化的典型器如邯郸涧沟的陶鬲 T3③a:226、永年何庄的陶鬲 HI:1 等形体特征十分相似[②]。黄委会青年公寓发现的橄榄形平底罐 CSHQT45⑥:18 与下七垣文化同类器形体特征一致[③]。以上类似器物在豫东杞县鹿台岗遗址有较多发现，显然它们是从豫北、冀南发展到豫东，最后进入郑州地区的。"洛达庙类型"为先商文化的最后一个阶段，这一观点也得到了学术界的一些支持，如李伯谦先生指出："就其文化面貌来讲，洛达庙一、二期与二里头文化的二、三期相同，可以归入二里头文化，但到第三期文化面貌则变得十分复杂……郑州商城发现的洛达庙晚期遗存很可能是商人进入该地区后形成的一种新的文化类型，或可称洛达庙类型。"[④] 当然也存在一些其他认识，也有学者认为郑州地区洛达庙的三期文化是连续发展的，第三期中的先商文化因素是当时以平等文化交流方式进行的，是当地二里头文化受先商文化因素影响的结果[⑤]。

第二节　洛达庙类型的文化内涵

通过 50 多年来的考古发掘，在郑州地区及开封地区均发现有洛达庙类型遗存，以郑州地区发现较多。

一、郑州商城内的洛达庙类型遗存

目前商城内属于洛达庙类型的遗存很丰富，以黄委会、紫荆山路中段、城东南的电力学校最为集中、文化层最厚（图一）。这些地段如果进行考古发掘就可以发现该阶段遗存或遗物，例如郑州商城工作站院内 C8T39 夯土层内包含有洛达庙期陶片，叠压有洛达庙期灰坑。河南省歌舞团宿舍楼夯土层内出土少量洛达庙期陶片，河南省戏校东院夯土层中出土有洛达庙期陶片，郑州市土产公司商店夯土层中出土有洛达庙期陶片，皮毛玩具厂院内夯土层中出土有洛达庙期陶片、叠压有洛达庙期堆积，黄委会邮

---

① 河南省文物研究所：《郑州黄委会青年公寓考古发掘报告》，《郑州商城考古新发现与研究》，中州古籍出版社，1993年。
② 邯郸地区文物保管所：《河北永年何庄遗址发掘报告》，《华夏考古》1992年第4期。
③ 河南省文物研究所：《郑州黄委会青年公寓考古发掘报告》，《郑州商城考古新发现与研究》，中州古籍出版社，1993年。
④ 李伯谦：《对郑州商城的再认识》，《古都郑州》2005年第4期。
⑤ 李丽娜：《关于郑州洛达庙期与南关外期文化性质的讨论》，《华夏考古》2008年第4期。

电所门前夯土基址打破了洛达庙期文化层，北大街夯土建筑中包含有不少洛达庙期陶片，郑州回民中学操场南部91ZSC8ⅡT26F12下发现洛达庙三期文化层，河南省中医学院家属院西南部夯土基址内包含有洛达庙期的陶片。可以说内城范围内广泛分布有洛达庙类型遗存①。

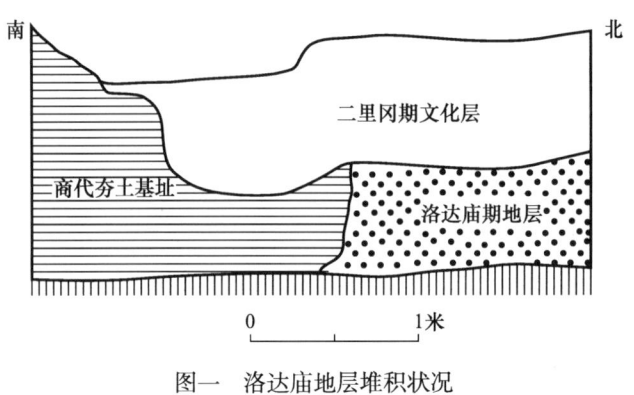

图一 洛达庙地层堆积状况

（一）遗迹

洛达庙类型遗迹方面，重要的有城址、夯土基址、夯土水井、陶窑、灰坑、墓葬等。

（1）郑州商城内城。位于整个商代遗址的中部，面积约300万平方米，内城平面略呈南北纵长方形，其中东城墙长约1700米，南城墙长约1700米，西城墙长约1870米，北城墙长约1690米，城墙总周长约6960米。在四周城墙上共发现大小不同的11处缺口，部分缺口应当与商城城门有关。商城城墙分段版筑逐层夯打而成，底宽一般为20～30米，顶部宽约5米。关于城墙年代的论述，请参见本书相关章节。

（2）夯土基址。W22夯土基址位于商城东北部，在黄委会青年公寓内，呈东北—西南向，现发现长度约110米，主要为基槽部分，宽约8、厚1～3米，夯层厚8～10厘米，夯窝清晰，直径4～6厘米。西南端已到头，因为基槽已向上内收②。此外郑州商城还有一些夯土基址主要叠压在二里冈文化层下没有发掘，其年代也应当较早，如北大街夯土Ⅶ、夯土Ⅸ、夯土Ⅻ等。

（3）夯土水井。3眼。位于河南省电力学校院内。长方形，建造方法为先挖出一个大坑，然后固定木结构的井架，最后在井架周围层层夯打，使其坚固耐用。井内出土有一些汲水的捏口罐等③。二里冈文化时期发现较多这类水井。

（4）陶窑。2座，位于郑州商城宫殿区黄委会青年公寓院内。Y2位于T207东南部夯土墙下，打破生土。窑室上部分已被破坏，窑箅、火膛、窑门部门保存较好。该

---

① 河南省文物考古研究所：《郑州商城——1953～1985年考古发掘报告》，文物出版社，2001年。
② 河南省文物研究所：《郑州黄委会青年公寓考古发掘报告》，《郑州商城考古新发现与研究》，中州古籍出版社，1993年。
③ 河南省文物研究所郑州工作站资料。

陶窑平面形状略呈瓢形，方向213°。由火门、火膛、窑箅、窑室四部分组成。火门：位于火膛的西南部。呈椭圆形，宽0.36、高0.4米。门的口部和周围内壁均有6～8厘米厚的灰黑色烧结面。火膛：位于火门的东北，窑箅的下面，与火门相连。顶近平，壁稍外鼓，四周和顶、底部均有烧结面。火膛内下半部堆积有0.3米厚的冲积土，估计是该窑废弃后淤积形成的。火膛中未发现窑柱，火膛外为生土，由此推测，陶窑的火膛部分是在原地面下挖而成的。火膛直径1、高0.68米。窑箅：位于火膛的上部，窑室的下部。平面近圆形，周边与窑室壁相连接，保存较好，在窑箅平面部分有21个上下相通的箅孔，孔径8～12厘米。窑箅烧结程度较好，呈青灰色，厚32～34厘米。窑室：位于窑箅平面以上，上部窑室顶大部已被破坏，窑室室壁最高处仅残高2厘米。窑壁底部与箅相连接。窑室内壁被烧结成青灰色，向外逐渐呈红色及淡橘红色①。

（5）灰坑。有长方形、圆形和椭圆形三大类。其中以坑口呈长方形者最为典型，坑壁规整。两侧有对称脚窝，坑一般较深，部分灰坑深度在5米以上②。该类灰坑在二里冈文化时期有大量发现，是二里冈文化典型的遗迹。

（6）墓葬。分中型和小型两类。

中型墓1座，位于郑州商城东北部商代宫殿区河务局家属院内（编号M6），该墓打破郑州商城的二里头文化4段文化层。为长方形土坑竖穴墓，墓坑长2.4、宽1.1米。墓内葬3具人骨架，2号骨架为墓主人，位于中间，为一成年男性，上下铺撒大量朱砂，颈部挂一串饰。1号骨架位于2号北侧，为一成年女性，双手向上弯曲，作痛苦挣扎状，3号骨架位于2号另一侧，为一少年，面向下，双手交叉捆绑于头顶，1、3号的身份应为殉人。该墓随葬品达142件，有青铜器、玉器、骨器、蚌器等，其中青铜器有鬲、盉和戈，玉器为柄形器，骨器为骨镞，共41件，蚌镞2件③。

小型墓，一般为长方形竖穴土坑墓，较狭小。如青年公寓M1，墓口长1.28、宽0.32、宽0.34米，方向245°，仰身直肢，面向西，颈勾，头顶朝上，双手交于腹，头脚都向上翘，无随葬品，墓主为青年女性④。

（二）遗物

1. 青铜容器和兵器

青铜容器仅有鬲、盉。

青铜鬲，1件。口微敛，折沿较宽，尖圆唇，口沿上有凸棱一周，口沿外立有对称的半圆形竖耳，瘦腹微呈桶状，袋足较瘦，实足尖比较高，腹和足饰有单线弦纹。是目前发现的最早的一件具有商式风格的青铜鬲。

---

① 河南省文物研究所：《郑州黄委会青年公寓考古发掘报告》，《郑州商城考古新发现与研究》，中州古籍出版社，1993年。
② 河南省文物研究所：《郑州黄委会青年公寓考古发掘报告》，《郑州商城考古新发现与研究》，中州古籍出版社，1993年。
③ 河南省文物考古研究所：《郑州商城新发现的几座商墓》，《文物》2003年第4期。
④ 河南省文物研究所：《郑州黄委会青年公寓考古发掘报告》，《郑州商城考古新发现与研究》，中州古籍出版社，1993年。

青铜盉，1件。圆顶，方口，鼓肩，管状流较长，腰内束，分裆，袋足瘦长。肩和袋足之间有一宽带状耳，流两侧有对称的圆形乳钉纹，腹饰平行凹弦纹。该器物的形体特征与二里头遗址出土的同类器完全一样。

兵器，仅有铜戈1件。直援，援中部有凸脊，宽阑，直内。

2. 陶器

数量较大，以泥质陶和夹砂陶为主。但陶器的颜色复杂，可细分为灰、褐、灰褐、黑、红等几种。

纹饰以粗、中绳纹为主，并有一定数量的细绳纹、线纹、篦纹、附加堆纹、弦纹、麻点、方格纹、云雷纹等。绳纹多施于鬲、罐、甗、盆、大口尊、捏口尊、缸等器物表面，印痕清晰，纹饰走向有一定的规律，少数器物的腹部纹饰比较杂乱。篦纹主要见于敞口长颈夹细砂红陶罐的颈腹部，可能是加工器物时留下的抹痕；附加堆纹多施于大口尊的肩部和缸的上腹部；弦纹则多位于大口尊、豆、盆、簋等器物的口、颈、上腹、圈足部分或瓮的肩部，一般是在轮制过程中形成的；细绳纹或线纹在出土的一些卷沿鬲和橄榄形深腹罐上较常见，纹饰纤细如线，印痕清晰[①]。

陶器以其特征可以划分出A、B、C、D四组。A组典型陶器深腹罐、圆腹罐上的绳纹普遍较粗，陶器内壁多有麻点。圆腹罐，口沿外无绳索状花边。罐形鼎，卷沿，唇面加厚，大口，微敞，直壁，三角足侧装于上腹部。鼓腹，底残，上横饰数周附加堆纹，腹饰粗绳纹并安有对称鸡冠錾。大口尊，颈较长，溜肩，腹较瘦。肩以上磨光，肩以下饰绳纹加凹弦纹，加较密的附加堆纹等。直领瓮，直领，平唇，领外多附有宽厚边，数量较多（图二）。B组以细绳纹或线纹为主，在黄委会青年公寓出现高足鬲、卷沿鬲、甗、橄榄形罐、缸、鼓腹盆、蛋形瓮等。鬲多卷沿，矮领，分裆，锥状足，腹饰细绳纹。甗，多为残片，腰部有附加堆纹。橄榄罐，方折沿，薄胎，深腹，小平底，通体饰线纹或细绳纹。鼓腹盆，宽卷沿，敞口，深腹，饰有楔点纹。蛋形瓮，敛口，深腹（图三）。

C组陶器一般为素面，器形有深腹罐、大口鬲、敛口罐、深腹盆、矮圈足豆等。C组陶器中以夹砂褐陶占的比例较大，部分灰坑内出土数量较大。由于多为素面，很难复原，深腹罐多高领，鼓腹，平底。鬲为大口，圆腹，实足锥状。罐、鬲通体饰篦划纹，豆、盆等器物多饰凸弦纹（图四）。D组是其他三组融合的结果，典型器物有：鼎、鬲、深腹罐、大口尊、壶、甗、刻槽盆、平底盆、豆等，器物总特征是有些异样。鼎有盆形和罐形，深腹罐卷沿瘦腹，圆腹罐有的为圜底，大口尊肩部折棱明显，平底盆腹较深，甗底部较大等，该组陶器明显是各方文化因素整合的结果。此段的鬲、甗、斝等新的因素所占比例在大幅增加（图五）。

---

① 河南省文物考古研究所：《河南郑州商城宫殿区夯土墙1998年的发掘》，《考古》2000年第2期。

第二章 郑州地区先商文化-洛达庙类型的形成

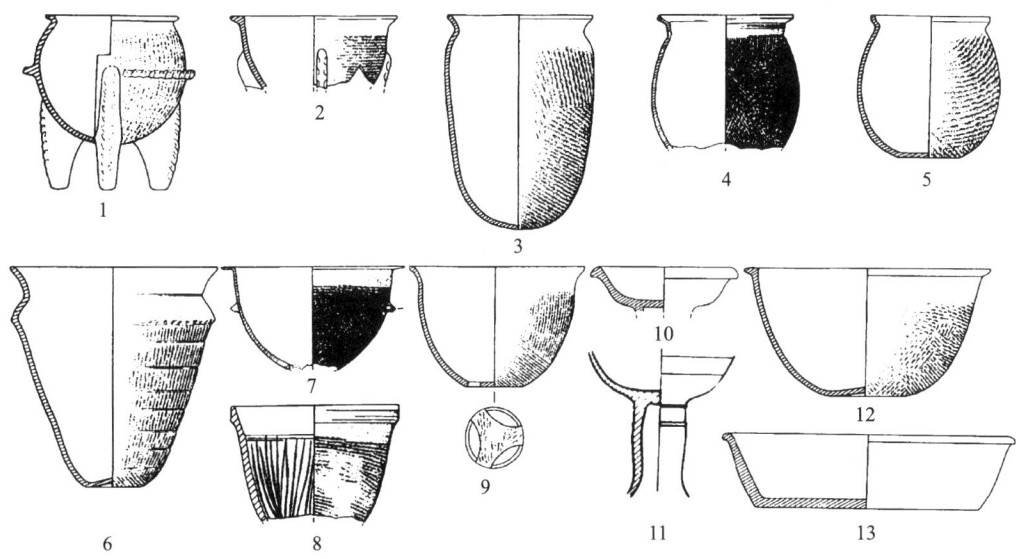

图二 黄委会 A 组陶器

1、2.鼎（HQH63：2、HQT46⑥：10） 3.深腹罐（HQT38⑥：38） 4、5.圆腹罐（T207：34、HQT45⑥：8） 6.大口尊（HQT45⑥：89） 7、9.甑（T207：15、HQH74：2） 8.刻槽盆（T207：12） 10、11.豆（HQT46⑥：38、HQM6：3） 12.深腹盆（HQH82：21） 13.平底盆（HQT35⑤：12）

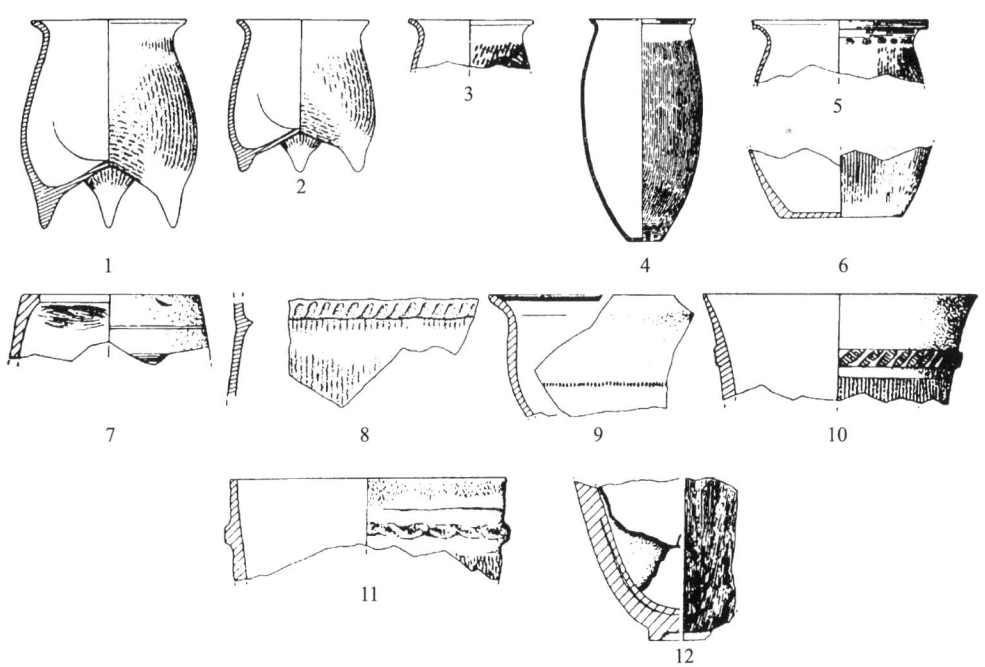

图三 黄委会 B 组陶器

1～3.鬲（HQT36⑥：9、HQT45⑥：20、T207：20） 4～6.橄榄形罐（HQT45⑥：8、T207：16、T207：27） 7.蛋形瓮（T207：46） 8.甗（HQT35⑤：63） 9.盆（H46：34） 10～12.缸（H46：22、H46：32、H46：19）

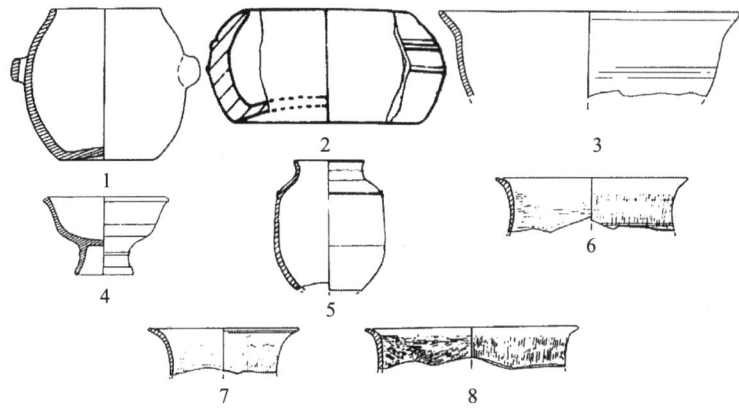

图四　黄委会 C 组陶器

1. 罐（HQT45⑥：17） 2. 敛口罐（HQT45⑥：50） 3. 盆（HQH70：1） 4. 豆（HQT46⑤：5） 5. 瓮（HQH73：1） 6~8. 褐陶罐（T207：40、T207：41、T207：39）

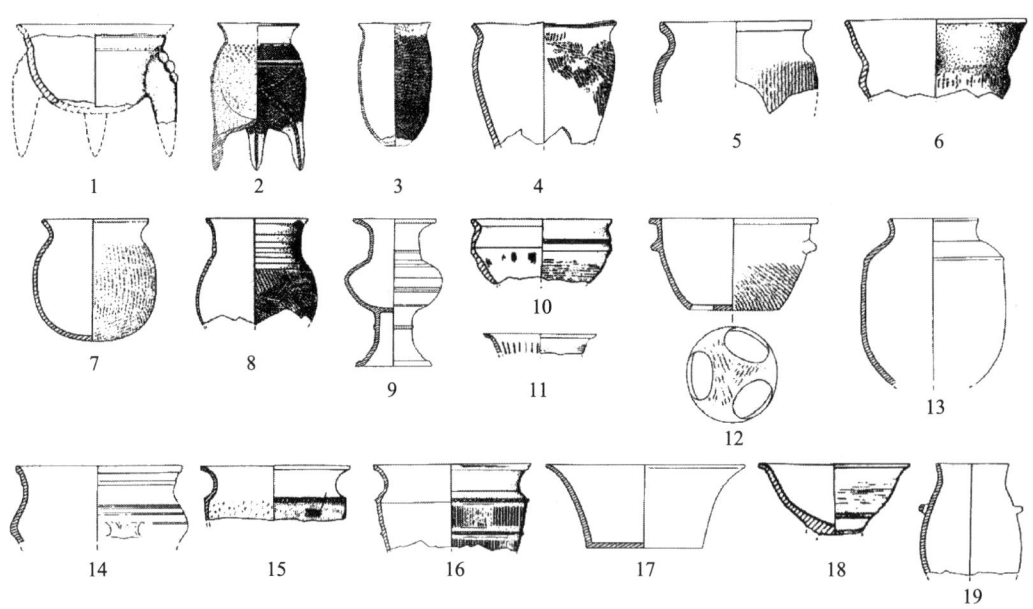

图五　黄委会 D 组陶器

1. 鼎（H110：1） 2. 鬲（H78：32） 3、4. 深腹罐（H78：33、T207：19） 5、7. 圆腹罐（HQH69：4、HQT36⑥：7） 6. 双腹盆（H46：21） 8. 捏口罐（H87：3） 9. 壶（C8T55⑤：5） 10. 折腹盆（H46：30） 11. 刻槽盆（H82：31） 12. 甑（HQH63：1） 13. 瓮（HQH73：1） 14~16. 大口尊（HQT39⑤：7、HQT38⑤：8、T207：45） 17. 深腹平底盆（HQT35⑤：12） 18. 豆（HQT38⑥：7） 19. 壶（HQH63：14）

二、开封地区的洛达庙类型遗存

除郑州外在开封段岗、牛角岗等遗址都发现有洛达庙类型遗存。

第二章 郑州地区先商文化-洛达庙类型的形成

段岗遗址，位于杞县县城西南部的一处高2～4米的台地之上，遗址内的文化堆积包含河南龙山文化、二里头文化、晚商文化和春秋时期文化[①]。

洛达庙类型以89ⅡH14为代表，本期陶器器物群体发生较大变化，陶器明显可划分为三组。

A组，陶色仍以浅灰为主，纹饰以中绳纹为主，炊器仍以深腹罐、圆腹罐为主，其中深腹罐形体多束颈、圆肩、尖圜底。箍状堆纹缸腹呈圆筒状，口与肩相等或口稍大于肩。盆多圜底钵形。器盖顶呈圆弧形。

B组，陶质以灰陶为主，纹饰以直行细绳纹为主，部分陶器口沿上饰麦粒状花边。典型陶器有鬲、鼓腹瓮等。鬲有矮领和高领之分，矮领，侈口尖唇，鼓腹，高锥足，高裆似联裆，实为分裆，施麻纰状中绳纹。高领，卷沿大敞口，方唇，高束颈，鼓腹，上腹竖施细绳纹，下腹横施细绳纹。

C组，陶质以灰陶和褐陶为主，多为素面，纹饰以凸棱、旋纹、圆圈纹、细绳纹为主，典型陶器有鼓腹盆、大口瓮、豆等（图六）。

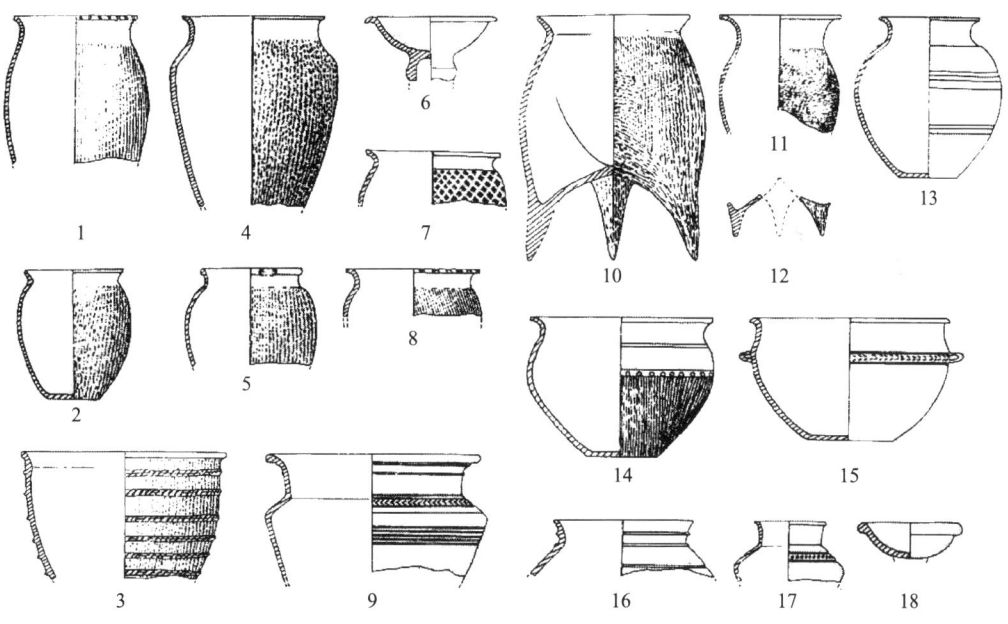

图六 杞县段岗遗址A、B、C组陶器

1、2、4.深腹罐（G1:3、G1:8、H14:1） 3.缸（H14:9） 5.捏口罐（G1:7） 6、18.豆（H14:18、H14:19） 7、8、13.罐（H14:4、H14:2、H24:2） 9、17.尊（H14:17、H14:11） 10、11、12.鬲（G1:5、G1:4、H14:18） 14、15.盆（H14:2、H4:2） 16.瓮（H14:20）
（1～9A组、10～13B组、14～18C组）

---

① 郑州大学文博学院、开封市文物工作队：《豫东杞县发掘报告》第191～230页，科学出版社，2000年。

牛角岗遗址，位于杞县县城西南部。牛角岗类型的文化遗迹，主要有房基、灰坑和墓葬。房基分地面式和半地穴式两类，半地穴式房基略呈长方形，单间，有灶坑和小龛。灶坑旁放置有深腹罐和圆腹罐等炊具。地面建筑，毁坏较为严重。灰坑为圆形、椭圆形或不规则形，坑壁或直或斜，坑底或平或为锅底状。墓葬为小型长方形竖穴土坑墓[①]。

洛达庙类型遗存以T1②层、H16为代表，典型陶器可以划分出A、B、C三组，A组以深腹罐、圆腹罐、大口尊、深腹盆为代表；B组有橄榄形深腹罐、细绳纹卷沿鬲、宽折沿鬲、束颈圆腹罐、圆鼓腹盆等，其中鬲（T1②∶8）与郑州二里冈早期的卷沿细绳纹鬲特征接近，鬲（H16∶27）与郑州化工三厂的宽折沿鬲的特征一致；C组有敛口钵、深腹盆、斜腹浅盘豆、素面小罐等（图七）。

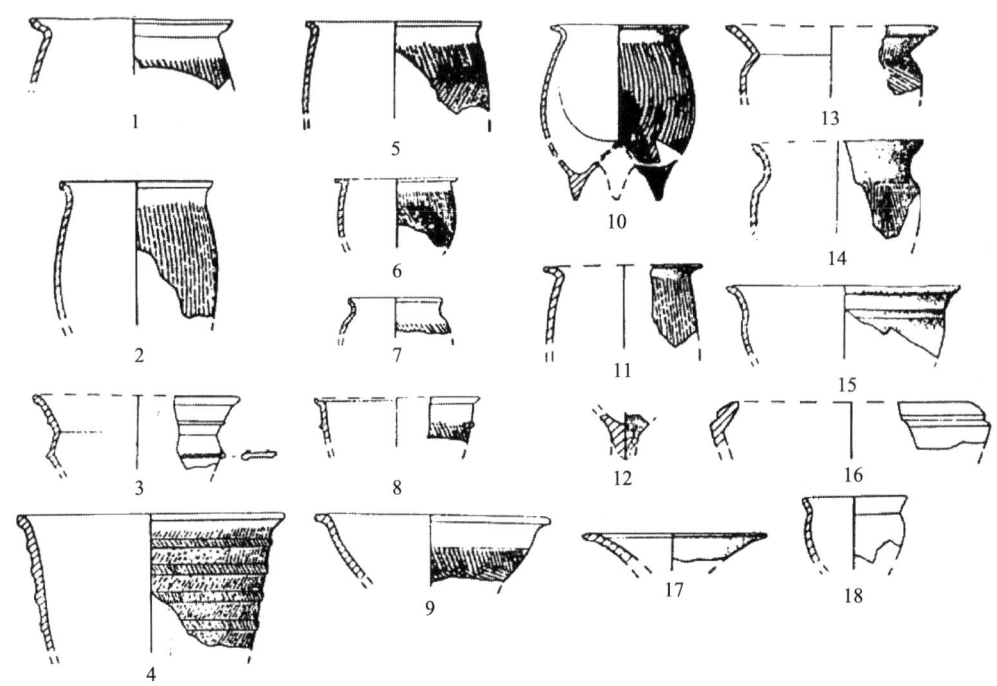

图七　杞县牛角岗遗址出土A、B、C组陶器

1、2、5、11.深腹罐（H16∶12、H16∶25、H16∶30、H16∶26）3.大口尊（H16∶14）4、8.缸（H16∶21、H16∶8）6、7.圆腹罐（H16∶24、H16∶16）9、15.盆（H16∶2、H16∶1）10、13.鬲（T1②∶8、H16∶22）12.鬲足（H16∶27）14.橄榄形罐（H16∶4）16.簋（H16∶28）17.豆（H16∶20）18.罐（H16∶11）

（1~9A组、10~14B组、15~18C组）

第三节　洛达庙类型的形成

考古资料表明郑州开封地区从二里头文化一期开始已经属于二里头文化的势力

---

① 郑州大学历史系考古专业、开封市博物馆考古部、杞县文物保管所：《河南杞县牛角岗遗址试掘报告》，《华夏考古》1994年第2期。

范围，如荥阳竖河发现丰富的二里头一期文化遗存①。二里头文化二期发掘出的遗址数量大增，在荥阳竖河②、荥阳西史村③、郑州洛达庙④、郑州西郊的洼流⑤、杞县牛角岗⑥、段岗⑦等都发现有丰富的文化遗存。二里头三期早段遗址更加丰富，出现了以大师姑为代表的大型城址。郑州商城下层、杞县牛角岗、段岗等遗址此期遗存也最为丰富。但从郑州商城内发掘的大量资料分析，大约在二里头文化三期晚段，郑州商城内的二里头文化面貌中出现了特征十分鲜明的B、C两组陶器。郑州商城内部，在宫殿区已经发掘的黄委会河务局遗址的C8ⅡT276⑥层、C8ⅡT267⑦层、C8ⅡT283⑦层以及这些探方内的灰坑墓葬等遗迹与二里头三期的特征一致。如这些探方内出土的陶器特征是，纹饰以绳纹为主，次之为附加堆纹、旋纹等，器物内壁多饰有麻点。典型器物为罐形鼎、圜底深腹罐、圆腹罐、深腹盆、带有鸡冠鋬的深腹盆形甗、刻槽盆、大口尊、粗柄豆等，所有陶器均为二里头文化的典型器。将它们的形体特征与郑州西郊（距离郑州商城约30公里）的大师姑遗址比较，约相当于大师姑的二里头文化繁荣时期。

但从黄委会青年公寓等遗址出土的与带有当地特征的A组遗物分析，其年代与大师姑以G5、H76为代表的年代相当。它们出土的同类器物的形体特征一致。如二者都有盆形鼎、卷沿腹壁近直的圜底深腹罐、束颈高领圆腹罐、盘状口的圆腹罐、口径与肩径相等的大口尊等（图八）。

在郑州商城随葬有商人风格的青铜鬲和二里头文化典型特征青铜盉的M6⑧，以及带有B、C组外来文化特征的陶器代表的文化层。如郑州商城内的典型遗址黄委会青年公寓、城东南的电力学校、北大街菜地等。

除郑州商城一带外，带有B、C组外来文化特征的陶器在河南东部的杞县发现较多，典型遗址有朱岗、段岗、牛角岗。从目前考古发掘的资料分析，此类遗址在豫东特别是杞县一带应是较广泛地分布。带有B、C组文化因素抵达豫东是冀南下七垣文化的南下和岳石文化的西进形成的。关于这一问题，我们从下七垣先商文化的南下和鹿台岗遗址发掘的先商文化遗物来回答。

一、下七垣先商文化的发现

1979年邹衡按照分布地域及文化特征，将先商文化分为漳河型、辉卫型和南关外

---

① 河南省文物研究所：《河南荥阳竖河遗址发掘报告》，《考古学集刊》第10集，地质出版社，1996年。
② 河南省文物研究所：《河南荥阳竖河遗址发掘报告》，《考古学集刊》第10集，地质出版社，1996年。
③ 郑州市博物馆：《河南荥阳县西史村遗址试掘简报》，《文物资料丛刊》5，文物出版社，1981年。
④ 河南省文物研究所：《郑州洛达庙遗址发掘报告》，《华夏考古》1989年第4期。
⑤ 郑州市文物考古研究所资料。
⑥ 郑州大学历史系考古专业、开封市博物馆考古部、杞县文物保管所：《河南杞县牛角岗遗址试掘报告》，《华夏考古》1994年第2期。
⑦ 郑州大学文博学院、开封市文物工作队：《豫东杞县发掘报告》第191~230页，科学出版社，2000年。
⑧ 河南省文物考古研究所：《郑州商城新发现的几座商墓》，《文物》2003年第4期。

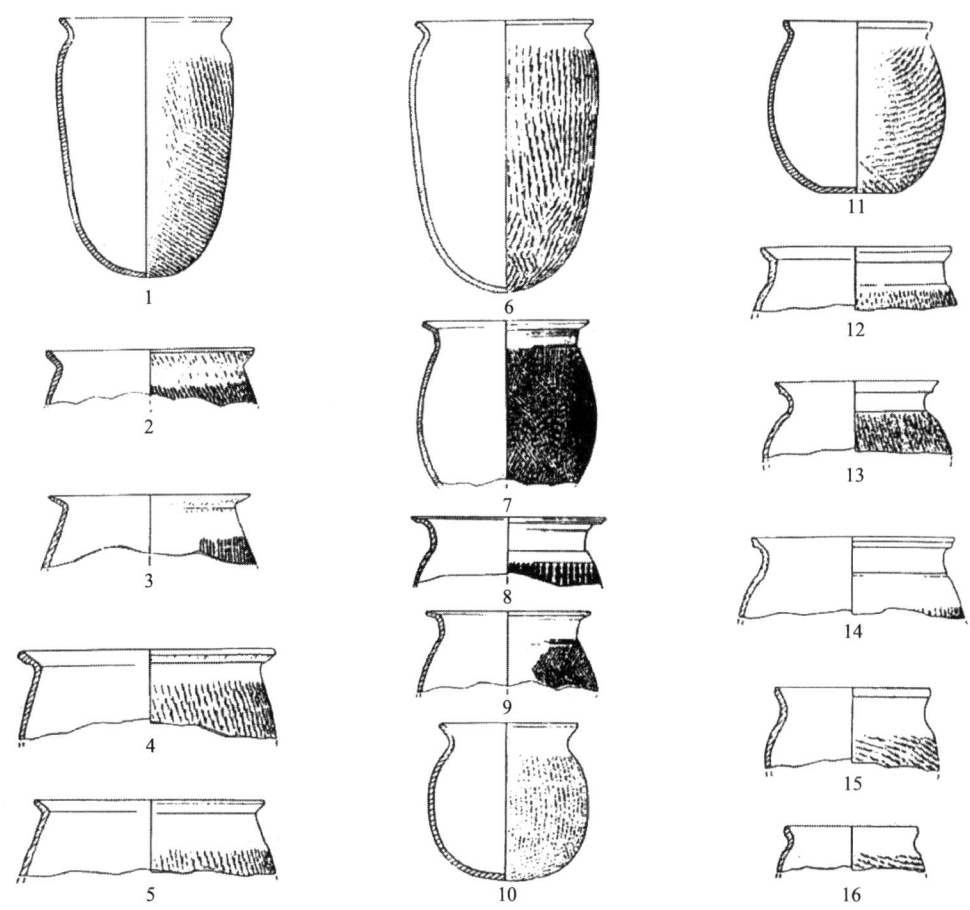

图八　大师姑与青年公寓出土陶器比较

1~3. 郑深腹罐（C8HQT38⑥：38、H78：28、T207：24）　4~6. 大深腹罐（G5②C：46、G5①C：10、T3④C：42）　7~11. 郑圆腹罐（T207：34、H78：15、T207：33、C8HQT36⑥：7、C8HQT45⑥：8）

12~16. 大圆腹罐（G5③a：38、G5①d：25、G5①d：56、G5①d：41、G5①d：61）

（"大"为大师姑，"郑"为郑州青年公寓）

型，首次提出"先商文化漳河型"概念①，这一认识对先商文化漳河型的研究具有理论奠基作用。后来李伯谦先生从文化因素分析的角度认为漳河型与辉卫型性质一致，应合称为"下七垣文化"②。下七垣文化概念一经提出，得到许多学者的赞同。赞同者认为这样能够避免直接将其称先商文化，且漳河型、辉卫型性质一致，故承认"下七垣文化"的概念③；我们同意沿用"下七垣文化"的命名，但认为其不应当包括辉卫型或辉卫文化④。

---

① 邹衡：《关于探讨夏文化的几个问题》，《文物》1979 年第 3 期。
② 李伯谦：《先商文化探索》，《庆祝苏秉琦考古五十五年论文集》，文物出版社，1989 年。
③ 王立新、朱永刚：《下七垣文化探源》，《华夏考古》1995 年第 4 期。
④ 袁广阔：《二里头文化与辉卫文化的关系》，《夏商都邑与文化》（二），中国社会科学出版社，2014 年。

第二章 郑州地区先商文化-洛达庙类型的形成

邹衡先生认为"漳河型的分布大体包括了河北省唐河、河南省的淇河以北、卫河以西、山西省沿太行山东麓一线"①。发现的主要遗址有邯郸涧沟、龟台寺、磁县界段营、下七垣、磁县下潘汪，安阳鄀邓、梅园庄等。

到目前为止，下七垣文化遗址已经正式发掘，有发掘简报或报告公开发表的共有邯郸涧沟、安阳梅园庄等20余处，现介绍如下（图九）。

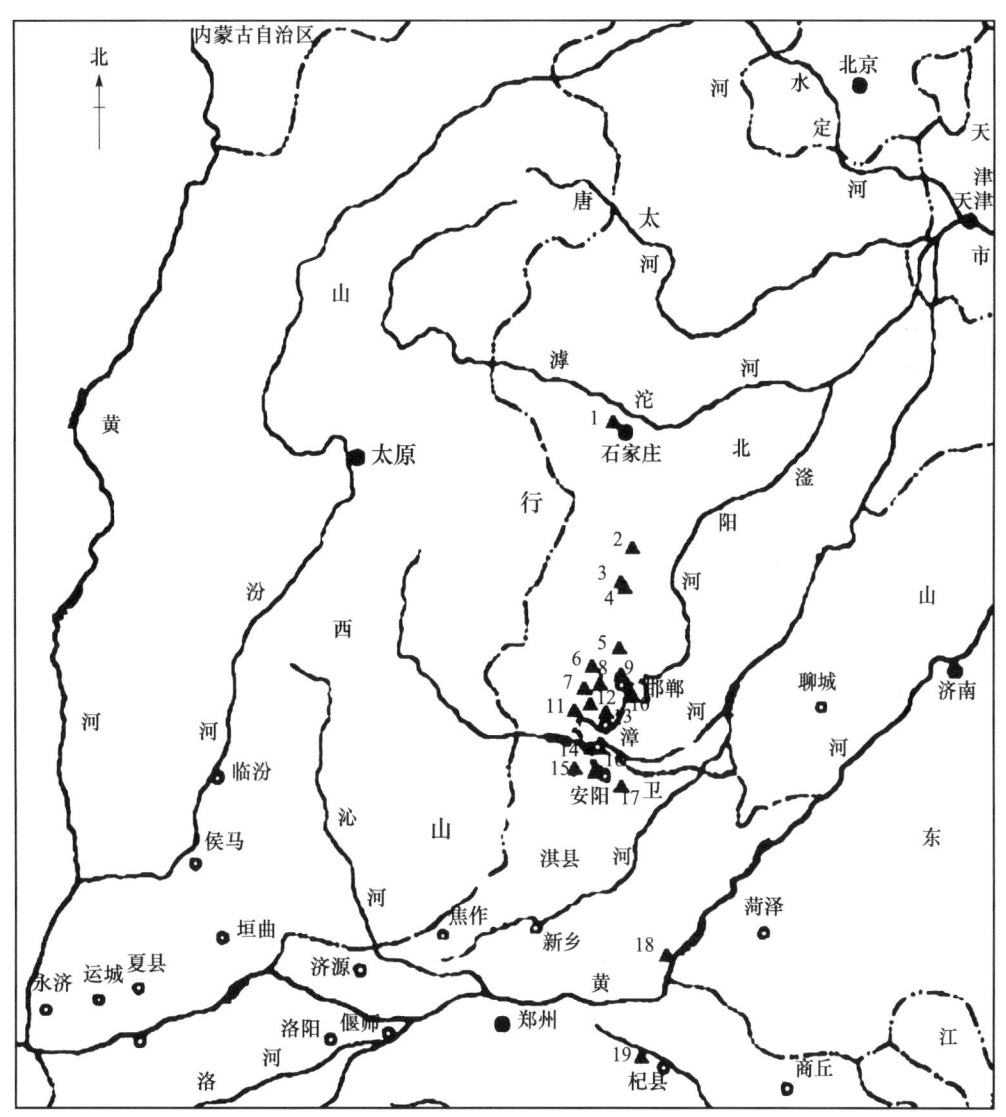

图九 下七垣文化遗址分布图

1. 石家庄市庄遗址 2. 内邱南三岐遗址 3. 邢台葛家庄遗址 4. 邢台粮库遗址 5. 永年何庄遗址 6. 武安赵窑 7. 邯郸峰峰矿区北羊台遗址 8. 邯郸峰峰电厂文西遗址 9. 邯郸涧沟遗址 10. 邯郸龟台寺遗址 11. 磁县下潘汪遗址 12. 磁县界段营遗址 13. 磁县下七垣遗址 14. 安阳孝民屯遗址 15. 安阳西高平遗址 16. 安阳梅园庄遗址 17. 安阳大寒南岗遗址 18. 长垣宜丘遗址 19. 杞县鹿台岗遗址

---

① 邹衡：《关于探讨夏文化的几个问题》，《文物》1979年第3期。

1. 邯郸涧沟、龟台寺遗址

1957年秋发掘，涧沟遗址东、北二面为河流环抱，因而常被河水泛滥侵蚀，面积约为2000米×1500米，共揭露面积1420平方米，有龙山文化、商文化和东周—汉代三种文化堆积。商文化遗迹主要发现灰坑和陶窑，报告称"根据灰坑打破关系和文化内容的变化，可以把涧沟的商代文化分为两期：早期以细绳纹卷沿陶鬲、甗、平底素面陶盆、细绳纹陶盆、细柄陶豆等为其主要特征；晚期以粗绳纹翻沿方唇陶鬲、甗、粗绳纹平底陶盆、假腹豆等为主要特征"①。

龟台寺遗址紧靠滏河南岸，在涧沟西北，面积3000余平方米，发掘面积674平方米，有龙山文化、早殷、西周等多个历史时期的文化遗存。商文化遗迹主要发现各种灰坑，报告称"根据地层和器物的排比，龟台早殷遗存可以分为两期。探沟3B的5~8层出土的陶片中可辨认器形的有粗绳纹方唇高足鬲、敛口罍、方唇折缘盆、大口瓶等；9~13层出土陶片中可辨器形的有卷缘高足鬲、卷缘圆唇或折缘尖唇盆、敛口瓮等，显然有所不同"。早期遗存属先商文化，晚期属商代晚期遗存②。

2. 石家庄市庄、内邱南三岐遗址

内邱南三岐遗址位于内邱县西北15公里，洺河北岸，面积近1万平方米，发掘233平方米，有龙山文化、二里头文化、商代早期文化。所谓"二里头文化"出土陶片"以夹砂和泥质灰陶最多，泥质黑陶次之，泥质和夹砂红陶最少，绳纹占绝大多数，篮纹居次，其他还有方格纹、乳钉纹、划纹、弦纹、附加堆纹、坑点纹和素面磨光等"。器形有"罐形鼎、盘形豆、单鋬鼓腹罐、单鋬鬲、深腹簋、折肩盆等"③，其中多数陶器属先商文化。

3. 葛家庄遗址

葛家庄遗址位于邢台市西郊，20世纪50年代，考古工作者曾在相邻的西董村、南大郭等地做过一些工作，发现大面积的商代遗址以及东周时期墓地。从1993年开始，河北省文物研究所等对葛家庄遗址及墓地进行了大规模发掘，至1997年底，共揭露先商时期遗址面积近4000平方米。邢台葛家庄遗址是近年来发现和发掘的一处重要的先商文化遗址，出土一批先商较为早期的遗迹和遗物。主要遗迹有灰坑、房址、陶窑、瓮棺墓等，并出土一批陶器。陶器的特征比较鲜明，早期以夹砂灰陶为主，胎较厚，绳纹较粗且占的数量较多，细绳纹多饰于鬲上，典型器物有卷沿鬲、大口盆、大口罐、蛋形瓮等。晚期陶器制作较精，以泥质灰陶居多，夹砂陶器的胎较薄，纹饰以细绳纹为主，磨光黑皮陶也不少；流行平底器，三足器相对较少，器类有鬲、橄榄形罐、甗、深腹盆、浅腹盆、卵形瓮、平口瓮、豆、覆钵形器

---

① 邯郸考古发掘队：《1957年邯郸考古发掘简报》，《考古》1959年第10期。
② 邯郸考古发掘队：《1957年邯郸考古发掘简报》，《考古》1959年第10期。
③ 唐云明：《河北境内几处商代文化遗存纪略》，《考古学集刊》1982年第2期；河北省文物工作队：《河北省石家庄发现古遗址及古墓葬》，《文物参考资料》1955年第4期。

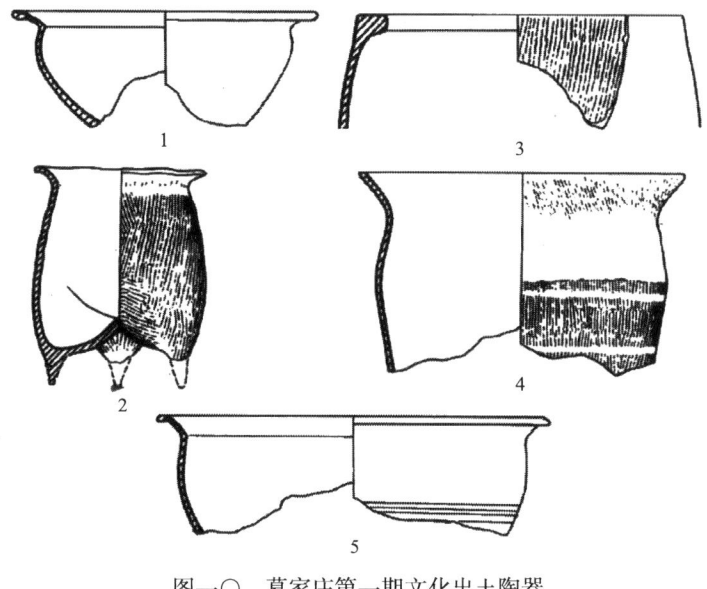

图一〇　葛家庄第一期文化出土陶器
1.盆　2.鬲　3.蛋形瓮　4.大口罐　5.深腹盆

盖等①（图一〇）。

4. 安阳孝民屯遗址

1958~1960年经三次发掘，位于安阳市西北，东部300米为洹河。遗址分为三个区，其中第三区以"梅园庄Ⅰ期"堆积为主。先商文化遗迹只发现两个灰坑，出土遗物有"薄胎细绳纹夹砂灰陶高足鬲、泥质黑陶盆、薄胎细绳纹深腹灰陶罐等"，属先商文化②。

5. 安阳梅园庄遗址

1958年5~7月发掘，梅园庄遗址位于安阳市西4公里左右，与小屯较近，发掘面积265平方米。文化层分为6层，第6层被称之为"梅园庄Ⅰ期"文化。报告称遗迹有先商文化的房基1座和灰坑5个，出土"折肩高足细绳纹鬲、敞口浅腹平底素面盆、扁平三角形鼎腿和平底爵等"遗物③。

6. 磁县下潘汪遗址

1959年10~12月河北省文物管理处对下潘汪遗址进行考古发掘，遗址位于漳河北岸的第一级台地上，发掘面积3384平方米，有仰韶、龙山、商代、西周、东周和汉代各个时期的遗存。先商文化遗迹主要发现有灰坑，出土陶器"以灰陶为主，器形能看出的有鼎、鬲、罐、盆、甗、瓮、豆七种"。④其中盆形鼎、薄胎外折沿瘦腹高尖足细绳纹鬲、下部薄胎瘦腹高尖足细绳纹甗等器形为先商文化典型器。

---

① 河北省文物考古研究所：《河北邢台葛家庄遗址北区1989年发掘简报》，《考古》2000年第11期。
② 中国社会科学院考古研究所：《殷墟发掘报告（1958~1961）》，文物出版社，1987年。
③ 中国社会科学院考古研究所：《殷墟发掘报告（1958~1961）》，文物出版社，1987年。
④ 河北省文物管理处：《磁县下潘汪遗址发掘报告》，《考古学报》1975年第1期。

7. 武安赵窑遗址

1960年秋河北省文物研究所对赵窑遗址进行考古发掘，遗址位于河北省武安县赵窑村南台地上，东南临洺河，现有面积约1.5万平方米，发掘面积不足700平方米，有仰韶、商代及西周三个时代的文化遗存。商代文化遗迹有灰坑、墓葬等，出土陶器有先商文化的薄胎细绳纹卷沿高尖足鬲、扁棱形鼎足、浅腹平底盆和无镂空细把豆等[①]。

8. 安阳小屯西地遗址

1971年11月～1973年5月中国社会科学院考古研究所安阳工作站对遗址进行发掘，遗址位于安阳小屯附近，由于发掘报告尚未出版，参与发掘的刘一曼先生仅将自己所发掘的H49、H50资料进行整理[②]。发现遗址出土陶器"陶质夹砂陶较多，占全部陶片的55.5%，泥质陶占44.5%；纹饰以绳纹为主，占55.7%（细绳纹占了大多数），素面占33.8%，还有部分弦纹、少量的篮纹、楔形纹、圆涡纹、圆圈纹；器类有鬲、甗、罐、盆、豆、瓮、器盖等"。报告认为此类文化遗存，是"受到辉卫类型影响的漳河型文化"。

9. 磁县下七垣遗址

1974年7月～1975年4月河北省文物管理处对遗址进行发掘，遗址位于磁县西南漳河北岸，面积约2万平方米，发掘面积960平方米，文化层从上而下分4层，其中第4层、第3层属于先商文化。

第4层遗迹有各种灰坑和1个灰沟。报告称"这一层的陶器的陶质以夹砂灰褐陶最多，其次泥质黑陶、灰陶较少。素面占35.8%。纹饰有绳纹、篮纹、附加堆纹、坑点纹、云雷纹、方格纹、三角纹等，以绳纹为主，占45.7%。绳纹乱，不规整。有的深腹罐的口沿和底沿饰花边，是这期很有特色的作风，多平底器。炊器为鼎、侈口鼓腹罐、甗等，没有鬲。食器或容器有深腹盆、大平底浅腹盆、细把大盘豆、筒形杯等，另外还有酒器鬶"。报告认为该类文化遗存"属二里头文化，相当于二里头二期"。

第3层遗迹有各种灰坑、居住址、陶窑等。报告称"这一期以卷沿高裆高尖足薄胎细绳纹鬲、四棱形及舌形鼎足、平底罐、小平底盆、长细把豆、平底爵等为主要特征。与第四层相比，鬲是主要炊具，四棱形鼎足还有，圜底罐形鼎不见了，新出现了舌形鼎足，外饰数周附加堆纹罐及底饰花边的罐绝迹了，新出现的有小口直颈广肩罐。第四层数量很少的小平底盆，完全代替了大平底盆，豆把更多样化了"[③]。

10. 永年何庄遗址

1988年8～9月邯郸地区文物保管所对遗址进行发掘，遗址位于通天河南岸，破坏严重，面积约3万平方米，发掘面积325平方米。分战国、汉代和先商文化层，先商文化遗迹主要为灰坑，"以H1、H6为代表的单位在时间上更接近二里冈下层商文

---

① 河北省文物研究所等：《武安赵窑遗址发掘报告》，《考古学报》1992年第3期。
② 刘一曼：《安阳小屯西地的先商文化遗存——兼论"梅园庄一期"文化的时代》，《三代文明研究（1）》，科学出版社，1999年。
③ 河北省文物管理处：《磁县下七垣遗址发掘报告》，《考古学报》1979年第1期。

化的时代"[①]（图一一）。

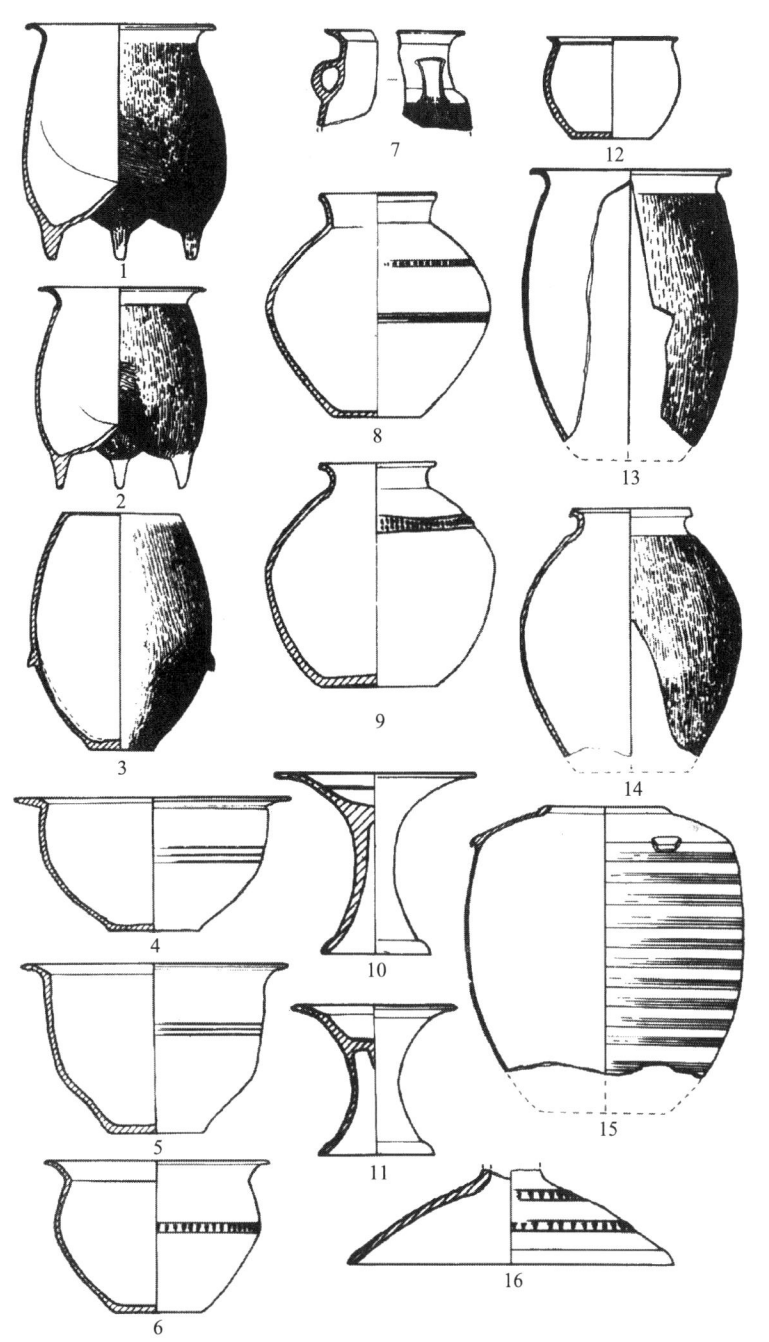

图一一　何庄先商文化陶器

1、2. 鬲（H1∶1、H6∶1）　3. 平口瓮（T12②∶1）　4～6. 深腹盆（T9②∶4、H1∶6、T11②∶1）
7. 斝（H3∶3）　8、9、13. 鼓腹罐（T9②∶10、H1∶3、H3∶1）　10、11. Ⅱ式豆（T9②∶2、T12②∶2）
12. 小罐（T9②∶3）　14. 深腹罐（H5∶1）　15. 敛口瓮（T9②∶11）　16. 器盖（T9②∶8）

---

① 邯郸地区文物保管所等：《河北省永年何庄遗址发掘报告》，《华夏考古》1992 年第 4 期。

11. 义西、北羊台遗址

1996年河北省文物研究所对义西遗址进行考古发掘，均位于邯郸市峰矿区义井镇。义西遗址有H4、H5两个灰坑，其中H4出土两件鬲为翻沿近折薄胎细绳纹，H5出土高领侈口绳纹橄榄形深腹罐、绳切纹花边口鬲；北羊台遗址出土长腹罐、鬲等均属先商文化遗存[①]（图一二）。

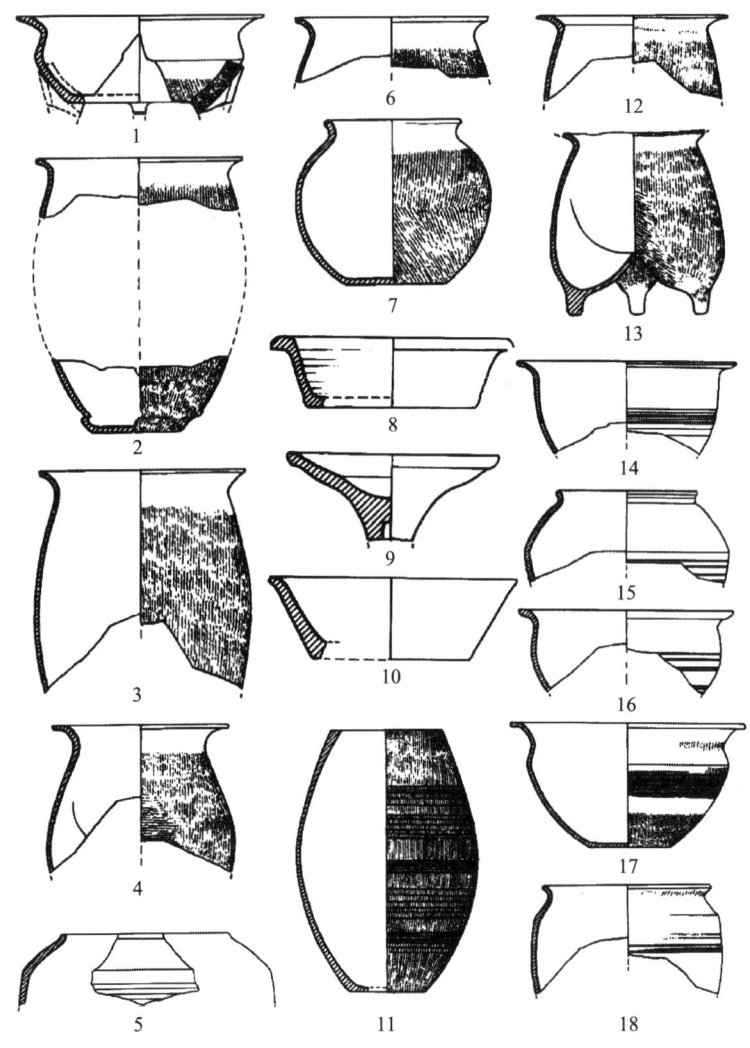

图一二　羊台先商文化陶器

1.鼎（H24∶5）　2、3.长腹罐（H5∶1、H012∶2）　4、6、12、13.鬲（ⅢH3∶1、H5∶2、H03∶2、ⅢH3∶21）　5、15、18.瓮（H012∶1、H8∶5、H03∶6）　7.球腹罐（H03∶15）　8、10.小盆（H11∶2、ⅢH1∶6）　9.豆（H5∶7）　11.瓮（H012∶3）　14、16、17.盆（H06∶3、ⅢH5∶1、H01∶3）

---

① 河北省文物研究所等：《邯郸市峰峰电厂义西遗址发掘报告》，《文物春秋》2001年第1期；河北省文物研究所等：《河北邯郸市峰峰矿区北羊台遗址发掘简报》，《考古》2001年第2期。

12. 河南安阳鄩邓遗址

鄩邓遗址位于河南省安阳县曲沟镇，遗址面积约 6000 平方米。2004 年河南省文物考古研究所对遗址进行了较大面积的发掘。该遗址的先商文化遗存主要以灰坑为主，同时发现有房址一座、墓葬一座和灰沟一条。出土陶器种类丰富，主要有鬲、甗、罐、盆、鼎、瓮、蛋形瓮等，其中鬶、盉、爵、斝等器类数量较少[①]（图一三）。

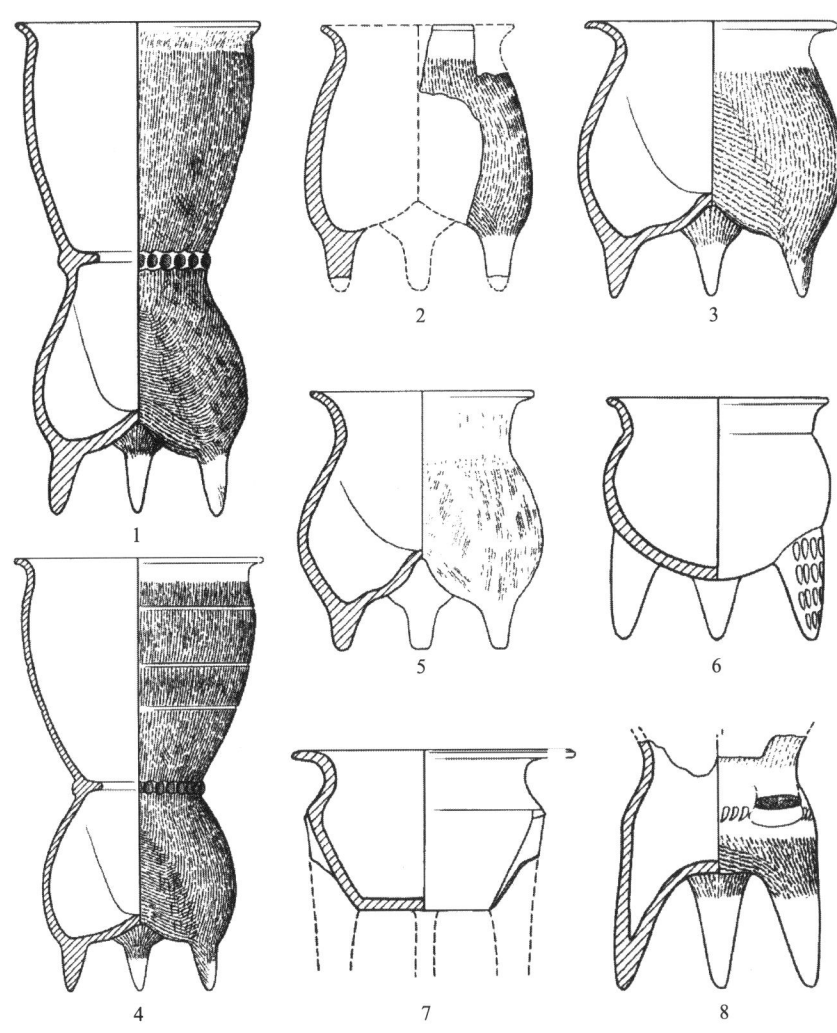

图一三　鄩邓遗址 H32 出土陶器

1、4.甗（H32：46、H32：47）　2、3、5.鬲（H32：67、H32：11、H32：43）　6、7.鼎（H32：39、H32：15）　8.斝（H32：21）

---

① 河南省文物考古研究所：《安阳鄩邓》，大象出版社，2012 年。

二、下七垣先商文化的特征

该文化主要遗迹有灰坑、陶窑、房基、墓葬等。其中灰坑有圆形、椭圆形、长方形和不规则形四种。陶窑形状多为圆形竖穴式,上有窑膛,中有窑箅,下有火膛。房址为圆形、不规则长方形两种,均为半地穴式。

遗物方面,生产工具有扁长方形石铲和有肩石铲,弧背、直刃、半月形石镰,穿孔石刀,斧,锛,凿等。骨器有骨匕、锥、凿、铲、镞、笄、卜骨等。

陶器主要为夹砂陶和泥质陶,其中以夹砂陶为主。陶色包括灰陶、黑陶、褐陶,以灰陶为主。纹饰有素面、细绳纹、线纹、绳纹、楔形点纹、弦纹、附加堆纹等,以细绳纹为主。器类有鼎、鬲、甗、甑、罐、盆、豆、斝、杯、钵、蛋形瓮、大口缸、尊、器盖、纺轮、陶拍等。

炊器以鬲和深腹罐为主,个别遗址出土较多的鼎。陶鬲多为夹砂灰陶,部分褐陶,纹饰以整齐细绳纹为主,形体比较规整。口部均为卷沿,侈口,除颈部外,通体施细绳纹,也有部分素面足。陶罐有捏口罐、鼓腹罐、小罐等,但数量较少,而深腹罐以橄榄形罐为主要器形。先商文化橄榄形罐以薄胎夹砂灰陶为主,器表施细绳纹,侈口,小平底。鼎发现数量较少,多为罐形。常见容器有深腹盆、浅腹盆、小口瓮、大口束颈瓮、蛋形瓮、平口瓮、豆(粗柄豆、细柄豆)、尊等。

三、下七垣先商文化的南下

1. 淇河是先商文化和辉卫文化的分界线

邹衡先生认为先商文化"漳河型的分布大体包括了河北省唐河、河南省的淇河以北、卫河以西、山西省沿太行山东麓一线"[①]。河南省北部的淇河是重要的界线。这一点从近年在安阳鄣邓遗址与淇县宋窑遗址的比较中可以说明。

安阳鄣邓遗址与宋窑遗址均位于河南省的北部,两者从地理位置来看,应具有密切的关联,然而两者却呈现出不同的文化面貌。在众多的器物之中,陶鬲作为一种重要器类,在二者中呈现出很大的不同。鄣邓遗址先商文化遗存中的陶鬲以无领鬲为主要类型,即颈部上无领,唇沿外侈或外卷,然而宋窑遗址中辉卫文化遗存的陶鬲却是以高领鬲居多(图一四)。通过对两者的数据统计,可知在鄣邓遗址先商文化遗存中仅占 10.09% 的高领鬲[②],在宋窑遗址辉卫文化中却高达 91.04%[③](表一)。

具体形制方面,鄣邓遗址典型陶鬲主要为无领鬲,这部分鬲中少部分有较短的颈,多数则无颈,虽然这一时期也有部分高领鬲出土,但这部分鬲在整个遗址的先商文化

---

① 邹衡:《关于探讨夏文化的几个问题》,《文物》1979 年第 3 期。
② 河南省文物考古研究所:《安阳鄣邓》,大象出版社,2012 年。
③ 北京大学考古系商周组:《河南淇县宋窑遗址发掘报告》,《考古学集刊》第 10 集,地质出版社,1996 年。

遗存中仅有 11 件，从另一个方面说明郜邓遗址的文化也受到了南部辉卫文化的影响。

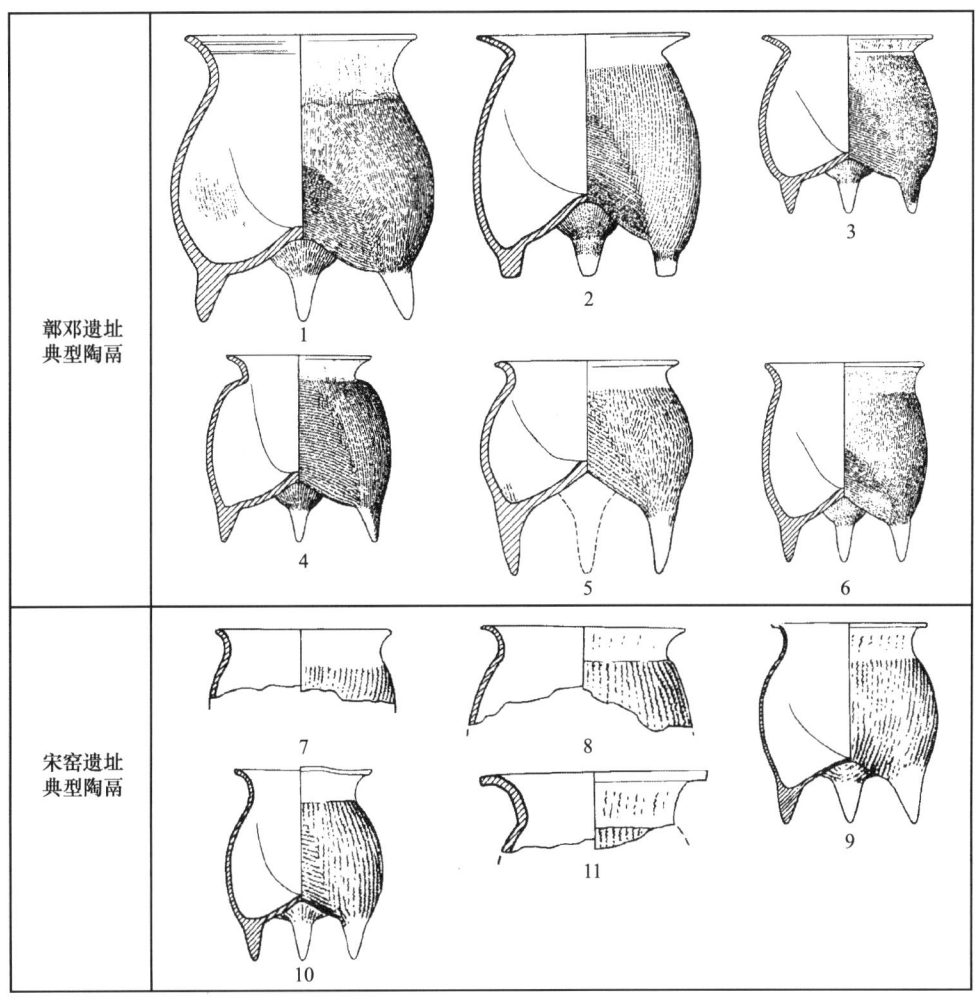

图一四　郜邓遗址与宋窑遗址典型陶鬲对比图

1～6.郜邓（H32：38、H1：12、H7：3、H18：80、H32：29、H7：42）　7～11.宋窑（T301④：67、T301③：40、T302⑩：141、T12④：196、T302③：282）

表一　郜邓遗址先商文化遗存与宋窑遗址辉卫文化遗存出土陶鬲对比

	郜邓遗址			宋窑遗址		
	数量	分型鬲总数[①]	百分比	数量	分型鬲总数[②]	百分比
高领鬲	11		10.09%	122		91.04%
矮领鬲	0	109	0	6	134	4.48%
无领鬲	98		89.91%	6		4.48%

---

① 这里的"分型鬲总数"是指郜邓遗址报告中先商文化遗存里给出分型的鬲总数，除了已经分型的 109 件鬲外，该时期还出土有 50 件未分型的鬲和 1 件异形鬲以及大量残片等未统计之中。

② 这里的"分型鬲"指的是报告中宋窑遗址辉卫文化时期明确有分型的鬲，该发掘报告中的数据有出入，本书中所用统计有所调整。

除了在陶鬲方面的差别之外，鄣邓先商文化遗存以三足器与平底器为主，而宋窑遗址辉卫文化遗存则以凹圜底器为主，三足器次之，而平底器很少。因此，这两种类型应该属于不同的文化，辉卫型不可能是由漳河型发展而来的，且从整体上判断，辉卫型当属于一种独立的考古学文化无疑。虽然二者也存在很多相似之处，比如均有蛋形瓮出土，但这应是因为两者共同受晋中及晋东南同时期文化南下影响的结果。

2. 河南长垣宜丘遗址和杞县鹿台岗先商遗址的出现是先商文化南下的标志

1998年春郑州大学历史与考古系对河南长垣宜丘遗址进行了科学发掘，发掘面积350平方米，发现有龙山、先商和晚商等时期的文化遗存[①]。其中先商文化遗存最为重要，该遗址首次发现了下七垣先商文化的遗迹打破辉卫文化遗迹的地层关系，为我们探讨辉卫文化和先商文化的年代性质关系和商人南下路线等方面的研究提供了重要资料。

宜丘遗址位于长垣县城东北约9公里，遗址坐落在宜丘村东的台地之上，台地东西长约100米，南北宽约90米，总面积约9000平方米，台地高出今天地表1~4米，遗址内包含有龙山、辉卫、下七垣、晚商等多个时期的文化遗存。

宜丘下七垣文化遗存只有H1一个遗迹单位，H1出土遗物不十分丰富，主要以陶器为主，陶器以夹砂和泥质陶为主，陶色多呈黄褐色、浅黄褐色，其次为灰陶，少量红褐陶。器形有橄榄形罐、深腹盆、大口尊、瓮以及鬲足等。器表纹饰以细绳纹为主，还有少量弦纹、附加堆纹等。陶器多为轮制，少量小型器物及鬲足等为手制。橄榄形深腹罐，夹细砂灰陶，特征是方唇，形体瘦长，小平底，颈下及腹皆饰竖行细绳纹，近底部磨光。小口瓮，泥质浅灰色，斜直颈，施杂乱中偏粗绳纹。细泥鼓腹盆，泥质黑灰陶，敞口圆唇，唇外有鼓边，束颈耸肩，磨光。盆，泥质灰陶，圆唇。鬲，仅有实足根，夹砂灰陶，素面。矮领鼓腹罐，侈口，斜矮领，鼓腹。

上述陶器纹饰和形体特征与葛家庄遗址第2段的同类器物接近。葛家庄遗址陶器中夹砂陶和泥质陶的比例比较接近，磨光陶占一定比例，夹砂深腹罐、卷沿鬲等陶胎较薄，器表纹饰以绳纹为主，并有附加堆纹、弦纹，其中绳纹较细且规整等特征与宜丘H1的陶器接近[②]。典型器方面都有薄胎、翻沿、尖唇、器体瘦高、通体饰细绳纹的橄榄形罐、鼓腹盆、小口瓮等。因此就相对年代而言，宜丘H1的年代当属先商文化晚期。值得注意的是宜丘H1出土的橄榄形深腹罐（H1:1），在陶器质地、纹饰、形体特征方面都与郑州商城内黄委会青年公寓遗址出土的洛达庙类型的器物（HQT45⑥:8）十分接近[③]，青年公寓遗址出土洛达庙类型陶器数量较多，炊器主要为深腹罐、圆腹罐、鼎、甗、斝、鬲；饮食器有豆、盘；水器有壶、捏口罐等；盛储器有各类尊、瓮、罐、缸、盆等。

---

① 郑州大学历史与考古系、新乡市文化局等：《河南长垣宜丘遗址发掘简报》，《中原文物》2005年第2期。
② 河北省文物考古研究所：《河北邢台市葛家庄遗址北区1998年发掘简报》，《考古》2000年第11期。
③ 河南省文物研究所：《郑州黄委会青年公寓考古发掘报告》，《郑州商城考古新发现与研究》，中州古籍出版社，1993年。

宜丘辉卫文化遗迹主要为灰坑，出土遗物以陶器为主。夹砂陶占绝大多数，泥质陶占比很小。纹饰以绳纹为主，附加堆纹鸡冠状錾次之，另有划纹、弦纹等。花边口沿比较流行，多发现在大型深腹罐口部。深腹罐，卷沿，鼓腹，平底。鬲，卷沿，尖圆唇。大口尊，侈口，短径，折肩，如H4：16，泥质灰褐陶，肩部饰附加堆纹，底残，特征与孟庄二里头时期的第三期接近[①]。陶器以夹砂灰陶和泥质灰陶为主，夹砂褐陶和泥质褐陶仍有较大的比例。陶器以深腹罐、鬲、甗为主，圆腹罐的数量大为减少，另有深腹平底罐、浅腹钵、深腹盆、罍、杯、豆、器盖等。本期深腹罐数量较多，且多为卷沿圜底深腹罐，厚胎，器表饰松散粗绳纹；部分深腹罐的绳纹多为横饰；鬲长颈鼓肩，三足上的刻槽极浅；深腹盆的形体较大，多为泥质褐陶，腹部饰对称大鸡冠状錾；罍的形体较大，鼓肩，小底，周身饰有数周附加堆纹。

从宜丘遗址下七垣文化H1打破辉卫文化H2，以及二者出土不同文化面貌遗物，可知它们是属于不同性质的两种文化。

在辉卫文化的分布范围之内，见于古代文献记载的夏代国族中，韦国的影响最大。《国语·郑语》韦注："豕韦，彭姓之别封于豕韦者。"关于韦的地望，《左传·襄公二十四年》杜注："豕韦，国名，东郡白马东南有韦城。"张立东认为辉卫文化应是韦族创造的文化[②]。

近些年来，杞县鹿台岗下七垣文化的发现，表明商人南下路线是沿太行山东麓经河南长垣南下到豫东的开封一带。

从文献记述方面看，商人也是从北向南攻打夏人的。《诗·商颂·长发》曰："韦顾既伐，昆吾夏桀。"《史记·殷本纪》："当时是，夏桀为虐政淫荒，而诸侯昆吾氏为乱。汤乃兴师率诸侯，伊尹从汤，汤自把钺以伐昆吾，遂伐桀。"韦、顾、昆吾皆在北方辉卫文化分布区域内。《续汉书·地理志》："东郡白马县有韦乡。"杜预亦云："白马县东南有韦城，古豕韦氏之国。"又白马之津，《史记·曹相国世家》亦谓之"围津"。韦与昆吾实为邻国，《水经·瓠子河注》："河水旧东决，迳濮阳城东北，故卫也，帝颛顼之墟。昔颛顼自穷桑徙此，号曰商丘，或谓之帝丘，本陶唐氏之火正阏伯之所居，亦夏伯昆吾之都，殷之相土又都之。故《春秋传》曰：'阏伯居商丘，相土因之'是也。《诗·商颂》：'卫侯梦于北宫，见人登昆吾之观。'杜预注：'卫有观在昆吾之墟，今濮阳城中。'《汉书·地理志》：'濮阳本颛顼之墟，故谓之帝丘，夏后之世，昆吾氏居之。'"但邹衡先生认为昆吾本居于濮阳，夏末时迁到新郑附近[③]。顾地文献上多在山东范县，《左传》哀公二十一年云："公及齐侯、邾子盟于顾。"杜预注："顾，齐地。"但王国维认为"雇"古书多作"扈"，其地点在怀庆府原武县[④]。

---

① 河南省文物考古研究所：《辉县孟庄》，中州古籍出版社，2000年。
② 张立东：《论辉卫文化》，《考古学集刊》第10集，地质出版社，1996年。
③ 邹衡：《夏文化分布区域内有关夏人传说的地望考》，《夏商周考古论文集》，文物出版社，1980年。
④ 王国维：《殷墟卜辞中所见地名考》，《观堂别集》卷一，中华书局，2004年。

四、鹿台岗遗址的下七垣先商文化遗存分析

鹿台岗遗址位于杞县县城东约12公里、惠济河东岸的一块高岗上。遗址自下而上包含有龙山、下七垣、岳石、早商等多个历史时期的文化遗存。先商下七垣文化遗存主要集中发现于H9、H35和H39以及T2⑥层内。下七垣文化的总体特征是：生产工具以平弧刃石铲、长方形弧背石镰、石斧、蚌刀、蚌镰、蚌镞为主。陶器特征是薄胎器多，厚胎器少；以夹细砂灰陶为主，灰褐陶及泥质灰陶次之，极少见夹粗砂褐陶和泥质黑陶、浅红陶。器表纹饰纹理清晰。纹饰主要为细绳纹、线纹、麻纰状或杂乱绳纹、旋纹、箍状堆纹、绳切纹和楔形点纹。陶器流行平底器、三足器。器类以橄榄形罐、鬲最具代表性，二者约占所有陶器的一半，另有深腹盆、平口瓮、细泥鼓腹盆、中口瓮、斜腹平底盆、夹粗砂罐、大口尊、平底盆、浅腹豆、尊形器、堆纹缸、圆腹罐、大覆钵形器盖，此外还有少量花边口沿中口长腹罐、大口长腹罐、子口缸、子口盆、夹折腹盆、小杯等[①]。

地层叠压或打破关系表明先商文化在此地存在一定的时间，如H35→T2⑤→T2⑥层→H9→H39。

依据器物特征，其年代可以分出2段。

1段以H9和H39为代表，出土遗物可以划分出三组：A组有大口尊，泥质灰陶，圆方唇，束颈，上腹部磨光，器表施细绳纹；深腹盆，为泥质灰陶，侈口尖圆唇，施中绳纹和鸡冠耳；刻槽盆，夹砂灰色，素面，内壁有直行刻槽；箍状堆纹缸，夹砂浅灰色，平底，施细密箍状堆纹；花边口沿罐等。B组典型器有卷沿鬲，皆夹细砂灰陶，鼓腹，分裆，形体比较肥，实足根较长，腹和足皆施细绳纹或线纹；橄榄形深腹罐，特征是翻沿，方唇，形体瘦长，小平底，颈下及底皆饰竖行细绳纹，个别为线纹；小口瓮，泥质浅灰陶，斜直颈，施杂乱中偏粗绳纹。细泥鼓腹盆，泥质黑灰陶，敞口圆唇，唇外有鼓边，束颈耸肩，磨光，施旋纹；束颈盆，泥质红褐陶，圆唇，施条状中绳纹。大覆钵形器盖，泥质黑灰陶，磨光，宽方唇，细纽。C组有子口钵、子母口缸，泥质灰陶，平唇，直腹，素面；甗，泥质灰陶，厚胎，手制，束腰，施粗旋纹和杂乱稀疏的绳纹；大口罐，泥质灰陶，侈口圆唇，束颈，微折肩，弧腹，施较杂乱的细条绳纹等，另有夹粗砂褐陶罐、尊形器。其中B组所占比例最大，它与下七垣先商文化的面貌一致，故两者的文化性质应是相同的。A组的大口尊、箍状堆纹缸、深腹罐、浅盘豆，鸡冠耳盆因所占比例较小，而且器物形态变体严重，应为二里头文化影响所致。C组的夹粗砂罐、尊形器、盘形豆、泥质绳纹罐等，为鲜明的岳石文化特征，应是岳石文化影响所致。从发掘者对H39陶片的定量分析看，B组先商文化因素约占93%，C组岳石文化因素约占5%，A组二里头文化因素约占2%。就A、C两组比较而

---

① 郑州大学文博学院、开封市文物工作队：《豫东杞县发掘报告》第191~230页，科学出版社，2000年。

言，C组的特征更加清晰，比例也大一些，因此可以认为岳石文化对本地区下七垣先商文化的影响远远大于二里头文化的影响。在这个遗址内二里头文化因素可以忽略不计（图一五）。

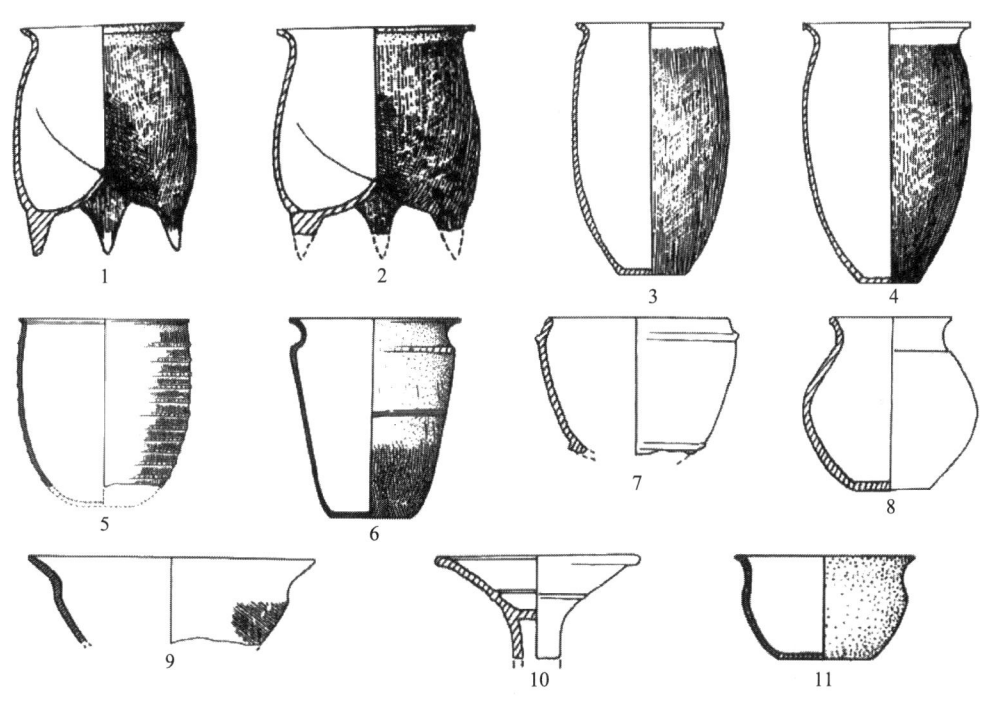

图一五　鹿台岗遗址 H9 出土先商文化陶器
1、2.鬲（H9：12、H9：15）　3、4.橄榄罐（H9：2、H9：6）　5.缸（H9：20）　6.大口尊（H9：9）
7.尊形器（H9：37）　8.罐（H9：1）　9.盆（H9：16）　10.豆（H9：30）　11.小盆（H9：10）

2段以 H35 为代表，遗物出土数量较少。陶器可分为 B、C 两群。C 群包括夹粗砂小罐、泥质绳纹罐、碗形豆等；B 群包括橄榄形罐、鬲、束领或直领瓮、束颈或斜壁细绳纹盆等。这两群因素即由岳石文化和下七垣先商文化两种主体因素构成，但先商文化因素显然占主要地位。据发掘者统计，橄榄形罐和鬲这两种先商文化的主要炊器占全部陶器的 35% 左右，而岳石文化的夹粗砂罐和甗所占比例仅约 8%。陶系以属先商文化的夹细砂灰陶为大宗，约占 32%。属岳石文化的夹粗砂红褐陶仅占 15% 左右。泥质灰陶所占比例居第三位，约占 21%。斜壁或束颈斜壁绳纹盆类器约占 11%。此外 H35 还包含大量的夹细砂红褐陶，其比例高达 25% 而居第二位。H35 仍以细绳纹为主体纹饰，比例高达 65% 左右[①]（图一六）。

---

① 郑州大学文博学院、开封市文物工作队：《豫东杞县发掘报告》第 191～230 页，科学出版社，2000 年。

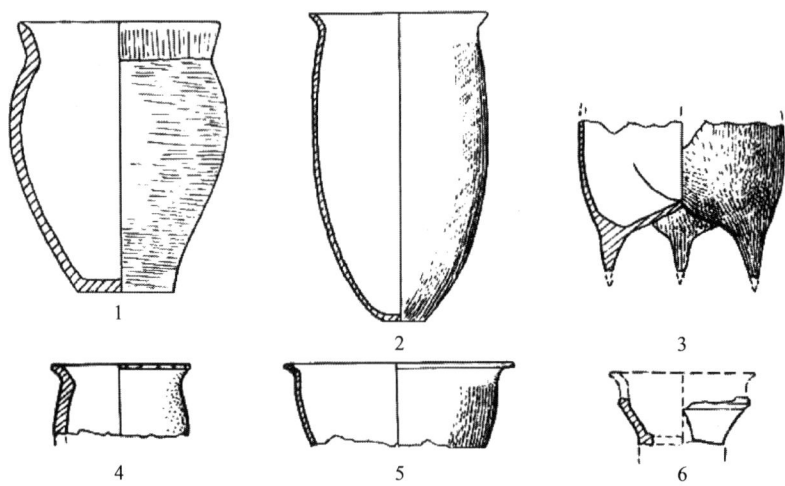

图一六　鹿台岗遗址 H35 出土岳石文化陶器

1. 夹砂罐（H35∶1） 2. 橄榄罐（H35∶26） 3. 鬲（H35∶9） 4. 罐（H35∶5） 5. 深腹盆（H35∶14） 6. 豆（H35∶12）

发掘者明确指出："H35 不仅在年代上晚于 H39 和 H9，文化面貌与之相比也有显著差异。这种差异，一是体现在大量岳石文化因素的融入；二是体现在大量夹细砂薄胎红褐陶的产生，这一陶系或为岳石文化夹粗砂红褐陶与先商文化夹细砂薄胎灰陶结合的产物。"[①] 发掘者的这一认识对了解该地区岳石文化与先商乃至二里头文化的关系意义重大。

1 段 H39、H9 出土的卷沿鬲、橄榄形深腹罐的特征与属下七垣先商文化的同类器一致。所以，我们同意发掘者对其相对年代的推测，H39 的年代约当二里头文化第三期的偏晚阶段。第 2 段的 H35 所出夹粗砂罐沿下角较大，属岳石文化晚期形制特征；橄榄形罐无颈，也未发现线纹，陶鬲所饰细绳纹及实足根，其相对年代略晚于 1 段。

五、鹿台岗遗址先商文化、岳石文化与二里头文化的关系

1. 鹿台岗遗址先商文化与岳石文化的关系

在鹿台岗先商遗存中，发掘者明确指出："H35 不仅在年代上晚上 H39 和 H9，文化面貌与之相比也有显著差异。这种差异，一是体现在大量岳石文化因素的融入；二是体现在大量夹细砂薄胎红褐陶的产生，这一陶系或为岳石文化夹粗砂红褐陶与先商文化夹细砂薄胎灰陶结合的产物。"[②] 表明发掘者已经分析出，该遗址岳石文化是跟着先商文化而来到的，在第 2 段的 H35 内可以清楚地看到，它的势力在增加。但发掘者

---

① 郑州大学文博学院、开封市文物工作队：《豫东杞县发掘报告》第 191～230 页，科学出版社，2000 年。
② 郑州大学文博学院、开封市文物工作队：《豫东杞县发掘报告》第 191～230 页，科学出版社，2000 年。

却认为："从T27第⑤层的上述典型器类及形制特征观察，知其兼具泗水尹家城、青州郝家庄等岳石文化早期和晚期的共有特征，而更接近其早期。由于未发现与该遗址先商文化的地层叠压或打破关系，因而缺乏判断二者年代早晚的地层依据。但根据对其内涵和前述先商文化年代的分析，推测该层年代应略早于该遗址以H39为代表的先商文化，或者相当于二里头文化第三期的中段。"[①] 我们认为事实并非如此，在T24、T27内发现了大量岳石文化遗存，陶系分为夹砂和泥质两大类，夹砂陶几乎皆为夹粗砂厚胎红褐与黑褐者，共占35%左右，夹细砂薄胎灰陶极罕见，泥质灰陶所占比例最大，高达54%。夹粗砂陶皆素面，泥质陶以磨光和素面为主。纹饰中最流行的是印痕甚浅、纹理杂乱、模糊的细密绳纹，比例约占15%。具有先商文化因素的细绳纹和二里头文化因素的杂乱绳纹，所占比例各约3%和4%。器物种类繁多，但夹砂陶的器类几乎皆为夹粗砂罐和甗两器，仅有极个别的夹细砂灰陶甗和橄榄形罐。泥质陶器类依数量多寡排序，依次为束颈瓮、泥质绳纹罐、尊形器、碗形豆、斜腹盆、菌状纽器盖、敛口花边钵、桦口罐、平口瓮、陶饼、束颈盆、舟形器、方足鼎、爵、簋、碟、双腹盆、箍状堆纹缸、甗箅、小杯等。上述器类中占比例最大的是夹粗砂罐和甗两器，各占10%左右。虽然以岳石文化为主导，但先商文化的典型器如饰有较深细绳纹的橄榄形罐，施斜行细条绳纹甗，翻沿尖圆唇薄胎、细绳纹的鬲、翻沿腹饰中绳纹深腹盆仍然存在，表明先商文化对其影响仍然存在。此外在鹿台岗先商1段中的岳石文化典型陶器的形体特征与岳石文化年代较早的特征一致，而在T24、T27内发现的大量岳石文化遗存的器物特征明显属于岳石文化晚期。这些大量岳石文化遗存的到来是由先商文化的西进跟进而来，填补在这里的，它存在的年代约在二里冈下层以H17为代表的时期之前，因为到H17时或略早于这一阶段，鹿邑栾台遗址已经出现了典型的二里冈文化遗存[②]。因此我们认为杞县鹿台岗、朱岗、段岗、牛角岗遗址出现的岳石文化因素是伴随先商文化而跟进于此地的。当以下七垣先商文化为主体的文化向西发展时，以岳石文化为主体的文化才占据豫东杞县一带。

2. 鹿台岗遗址先商文化与洛达庙类型的关系

从鹿台岗遗址发掘者对H39出土陶片的定量分析看，B组先商文化因素约占93%，A组二里头文化因素约占2%。可以认为在这处遗址二里头文化对其影响不大。但在牛角岗、段岗等其他遗址，因它们在先商文化没有到来时已经存在丰富的二里头文化遗存，换言之，这里有大量的属于二里头文化的居民存在。考古发掘的资料表明，在先商文化为代表的下七垣文化到来时，这里的居民没有跑掉，如这些遗址的文化遗存仍有，但陶器有所变化，具有先商文化风格的陶器出现，但比例与鹿台岗遗址不同，是以当地原住民的文化为主。这种情况与郑州商城、新密曲梁遗址几乎一致。

---

① 郑州大学文博学院、开封市文物工作队：《豫东杞县发掘报告》第191~230页，科学出版社，2000年。
② 河南省文物研究所：《河南鹿邑栾台遗址发掘简报》，《华夏考古》1989年第1期。

前面我们将鹿台岗的陶器分为A、B、C三组，它们分别与三种类型考古学文化的器物有着密切关系。B组器物多见于豫北、冀南地区下七垣文化中。如下七垣文化的橄榄形罐、细绳纹卷沿鬲、高领磨光鼓腹罐、细泥鼓腹盆、斜腹平底盆等与鹿台岗遗址的同类器总体特征一致，属同一文化。C组器物与豫东一带的岳石文化陶器特征一致，二者渊源明确。

洛达庙类型与鹿台岗下七垣文化的渊源关系也十分明确，洛达庙的B组器物源于鹿台岗先商文化的B组。鹿台岗的A组器物与洛达庙的A组器物特征接近，鹿台岗A组器物的一些特征，如多见泥质或夹细砂灰、灰褐或红褐陶。胎多较厚，常见麻纰状中绳纹或较散乱的细绳纹，不少器物见抹痕等，在洛达庙类型中也占一定的比例，但这些陶片很难与洛达庙的A组中区分。鹿台岗C组器物的岳石文化因素同洛达庙类型C组陶器特征一致。洛达庙类型与鹿台岗先商文化相比较，在鹿台岗先商文化的B组、C组占主导地位，在郑州洛达庙类型中二里头文化的A组占主导地位，由此可见郑州洛达庙的先商文化因素B组是由豫东鹿台岗先商文化的B组、C组发展而来的。

从黄委会青年公寓考古发掘的文化层分析，洛达庙类型在郑州商城一带存在有一定的时间，如发掘报告将其分为早中晚三期，文化层厚1~1.5米。从郑州商城青年公寓出土陶器和大师姑遗址出土陶器的特征比较来判断，"洛达庙类型"的相对年代约相当于大师姑遗址的G5、H76的年代，即目前发现大师姑遗址最繁荣的阶段，结合^{14}C的数据，我们认为先商文化的到来应在这个阶段。目前郑州开封一带发现的具有洛达庙类型文化特征的遗址有杞县段岗、牛角岗、郑州黄委会、新密曲梁等。而大师姑及其以西的二里头文化遗址不见具有鲜明特征的"洛达庙类型"的B、C组陶器，因此我们认为约在二里头文化的三期或略偏晚一段，以河北下七垣文化和山东一带的岳石文化形成的"夷商联盟"已经对夏人形成威胁，至迟在二里头文化三期晚段已经抵达郑州一带与二里头文化对峙在郑州西郊一线。郑州商城东北部商代宫殿区一带发现的属于"洛达庙类型"的先商贵族墓M6的出土遗物是对当时夏商对峙、战事频繁的最好诠释。M6为长方形土坑竖穴墓，墓坑长2.4、宽1.1米，与同时期的二里头文化墓葬比较，其规模应属中型。墓内葬3具人骨架，2号骨架为墓主人，位于中间，为一成年男性，上下铺撒大量朱砂，颈部挂一串饰。1号骨架位于2号北侧，为一成年女性，双手向上弯曲，作痛苦挣扎状，3号骨架位于2号另一侧，为一少年，面向下，双手交叉捆绑于头顶，1、3号的身份应为殉人。该墓随葬品达142件，有青铜器、骨器、蚌器、陶器等，其中青铜器有鬲、盉和戈，骨器为骨镞，共41件，蚌镞2件。青铜鬲的形状为折沿，腹壁较直，分裆较高，袋足瘦长，形似河北、内蒙古一带的桶腹陶鬲[①]。而有趣的是盉的形制完全是二里头文化青铜盉或陶盉的形状。墓内出土的青铜戈、大量的骨镞、蚌镞则表明此时战事的频繁，墓主很可能是在战斗中死去的。墓葬内随葬

---

① 河南省文物考古研究所：《郑州商城新发现的几座商墓》，《文物》2003年第4期。

第二章 郑州地区先商文化-洛达庙类型的形成

骨、蚌镞，在早商是不多见的。墓内二里头文化铜盉的出土说明二种文化的融合。因此我们认为大师姑城址是为阻止商人西进而设立的。二里头文化和"洛达庙类型"文化的对立分布，证明了"洛达庙类型"文化为先商的最后一段文化，同时也证明先商文化的最后阶段的考古学文化面貌是二里头、下七垣和岳石文化融合后形成的[①]。

目前郑州先商文化洛达庙类型以 A 组陶器为主体，这些陶器如罐形鼎、大口尊、圜底深腹罐、圆腹罐、捏口罐等都同二里头文化一致，学者们一般认为它应属于二里头文化，如果从考古学文化方面讲这是正确的，但从民族学或历史学方面讲就存在一些问题，学术界一般认为二里头文化为夏文化，二里冈文化为商文化，现在洛达庙类型是商文化的直接来源。郑州商城内的洛达庙类型文化，基本都属于二里头三期晚段和二里头四期，在此之前有仰韶、龙山遗存，也有一些二里头早期陶片，表明这里曾经在多个历史时期都有人类居住，但到了洛达庙类型先商期以后这里突然变成了一个大的聚落，前面所述的 A、B、C 组从四面八方来到这里。这存在几个问题：如 A 组为何最多？什么原因又使 B、C 组此时来到这里？郑州地区已发掘的二里头遗址有洛达庙、新密曲梁等，这些遗址在二里头三期以前均为较单纯的二里头文化遗存，但到晚段以后和商城内的洛达庙类型一样，出现了 B、C 组类陶器。在其东部开封地区的杞县朱岗、牛角岗等地也发掘出了典型的二里头文化遗址。而朱岗、段岗、牛角岗同郑州地区二里头遗址一样变成洛达庙类型相同的文化面貌，这些遗址的发掘表明郑州及其以东的杞县地区在二里头文化三期早段以前均属二里头文化的分布范围，这里应居住着大量使用 A 组陶器的人们，因为他们是本地人，所以洛达庙类型中以 A 组陶器为主。B、C 组又为什么此时来到这里？前面已述 B 组在二里冈下层期占主导地位，代表着商文化，它此时来到郑州取代二里头文化，正是以此为据点，准备革夏王朝的命。以 C 组为代表的岳石文化应是同先商文化联合灭夏的，该问题已有学者专门论述[②]。

通过讨论，我们认为从考古学文化方面讲，郑州地区的洛达庙文化属于二里头文化，B、C 组等外来文化的加入，使它同二里头文化又存在较大差异，故可称之为二里头洛达庙类型。另外我们还应当注意，古代文献记述得十分明确，在商没有灭掉夏以前，商人是夏王朝的附属国或方国，二者在比较近的距离对峙过。据《史记·夏本纪》："（桀）乃召汤而囚之夏台，已而释之。汤修德，诸侯皆归汤，汤遂率兵以伐夏桀。"显然夏桀感到商人的压力，为了遏制商族势力，夏桀才"乃召汤而囚之夏台"。后来夏桀又释放了商汤，夏王朝与商族之间的矛盾已不可调和。于是才有了《史记·夏本纪》曰："桀谓人曰：'吾悔不遂杀汤于夏台，使至此。'"

关于这一认识以前已有学者提出过，如王立新在研究洛达庙遗址后说："洛达庙遗址三期遗存，应是二里头文化和下七垣文化两种因素在郑州地区碰撞和融合后所形成

---

① 袁广阔：《郑州大师姑二里头城址发现的意义》，《中国文物报》2005 年 3 月 25 日。
② 张国硕：《论夏末早商的商夷联盟》，《郑州大学学报》2002 年第 2 期。

的一个新的地方类型。"① 从民族学方面讲它代表的是商民族文化,而且是先商文化最后的一个阶段。关于洛达庙中 B 组因素较少的原因是考古学文化的变革要落后于政治方面的变革,前者主要是一般百姓所使用的日常生活用具陶器,以 B 组为代表的人群主要是军事原因来到此地,所使用的日常生活用具多数可能取材于当地,加上大量的当地二里头居民,这应是商人初来郑州当地以夏文化为主的主要原因。类似的情况在偃师商城、焦作商城商文化初到时一样。偃师商城一期一段也是以二里头文化为主,主要器类是鼎、圆腹罐、圜底深腹罐、大口尊、刻槽盆等,商文化的典型器只有鬲、橄榄形深腹罐等且数量较少。发掘者赵芝荃先生指出:"本段文化属于二里头文化向二里冈文化的过渡形态。"② 焦作商城在商文化到来之前为辉卫文化,陶器主要有圜底深腹罐、厚胎高颈鬲、甗、蛋形瓮、大口尊、深腹盆、平底盆等。而在二里冈一期,陶器主要是圜底深腹罐、捏口罐、深腹盆、蛋形瓮、大口尊、豆、卷沿鬲等。其中 H59 内出土圜底深腹罐多达 20 余件,可复原的有 13 件,而典型的商文化卷沿鬲只有 2 件,表明此时这里仍强烈地保留着土著文化因素③。由此可见二里冈文化是吸收大量二里头文化因素,并经过发展而形成的。对此,张立东先生十分精辟地指出:"郑州地区的原有文化,亦即二里头文化,为二里冈文化提供了丰富的养料。其青铜器、玉器以及陶盉、陶爵等高层次文化多为二里冈文化吸收,这是'殷因于夏礼'在考古资料中的反映。二里冈文化还从二里头文化中接收了不少与'礼'无甚关系的文化因素。其圜底的深腹罐、甑、深腹盆、中腹盆、刻槽盆,以及大口尊、捏沿罐、素面浅腹盆、梯形石刀等也多由二里头文化引入。"④

3. 洛达庙类型与二里冈文化的关系

关于二里冈下层一期学术界的认识不一,大家都认为以二里冈 H9 为代表的遗存是二里冈文化最早的一期,但分歧产生在早商或先商的认识上。偃师商城的发掘者赵芝荃、刘忠伏、杜金鹏、王学荣等先生都认为二里冈 H9 为代表的一类遗存只能属于早商文化而非先商文化⑤。邹衡、张立东等先生认为二里冈 H9 为代表的一类遗存属于先商文化⑥。张文军、王立新等在全面研究了早商遗存后指出二里冈 H9 应归入早商文化⑦。事实上二里冈 H9 发表的仅是灰坑中的一少部分,里面还包含有较多的褐陶。近年来笔者仔细观察了郑州商城多年来的考古资料,发现商城内出土这一阶段的遗存可分 2 段,

---

① 王立新:《早商文化研究》,高等教育出版社,1998 年。
② 赵芝荃:《论偃师商城始建年代的问题》,《中国商文化国际学术讨论会论文集》,中国大百科全书出版社,1998 年。
③ 袁广阔、秦小丽:《河南焦作府城遗址发掘报告》,《考古学报》2000 年第 4 期。
④ 张立东:《先商文化浅议》,《中国商文化国际学术讨论会论文集》,中国大百科全书出版社,1998 年。
⑤ 高炜、杨锡璋、王巍、杜金鹏:《偃师商城与夏商文化分界》,《考古》1998 年第 10 期。关于二里冈 H9 为代表的遗存是二里冈文化最早的一期,偃师商城的发掘者赵芝荃、刘忠伏、杜金鹏、王学荣等先生都认为如此。
⑥ 邹衡:《试论夏文化》,《夏商周考古论文集》,文物出版社,1980 年。
⑦ 张文军等:〈关于郑州商城的考古年代学及其若干问题〉,《郑州商城考古新发现与研究》,中州古籍出版社,1993 年。

如目前已发表的典型材料电力学校的 H6[①] 和化工三厂的 H1[②]，其中 H6 出土陶器较多，器类较齐全，笔者对其进行了详细整理，认为其陶器可分出四组。A 组约占陶器总数的 60%。陶器以泥质灰陶、夹砂灰陶为主。纹饰以中绳纹为主，并有粗绳纹、细绳纹、附加堆纹。大口尊、深腹盆等器物内壁多饰有麻点。陶器有鼎、大口尊、捏口罐、圜底深腹罐、圆腹罐、深腹盆等。B 组约占陶器总数的 20%。陶器以夹砂灰陶、褐陶为主，纹饰多为细绳纹和线纹。典型陶器为卷沿鬲、橄榄形方唇深腹罐、甗、鼓腹盆等，鬲、罐的胎质一般厚度 2～3 毫米。该组的鬲、甗、鼓腹盆等同二里冈的同类器在形制、纹饰上完全一致。C 组陶器数量较少，约占总数的 15%。陶器以夹砂红褐陶为主，仅见卷沿深腹箅纹罐一类。D 组约占 5%，陶器以夹砂灰陶为主，典型器见有鬲、甗一类，陶胎厚，足部多有刻槽。从考古类型学的角度看此期鬲、甗可分多型，如 H6 的鬲、甗可分两型，鬲 A 型如 H6：18，高颈，圆鼓腹，形体较肥大。鬲 B 型如 H6：19，矮颈，腹微鼓，形体匀称。甗 A 型如 H6：20，敞口，无沿，上腹壁斜直，厚胎，形体较大饰杂乱的粗绳纹。甗 B 型如 H6：53，盆形，卷沿，鼓腹，薄胎，饰细绳纹。可见同一器类的形制、纹饰、质地在这时差距很大（图一七）。H6 等单位的相对年代要早于二里冈 H9 的年代。

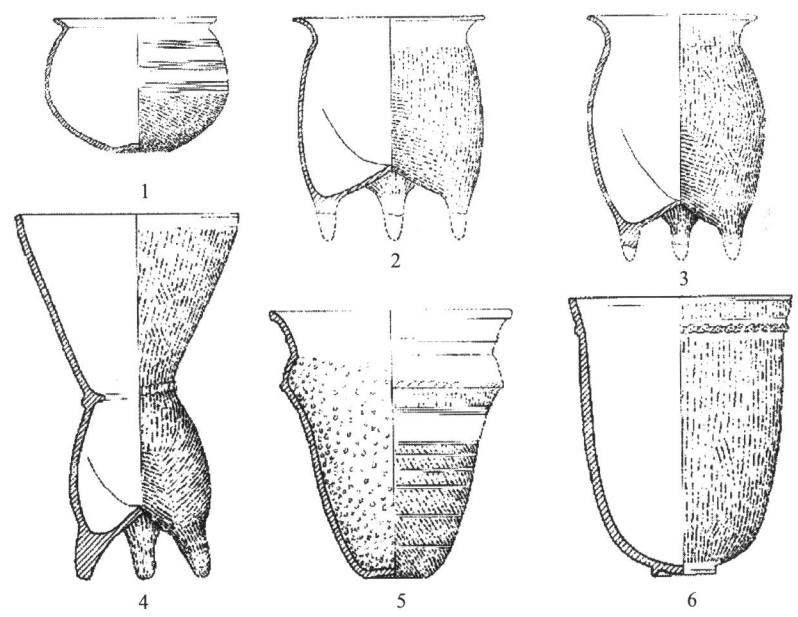

图一七　电力学校 H6 出土陶器

1. 陶盆（H6：1）　2、3. 陶鬲（H6：19、H6）　4. 陶甗（H6：29）　5. 大口尊（H6：3）　6. 陶缸（H6：13）

[①] 河南省文物研究所：《郑州电力学校考古发掘报告》，《郑州商城考古新发现与研究》，中州古籍出版社，1993 年。
[②] 河南省文物研究所郑州工作站：《郑州化工三厂考古发掘简报》，《中原文物》1994 年第 2 期。

电力学校 H6 的 A、B、C 三组陶器同洛达庙的 A、B、C 三组无论从陶器质地、纹饰、器类等方面都很一致，同类器的演变脉络也十分清晰。在电校 H6 中 A 组的数量已大幅度下降，B、C 组的数量已经上升，但陶器中鬲、甗等二里冈文化的典型器形体还比较杂乱。下面我们来讨论二里冈 H9 的年代，H9 中的陶器一般认为其特征是以泥质陶与夹砂灰陶为主，并有大量的夹砂褐陶。部分器物的陶胎一般更薄，器表所饰绳纹也较细。陶鬲和陶甗皆为卷沿圆唇；陶斝的颈部较长而瘦细，颈与腹相接处似显有折线；陶豆仅见圈足部分，细高，且中部内凹；陶盆仅见敛口鼓腹的圜底盆和大敞口深腹斜壁平底盆两种，大敞口浅腹圜底盆很少见，另外还有较多的夹砂褐陶大口缸。H9 中的陶器除斝外在电校 H6 都可找到，我们之所以认为它略早于 H9，是从陶质、陶色方面，电校 H6 的特征更接近洛达庙类型，从单个的器物方面讲，H9 的鬲、甗、罐等器物的形制特征都比较规范，纹饰、陶色都接近于二里冈二期。因此我们认为电校 H6 略早于二里冈 H9 的年代。二里冈二期典型单位一般是以二里冈 H17、商城 CWM8 等为代表，这时的陶器从陶质、纹饰方面已无法划分出不同的组来，但从器类上还可分出 A、B、C 三组，A 组占的比例仍居第一，B 组第二，二者差距已经不大，C 组的量却变得更少，多数遗迹单位已不见素面褐陶。该期中最大的变化在炊器上，B 组中典型器鬲、甗、橄榄形罐作为炊器已占主导地位，基本上取代了 A 组中的圜底深腹罐、圆腹罐。通过比较我们认为以电学 H6 为代表的文化遗存是洛达庙类型向二里冈下层二里冈 H9、南关外 H62 的过渡期文化，二里冈文化是洛达庙类型的自然延续。关于这一认识，主持洛达庙遗址及郑州商城的考古发掘者一直认为二里冈文化是由洛达庙文化直接发展而来的，不过，发掘者是将郑州洛达庙期当做商代文化认识的[①]。关于洛达庙类型及二里冈下层一期中 A、B、C 三组的来源，学术界的看法基本一致：A 组为二里头文化，来源于当地；B 组为先商文化，来源于冀南；C 组为岳石文化，来源于山东[②]。

以二里头文化、下七垣文化、岳石文化为代表的多种文化因素快速在郑州开封一带融合发展。到了以电力学校 H6 为代表的阶段，具有独立商文化特征的新文化——二里冈文化已经基本形成。

第四节 郑州商城的出现

郑州商城遗址中最重要的内城位于河南省郑州市区偏东的郑县旧城及北关一带，于 1955 年首次发现于白家庄。内城平面呈长方形，南墙 1700 米，北墙 1690 米，东墙 1700 米，西墙 1870 米。城垣总周长 6960 米，面积约为 300 万平方米，墙基最宽处为 32 米，地面残留最高处达 5 米。城周共 11 个缺口，发掘者推断多为城门所在。城垣横

---

① 安金槐：《对于郑州商代南关外期遗存的再认识》，《华夏考古》1989 年第 1 期。
② 郑州大学文博学院、开封市文物工作队：《豫东杞县发掘报告》第 191~230 页，科学出版社，2000 年。

剖面为梯形,由中间的主城墙和两边的护城坡构成(图二三)。

郑州商城是新中国成立以来在中原地区所发现的面积最大的一座城址,它的发现,大大丰富了我们对早商文化的认识,因此对郑州商城进行深入一步的讨论,弄清它的内涵和性质,对于研究商代历史,探索我国古代文明的形成和发展都具有重要的学术意义。自1978年,邹衡先生以考古资料和古代文献为依据,论证了郑州商城为商代早期的亳邑以后[1],一时间隞都和亳都两种不同的观点,主要集中在郑州商城始建年代方面。一种是依据商代夯土城墙下遗迹单位和城墙内出土二里冈期下层二期的陶片,认为城墙年代为二里冈期下层二期[2];另一种认为夯土城墙下遗迹单位和城墙内出土二里冈期下的陶片年代较早,认为城墙始建于二里冈下层一期晚段[3];第三种认为城墙始建于南关外期[4];第四种认为城墙始建于二里冈下层一期[5]。这些不同的观点表明商城的年代的确存在问题。如发掘报告认为商代夯土层普遍被二里冈期下层叠压,同时也发现大量二里冈期下层之窖穴、墓葬等遗迹直接或间接地叠压着商代夯土城墙。二里冈下层二期之下的夯土墙存在三个时期地层单位的叠压或打破关系,而它的建筑年代仍在二里冈下层二期,岂不是自相矛盾?因此,需要我们重新认识郑州商城的年代。

一、郑州商城内城的年代

研究郑州商城的年代离不开城墙和城内宫殿的地层叠压关系,发掘者为了解郑州商城城墙的年代,在四面城墙上开挖了22条探沟,其中在12条探沟中发现有商代二里冈下层文化层,作倾斜状覆盖在商代城墙内侧下部的夯土层上,偏上部堆积薄,越向下则堆积越厚,并和城内分布的同时期文化层相衔接。下面我们先从城墙解剖的情况来看郑州商城城墙的年代。

(1)郑州商城直接叠压的是洛达庙期文化。

《郑州商城》报告指出,在5条探沟内的夯土城墙下面,压有洛达庙文化的文化层、灰沟和窖穴,压有商代早期南关外期的文化层、壕沟和窖穴(根据商城内部洛达庙遗存的增加资料,判断城墙下的南关外期应该为洛达庙文化),压有龙山文化层[6]。

这些洛达庙文化地层单位内主要出土的陶器有花边口沿的圆腹罐、刻槽盆、深腹盆、甑、大口尊、大口缸、深腹罐等,南墙CST4中的大口尊的形制与商城内青年公寓洛达庙二期文化的同类器一致(图一八)。因此压在夯土城墙下面洛达庙文化的文化层,不会晚于商城内青年公寓洛达庙二期文化的年代,即此时郑州商城城墙还没有兴建。

---

[1] 邹衡:《夏商周考古学论文集》,文物出版社,1980年。
[2] 河南省文物考古研究所:《郑州商城——1953~1985年考古发掘报告》,文物出版社,2001年。
[3] 杨育彬、袁广阔:《20世纪河南考古发现与研究》,中州古籍出版社,1999年。
[4] 陈旭:《夏商文化论集》,科学出版社,2000年。
[5] 高煒《略论二里冈期商文化的分期和商城年——兼谈其与二里头文化的关系》,《中原文物》1985年第2期。
[6] 河南省文物考古研究所:《郑州商城》,文物出版社,2001年。

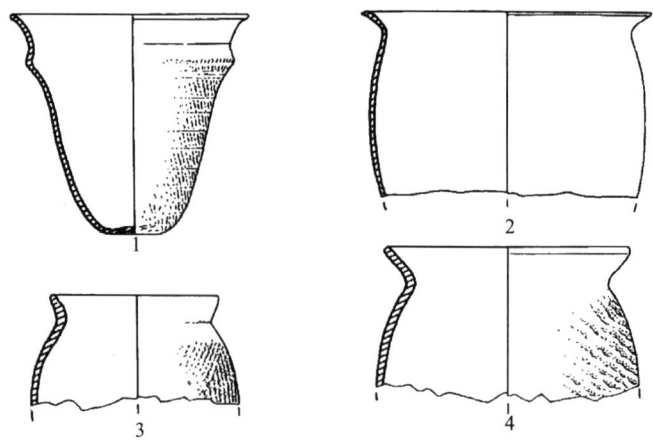

图一八 南城墙下叠压的洛达庙期陶器
1.大口尊（CST4⑤：6） 2～4.罐（CST4⑤：7、CST4⑤：10、CST4⑤：5）

（2）内城被直接叠压的地层单位的年代接近二里冈下层一期。

北墙C8T27，直接叠压城墙内侧的地层是第3层，平均厚度约80厘米。时代为二里冈期下层文化，层内出土大量陶片及石、骨、蚌器。南墙CST3、CST4，直接叠压城墙内侧的地层是第3层，厚度10～50厘米。该层下还有一长方形灰坑。坑及文化层的时代为二里冈期下层文化，层内出土陶片及石、骨器。东墙CET7，直接叠压城墙内侧的地层是第4中、下层，厚度25～110厘米。该文化层的时代为二里冈期下层文化，层内出土较多陶片及石、骨器。西墙CWT5，直接叠压城墙内侧的地层是第4层，厚度约80厘米。该层被二里冈期下层的灰坑H1打破。坑内出土大量陶片。

在10条探沟内分别发现有5座商代二里冈期下层土坑墓直接或间接打破城墙。在5条探沟内商代城墙内侧的二里冈期文化层中，发现9个二里冈下层的窖穴，这些窖穴直接或间接地压着商代城墙夯土层。

从东西南北四面城墙的发掘资料可知，二里冈期下层文化层普遍直接叠压城墙内侧，其厚度在80厘米左右，叠压城墙内侧的地层又被二里冈期下层的灰坑、墓葬，如西墙被CWH1、北墙被C8H24、C8M8打破。这些灰坑墓葬出土的陶器有的为二里冈下层二期H17阶段，有的要早于这个时期，而它下面的地层自然早于H17阶段。更为重要的是叠压西墙内侧的墓葬CWM8出土的鬲、爵、豆、深腹盆的年代接近二里冈下层一期的特征，而CWM8下面还有一个早于它的地层，最后下面叠压的才是城墙夯土。从这里我们可知直接叠压城墙内侧的地层不是一次短时间形成的，当地层形成之后，二里冈期下层的人们仍然在这里活动了一定时间。这表明夯土城墙筑成后形成的叠压它的二里冈下层的堆积时间比较长。

此外，打破北城墙内侧的CNM1出土1件圆腹罐是洛达庙类型的，出土此类随葬品的墓葬在二里头遗址有过发现，郑州商城仅此一例。打破西墙的CWH1出土的褐陶鬲，口残，分裆，高足。通体施交错细绳纹，特征接近于二里冈C1H9后期整理出来的鬲的形体特征。

因此，郑州商城的始建年代应在二里冈C1H9和南墙CST4洛达庙中期的灰坑之间。

（3）关于商城下或夯土中出土二里冈下层二期陶片的认识。

如果依照《郑州商城》报告所说商城夯土城墙筑造后的年代为二里冈下层二期，那么地层学方面就存在矛盾，从四面城墙的发掘资料中可知，二里冈期下层文化层普遍直接叠压城墙内侧，不少地方直接叠压城墙内侧的地层又被二里冈期下层的灰坑、墓葬打破。表明城墙开口于二里冈下层二期之下，时代早于二里冈下层二期。郑州商城近五十年的考古发掘证明，二里冈下层二期文化层普遍存在于城内，夯土城墙建造后的年代为二里冈下层二期，如此大规模的城址下面没有大面积的二里冈下层二期文化层是不可能的，城墙内既然能发现大量的洛达庙时期陶片，也应该有大量二里冈陶片，而事实恰恰相反。那么内城墙的始建年代只能早于二里冈下层二期。如《郑州商城》报告所说在发掘的22条探沟中，只有2条探沟内，发现商代夯土城墙的下面压有商代二里冈期下层时期的小沟，而沟内出土陶片较少，多为洛达庙期，少量为二里冈下层二期。为什么二里冈期下层时期的城墙夯土层下还压有商代二里冈期下层时期的沟呢？（关于这两条沟中的出土物，报告没有发表）我们认为这个判断有误，其年代应为青年公寓洛达庙期，这是由于商城内洛达庙期已蕴藏有大量的二里冈期下层文化因素。近年的考古发掘资料可以证明，二里冈期下层文化主要来源于商城内的洛达庙文化①。商城的发掘是在20世纪60和70年代初期进行的，当时学术界还有郑州商城是否为商代城址的疑问，发掘者的主要目的是证明它为商城，商代夯土城墙下小沟中出土的陶片中有接近二里冈期下层同类器的，将其定为二里冈期下层时期是很自然的，事实上青年公寓洛达庙一、二期文化中鬲、深腹罐等器物碎片上的纹饰、质地与二里冈期下层同类器物十分接近，并无二里冈期陶片。值得注意的是其中的细绳纹鬲片因纹饰与二里冈期的同类器接近，易被误认为二里冈期。此外，《郑州商城》报告说在夯土内发现有少量二里冈下层二期陶片，如果没有错误的话，它与此时修补夯土城墙有关。《郑州商城》指出："在对郑州商城四面城墙的发掘中，为了尽量少损毁残存的商城城墙夯土层，我们多把探沟开挖得面积小而窄（宽度1米），而且在每条探沟内遇到商代夯土后即告停工。"因此，商城解剖至底部的探沟不多，特别是城墙上部一侧的夯土修补的可能性很大。城墙遇强大的雨水会倒塌，应该是每年发生的事情。基址宫殿在二里冈下层的就有多层叠压现象，雨水毁坏应是重要原因。2000年以后，商城南墙和西墙都进行了较大范围的发掘，并且完全发掘至生土，但二里冈期夯土内十分纯净，没有陶片发现。笔者也寻找了以前发掘的夯土墙中夯土层内的陶片，发现这些陶片多呈灰色、褐色，器表纹饰有篮纹、方格纹、附加堆纹、划纹、绳纹等。可辨器形有花

---

① 袁广阔：《先商文化新探》，《中原文物》2002年第2期。

边罐、深腹罐、卷沿鬲、三足盘、短颈大口尊、平底盆等，它们一部分属于龙山文化，另一部分属于洛达庙文化。没有见到二里冈期的陶片。郑州商城城墙的主要发掘者近年来也认为城墙的始建年代可早到二里冈下层一期偏晚阶段，也可表明城墙内的二里冈下层二期陶片的年代发掘者也已有新的认识[①]。

二、宫殿基址的年代

依据已经发表的资料，目前可以确定年代的夯土基址共63处，依据地层叠压关系和出土遗物判断，部分夯土台基的年代为二里冈下层二期偏早，部分基址年代可达洛达庙晚期。如W22夯土基址位于商城东北部，在黄委会青年公寓内，呈东北—西南向，现发现长度约110米，主要为基槽部分，宽约8、厚1~3米，夯层厚8~10厘米，夯窝清晰，直径4~6厘米。西南端已到头，因为基槽已向上内收。被W22打破的有H78等，打破它的灰坑有H35（1985年发掘）、H56、H110、H114（图一九）。H35为二里冈下层偏早阶段的单位，出土有卷沿鬲、深腹盆、大口尊。H56、H110、H114出土有夹砂褐陶鼎、卷沿细绳纹鬲、褐陶斝、橄榄形深腹罐、褐陶篦纹深腹罐、大口尊、深腹盆等，从斝的口沿、鬲、橄榄形深腹罐的纹饰分析，它们的年代可能要早于二里冈下层一期（图二〇~图二二）。此外，H114打破W22的中部，表明这段夯土基址此时已经完全废弃。其兴建年代只能为洛达庙期。

1998年东里路发掘的宫殿，在二里冈下层的基址下仍有多层夯土基址。如F1为二里冈下层二期建筑，它向下打破F3，F3的基槽厚约1.5米，而F3下面又叠压F4。F4下面才是洛达庙时期的灰坑。由此可见，宫殿的兴建和废弃至少已经历三次，二里冈文化在其下层阶段发展了一定时期。宫殿同城墙的情况基本一致。再次证明内城和宫殿都是在二里冈下层之前兴建，其兴建年代应在洛达庙时期。

三、关于外郭城的始建年代

（1）城河出土物为二里冈下层的陶片，证明至少这些二里冈下层陶片以前城河已经存在[②]。

（2）已发现几段外郭城夯土墙基，从夯土层包含的极少量陶片的特征看，基本上与郑州商城夯土城墙夯土层内包含的陶片类同。都有少量龙山晚期陶片、较多洛达庙期陶片，没有更晚的陶片。内、外城内侧均发现大量二里冈文化层，如二里冈遗址可以延伸到外城墙边，但外城墙夯土内却没有这时期的陶片，这也反过来证明此时城墙已经建成。

---

① 杨育彬、袁广阔：《20世纪河南考古发现与研究》，中州古籍出版社，1999年。
② 河南省文物考古研究所：《郑州商城外郭城的调查与试掘》，《考古》2004年第3期。

第二章 郑州地区先商文化-洛达庙类型的形成

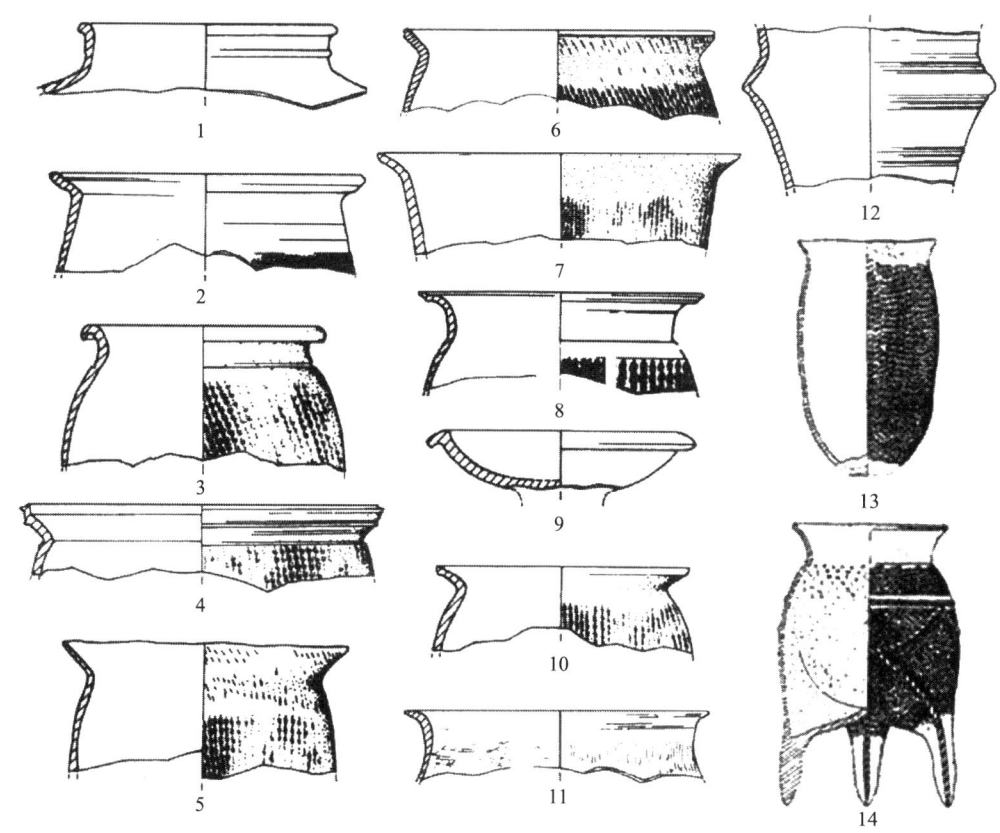

图一九 郑州商城宫殿区 W22 下 H78 出土陶器

1. 瓮（H78：37） 2. 鼎（H78：17） 3. 捏口罐（H78：34） 4. 大口罐（H78：21） 5、6、13. 深腹罐（H78：6、H78：28、H78：33） 7. 盆（H78：29） 8、10. 圆腹罐（H78：15、H78：14） 9. 豆（H78：10） 11. 篦纹罐（H78：39） 12. 大口尊（H78：3） 14. 鬲（H78：32）

（3）南关外铸铜遗址本身的地层分二里冈上、下两层，下层时期又可以划分 4 个小层，其厚度在 0.4～2 米，可见最下层的年代与最上层的年代之间会有很长一段时间，《铸铜遗址》报告发表的部分陶器如大口尊、鼎、圆腹罐、红褐陶罐的特征与洛达庙时期的同类器很接近，年代至少是二里冈下层一期[①]。关于铸铜遗址可早到南关外期，以前也有学者提出。因此我们认为郭城的年代可能略晚于内城，其年代应接近或略早于二里冈下层一期 H9。

（4）南关外发现的沟，现存长 36 米，为东南—西北向，两端未到边，沟西有一方形水池。该沟可能为南关外铸铜作坊的东部边缘，因为该作坊南部也有一条东西向的沟，二者的深度一致，可能均为作坊的防御设施[②]。南关外沟内出土的形制特殊的爵、

---

① 河南省文物考古研究所：《郑州商城——1953～1985 年考古发掘报告》，文物出版社，2001 年。
② 赵霞光：《郑州南关外商代遗址发掘简报》，《考古通讯》1958 年第 2 期。

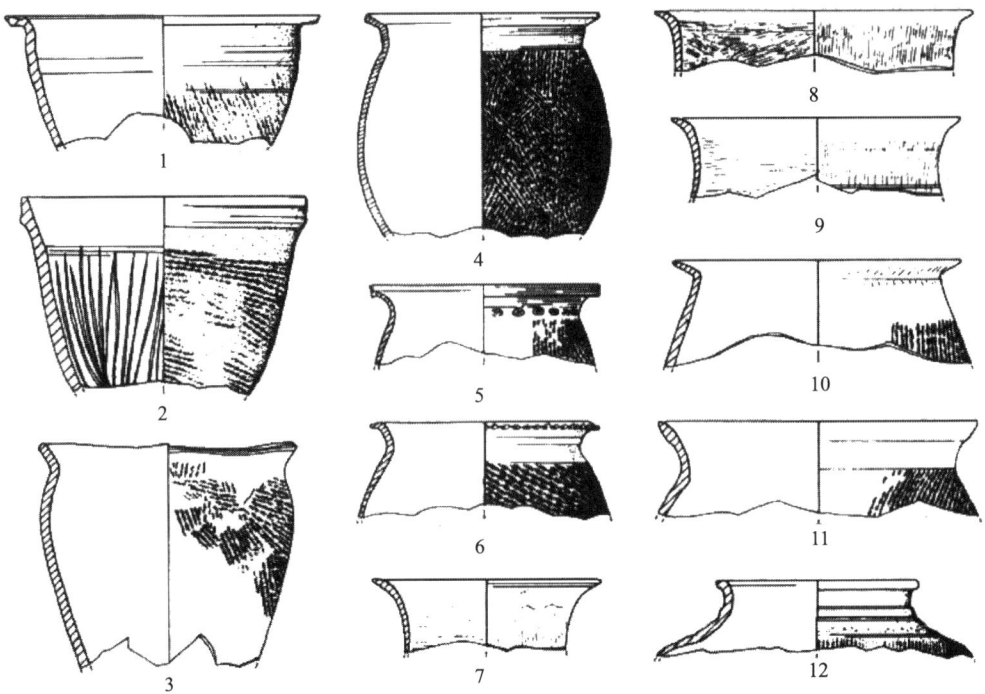

图二〇　郑州商城宫殿区夯土墙出土陶器

1. 甑（T207∶11） 2. 刻槽盆（T207∶12） 3、10、11. 深腹罐（T207∶19、T207∶24、T207∶31）
4、6. 圆腹罐（T207∶34、T207∶30） 5. 橄榄形深腹罐（T207∶16） 7~9. 篦纹罐（T207∶41、T207∶39、T207∶40） 12. 瓮（T207∶17）

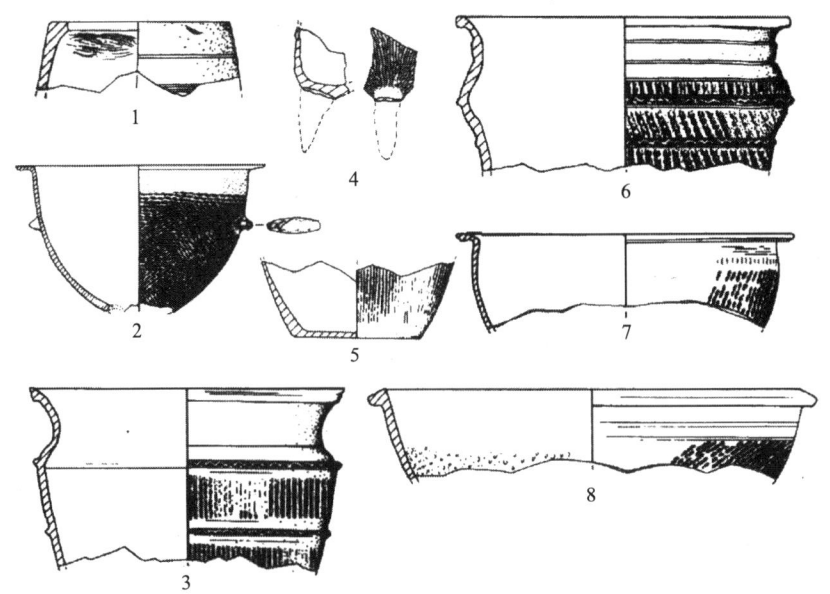

图二一　郑州商城宫殿区夯土墙出土陶器

1. 蛋形瓮（T207∶46） 2. 甑（T207∶15） 3、6. 大口尊（T207∶44、T207∶45） 4. 陶鬲（T207∶37）
5. 罐底（T207∶27） 7、8. 盆（T207∶28、T207∶10）

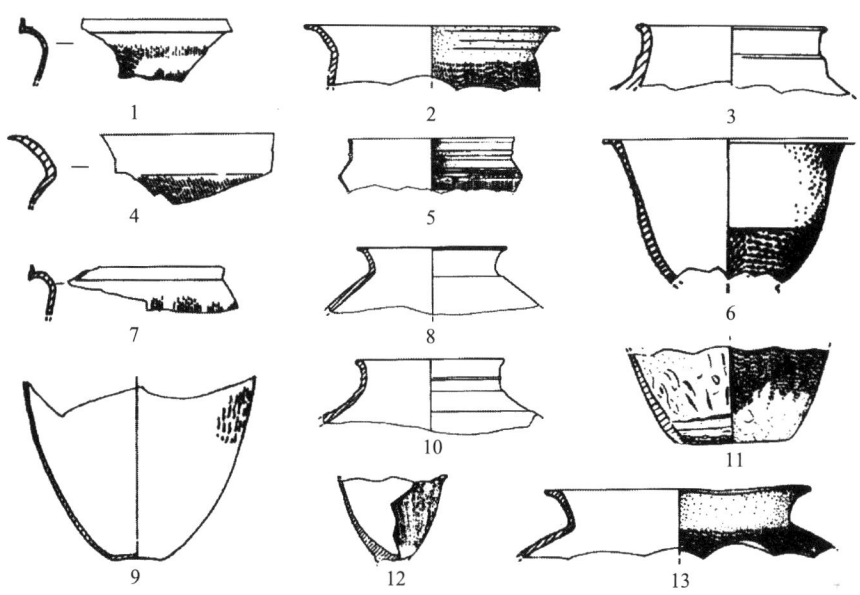

图二二　郑州商城宫殿区 H56 出土陶器

1、7、9、11. 橄榄形深腹罐（H56：8、H56：28、H56：12、H56：22）　2、4、13. 鬲（H56：14、H56：6、H56：15）　3、8、10. 瓮（H56：23、H56：5、H56：4）　5. 大口尊（H56：1）　6. 甑（H56：2）　12. 鬲足（H56：36）

斝、鬲式鼎等构成南关外文化的特色器物，均同盘龙城遗址早期的同类器一致①。此外南关外发现的沟内还出土有印纹硬陶、原始瓷片，这些来自南方的遗物在郑州商城是最早出现的。郑州商城已经过50余年的考古发掘，文化面貌基本清楚，南关外文化只分布在南关铸铜遗址附近，这是因为该遗址在商城早期已经使用，商代初年都城的铸铜技术需要或同盘龙城铸铜、运输的密切联系有关。因此，商城外城在此段修建，其目的是保护这里的铸铜作坊，因此其年代不会晚于铸铜作坊的年代。

依据地层关系，内城的建筑年代在二里冈下层一期之前，这一阶段的文化遗存是什么呢？首先内城存在大量洛达庙期遗存，它们多发现在夯土城墙或宫殿基址下和它们的夯土之中，而直接打破或叠压这些夯土城墙或基址的多为晚于它们一定时期的二里冈下层南关外H62阶段的遗迹，在此之前还有2～3层宫殿基址叠压的现象，此外，洛达庙时期在内城东南发现有典型成组的夯土水井，它们极有可能同夯土基址配套使用，二里冈时期的大型夯土水井都是在夯土基址区发现的，另外这时期文化遗存分布范围较广，整个内城几乎都有发现，遗址面积在数百万平方米，遗物十分丰富，出土陶器数量也大。郑州商城内城周长近7公里，宽达20余米，在当时是一项大型工程，没有大量的人口是办不到的，而从文化发达和遗物丰富的情况分析，与这一状况最接近的为洛达庙期文化，因此我们认为洛达庙期先开始建筑宫殿和宫城墙。因为一种考古学文化是要经过一定时期发展才会有变化的。从考古学文化的特征分析，洛达庙类

---

① 北京大学考古系、湖北省文物考古研究所《盘龙城——1963～1994年考古发掘报告》，科学出版社，2001年。

型发展的一些新特征见于电力学校灰坑 H6、化工厂 H1 等单位出土的陶器。这时期的遗存只发现于内城，它们出土的陶器特征代表了洛达庙期开始向二里冈文化过渡，但出土物以及遗迹远没有洛达庙期丰富。因此我们倾向郑州商城内城是从洛达庙期晚段开始的，其代表单位是内城东南部的三座大型夯土水井，经过的过渡阶段应为电力学校 H6、化工厂 H1 遗存时期。

关于二里冈下层 H9 的问题，学术界一般认为它是二里冈文化最早的一期，近年较多的考古资料表明，该阶段见不到一定厚度的文化层，只是有一些地层单位存在。《郑州商城》指出，"这期文化遗存目前仅在郑州二里冈和铭功路西侧两地相对发现较为集中。另外，在郑州人民公园商代遗址和商城宫殿区遗址内也有零星发现"。发现房基 4 座，位于铭功路制陶作坊区内。灰坑 12 座，墓葬 3 座，出土石器 31 件，复原陶器近 70 件。这与二里冈下层二期发掘同类出土物的数量相比较，差距极大。它的遗物、遗迹很不丰富。此外我们发现了该期陶器的纹饰、陶质、陶色及器类的特征。器形如鬲、斝、甗等典型器与南关外 H62 的同类器物接近，与城址内堆积丰厚、遗迹遗物众多的二里冈下层比较，显然它的形成时期不长，应该属于二里冈下层的一个发展阶段较为合适，更不能看作与二里冈二期时间相当的一期。以前带有明显洛达庙期文化特征的文化层只分布在内城，发展到这一期，分布范围扩大到郭城之中。它们的出现应是郭城建成以后所形成的城外最早的文化遗存。

依据我们的上述分析，郑州商城建立的顺序是先建宫殿区、宫城墙，再修建内城，最后内城经过一段时期发展后才扩建郭城。郑州商城郭城建立在二里冈下层 H9 之前或接近，内城的年代在二里冈下层南关外 H62 之前，结合宫殿在洛达庙晚期已经存在的事实，以及内城之内近年发现大量的洛达庙遗迹、地层，而外郭城不见，我们推断内城的年代接近洛达庙期晚段。关于商城的绝对年代，近年来发表不少资料，如洛达庙晚期 VT155G3 兽骨的 ^{14}C 年代为公元前 1680～前 1670 年，公元前 1630～前 1540 年。郑州商城洛达庙遗存 T232H231 骨头的 ^{14}C 年代为公元前 1740～前 1630 年，T231H230 为公元前 1690～前 1610 年，T155G3 为公元前 1640～前 1605 年，T232H233 木炭为公元前 1640～前 1605 年，二里冈下层一期 T166G2 兽骨 ^{14}C 年代为公元前 1580～前 1490 年，T323 夯土出土木炭为公元前 1600～前 1540 年，公元前 1600～前 1525 年，C1H9 卜骨为公元前 1600～前 1530 年，C1H9 骨匕为公元前 1600～前 1530 年，T166G2 骨头为公元前 1600～前 1540 年[①]。郑州商城洛达庙遗存 ^{14}C 测年为公元前 1670～前 1640 年，二里冈下层一期为公元前 1600 年。而目前发现商城始建于二里冈下层之前，因此郑州商城应建于公元前 1640～前 1600 年之间。

---

① 夏商周断代工程专家组：《夏商周断代工程 1996～2000 年阶段成果报告》，世界图书出版公司，2000 年。

第三章 早商文化的分期与性质

本章首先对早商文化进行分期与特征描述，然后将分别讨论早商文化各个不同时期的重要城址的性质进行分析。

第一节 早商文化的分期

一、分期研究概述

1954年，郑州市文物工作组发表《郑州市殷商遗址地层关系介绍》，将二里冈商代遗址的文化层分为早、中、晚三期，二里冈下层与人民公园的下层为早期，二里冈上层与人民公园中层为中期，人民公园上层为晚期。文章指出晚期地层出土器物与安阳小屯出土物比较接近，时代相距不远；早期、中期可能早于小屯文化层[1]。1956年，邹衡在《试论郑州新发现的殷商文化遗址》一文中将郑州商代遗址分为早、中、晚三期[2]。

"二里冈期"这一提法最早见于《考古学报》1957年第一期的《郑州商代遗址的发掘》一文中。1959年，由河南省文化局文物工作队编写的《郑州二里冈》将二里冈期商文化分为上、下两层，树立了这两期陶器的分期标准。在随后的研究中，学者们把早于安阳殷墟商代晚期文化的商代遗存都归为早商文化的范畴。

邹衡先生是第一个对早商文化进行系统分期的，他按时代顺序把商文化分为三期七段十四组。

高煦先生把二里冈原上、下层文化各细分为一、二两段[3]。1983年，陈旭先生将郑州商文化分为南关外、二里冈下、二里冈中、二里冈上、白家庄、人民公园六期[4]。1988年，安金槐先生发表《关于郑州商代二里冈期陶器分期问题的再探讨》一文，将郑州商城所在地二里冈期商文化的分期细化为二里冈下层一期、二里冈下层二期、二里冈上层一期、二里冈上层二期[5]。高煦和安金槐的观点差别不大，两位先生都将二里冈期商文化分四段或四期。

---

[1] 郑州市文物工作组：《郑州市殷商遗址地层关系介绍》，《文物参考资料》1954年第12期。
[2] 邹衡：《试论郑州新发现的殷商文化遗址》，《考古学报》1956年第3期。
[3] 高煦：《略论二里冈时期商文化的分期和商城年代——兼谈与二里头文化的关系》，《中原文物》1985年第2期。
[4] 陈旭：《关于郑州商文化分期问题的讨论》，《郑州大学学报(哲学社会科学版)》1988年第1期。
[5] 安金槐：《关于郑州商代二里岗期陶器的分期问题的再探讨》，《华夏考古》1988年第4期。

王立新先生将早商文化分为三期六段，第一期和第二期相当于二里冈期。第一期包含一、二段，相当于二里冈下层一期、二期；第二期包含三、四段，相当于二里冈上层一期、二期。"三期六段"沿用"四期说"的分法。后来张文军、杜金鹏等先生又根据郑州商城和偃师商城的资料对早商文化进行了分期，张文军将郑州商城分为两期4段①，杜先生把偃师商城分为三期7段②。20世纪90年代末，唐际根先生将商文化分为早商、中商、晚商三大阶段。早商文化以郑州商城的一、二、三期为代表，时代相当于大乙至大戊时期。中商文化分三期，第一期以郑州白家庄遗址第2层及小双桥遗址为代表，第二期以安阳洹北商城内1997年发掘的早段遗存及河北藁城台西早期墓葬为代表，第三期以安阳洹北商城内1997年发掘的晚段遗存及河北藁城台西晚期居址与晚期墓葬为代表。中商文化时代约相当于仲丁至小乙时期。晚商文化以殷墟一至四期文化为代表③。关于早商文化分期的最大分歧在于邹衡、陈旭、王立新等先生认为二里冈期属于先商和早商文化，而高煦和安金槐、张文军等先生认为二里冈期属于中商文化。90年代末，以唐际根先生为代表，中国社会科学院考古研究所再次将商文化分为早商、中商、晚商三大阶段。早商文化以郑州商城的一、二、三期为代表④。

《夏商周断代工程1996～2000年阶段成果报告》认为以盘庚迁殷为界，商文化分为"商代前期"和"商代后期"两大阶段；商代前期文化包括二里冈文化一至四期和洹北花园庄遗存早段共五期，商代后期文化包括洹北花园庄晚段在内的殷墟文化一至四期⑤。但随着二里头遗址发掘资料的增加，早商文化的上限可早到二里头文化四期。学者们根据二里头文化四期出现的具有早商文化因素的橄榄形罐、细绳纹鬲、素面盆等器物，有些学者认为，二里头文化的偏晚时期，第四期或四期晚段可能属于早商文化。孙华先生也曾表示过把二里头的前三期归为夏文化，第四期归为早商文化的可能性比较大⑥。

高炜、岳洪彬先生曾提出，二里头文化第四期应分为偏早和偏晚两个时期。岳洪彬先生认为，这两个时期有着质的变化，其中偏早时期及其之前的二里头文化都应为同一个文化体系，应为夏代先民的遗存；二里头文化第四期偏晚时期与偃师商城第一期应为同时期，年代应不晚于二里冈下层，但这一时期仍保留着许多自身的文化特色，并认为这种现象恰好表现了"考古学文化的演变与王朝的更替相比存在着滞后性。"⑦

因此，综合学者们的研究成果，我们可以把早商文化分为如下五个时期（表二）。

---

① 张文军等：《关于郑州商城的考古学年代及其若干问题》，《郑州商城考古新发现与研究》，中州古籍出版社，1993年。
② 杜金鹏：《偃师商城年代与分期研究》，《夏商周考古学研究》，科学出版社，2007年。
③ 唐际根：《中商文化研究》，《考古学报》1999年第4期。
④ 中国社会科学院考古研究所：《中国考古学·夏商卷》，中国社会科学出版社，2004年。
⑤ 夏商周断代工程专家组：《夏商周断代工程1996～2000年阶段成果报告（简本）》，世界图书出版公司，2000年。
⑥ 孙华：《关于二里头文化》，《考古》1980年第6期。
⑦ 岳洪彬：《二里头文化第四期及相关遗存再认识》，《三代考古》，科学出版社，2004年。

表二 早商文化各家分期编年之间的对应关系

分期							
邹衡	先商	二		三		四	
		Ⅲ	Ⅳ	Ⅴ	Ⅵ	Ⅶ	Ⅷ
安金槐		二里冈下层		二里冈上层			
		一	二	一	二		
王立新		一			二	三	
		一段	二段	三段	四段	五段	六段
夏商卷		早商			中商		
		一期	二期	三期	一期	二期	三期

二、早商城址的分期

近年来随着基本建设及考古工作的大规模展开，河南、山西、湖北相继发现了多座城址，黄河中下游地区目前发现的商城有郑州商城[①]、偃师商城[②]、焦作商城[③]、垣曲商城[④]、东下冯商城[⑤]、湖北盘龙城[⑥]、新郑望京楼[⑦]、郑州大师姑[⑧]、花园庄商城[⑨]等，其中郑州商城、湖北盘龙城、新郑望京楼都有内城和郭城，偃师商城有大城和小城之分。关于这些城址的年代，学术界一般笼统地将它们定在商代二里冈下层时期或上层时期。而这些城址的相对年代始终是学术界讨论的热点，其中争议最大的是郑州商城和偃师商城，目前发表的考古资料而言，用地层学和类型学来证明二者孰早孰晚，均无法让争议双方完全认同。因此本书希望从夯筑城墙的技术方面，结合叠压这些城址的地层关系，以及城内的文化遗物来综合考察这些城址的相互关系。

依据早商城墙的基槽结构可以划分为无基槽、浅基槽和深基槽三类。

1）无基槽类

有郑州商城内城、东下冯商城、盘龙城。郑州商城内城平面呈方形，面积约300万平方米，四面城墙均无基槽，夯筑的结构基本一样（以前发表的资料是西墙的宽大墙体，没有"护城坡"，但近年在西墙北部的发掘表明它的结构同南墙相同）分三部

---

① 河南省文物考古研究所：《郑州商城》，文物出版社，2001年。
② 中国社会科学院考古研究所洛阳汉魏故城工作队：《偃师商城的初步勘探与发掘》，《考古》1984年第6期。
③ 袁广阔、秦小丽：《河南焦作府城遗址发掘报告》，《考古学报》2000年第4期。
④ 中国历史博物馆考古部等：《垣曲商城——1985～1986年勘察报告》，科学出版社，1996年。
⑤ 中国社会科学院考古研究所、中国历史博物馆：《夏县东下冯》，文物出版社，1988年。
⑥ 北京大学考古系、湖北省文物考古研究所：《盘龙城——1963～1994年考古发掘报告》，科学出版社，2001年。
⑦ 桂娟：《河南新郑市望京楼遗址新发现夏代和商代两座大型城址》，《新华网》2011年1月12日。
⑧ 郑州市文物考古研究所：《郑州大师姑》（2002～2003），科学出版社，2005年。
⑨ 《河南安阳新发现商代城址》，《光明日报》2000年1月8日。

分，中间部分（即《郑州商城》所谓的"主城墙"）和两侧部分（即《郑州商城》所谓的"护城坡"。北墙的墙体已经发掘的地段是由内外两部分先后夯筑而成的。城墙夯筑的顺序是先版筑中间墙体，然后再依靠中间墙体分别加宽，夯筑出两侧的墙体。在南墙中部和西墙内侧底部发现有浅而窄的沟状遗迹，它的走向与城墙一致。从南墙发表的剖面图可知，它的建筑程序与郑州大师姑二里头城址的筑法有些相似。如都是事先版筑出城墙的中间部位，以此为依托，再在其两侧堆土处层层夯筑出墙体的内外部分，组成宽大的主墙体。只是郑州商城的规模更大一些，墙体也更厚一些（图二三）。东下冯商城，平面略呈长方形，南北残长140、东西宽440米。其建筑方法是用黄花土平地夯筑出城墙的主体部分，然后再筑起两侧部分，两种夯土层的交接处，略呈钝角三角形。

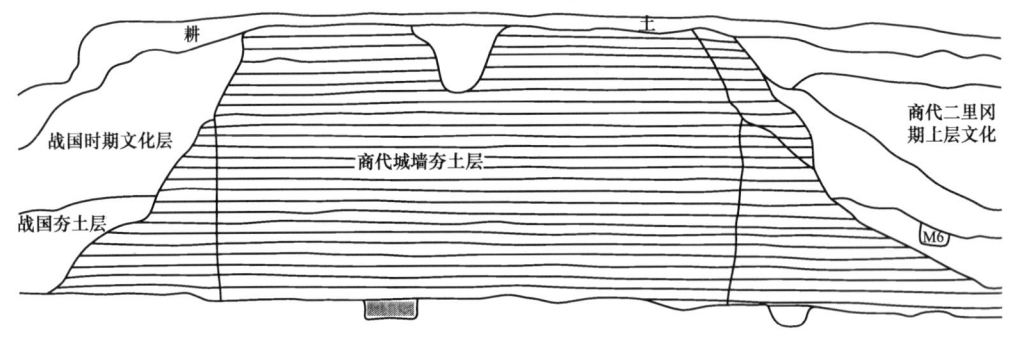

图二三 郑州商城南墙剖面图

盘龙城东西长约290米，南北宽约260米，城墙现存高度3～5米，城墙的宽度有25米左右。内城面积75 400平方米。城内东北部为宫殿建筑群。2001年武汉市文物考古研究所开始对遗址外围开展考古钻探，并发现外郭城，基础部分宽25～30米，保存高度0.1～1.5米。郭城墙与内城墙相距250～500米。把内城以外的手工作坊、民居点和小型墓地圈筑在内[①]。

2）浅基槽类

主要为偃师商城小城和望京楼城址内城。偃师商城小城城址平面呈长方形，南北约1100米，东西约740米，城墙墙体宽6～7米，四面城墙之中部，可能各有一座城门，城墙基槽一般不足0.5米，有的地点只有0.2米，发掘者对小城城墙进行解剖时，在多个地点发现城墙基槽底部的两侧或一侧有一沟状遗迹，它的走向与城墙一致，沟内填土被层层施夯[②]（图二四）。望京楼内城平面近方形，面积约为37万平方米，城墙基槽宽7.95、深0.6米。主体城墙宽7～9米[③]。

---

① 刘森淼：《盘龙城外缘带状夯土遗迹的初步认识》，《武汉文博》2002年第1期。
② 中国社会科学院考古研究所：《中国考古学·夏商卷》，中国社会科学出版社，2003年。
③ 郑州市文物考古研究院2011年望京楼遗址发掘资料。

3）深基槽类

深基槽类城址较多，有郑州商城郭城、偃师商城大城、焦作商城、垣曲商城等。其特点是基槽较深，断面呈倒梯形。郑州商城郭城墙基槽壁较斜直，上宽下窄，底平，基槽口宽 11.6~12.5、底宽 10.2~11.5、深 1.3~1.5 米，最深的地方可达 2 米，夯土出基槽后，墙体部分又向外加宽（图二五）。

偃师商城大城城墙基槽壁较斜直，底平，以西城墙 T1 为例，基槽口宽 18.2~18.35、底宽 17.7、深 0.6~0.9 米，夯出基槽后，墙体部分又向外加宽。垣曲商城，城垣平面略呈梯形，各面墙较直，仅南城墙中段依地形向城内折曲成箕形，周长约 1470 米。南城墙内分为墙体与基槽两部分。已发掘的内墙基槽略呈不规则倒梯形，外侧壁为不规则三级阶梯内收，内壁为两级阶梯内收。上口宽 10.6、底宽 5、深 2 米，叠筑夯土 20 层（图二六）。

图二四　偃师商城小城与小城基础部分

焦作商城的平面形状略呈方形，该城保存较为完好，城址周边轮廓清晰。西城墙现存长约 280 米，北墙保存长度为 284 米。城墙的建筑方法是先挖基槽，基槽宽约 15、

图二五　郑州商城郭城基槽部分

图二六 偃师商城大城城墙与基础部分

深 0.9 米,自基槽底部始,向上一层层叠筑夯土,当夯至地面高度时,便在墙体内外壁用横列木板相堵,由平地向上起建夯土墙体。

花园庄商城平面近方形,该城保存在 2.5 米以下。城址周边轮廓清晰。城墙现存边长 2100~2200 米,面积 470 万平方米。城墙的建筑方法是先挖基槽,基槽宽约 9、深约 1 米①。

从城墙基础建筑方面分析,盘龙城的结构具有特殊性,因为它地处南方,当地的下水位较高,不适宜挖掘基槽,因此该城应做特殊看待。

从郑州商城分析,是先有内城后有外城,其建筑结构顺序是由无基槽发展为深基槽;偃师商城由小到大发展的规律清晰,偃师商城大城部分地方是在通过削切小城的城墙和在小城城墙基础上扩建起来的,就基槽发展的顺序应当是由小城的浅基槽,到最后发展出大城的深基槽。因此从郑州商城、偃师商城发展的规律分析,上述三类基槽发展的顺序应当是从无基槽发展为浅基槽,最后发展出深基槽,这也是早商城址发展的三个阶段。

第一阶段以郑州商城、东下冯商城为代表。关于东下冯商城的年代,从其建筑方法方面分析应比较早。发掘者从其主城墙两侧部分的夯土层内出土的少量碎陶片推断它的年代为遗址的第五期(相当于商代二里冈下层),城内经过发掘的第五地点发现有丰富的二里头"东下冯类型"遗存,即发掘报告的三期和四期,但城墙下面直接叠压的地层却是无包含物的纯净地层和庙底沟二期文化的地层。从发表的 T5500 东壁剖面分析,其建筑方法是以平式的夯层筑出城墙主体部分,墙体可分四部分,即两侧的 3C 和中间的两块 3D,其中有 3 块夯土宽度接近,与古城寨城址的方块版筑法相似。目前东下冯商城仅发掘 2 条探沟,而且南墙和东墙两条探沟中的结构不一样,夯窝差距也较大,如南墙 T5500 的夯窝直径达 7 厘米,而东墙 T7700 的夯窝直径仅 3 厘米,因此东下冯商城的年代是否相当于遗址的第五期,值得今后关注。

第二阶段以偃师商城小城和望京楼内城为代表。其特点是城墙墙体较窄,城墙基槽浅,城墙基槽底部的两侧或一侧有一沟状遗迹。这些特征与郑州商城内城南墙中部发现有浅而窄的沟状遗迹接近;望京楼的主体城墙宽 7~9 米,同偃师商城小城接近,二者厚度约相当于郑州商城内城墙厚度的三分之一。从建筑结构方面看,偃师商城小城受到郑州商城的一定影响。

---

① 中国社会科学院考古研究所:《中国考古学·夏商卷》,中国社会科学出版社,2003 年。

第三阶段以郑州商城外郭城、偃师商城大城、焦作商城、垣曲商城、花园庄商城为代表。城墙特点是基槽较深，断面呈倒梯形。夯出基槽后，墙体部分又向外加宽，形成宽大坚固的墙体。以垣曲商城为例，筑城前，先挖掘一条横剖面呈梯形的基槽，作为地上城垣建筑的底部基础。自基槽底部始，向上一层层叠筑夯土，当夯至原地面高度时，便在墙体内外壁用横列木板相堵，由平地向上起建夯土墙体，逐层夯筑成近于垂直的主墙体。这些带有深基槽的城址内的文化遗存年代也基本一致，城内都堆积有丰富的二里冈下层二期文化遗存，并且都有大型的夯土基址群，从文化遗存的特征分析，深基槽的城址年代最晚。

三、早商陶器分期

1. 早商一期文化

属于早商一期的典型遗址有二里头、郑州商城、偃师商城、湖北李家湾等遗址。

陶器特征以偃师二里头遗址 YLVH53、VH57、VH83、VH101 等单位[①]为代表，陶器的陶质可分为泥质陶和夹砂陶两种。夹砂陶中又可分为夹粗砂和夹细砂两种。陶器的颜色可分为灰、褐、灰褐、黑、红等几种。其中以泥质灰陶、夹砂灰褐陶数量最多，泥质红褐陶、夹砂灰陶、泥质黑陶最少。陶器制作方法可分为轮制、手制、模制、轮模兼制和轮、模、手合制等几种。陶器表面均施加纹饰，以粗、中绳纹为主，并有一定数量的细绳纹、篮纹、附加堆纹、弦纹、方格纹、线纹、云雷纹、模拟动物图案和磨光陶器。绳纹多施于鬲、罐、甗、盆、大口尊、捏口尊、缸等器物表面。篮纹主要见于敞口长颈夹细砂红陶罐的颈腹部；附加堆纹则多施于大口尊的肩部和缸的上腹部；弦纹则多位于大口尊、豆、盆、簋等器物的口、颈、上腹、圈足部分或瓮的肩部；细绳纹或线纹在卷沿陶鬲残片上较常见。从器物形制看，可分为圜底器、平底器、三足器、圈足器等。三足器多为炊具，如鬲、甗等，也有的三足器为酒器，如爵、斝等；圜底器和平底器多为水器或盛储器，如盆、大口尊、瓮、罐、捏口罐等；圈足器多为饮食器、酒器或其他，如簋、豆、盘等。依据器物的用途可分为炊具、盛储器、饮食器、水器、酒具、澄滤器、器盖等（图二七～图二九）。

郑州商城的陶器可分出四组。A组约占陶器总数的60%。陶器以泥质灰陶、夹砂灰陶为主。纹饰以中绳纹为主，并有粗绳纹、细绳纹、附加堆纹，大口尊、深腹盆等器物内壁多饰有麻点；陶器有鼎、大口尊、捏口罐、圜底深腹罐、圆腹罐、深腹盆等。B组约占陶器总数的20%。陶器以夹砂灰陶、褐陶为主，纹饰多为细绳纹和线纹。典型陶器为卷沿鬲、橄榄形方唇深腹罐、甗、鼓腹盆等，鬲、罐的胎体一般厚2～3毫米。该组的鬲、甗、鼓腹盆等同二里冈的同类器在形制、纹饰上完全一致。C组陶器数量较少，约占总数的15%。陶器以夹砂红褐陶为主，陶器仅见卷沿深腹篮纹罐一

[①] 中国社会科学院考古研究所：《偃师二里头》，中国大百科全书出版社，1999年。

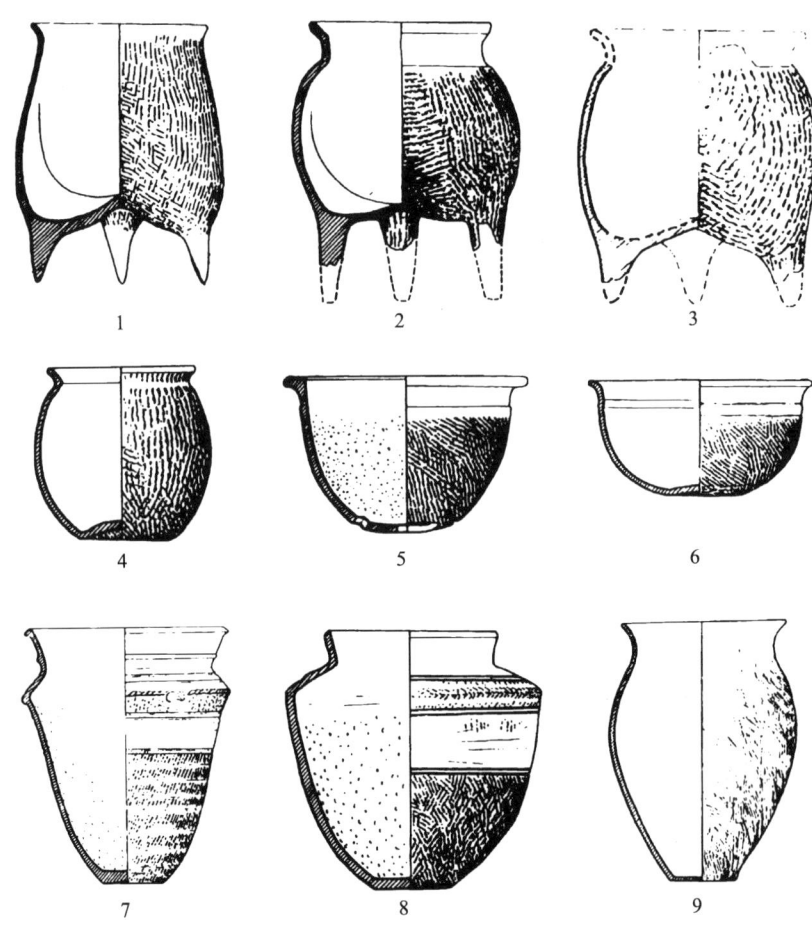

图二七　二里头遗址 VH83 出土陶器

1～3. 鬲（VH83：43、VH83：30、VH83：13）　4. 圆腹罐（VH83：16）　5. 甑（VH83：19）　6. 侈口盒（VH83：20）　7. 大口尊（VH83：24）　8. 高领尊（VH83：34）　9. 深腹罐（VH83：26）

类。D 组约占 5%，陶器以夹砂灰陶为主，典型器见有一类，陶胎较厚，足部多有刻槽。以郑州商城电力学校 H6、化工厂 H1 等单位为代表（见图一七）。

偃师商城的陶器特征与郑州商城几乎一致，发掘者认为："偃师商城第一期文化陶器总体而言表现出一种混合型文化的特征，具体讲主要是二里头文化和所谓先商文化的混合体，除此外，还有少量岳石文化以及长江中游和晋南地区的文化因素等。""具有二里头文化因素的器物在第一期文化中所占比例较大，但有逐步减少的趋势。"① 近年新的考古资料表明郑州商城内城的文化遗存与郭城不同的是内城普遍存在以黄委会青年公寓遗址为代表的"洛达庙类型"文化层和这一时期的大型遗迹如夯土基址、夯土水井等，"洛达庙类型"的遗迹或遗物都同二里冈下层文化有着密切的承

---

① 王学荣：《偃师商城第一期文化研究》，《三代考古》，科学出版社，2006 年。

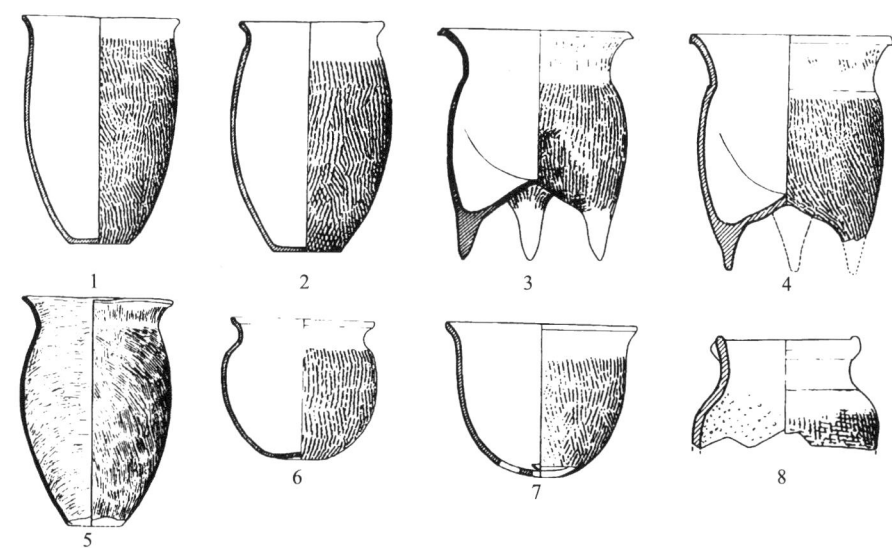

图二八　二里头遗址 VH53 出土陶器

1. 深腹罐（VH53：23、VH53：11）　3、4. 鬲（VH53：13、VH53：22）　5. 深腹罐（VH53：12）　6. 圆腹罐（VH53：10）　7. 甑（VH53：14）　8. 汲水罐（VH53：20）

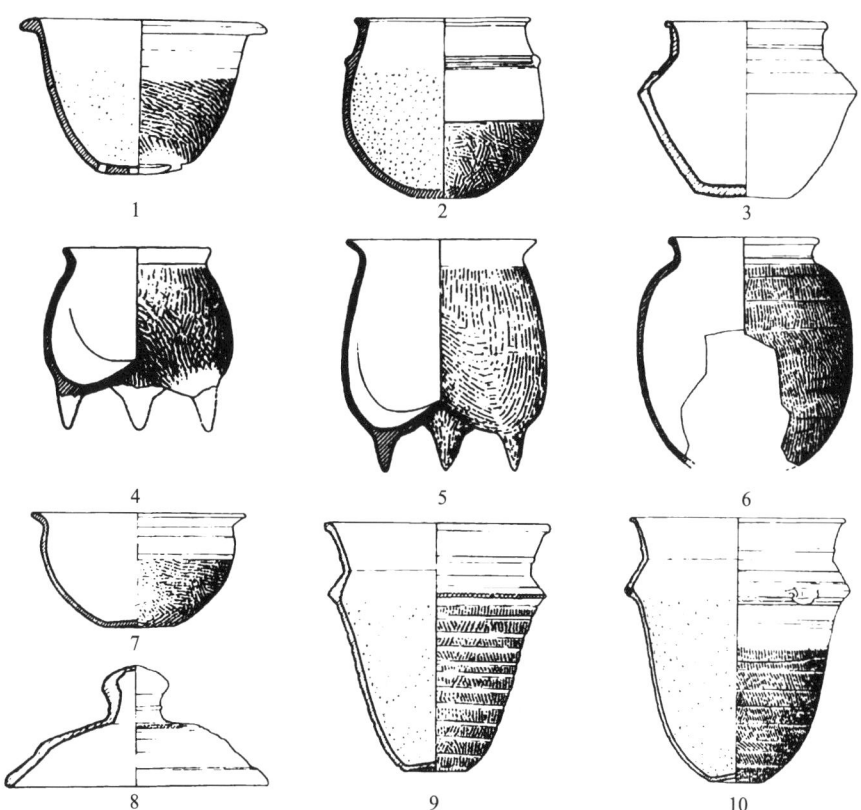

图二九　二里头遗址 VH101 出土陶器

1. 甑（VH101：18）　2. 敛口罐（VH101：13）　3. 高领尊（VH101：16）　4、5. 鬲（VH101：12、VH101：11）　6. 高领瓮（VH101：22）　7. 盆（VH101：19）　8. 器盖（VH101：10）　9、10. 大口尊（VH101：17、VH101：25）

袭关系。新的考古资料表明，偃师商城小城内最早期的遗存受到了郑州商城内"洛达庙类型"的强烈影响，如偃师商城小城内第一期第一段的薄胎绳纹卷沿鬲、橄榄形深腹罐、卷沿束颈盆等均可在郑州商城内"洛达庙类型"遗物中找到类似的器形。因此偃师商城小城从文化遗存方面分析，它和郑州商城的内城、电力学校H6等为代表的年代接近。

湖北大悟李家湾遗址，位于沿淮河南支流竹竿河上游，大悟县城关镇双河村李家湾的台地上①。大悟县地处湖北省东北部，大别山脉西段，南北长48.8公里，东西宽42.2公里，总面积1985.71平方公里。跨淮河、长江两大流域。北与河南省信阳、罗山、新县交界，南与武汉市黄陂区、孝感市接壤。遗址发掘出的灰坑H3出土物比较丰富，依据发表的资料，可分为3组。

A组主要有鼎足、侈口深腹罐、口沿有小錾的花边圆腹罐、折沿深腹盆、大口平底盆、刻槽盆、器盖、大口尊等。B组有卷沿鬲、卷沿鼓腹束腰瓿、平底瘦腹罐（似为橄榄形深腹罐的变体）、大口缸、侈口束颈深腹盆等。C组有素面大口罐、弦纹杯、饰有凸棱的粗柄豆以及半月形双孔石刀等。从器形和组合上来看，与洛达庙类型的A、B、C组一致，同类器物特征也相同（图三〇～图三二）。

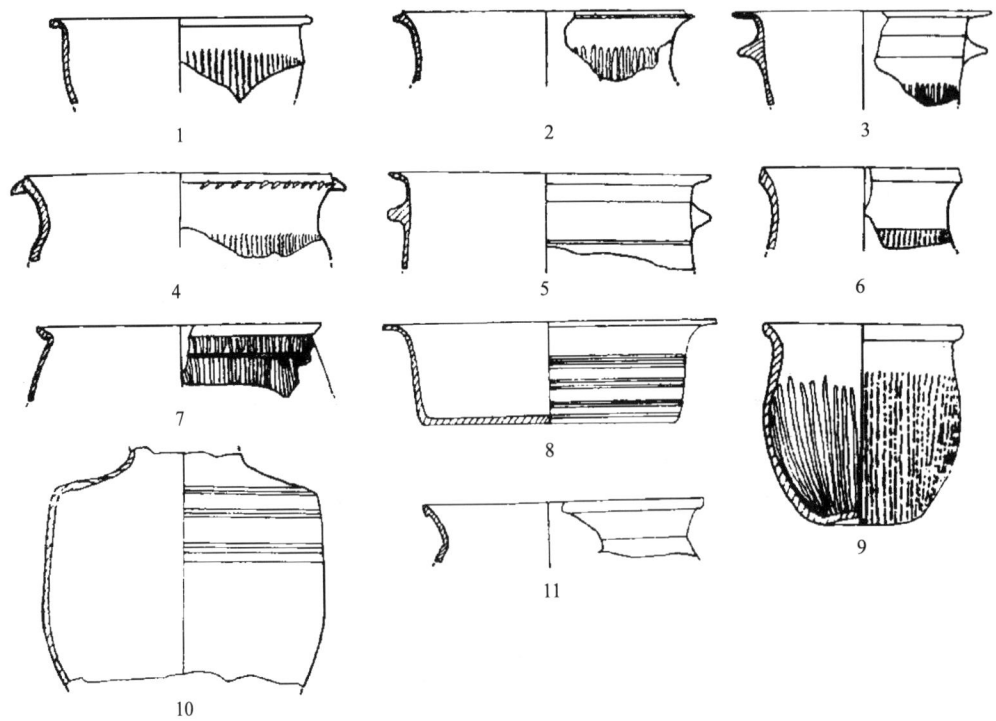

图三〇　湖北李家湾遗址H3出土A组陶器
1、2、4、6、9.圆腹罐　3、5.深腹盆　7.深腹罐　8.刻槽盆　10.小口尊　11.大口尊

---

① 湖北省文物考古研究所：《大悟县城关镇双河村李家湾遗址发掘简报》，《江汉考古》2000年第3期。

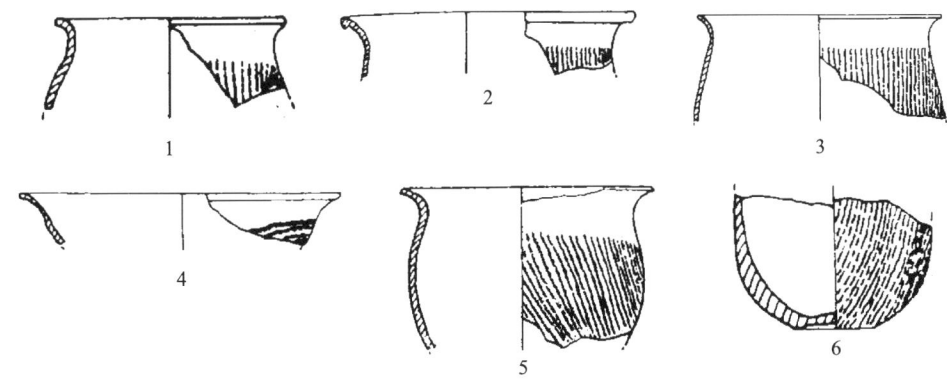

图三一　湖北李家湾遗址 H3 出土 B 组陶器
1~3.鬲　4.盆　5.瓮　6.深腹罐

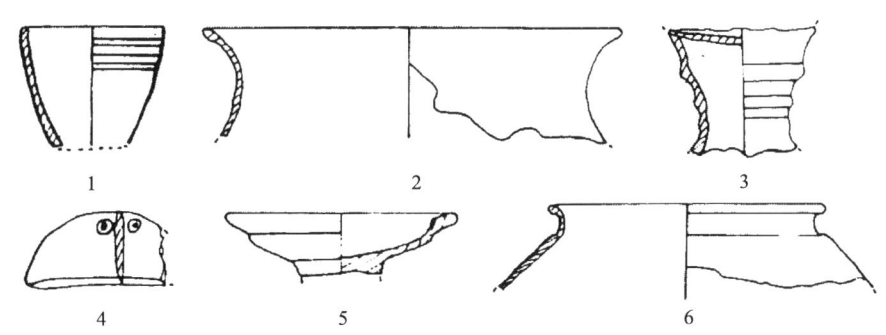

图三二　湖北李家湾遗址 H3 出土 C 组陶器
1.杯　2.深腹罐　3.豆　4.石刀　5.豆　6.瓮

2. 早商二期文化

整个早商二期文化又可以细分为 2 段。

第 1 段：郑州商城以已发表的典型材料二里冈 H9 和南关外 H62 等为代表。陶器的陶质可分为泥质陶和夹砂陶两种。陶器的颜色可分为灰、褐、灰褐、黑、红等几种。其中泥质灰陶、夹砂灰陶增多，褐陶数量下降。大部分泥质陶土未经淘洗，陶器制作比较粗糙。器类方面主要有鬲、甗、甑、斝、爵、盆、豆、簋、大口尊、尊、罐、小口瓮、缸、壶、研磨盆、钵、器盖等。

陶器明显可分出三组。A 组陶器以泥质灰陶、夹砂灰陶为主。纹饰以中绳纹为主，并有粗绳纹、细绳纹、附加堆纹，大口尊、深腹盆等器物内壁多饰有麻点；陶器有鼎、大口尊、捏口罐、圜底深腹罐、圆腹罐、深腹盆等。B 组陶器以夹砂灰陶和泥质为主，纹饰多为细绳纹和线纹。典型陶器为卷沿鬲、橄榄形方唇深腹罐、甗、鼓腹盆等。C 组陶器以夹砂红褐陶为主，陶器仅见卷沿深腹篦纹罐一类。其中以 B 组陶器为大宗，C 组陶器明显减少（图三三）。

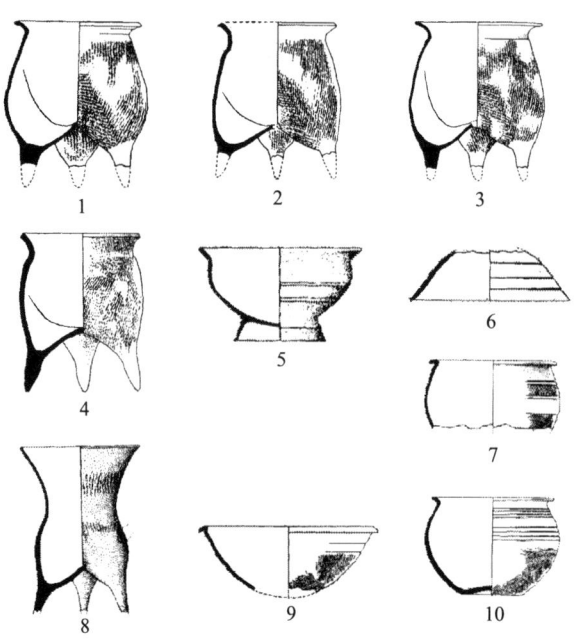

图三三 郑州南关外 H62 出土陶器

1、3. Ⅵ式鬲（H62：16、H62：18） 2. Ⅳ式鬲（H62：17） 4. Ⅲ式鬲（H62：19） 5. 簋（H62：20） 6. 器盖（H62：11） 7、10. Ⅲ式盆（H62：23、H62：24） 8. Ⅰ式斝（H62：21） 9. Ⅱ式盆（H62：22）

第 2 段：在郑州商城以二里冈的 H17 为代表。陶器方面，器物种类有鬲、甗、甑、斝、爵、盆、豆、簋、大口尊、尊、罐、小口瓮、缸、壶、研磨盆、钵、器盖等，其中以鬲为主要炊器。这段陶器的特征是鬲口沿除保留有部分为卷沿外，又出现较多凸棱口沿，鬲裆渐宽，绳纹较第 1 段为粗，斜腹、分裆，高锥状足，实足根瘦长薄胎，绳纹较细。甗，特征变化与鬲相近。上腹由圆鼓到斜鼓。斝，陶胎、纹饰、制作等与鬲的变化相同，敞口。豆，真腹，柄上多见"十"字镂孔。大口尊口径大于肩径，短颈不如 1 段明显。爵，一般有流有尾，腹部横断面略呈椭圆形，而上层爵一般有流无尾，腹部横断面呈圆形（图三四）。

偃师商城发掘者认为该期："是十分成熟的商文化，商文化已经完成了对夏文化的吸收过程。具体表现在陶器颜色以浅灰色取代了第一期时的深灰色调；鬲取代深腹罐而成为居主导地位的炊器，同时双唇折沿鬲出现并逐步取代卷沿鬲而成为主要用具之一。早商第二期文化有早段和晚段之分，早段陶器以薄胎细绳纹为主，大部分器物仍保持有腹部丰满的特征，如陶鬲外观多呈方形，袋足肥硕，卷沿鬲沿面相对（第一期晚段）较窄，翻卷略甚，有的卷沿鬲唇外缘饰凹弦纹一周；折沿鬲的沿面都相对较宽，有的唇面外缘饰凹弦纹，有的被抹平，呈台状。晚段陶器以中绳纹为主，粗绳纹也占相当比例，相当多的器物外形趋于瘦长，有垂腹趋势，如陶鬲外观多呈长方形，高度大于宽度，陶胎变厚，卷沿鬲沿面翻卷较甚，有的唇部翻卷呈钩状，折沿鬲沿面比较厚，双唇的内侧棱角凸起较甚，使得唇部似榫卯状。如果和郑州的商文化相比，第二期晚段相当于其以 H17 为代表的二里冈下层晚段，第二期早段大体相当于以 H62 为代表的南关外中层时期。"①

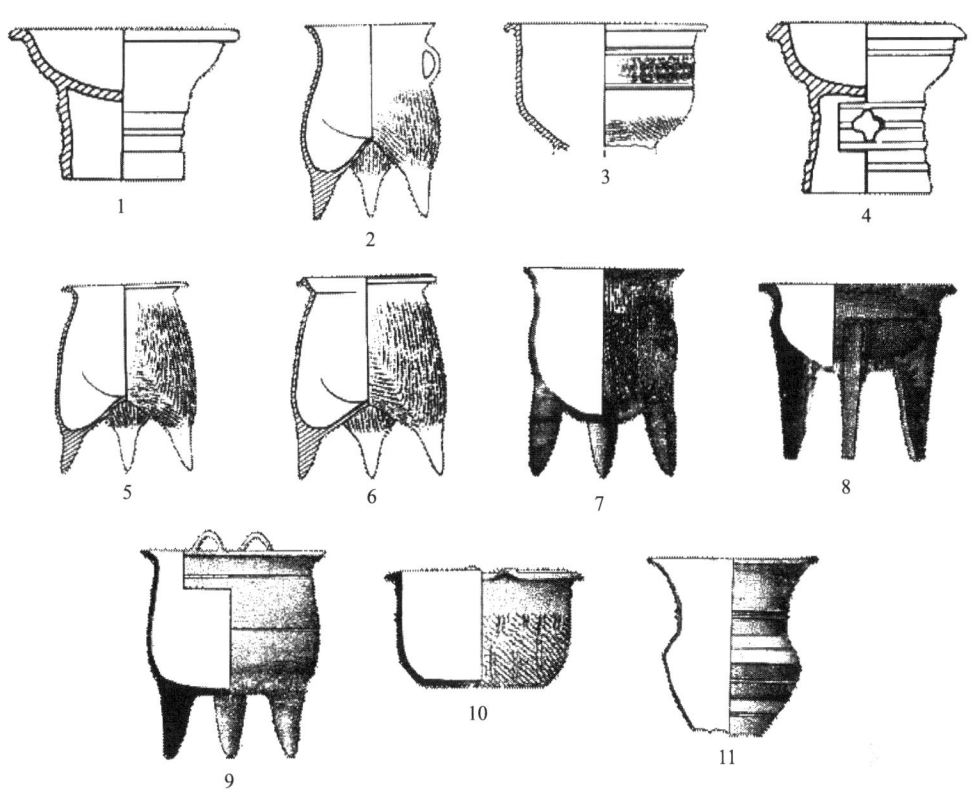

图三四　郑州二里冈 H17 出土陶器

1、4. Ⅰ式陶豆（H17：29、H17：113）　2. Ⅰ式陶斝（H17：38）　3. Ⅱ式陶簋（H17：111）　5. Ⅰ式陶鬲（H17：118）　6. Ⅲ式陶鬲（H17：119）　7. Ⅰ式陶鼎（H17：39）　8. Ⅱ式陶鼎（H17：132）　9. Ⅲ式陶鼎（H17：19）　10. Ⅳ式陶钵（H17：11）　11. 陶尊（H17：103）

3. 早商三期文化

郑州商城以二里冈 C1H2 和 C1H1、C5H39、C9.1H115 等为代表，器物种类有鬲、甗、甑、斝、爵、盆、豆、簋、大口尊、罐、小口瓮、缸、壶、研磨盆、钵、器盖等，其中以鬲为主要炊器。这段陶器的特征是鬲口沿除保留有部分为卷沿外，多作翻缘方唇；细绳纹减少，并出现同心圆纹。折沿垂唇陶鬲多为夹砂灰陶，厚方唇，唇缘下垂，颈部内收有折棱，腹壁近直，实足，沿内面有一周划纹，颈部饰一周附加堆纹，腹部饰横竖两向绳纹，间插数条附加堆纹；敛口斝多泥质灰陶，折沿，沿面上又有一折棱，

---

① 王学荣：《偃师商城第一期文化研究》，《三代考古》，科学出版社，2006 年。

长颈内收，三袋足下加三高足尖，实足，颈部一侧有一桥形錾，袋足饰绳纹，足尖素面；大口尊，大敞口，圆唇，折肩鼓突，口径大于肩径，深腹斜直，圜底内凹。颈表饰一凸棱纹，颈部内壁有三周折棱，肩部饰一周附加堆纹及两周划纹，下腹部饰不规则绳纹。平底盆，泥质灰陶，敞口，折沿，圆唇，腹壁倾斜微鼓，大平底，颈部内壁有两道划纹，腹部饰竖向绳纹。折肩瓮，泥质灰陶，直口，卷沿，尖圆唇，短颈，圆肩近折，圆鼓腹，底部微向内凹，通体饰绳纹，肩部及上腹部加饰三周划纹。簋，泥质灰陶，胎质细腻，沿外卷，方唇，深腹圆鼓，圜底，圈足，通体磨光，颈部饰两周弦纹及两周划纹，下腹部饰一周划纹（图三五、图三六）。

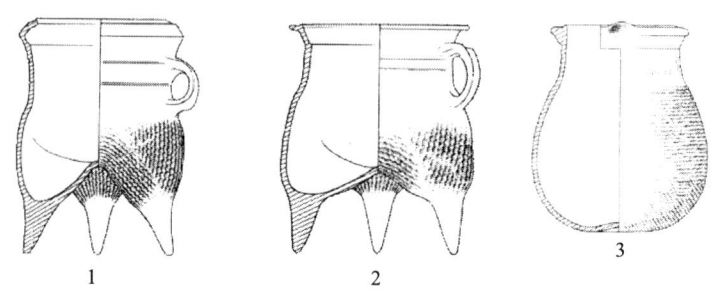

图三五　郑州商城C5H39出土陶器
1. 敛口斝（C5H39：30）　2. 敞口斝（C5H39：25）　3. 厚折沿凹底捏口尊（C5H39：24）

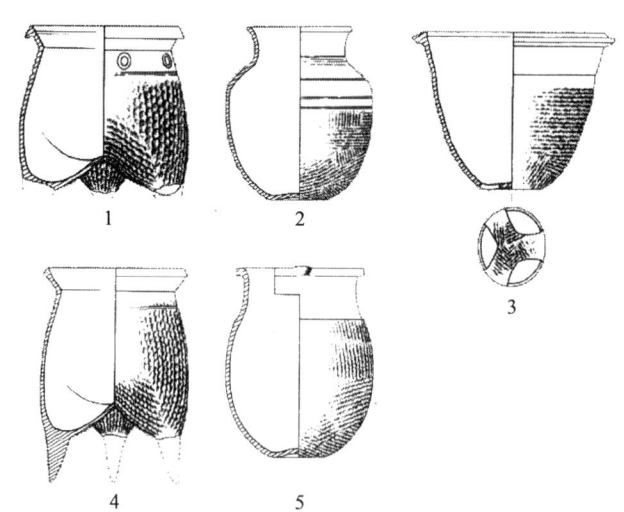

图三六　郑州商城C9.1H115出土陶器
1. 折沿垂唇陶鬲（C9.1H115：5）　2. 凹底罐（C9.1H115：20）　3. 折沿三镂孔甑（C9.1H115：17）
4. 折沿厚方唇鬲（C9.1H115：27）　5. 卷折沿凹底捏口尊（C9.1H115：14）

在偃师商城，此段以85ⅤH3为代表。陶鬲的口沿多作翻缘方唇，中粗绳纹增加，并出现同心圆纹。斝多泥质灰陶，敛口，折沿，折沿面上又有一折棱，袋腹饰绳纹。

大口尊，大敞口，折肩鼓突，口径大于肩径，圈底内凹。肩部饰一周附加堆纹及两周划纹，下腹部饰不规则绳纹。鬲、甗、大口尊、盆、罐、瓮、甑等器物特征与郑州商城一致。

4. 早商四期文化

以小双桥为代表。典型单位有95VG3等（图三七）。器物种类有鬲、甗、大口尊、盆、罐、瓮、甑、中柱盆、刻槽盆、钵、簋、豆、斝、爵、觚、杯、缸、鼎、

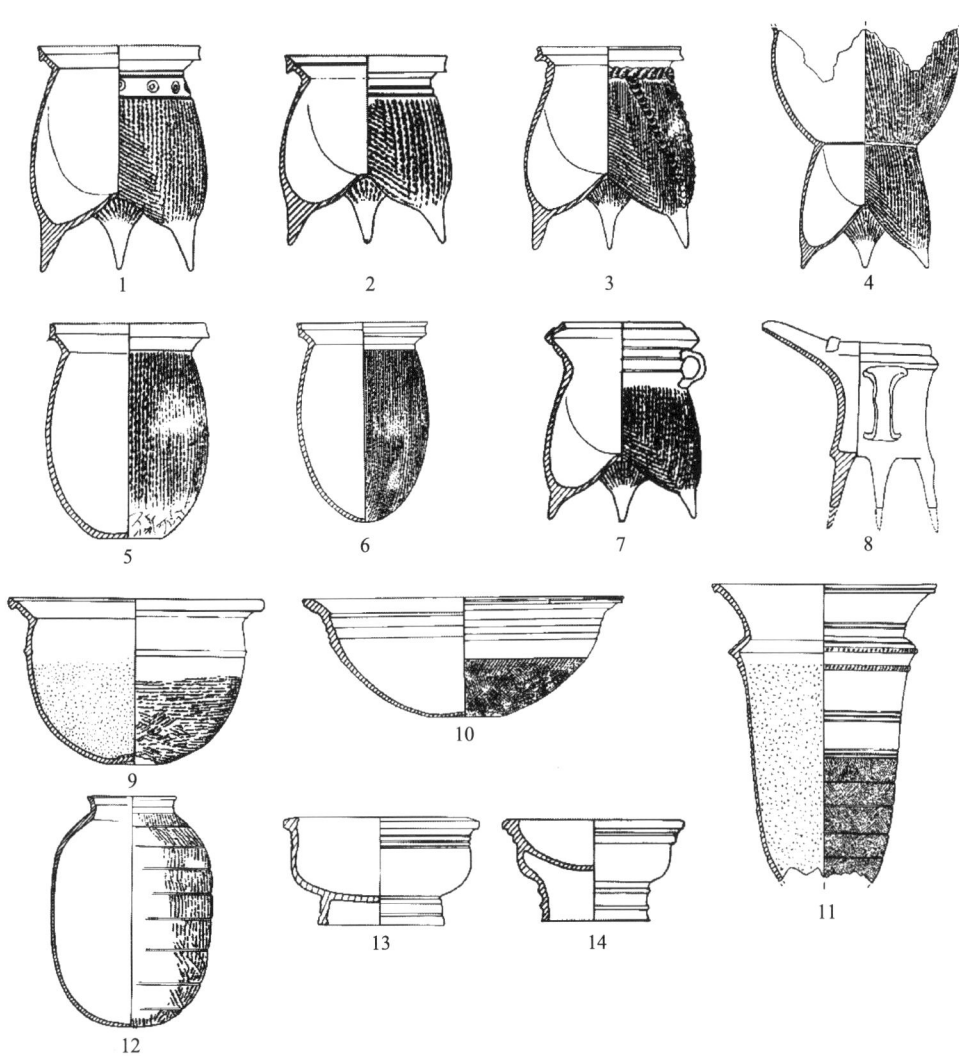

图三七 郑州小双桥遗址出土陶器

1～3. 鬲（00VT137④A∶56、00VT131④A∶9、00VH60∶41）4. 甗（99LXH51∶41）5、6. 深腹罐（00VH60∶69、00VT133④A∶4）7. 斝（00VH60∶56）8. 爵（00VT53④B∶6）9. 深腹盆（95VG3∶45）10. 浅腹盆（00VH93∶3）11. 大口尊（00VT95④下∶20）12. 瓮（95VH43∶78）13. 簋（95WT232④∶12）14. 豆（00VM38∶3）

壶、器盖等。陶器器壁一般较厚,绳纹普遍变粗,制作较粗糙,部分器物器体变大。鬲,体高约等于宽,略呈梯形。多为折沿侈口,部分口沿下仍可见到圆圈纹,实足根粗壮,厚胎,腹饰粗绳纹;斝,多敛口,长颈,器表装饰有弦纹和中绳纹等,袋足肥,足根粗壮;深腹罐,方唇,敛口,鼓腹,薄胎,腹饰粗绳纹;甗,侈口,方唇,唇面微内凹,束颈,腰部内收,内壁有一周凸棱,袋足高,实足根较矮,腹部饰中绳纹;豆,大口,粗柄,多为假腹;大口尊,长颈大口,口径明显大于肩径,大部分肩部近于消失,上腹部有窗棂纹,腹内壁有麻点纹;爵,一般有流无尾,口沿上有樗状凸棱,腹部横断面呈圆形;盆,造型复杂,浅腹盆多侈口,弧腹,凹圜底,器表装饰以绳纹为主;深腹盆数量最多,宽折沿,腹微鼓,上腹多饰两周凹弦纹,以下饰横绳纹,内壁饰麻点状纹;中柱盆,敞口,底部中央有一个中空立柱,柱底与盆底外通透,柱顶凸起,略呈蘑菇状,器表素面为主,绳纹多被抹去,腹部和器底多较粗糙;簋多盂形,敛口,圆鼓腹圜底,器表装饰有弦纹、饕餮纹、云雷纹等华丽的纹饰,底部饰以杂乱的中绳纹;瓮,多小直口,圆唇,广肩,长腹,肩部磨光,饰三道凹弦纹,腹以下饰竖向中绳纹,内壁有麻点纹; 缸,厚胎,大口,斜腹,底较小,系泥条盘筑法制成,器表饰细绳纹,该类器物小双桥遗址数量较多。陶缸残片的表面发现有朱书文字多在此类缸上。

5. 早商五期文化

以花园庄商城为代表。典型单位有 G4 等。

陶器主要器类包括:鬲、斝、深腹罐、簋、深腹盆、大口尊、圜底盆、罐等。其中以罐和各类盆较多。从器形上看,高体鬲早期瘦高,实足尖较高;甑的腹部由直到斜内收,底径由大到小,均为盘口;陶簋折沿,方唇,口部形制类似深腹盆,但腹部弧度微弱,基本是直腹,底部急剧内收,高圈足,腹部上方饰有数周凹弦纹,底部接近圈足部位饰有较少的绳纹。鬲式斝,敛口,颈部内收,饰有两道凹弦纹,袋足浅瘦,最大腹径与口径大略相同,实足根偏粗矮,裆部略低,腹部饰交错绳纹;罐,多为方唇,有的唇部略尖,腹部外鼓非常明显,最大围多在肩部位置;豆,种类较多,早期深盘假腹豆常见;盆,可划分为深腹盆与浅腹盆两类,浅腹盆腹部非常浅,平沿,多为斜方唇,腹部弧度非常明显,从颈部开始急收到底部,内壁的唇部下方多饰凹弦纹,器表腹部上方饰凹弦纹,从腹部中央凹弦纹以下开始饰交错绳纹,直到底部,陶胎较厚。深腹盆折沿、折棱明显,方唇,唇部内部与腹部交界处有一道凸棱,口部下方饰凹弦纹,腹部上方凹弦纹下饰有竖向绳纹。大口尊也只剩口沿部分,敞口,方唇,口径较大,腹部以下残缺。罐仅存口沿部分,腹部以下不见,从口沿看,器形类似二号宫殿水井第六层中所出的 A 型圜底罐。一号宫殿还出土一种高领鼓腹罐,平口、尖唇、颈部较高,肩径较大,腹部较鼓,平底微内凹,颈部下方饰凹弦纹,凹弦纹下方腹部饰绳纹(图三八)。

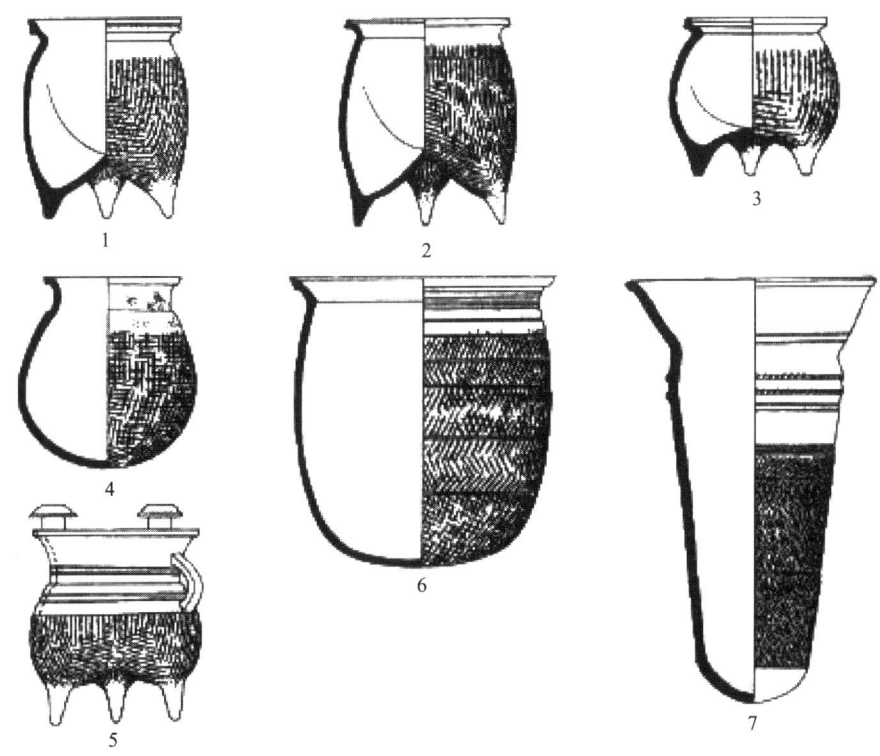

图三八　安阳花园庄遗址出土陶器

1~3.鬲（T14④：79、G4：1、H12：11）　4.圆腹罐（G4：53）　5.斝（M10：8）
6.深腹罐（H4：47）　7.大口尊（YH027：23G）

四、早商青铜器分期

1. 早商一期青铜器

早商一期青铜器主要出土于二里头遗址，如 1975YLVIIKM7、1987YLVIM1 等，器类有鼎、爵、斝、盉等。鼎 1987YLVM1：1，折沿，薄唇内附一加厚边，沿上立二环状耳，腹部微外鼓，平底，空心四棱锥状足，腹饰带状网纹；铜爵，矮柱，三足尖细，器口部变窄，器腹外壁逐渐鼓出，并开始出现简单纹饰；铜斝，圜底，喇叭口，下腹外鼓逐渐突出，柱较高。

2. 早商二期青铜器

青铜容器发现的遗址有郑州东里路黄河医院 M32、荥阳西史村 M2 等。这一时期青铜容器发现数量不多，主要有爵、斝、盉。爵，椭圆形敞口，口边沿有一道凸棱；前端有略上翘的窄长形槽状长流，后端有略上扬的三角形尖尾，口与流相接处两侧有对称双柱，较矮小，顶多为半月形钉帽；细腰，扁腹略鼓，流根部有较明显的曲折；下腹部鼓起，最大径在腹底；腹与腰分界处亦有明显的折棱；口、腰横断面呈椭圆形；平底，三个三棱体锥状实足，一侧颈腹间有一拱形鋬；纹饰简单，以联珠纹、弦纹为主，常饰于腰、腹部。斝，为大敞口，口沿上有双柱，长颈内收，扁圆腹，平底，体形粗矮，下腹部微鼓，三个近四棱体锥状空足。器的一侧颈与腹之间有拱形鋬。胎壁较薄，素面为主，个别器物颈部饰有数周弦纹。盉，圆顶，鸡心状口，管状流。深腹，分裆，三空袋状锥足，颈与一足的上部有一拱折形宽鋬，颈部饰三弦纹。该期青铜容器器表多为素面，少见有装饰花纹，装饰纹样以简单的弦纹、联珠纹为主，不见复杂纹饰。

3. 早商三期青铜器

本期青铜器以陇海北二街 87：ZSC5M1、北二七路 M1 及 M2、白家庄 M2 及 M3、铭功路 M2、回民食品厂青铜器窖藏为代表。这时期的青铜容器数量较上一期大为增加。种类上也发生了很大变化，器类有食器、酒器、水器。食器主要有鼎、鬲；酒器种类较多，有斝、爵、罍、尊、盉；水器仅见盘。装饰方面，花纹较前一期有所增多，器壁较前一期加厚。

鼎分圆鼎和方鼎。圆鼎作深腹圜底，口沿略宽外侈，内里多有一层阶，双立耳，其中一耳立于一足之上，足分柱状、锥状及扁足，足上腹部一般饰有兽面纹。大方鼎，方形口与腹，口微外侈，宽沿外折，方唇，沿面上两侧竖立着两个相对称的拱形竖耳，耳顶微外侈，两耳内壁素面平直，两耳外壁则呈凹槽形，并在凹槽内分别各有两条或三条拱顶的凸弦纹。鼎腹四壁上部稍宽于下部，平底。底部四角四个上粗下细的圆柱体中空鼎足，足的底部又各凸出一周棱。花纹装饰主要是在鼎腹与四足表面：腹部四壁的中上部各饰一条饕餮纹图案带条，而四壁的两侧边及下部饰有乳钉纹。鼎足中部饰饕餮纹或素面。

斝，体形粗矮，大敞口，尖圆唇或圆唇，沿面的前部有两个对称的菌状双柱，柱顶中心作圆突状帽，帽顶分圆鼓形与尖圆鼓形，部分柱顶帽上还饰有花纹。长颈内收，圆肩，束腰。平底，三个三棱体或四棱体锥状空足。壁较薄。在与口沿双柱相应的斝体后部的颈与腹间有拱形鋬。斝的颈部多饰有花纹，部分斝的腹部也饰有花纹。可分为圆腹圜底斝、方腹圜底斝和方腹平底斝。

爵是数量最多的一种器类，椭圆形敞口，前有窄长的槽状流，后有三角形尖尾，口与流相接处有对称二柱，柱顶帽分平顶拐角半月形、圆鼓形和尖圆形几种，高度有所增加。细腰，腹斜略鼓，腹部横断面依然呈椭圆形，底平或略凸。器侧有一扁体拱形鋬，三个三棱体锥状足。流与尾较二里冈下层稍短，腰部新出现曲折纹、联珠纹和饕餮纹等装饰。

觚，大敞口，长颈，细腰，平底，圈足。腰部与圈足分别饰有弦纹、夔纹、饕餮纹和联珠纹等装饰，并在圈足上多对称的十字镂孔。

鬲，敛口，卷沿或折沿，沿面上有两个对称的圆拱形双竖耳，深腹，分裆，三个袋状足，下加足尖。腹表饰弦纹、或人字纹、或 × 纹、或夔纹。

盉，顶圆鼓，顶前部有一个管状流，后部有椭圆形口，凸圆肩有折棱，腰内凹，下为三个较直的袋状足。与流相对应的一侧的颈与足间有一折顶弧形鋬。顶与颈有明显分界。颈下饰一周饕餮纹带条。流底两旁的顶部饰有圆钉，与流合组成兽面。

尊，大敞口，长颈弧内收，宽折肩，深腹圆鼓，圜底近平，高圈足中部有折棱。颈部、肩部、腹部与圈足上，分别饰有夔纹、饕餮纹、联珠纹和弦纹。圈足上有镂孔。

罍，一般是小口或小口微外侈，长颈、折肩、深腹略鼓，圜底近平，圈足中间有折棱。颈部、肩部、腹部分别饰弦纹、夔纹、云雷纹、饕餮纹和目纹；圈足上饰弦纹或镂孔。

卣，小直口微敛，方唇，长颈，深腹下部圆鼓，圜底近平，高直圈足。盖呈子榫口，圆鼓顶，上有菌状握手。颈侧有双耳，双耳内贯一圆拱形提梁，提梁一侧有一环，并套有环链与盖顶握手相套连。盖顶饰连续夔纹，握手顶面饰涡纹，提梁两端作蛇头状，提梁饰多组三角形与方形云雷纹；颈部饰一周由夔纹组成的饕餮纹带条，上下界以云雷纹；腹部饰竖向夔纹组成的两组宽线条饕餮纹图案；圈足饰一周云雷纹。圈足上有四个对称的圆形镂孔。

盘，大敞口，浅盘，平底，圈足。

中柱盂，大敞口，沿外折，方唇，浅腹略鼓，圜底近平，下有圈足。盂内底部中央竖立一菌状圆柱，柱顶帽圆鼓。腹外壁上部饰三周平行凸弦纹；中柱顶面饰涡纹；圈足表面有一折棱，上部饰一周弦纹或三个等距的方形镂孔。

该期青铜器的种类数量都有较大的增加，花纹装饰趋向复杂，除了简单的几何纹外，出现了较多的兽面纹。

4. 早商四期青铜器

以郑州南顺城街青铜器窖藏为代表（图三九）。青铜器种类以鼎、簋、斝、爵为主，另有鬲、盘、瓿等。大方鼎最有特色，口及正剖面近正方形，方唇，沿面上装双竖环耳，外壁呈凹槽状，腹为方斗形，下腹部稍内收，腹底四角四个柱状足中空，上粗下细。器表以乳钉纹为主，腹部可见兽面纹带。簋，口沿外侈，方唇，沿面近平，上腹近直，下腹弧收，口径大于腹径，圜底近平，圈足较矮，腹较深，腹上部饰两道凸弦纹。斝，敞口，方唇，口部立两断面为长方形的柱，较高，柱顶涡纹伞状帽，腹杯形，束腰，下腹外鼓，中腹部装一带状鋬，底平或微圜，三空足。腰部上下各饰一周兽面纹带。爵，深长流，尾较短，尖部略上翘，口部向下呈弧形内凹，腹上部微束，下部外鼓，断面呈圆形，腹底呈卵形，腹底三实足，足尖外撇，横断面呈三角形。腹中部饰一周兽面纹，上下各有一道联珠纹和凸弦纹。该时期，青铜容器的装饰开始以兽面纹为主，几何纹处于陪衬地位。

5. 早商五期青铜器

该时期的资料发表不多，青铜器的数量较少。以洹北商城内外发现的青铜器为代表，主要有三家庄铜器窖藏、三家庄M3、洹北花园庄墓葬。从公布的材料看，该

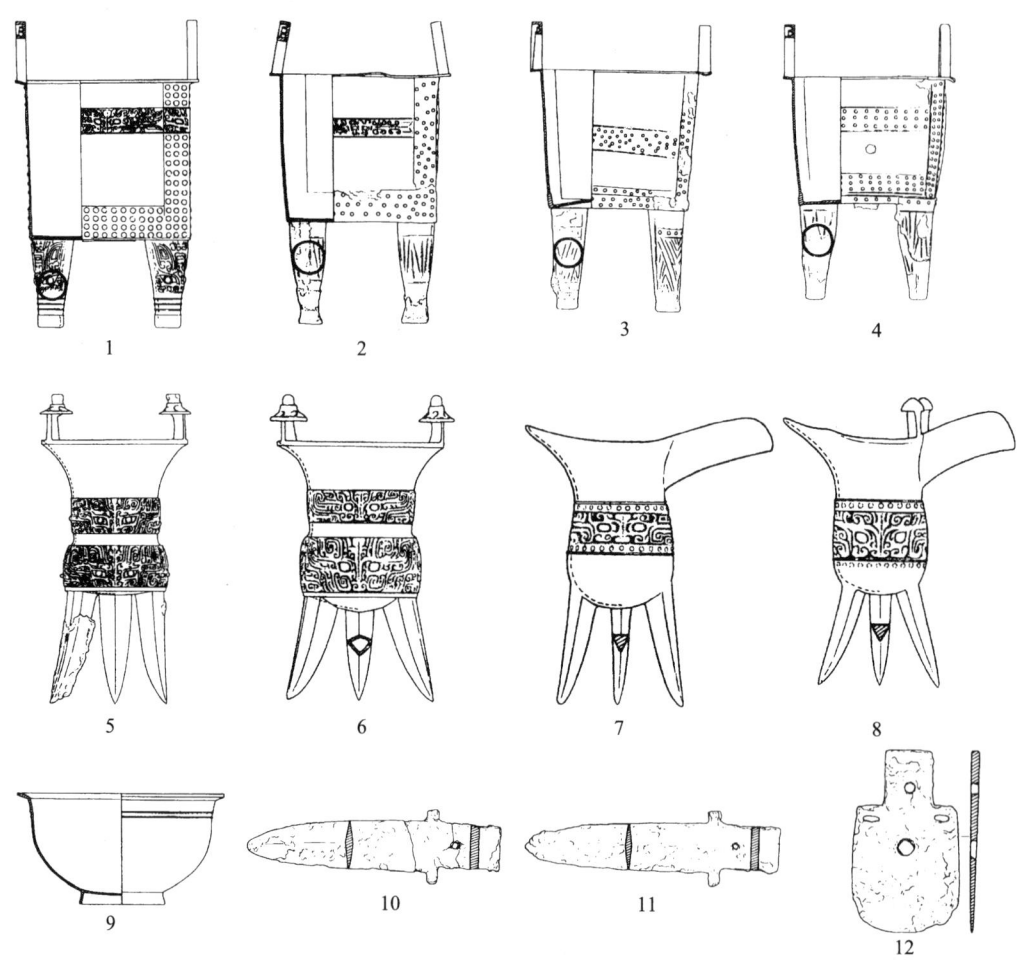

图三九 郑州商城南顺城街青铜器窖藏出土铜器

1~4. 铜方鼎 [H1（上）: 1、H1（上）: 2、H1（上）: 3、H1（上）: 4] 5、6. 铜斝 [H1（上）: 5、H1（上）: 6] 7、8. 铜爵 [H1（上）: 7、H1（上）: 8] 9. 铜簋 [H1（上）: 9] 10、11. 铜戈 [H1（上）: 10、H1（上）: 11] 12. 铜钺 [H1（上）: 12]

时期的青铜组合以爵、斝、斝为主，有的另加鼎。铜鼎，窄折沿，方唇，口沿上有双立耳，鼓腹，有多处修补痕迹，圜底，上有人字形凸线铸痕，三扁圆锥状足，与器腹相连的足根部有一按窝。上腹部饰两周凸弦纹。爵，椭圆形口外侈，流较长，微上翘。深腹较直，圜底，三棱状足略外撇，与一足相对的腹部置一鋬。腹饰两组兽面纹。

五、各期文化的分布状况

早商第一期文化主要分布于郑州、开封、洛阳一带。典型遗址有郑州商城、巩义稍柴、偃师二里头、偃师商城小城、新密曲梁、湖北大悟等。

早商文化第二期，中心仍在郑州洛阳一线，该期早商文化向北到达河南北部黄河北岸的新乡、焦作地区，向西至关中地区东部，向南到达长江北岸的黄陂，东至豫东地区周口东部，东南至江淮地区西部。主要遗址有郑州商城和偃师商城、二里头、夏县东下冯、垣曲商城、西安老牛坡等遗址。此外，经正式发掘或试掘、含有此段遗存的遗址还有荥阳西史村，登封王城岗，武陟赵庄，陕县七里铺，晋南的垣曲古城镇商城，关中东部的耀县北村。向南有鄂东的黄陂盘龙城等遗址。

早商三期文化分布范围与早商文化第二期基本一致，中心仍在郑州洛阳一线，此时期早商文化向北到达黄河北岸，如新乡、辉县都发现有典型遗址，经过发掘的遗址是辉县孟庄。向西至关中地区东部，向南到达长江北岸的黄陂，东至豫东地区周口东部，如豫东的鹿邑栾台，东南至江淮地区西部。

城址方面有郑州商城和偃师商城、新郑望京楼、夏县东下冯、垣曲商城、焦作府城、黄陂盘龙城都在使用。

早商四期文化的分布范围与早商文化第三期基本一致，中心仍在郑州洛阳一线，此时期早商文化向北到达河北南部、山东东部一带，河南安阳、濮阳都发现了这一时期的遗存，山东大辛庄遗址发现较多该时期的文化遗存，向西至关中地区东部，向南到达长江北岸的黄陂，东至豫东地区周口东部，东南至江淮地区西部。

目前经正式发掘或试掘的遗址有郑州小双桥、白家庄、人民公园、岔河、董砦，陕县七里铺，晋南的垣曲古城镇商城，关中东部的耀县北村，豫东的鹿邑栾台，江淮地区的六安众德寺、寿县斗鸡台。

早商文化的第五期，商文化的分布范围有较大扩展，扩张重点主要面向北方和东方。此时商文化遗址已分布于太行山东麓地带，甚至远至太行山以北的壶流河流域。但目前已发掘的遗址有安阳花园庄、鹤壁刘庄、邯郸龟台寺、藁城台西、蔚县庄窠和四十里坡等地点。此段早商文化不仅占据了原下七垣文化漳河型的主要分布区，而且向太行山以北地区突入。向东有柘城孟庄、杞县鹿台冈、鹿邑栾台等遗址。山东地区有泗水尹家城、天齐庙、滕州前掌大、菏泽安邱堌堆、济南大辛庄等遗址，说明此段早商文化遗址的分布已东抵济南一带。此期郑州、洛阳地区商文化遗址明显减少。

第二节　早商文化城址的性质

一、郑州商城的性质

20世纪50年代郑州商城遗址的一系列重要发现，使人们确信它应是一个都城遗址，并已有学者将其与仲丁所迁之隞相联系。城墙发现之后，安金槐等先生提出郑州商城应为仲丁所迁之隞都[①]，此后多数学者逐渐接受了郑州商城隞都说。20世纪70年

---

① 安金槐：《再论郑州商代遗址——隞都》，《中原文物》1993年第3期。

代末，邹衡先生根据《左传·襄公十一年》关于郑地亳城的记载，参证当地战国晚期遗址中出土的陶文，推定郑州商城为商汤始居之"亳都"，以后成为另一种最主要的意见[①]。也有人认为是祖乙所迁之庇以及其他一些说法。但依据新的考古材料考察郑州商城应为商代亳都。其理由有以下几点：

第一，郑州商城的面积大，约超过1300万平方米。郑州商城的平面基本呈方形，由宫城、内城和郭城组成。目前在内城东北部发现有二里冈下层的宫城墙，但分布范围不详。但从这里分布较多宫殿基址、蓄水池、排水沟、大型夯土以及水井等重要现象分析，二里冈下层时期的宫城应该在内城东北部。郑州商城的防御体系是通过城墙和护城河与东部湖泊内的大面积水域构成的。郭城墙的走向是围绕内城依照地势而设计的，防御的性质十分明显，内城内部保护对象均为宫殿遗址，规划得比较规整。二者的关系应该是唇齿相依、相辅相成的。郑州商城是迄今所发现的我国商代前期规模最大的一座城址。郭城内主要为手工业作坊和墓地、祭祀坑等。商城内东西南北四面的考古发掘钻探证明这里曾经居住有大量的人口，当时遗留有丰富的文化层，在这个巨大的城址内连为一体。历经数千年的破坏至今仍有大面积文化层和遗迹发现，当时堆积之丰厚、文化之发达在今天是很难想象的。可见郭城中当时居住有大量的人口，他们主要是手工业者，因此郑州商城应是当时的政治经济中心。

第二，郑州商城始建年代早。近年的考古新发现使郑州商城的年代研究也有了突破。一方面是内城中发现夯土基址的年代较早，应超过二里冈文化下层一期的年代而进入洛达庙时期。另一方面近年新的考古发掘资料可以证明，二里冈期下层文化主要来源于商城内的洛达庙文化。郑州商城洛达庙遗存的年代多为公元前1670～前1640年，二里冈下层一期为公元前1600年。而目前发现商城始建于二里冈下层之前，因此郑州商城应建于公元前1640～前1600年。依据偃师商城小城的发现为夏商分界的界标的认识，郑州商城内城的早期已经进入先商的年代，郑州商城的"洛达庙类型"属于先商文化。这与《尚书·序》云："汤既黜夏，复归于亳"相符合。

第三，郑州商城作为商王朝的政治经济中心使用的时间与文献所记载的亳都相符，古本《竹书纪年》记载，自商汤开始，历外丙、仲壬、大甲、沃丁、大庚、小甲、雍己、大戊，凡五世九王皆都于亳。依据古本《竹书纪年》记载："自盘庚至纣之灭，七（二）百七十三年，更不迁都。"八世十二王居殷。郑州商城作为五世九王的亳都至少也在150年以上。依据"夏商周断代工程"公布的数字，郑州始建和使用年代近200年。郑州商城作为商王朝的政治经济中心，其使用的时间与文献所记载的亳都相符。遗址内出土的陶器表明从洛达庙晚期到二里冈上层二期是不间断的连续发展的五大期。城内还出土了大量精美的青铜器和玉器，特别是具有王者气魄的大型青铜重器也只在郑州商城内出土，这从另一侧面表明二里冈文化时期，郑州商城是当时的一

---

① 邹衡：《夏商周考古论文集》，文物出版社，1980年。

座王都。商代开国君王成汤所都的亳都在郑地,古代文献记载也是明确的,如《左氏春秋襄公十一年》:"会晋侯、宋公、卫侯、曹伯、齐世子光、莒子、邾子、滕子、薛伯、杞伯、小邾子伐郑。秋,七月,己未,同盟于亳城北。"杜注:亳城,郑地。同年《传》:"夏,郑子殿侵宋。四月,诸侯伐郑,己亥,齐大子光、宋向戌,先至于郑,门于东门。其莫(暮),晋荀至于西郊,东侵旧许;卫孙林父侵其北鄙。六月,诸侯会于北林,师于向。右还,次于琐。围郑,观兵于南门,西济于济隧。郑人惧,乃行成。秋,七月,同盟于亳。"但具体地点没有指出。近年,东周时期的"亳"字陶文在郑州有大量出土,表明战国以前这里的确存在亳。郑州一带出土东周时期带亳、亳丘、亳聚等字的陶文。其中东周时期带亳字陶文的烧制地点在郑州西南郊,目前已经有多处陶窑发现,并有大量东周时期的亳字陶文出土①。郑州商城内城东北部出土有大量东周时期带亳字陶文,目前发现130余件,其中单字亳最多,且亳字多拍印在豆的柄部,少数拍印在豆盘内。这些发现说明在东周时期这里仍称作亳地。邹衡先生指出:"东周时既称郑州商城为'亳丘',可见郑州商城名亳,并非始自东周,而在东周以前应该早有亳名。如同殷墟曾是殷都一样,'亳墟'很可能就是因为郑州商城本是商的亳都而得名的。"②因此只有郑州商城与古本《竹书纪年》所记载的自商汤开始,所经历的五世九王皆都于亳相符。

第四,郑州商城各期的文化内涵与它都城的地位相符,我们将郑州商城的文化遗存分为洛达庙晚期、二里冈下层一期、二里冈下层二期、二里冈上层一期和二里冈上层二期五大期,每一期还可分两段。遗址内出土的陶器表明从洛达庙晚期到二里冈上层二期是不间断的连续发展的五大期。在城内先后发现了60多处大型的商代夯土建筑基址、规模宏大的蓄水池、祭祀坑等。在郭城发现有两处规模宏大的铸铜作坊基址、制骨作坊遗址、制陶作坊遗址,表明郑州商城的各种工业作坊也初具规模。在东城墙外的南端和西城墙外的南北两侧,发现有三处大型的青铜器窖藏坑;在东城墙外的今二里冈和白家庄,在西城墙外的今人民公园、北二七路和铭功路以及城内一些地区,都发现有随葬青铜器的贵族墓葬等,特别是城内还出土了大量精美的青铜器和玉器,以及具有王气的大型青铜重器也只在郑州商城内出土,表明二里冈文化时期,是商代政治昌盛、经济繁荣的时期,所有这些都说明郑州商城是当时的一座王都,是迄今所发现的我国商代前期规模最大的一座都城址。

第五,郑州商城与二里冈文化的中心地相符,依据新的考古资料和研究,在早商的初期,年代略晚于郑州商城内城的是偃师商城的小城,郑州商城内城的面积为300万平方米,偃师商城小城的面积是80万平方米,早商二期郑州、偃师商城都开始扩建,郑州商城的面积已超过1300万平方米,偃师商城的面积是190万平方米,其他

---

① 河南省文物考古研究所:《郑州小双桥遗址发掘报告》,科学出版社,2013年。
② 杨育彬、孙广清:《郑州小双桥商代遗址的发掘及相关问题》,《殷都学刊》1998年第2期。

与此同时的商城如焦作、垣曲、东下冯等的面积只有10万～20万平方米。近50年来的田野考古证明，晋南、豫中的二里冈文化是一种文化的连续发展，中间并没有任何缺环，郑州一直是这一文化的中心，但郑州商城在二里冈二期晚段废弃时，其他城址随之废弃，这一地区的二里冈文化也完全消失，如此广大的范围这种文化几乎是同一时间消失的，此后由于郑州不再是商都，到商代后期晋南、豫中的晚商遗址很少，与早商的众多二里冈遗址形成极大反差。郑州作为早商的中心地位之重要是可想而知的。

第六，从聚落分布分析，早商时期聚落围绕郑州商城城址密集分布。早商聚落的分级特征十分明显，似乎已经形成了"都、邑、聚"金字塔式的社会结构，按照聚落的规模，可以把这一时期的聚落分成都邑性的大型聚落、军事重镇或具有陪都性质的大型遗址、军事堡垒性质的小型城址和普通聚落四个等级。

郑州商城是郑州地区规模最大的聚落（图四〇），这里不仅是政治、经济、军事文化中心，也是该地区聚落群的核心。在郑州商城外围分布着大小不一的各级聚落，在本地区形成了金字塔式的组织模式。郑州商城周围共发现早商遗址40余处，既有大

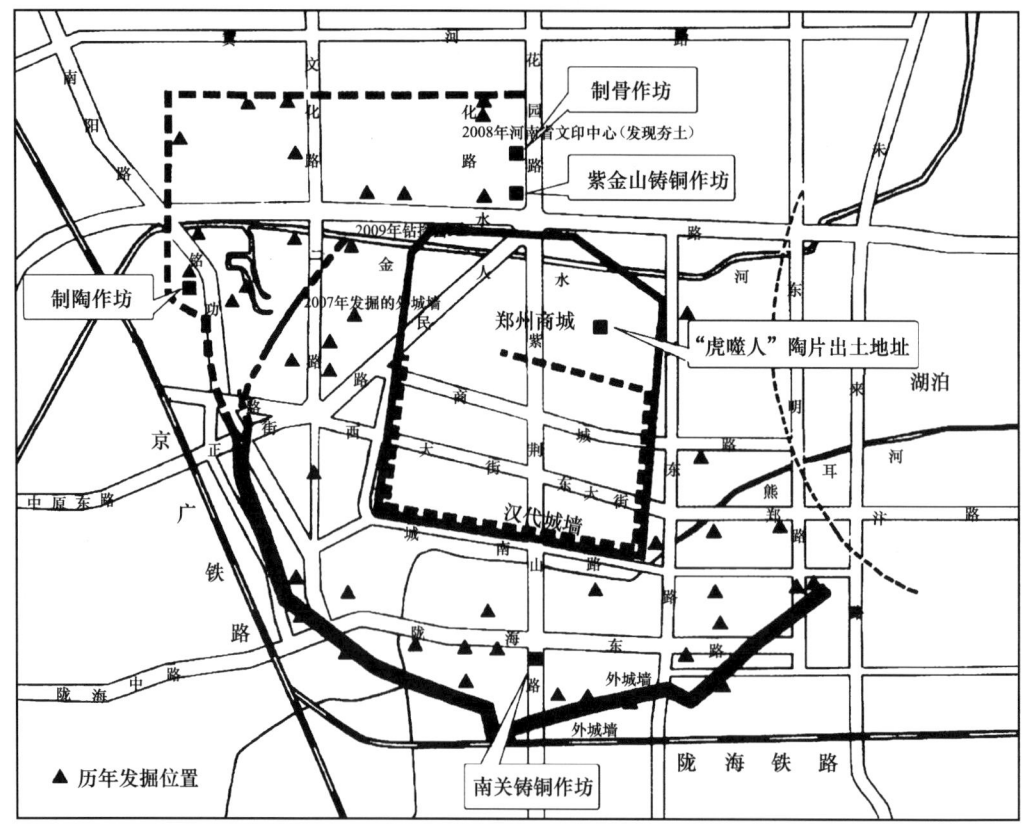

图四〇 郑州商城遗址

型聚落如小双桥城址，也有其他小遗址如郑州商城外郭城范围外的任寨、西沙口、董寨、牛寨、宋庄、洛达庙、昔旮王、岗杜、司家庄遗址；市区南郊则有齐礼阎、佛岗遗址；东北郊有大河村遗址。当然最重要的外围遗址要数西北郊的小双桥遗址了[①]（图四一）。

郑州商城、偃师商城、夏县东下冯商城、垣曲商城、焦作府城、新郑望京楼商城，均处于黄河中游商王朝的统治区域内，分别位于黄河的南北两岸，各城之间的直线距离为60～90公里，这些城址均为方圆百里地域内的经济、政治、文化中心，各自管辖一片区域。在城址统辖区域内往往分布着大小不一的聚落遗址，这就形成了以各个城址为中心的聚落群，这种聚落的分布与商族"聚族而居"的习俗是相一致的。

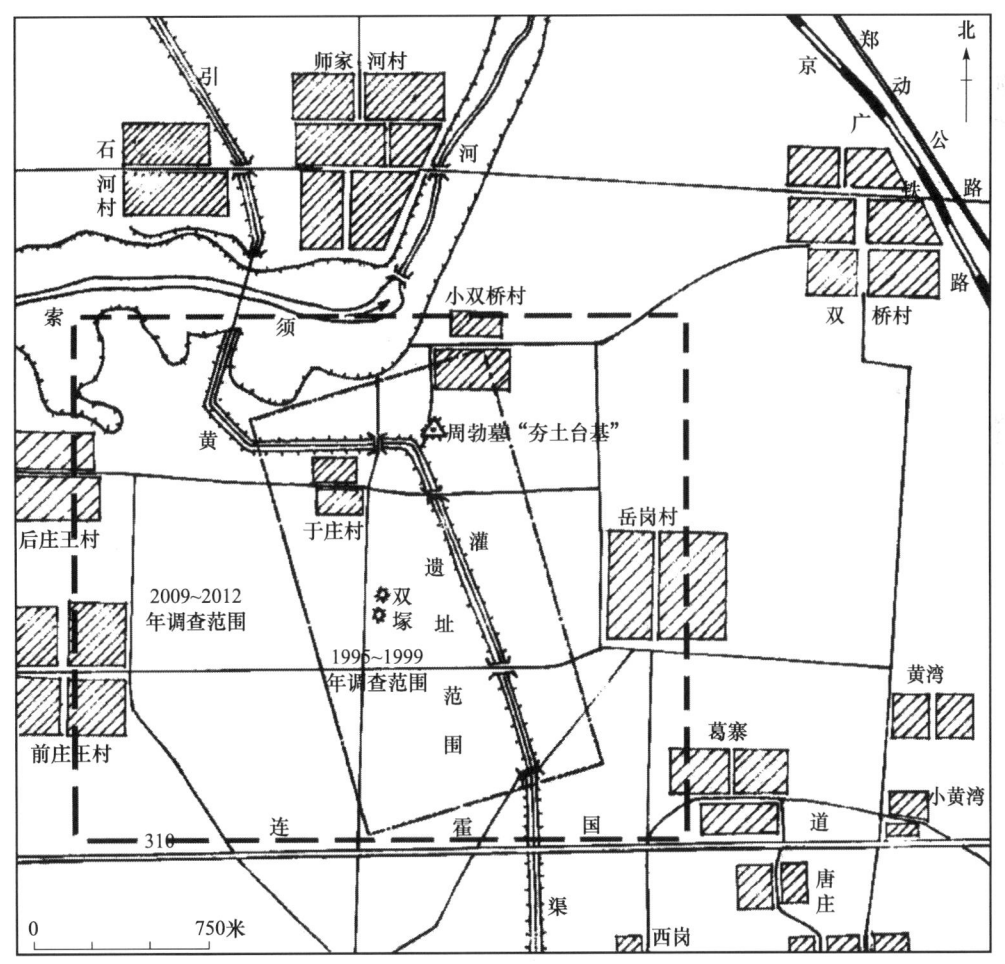

图四一　郑州小双桥遗址

---

① 郑州市文物考古研究院资料。

从聚落的演变来看，早商文化一期，主要有郑州商城聚落群、偃师商城聚落群，占据了河南省中西部的伊洛—郑州一线，基本上与二里头文化的主要分布区相重合，这种重合可能正是夏商更替在聚落上的表现。早商文化一至四期，郑州商城聚落群依旧繁荣，处于核心地位。早商文化四期是聚落群巩固和继续发展时期，聚落群的整体布局并无大的变化，其主要原因是小双桥遗址处在核心地位，因为它距离郑州商城不远，聚落变化不大。到早商文化五期，聚落群的分布开始偏重于北、东方向，其他地方则出现衰败现象。太行山东麓、漳河流域出现较多的早商遗址，而洹北花园庄商城聚落群的形成成为早商聚落东进北上的代表。与此形成鲜明对比的是郑州商城开始进入废弃阶段。这恰恰反映出商王朝经营重心的转移。

二、小双桥遗址的性质

小双桥遗址地处郑州市西北郊石佛乡小双桥村与于庄村之间的河旁台地上，北依索须河，1990年河南省文物考古研究所发掘郑州市西北郊石佛乡小双桥村的商代二里冈上层时期（白家庄期）的大型遗址[①]，发现有宫城、道路、灰坑、壕沟、夯筑基址残迹及石柱础等遗迹。出土遗物有青铜建筑饰件、特磬、青铜容器、玉石器、原始瓷器、骨角器、蚌器、海贝、金箔、卜骨朱书文字等。小双桥遗址引起了学术界的重视，陈旭等先生首先著文认为小双桥遗址的位置，与文献记载的隞都所在地望基本相合，其文化遗存的时代与商隞都的年代相近，认为此遗址当属仲丁之隞都[②]。而杨育彬等先生则反对小双桥遗址为隞都，认为它是属于郑州商城晚期的宗庙祭祀遗址[③]。小双桥遗址争论的主要原因是受遗址调查和发掘面积等资料的限制而产生的，如1990年调查时遗址公布的面积是15万平方米[④]，如此规模的遗址说是一代王都，引起质疑十分正常。近年来，随着遗址发掘面积的加大，新资料的公布，尤其是小双桥遗址发掘报告的出版，为进一步认识该遗址的性质提供了新材料（图四一）。

1. 小双桥遗址的范围与规模

从规模分析小双桥遗址应当是一处都城，为了弄清遗址的范围、文化层的分布范围、遗址的布局、年代以及性质等问题，大规模的考古调查和发掘主要有三次（图四二）。

第一次是河南省文物考古研究所郑州工作站于1990年对该遗址进行的调查，范围以商代夯土基址"周勃墓"为中心，四周辐射调查。发现小双桥村西南的"周勃墓"是一个高12米左右的夯土台基，在"周勃墓"以南100米和以北200米范围内及其西大部分地区均发现有较多的商代文化遗物，并初步认为遗址的面积约15万平方米[⑤]。

---

① 河南省文物考古研究所：《郑州小双桥》，科学出版社，2012年。
② 陈旭：《夏商文化论集》，科学出版社，2000年。
③ 杨育彬、孙广清：《郑州小双桥商代遗址的发掘及相关问题》，《殷都学刊》1998年第2期。
④ 河南省文物研究所：《郑州小双桥遗址的调查与试掘》，《郑州商城考古新发现与研究》，中州古籍出版社，1993年。
⑤ 河南省文物研究所：《郑州小双桥遗址的调查与试掘》，《郑州商城考古新发现与研究》，中州古籍出版社，1993年。

第二次是 1995 年的调查和发掘，为了进一步确定遗址的范围、文化堆积状况以及遗址的年代和性质，河南省文物考古研究所再次对遗址及周围地区进行了大面积的调查。先后在岳岗村、于庄村、石河村等发现了商代遗存，小双桥遗址的范围、规模明显扩大。该遗址大致呈东南—西北走向的长方形，东西宽度约在 1000 米以内，南北长度在 2000 米以内，遗址总面积在 150 万～200 万平方米。遗址北部偏东为核心区，除前述宫城墙基址外，这一带还发现有夯土建筑基址、居住址、祭坛和各类祭祀坑等重要遗迹①。

图四二　郑州小双桥遗址夯土基址剖面（"周勃墓"）

第三次是 2009 年底至 2012 年初，郑州市文物考古研究院再次对小双桥遗址进行了调查和勘探，在遗址南部发现一条东西长 1700 多米、宽 12～14 米的商代道路。这条大道的南部，仍广泛分布白家庄期商代文化层，在其东南部还分布有陶窑等重要遗迹。并在小双桥村东北约 300 米处，经勘探确认为一处古湖泊，发掘者认为这可能是古荥泽。此次调查、勘探的成果，结合以前的发现，发掘者初步推断小双桥遗址面积有可能达到 400 万～500 万平方米②。

经过这三次考古调查和发掘，小双桥遗址文化层的分布状况和遗址的面积基本清楚，总面积在 400 万～500 万平方米，遗址的规模小于郑州商城，而略相当于安阳洹北

---

① 河南省文物考古研究所：《1995 年郑州小双桥遗址的发掘》，《华夏考古》1996 年第 3 期。
② 张家强：《2010 年小双桥遗址调查》，《郑州市文物考古研究院年报》，2010 年。

商城的面积①。遗址由于历代破坏以及本身文化层较薄，呈现的特点是时断时续，以灰坑、水井、陶窑等埋藏较深的遗迹保存较好，遗址的核心区位于东北部，宫城墙、夯土建筑基址、祭祀坑等重要遗迹都在这一带分布。从规模上分析这里应当是一处王都遗址。

2. 小双桥遗址发现的重要遗迹

宫城：宫城墙位于遗址中心区域偏北部，发掘区的中部，方向80°，略呈东北—西南向。

夯土建筑基址：目前已发现8座，规模宏大，但多破坏严重。如一号夯土建筑基址，编号95ZXⅣHJ1，HJ1南北残宽约12米，现存长度50米以上。夯基系用褐色黏土逐层铺垫并夯打而成，夯基表面的柱础坑近方形，柱础坑内底部置柱础石。夯基总厚度在1.5米左右。

祭祀场：Ⅳ区HJ1南侧有一块相对比较平整的活动场地，在这个区域内发现了一定数量的祭祀坑，东西两侧分布有综合祭祀坑（"多牲坑"）、牛头丛葬坑、牛角坑、牛角器物坑和青铜熔炼遗存等，此外还有水井、铸造遗迹等。

3. 小双桥与郑州商城的承袭关系

两个遗址的年代兴衰与文化承袭明显。在郑州商城宫殿区有明确的地层关系，即白家庄期的灰沟打破了二里冈上层宫殿基址，这能说明二者的早晚关系。城墙上也出现不少二里冈上层的墓葬，表明城墙也已经废弃。从发掘材料看，郑州商城到白家庄期，与郑州二里冈上层比，文化遗存分布范围缩小，遗迹、遗物也减少。而此时小双桥遗址兴起，发现的重要遗迹有宫城、宫殿（或宗庙）建筑遗迹、祭祀坑、灰坑（或窖穴）、灰沟等②，这是郑州商城最重要的文化重心的转移。

但转移后的都城明显继承了前一时期的一些东西，如选址方面，郑州商城近湖泊，城址的东北部紧邻一个大湖③，商城东在清代还有湖泊，其名曰"城湖"。清乾隆《郑州志》记载："城湖即濮射陂也，在州东五里堡南，广可十余顷，水光如鑑，前对凤凰台。北魏以此赐濮射李冲因名。"小双桥遗址也选在大型湖泊荥泽附近，考古调查资料表明，小双桥遗址东北部就有一处大的古湖泊遗迹。

小双桥遗址，各文化层和遗迹内出土的陶器、青铜器，年代属白家庄期，与郑州商城二里冈上层偏早的陶器一脉相承，器类、器形联系紧密。考古资料表明，郑州商城作为都城废弃于二里冈上层时期，而此时小双桥遗址开始兴起和繁荣，两者在年代上前后衔接。

在小双桥为代表的白家庄时期，二者关系仍然密切。主要表现在三个方面：一是

---

① 唐际根、荆志淳等：《河南安阳市洹北商城的勘察与试掘》，《考古》2003年第5期。
② 河南省文物考古研究所：《郑州商城》，文物出版社，2001年。
③ 河南省文物考古研究所：《郑州商城外郭城的调查与试掘》，《考古》2004年第3期。

郑州商城此时没有废弃，郑州商城内的白家庄①、木材公司②、铭功路③、电力学校④、回民中学⑤、南关外⑥、紫荆山⑦等地点，还有此时的文化层和遗迹分布，表明还有一定的人口居住于此；二是铸铜作坊继续使用，南关外和紫荆山两处铸铜作坊也都有此时的文化遗存；三是商王还去郑州祭祀亳都。郑州商城现已发现青铜窖藏坑三个，张寨南街青铜器窖藏坑、向阳回族食品厂青铜器窖藏坑和南顺城街青铜器窖藏坑。其中向阳回族食品厂有的坑旁埋有牛，有的坑内铺撒有朱砂，三坑共出土铜器27件，其中包括大型方鼎、圆鼎等9件"重器"。发掘者根据三处窖藏的地层叠压关系和出土物推断其年代均为白家庄时期⑧。安金槐等先生根据埋藏位置和埋藏情况综合判断，这些青铜器窖藏坑应是商王和贵族在举行大型祭祀活动后，把祭祀中用的青铜礼器集中进行埋藏的遗存⑨。

从上述材料分析，此时政治中心已在小双桥遗址，但铸铜等一些重要的手工业作坊仍在郑州商城，这里可能还是其重要的经济中心。

4. 小双桥遗址的性质

（1）小双桥遗址的地理位置。

小双桥遗址的地理位置与文献记载仲丁都嚣的记述基本一致。小双桥遗址地处郑州市西北郊的邙山地区，古代称之为敖山。西晋皇甫谧云："仲丁自亳迁嚣，在河北也；或曰：今河南敖仓，二说未知孰是也？"北魏郦道元认为河南敖仓说为是，他在《水经注·济水》中云："济水又东迳敖山北，《诗》所谓'薄狩于敖'者也，其山上有城，即殷帝仲丁之所迁也。"

（2）郑州商城与小双桥遗址文化联系紧密。

与文献中仲丁自亳迁隞的时间吻合。

小双桥遗址，各文化层和遗迹内出土的陶器、青铜器，年代属白家庄期，郑州小双桥遗址的器物与郑州商城二里冈上层偏早的陶器一脉相承，器类、器形联系紧密。考古资料表明郑州商城作为都城废弃，而此时小双桥遗址开始兴起和繁荣，两者在年代上前后衔接，遗址兴起和衰落的关系正是仲丁自亳迁隞的历史写照。

（3）小双桥遗址的规模和文化内涵已具备都邑遗址的条件。

依据新的考古调查资料，小双桥遗址面积约500万平方米，遗址北部高地为中心

---

① 河南省文物工作队第一队：《郑州市白家庄遗址发掘简报》，《文物参考资料》1956年第4期。
② 姜楠等：《郑州市木材公司1997及2000年商代遗址发掘简报》，《郑州文物考古与研究》，科学出版社，2003年。
③ 郑州市博物馆：《郑州市铭功路西侧的两座商代墓》，《考古》1965年第10期。
④ 河南省文物研究所：《郑州电力学校考古发掘报告》，《郑州商城考古发现与研究》，中州古籍出版社，1993年。
⑤ 河南省文物研究所：《1992年度郑州商城宫殿区发掘收获》，《郑州商城考古发现与研究》，中州古籍出版社，1993年。
⑥ 赵霞光：《郑州南关外商代遗址发掘简报》，《考古通讯》1958年第2期。
⑦ 河南省文物考古研究所：《郑州商城——1953～1985年考古发掘报告》，文物出版社，2001年。
⑧ 河南省文物考古研究所等：《郑州商城窖藏青铜器》，科学出版社，1998年。
⑨ 安金槐：《再论郑州商城青铜器窖坑的性质与年代》，《华夏考古》1978年第1期。

区和边沿区。中心区目前发掘有宫城，城内有大面积夯土建筑基址、祭祀坑、壕沟等重要遗迹，出土的遗物中有青铜器、玉器、象牙器、金箔、原始瓷器和朱书陶文等，表明该遗址当是贵族的生活和政治活动场所。该遗址与一般聚落遗址的性质完全不同，小双桥的规模应大于商代初期郑州商城内城，小于郑州商城外城的规模。

（4）从中原地区二里冈—白家庄期文化遗址的分布，分析当时的政治经济文化是以小双桥为中心。

从考古学文化上分析，商代白家庄时期河南、陕西、山西、山东、河北各地遗址出土的器物种类鬲、甗、尊、盆、罐、瓮、甑、簋、豆、斝、缸等陶器器壁一般较厚，绳纹普遍变粗，器物器体浑厚等独具时代特征的风格，应当是在小双桥遗址形成而传播到各地区各遗址的。

在郑州地区，郑州市西北郊的商代遗址因小双桥遗址的出现而增多。其中比较重要的除小双桥遗址外，还有大师姑、郑庄、西连河、祥营、洼刘、赵村、兰塞、关庄遗址等[①]。郑州大师姑总面积约 51 万平方米。壕沟内侧发现被早商环壕打破，表明二里冈下层偏早阶段还在使用，但到二里冈晚期即小双桥时期遗址范围扩大，遗址东部此时文化遗存十分丰富，大师姑商代遗存此时的大面积出现是该区域文化繁荣的具体体现[②]。

以小双桥遗址为核心，西有大师姑、南有郑州商城等重要遗址拱卫。以此为中心向外还有一周城址，如西部的偃师商城[③]、北部的焦作府城[④]、西北部的垣曲商城[⑤]，南部的新郑望京楼商城[⑥]。此时河南境内仍有大量遗址发现，除郑州外还有偃师二里头[⑦]、伊川南寨[⑧]、巩县稍柴[⑨]、辉县孟庄[⑩]、新乡潞王坟等遗址[⑪]。这些重要城址和众多遗址此时都在使用，这应与小双桥的都城地位没有远离郑州地区有关，但郑州地区在小双桥遗址废弃时，其他城址随之废弃，这一地区的二里冈文化也完全消失，在如此广大的范围这种文化几乎是同一时间消失的，此后由于郑州地区不再是商都，到商代后期晋南、中原的晚商遗址很少，与早商的众多二里冈遗址形成极大反差。郑州作为早商的中心地位之重要是可想而知的。

---

① 张松林：《郑州市聚落考古的实践与思考》，《中国聚落考古的理论与实践》（第一辑），科学出版社，2010 年。
② 郑州市文物考古研究所：《郑州大师姑》（2002～2003），科学出版社 2005 年。
③ 中国社会科学院考古研究所洛阳汉魏故城工作队：《偃师商城的初步勘探与发掘》，《考古》1984 年第 6 期。
④ 袁广阔、秦小丽：《河南焦作府城遗址发掘报告》，《考古学报》2000 年第 4 期。
⑤ 中国历史博物馆考古部、山西省考古研究所、垣曲县博物馆：《垣曲商城——1985～1986 年勘察报告》，科学出版社，1996 年。
⑥ 郑州市文物考古研究院：《望京楼二里冈文化城址初步勘探和发掘简报》，《中国国家博物馆馆刊》2011 年第 10 期。
⑦ 中国科学院考古研究所：《偃师二里头》，中国大百科全书出版社，1999 年。
⑧ 河南省文物考古研究所：《伊川考古报告》，大象出版社，2012 年。
⑨ 河南省文物研究所：《河南巩县稍柴遗址发掘报告》，《华夏考古》1993 年第 2 期。
⑩ 河南省文物考古研究所：《辉县孟庄》，中州古籍出版社，2003 年。
⑪ 河南省文物工作队：《新乡潞王坟商代遗址发掘报告》，《考古学报》1960 年第 1 期。

（5）商人此时开始将其经营的中心向东北方向转移。

从目前的考古发现分析，商人此时开始将其经营的中心向东北方向转移。如在北方二里冈下层时期黄河以北典型的遗址仅见辉县孟庄，新乡以北没有发现，但到小双桥所代表的白家庄时期，黄河以北不仅在新乡潞王坟有发现，在安阳濮阳甚至河北省境内的藁城台西①、河北省藁城北龙宫②、北京平谷刘家河③也都有此时的文化遗存发现。在东方二里冈下层文化遗存最东在鹿邑栾台有发现，但此时不仅在商丘市坞墙④有发现，而且在山东省境内的菏泽安丘⑤、济南大辛庄⑥也都有发现。

小双桥遗址商文化遗存中有一些因素特征近于岳石文化。比如陶器中的部分褐胎黑皮或灰黑皮陶，器类中的素面盆等，其中石器中的长方形穿孔石器最具岳石文化特征。陈旭先生首先注意到小双桥遗址的长方形穿孔三刃铲形石器应是来自岳石文化的因素，她指出："在白家庄期商文化中出现种种战争信息，很可能正是反映仲丁伐蓝夷的历史。从历史记载看来，商代前期王朝对外族的战争，主要是仲丁伐蓝夷。《竹书纪年》云：'至于仲丁，蓝夷作寇'，'仲丁即位，征于蓝夷'。蓝夷，在今鲁南一带地区。而岳石文化的性质，学术界多认为属东夷文化，在今鲁中南地区，亦是岳石文化的分布区，而长方形穿孔三刃石器，亦主要在这一地区分布。由此看来，白家庄期商文化与岳石文化之间的关系中，出现的战争因素和信息，与商代前期仲丁征蓝夷的历史基本上是对应的，这种对应关系，亦有助于进一步说明小双桥遗址属仲丁之都。"⑦

三、洹北商城的性质

1. 洹北商城的发现与研究状况

1996年，夏商周断代工程启动，借此契机，中国社会科学院考古研究所安阳队对三家庄一带进行了再次探索。1997年，安阳队在花园庄村西的发掘中有不少发现。随后，考古队又于1998年、1999年在花园庄东地进行了更大面积的发掘，揭露了面积较大的夯土基址等，确认了花园庄遗址的面积不小于150万平方米。1999年11月，考古队在花园庄东地发现了城墙，并进行了解剖，确认了城墙的存在及其建筑方式，到2001年时，已在城址的中部发现了30余处夯土基址，确定了一座城址被发现⑧

---

① 河北省文物研究所：《藁城台西商代遗址》，文物出版社，1985年。
② 河北省文物研究所：《藁城北龙宫商代遗址的调查》，《文物》1985年第10期。
③ 北京市文物管理处：《北京平谷县发现商代墓葬》，《文物》1977年第11期。
④ 中国社会科学院考古所河南二队：《河南商丘县坞墙遗址试掘简报》，《考古》1983年第2期。
⑤ 北京大学考古系商周组：《山东菏泽安邱堌堆遗址1994年发掘报告》，《考古学研究》（八），科学出版社，2011年。
⑥ 济南市博物馆：《大辛庄遗址1984年秋试掘报告》，《东方考古》第4集，科学出版社，2003年。
⑦ 陈旭：《郑州小双桥商代遗址即隞都说》，《中原文物》1997年第2期。
⑧ 中国社会科学院考古所安阳工作队、美国明尼苏达大学科技考古实验室中美洹河流域考古队：《洹河流域区域考古研究初步报告》，《考古》1998年第10期。

（图四三）。这座世纪末发现的大型商代城址成为商代考古上一个重大成就，引起了国内外殷商史学界、考古学界的极大关注。

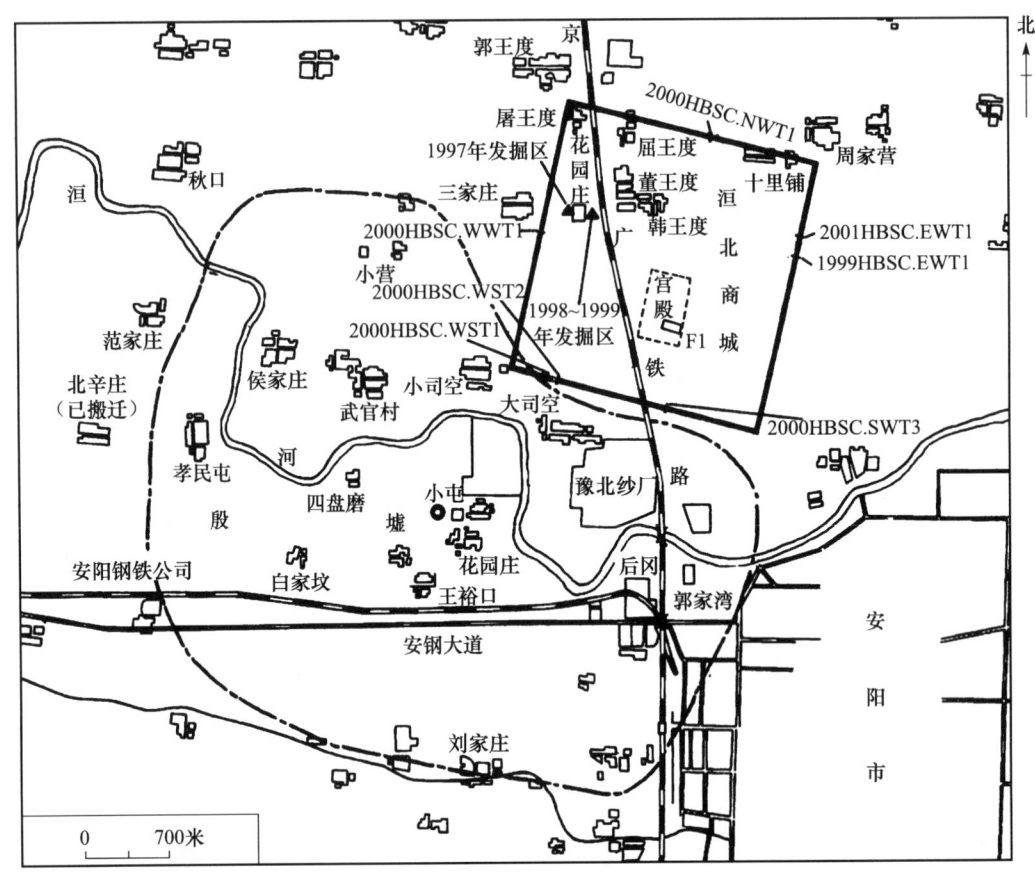

图四三　安阳花园庄商城位置图

洹北商城城址坐落在洹河北岸，隔河与安阳市相望，西南部与 20 世纪 60 年代初划定的殷墟保护区毗邻，部分略有重叠。城址埋于目前地表之下 2.5～2.8 米，其平面约为方形，方向为北偏东约 13°，城墙用深褐色纯净土夯筑而成，土质坚硬细密。据钻探，城的东墙、北墙及西墙中、北段保存较好，西墙南段及南墙尚有疑问，但从整体判断，该城址四段城墙的长度应该都在 2000 米以上，城址总面积在 400 万平方米。根据其地理位置及年代，这座城址被命名为洹北商城。从规模上可知，洹北商城应是商代都城之一。洹北商城的性质引起了学术界的争论，主要有两种说法，即"河亶甲居相"和"盘庚迁殷"。

1999 年，刘绪与雷兴山先生联名撰文《洹北花园庄遗址与河亶甲居相》，认为洹北商城从规模上论有"王都之相"，而遗址位于殷墟附近，其所处位置与文献记载的"河亶甲所居之相"位于安阳的结论较符合[①]。因此，虽然不能排除其有盘庚、小辛、小乙

---

① 刘绪、雷兴山：《洹北花园庄遗址与河亶甲居相》，《文物世界》1999 年第 4 期。

的可能，但更符合逻辑的结论是其早期是河亶甲所居。而很多学者反对这个说法，倾向于洹北商城应是盘庚迁殷，其论点主要集中在殷墟小屯遗址目前发现的多是武丁以后的遗存，盘庚、小辛、小乙三王时期的遗存较为少见，因此推测盘庚迁殷的"殷"地并不在此处。但是，这不能作为支持洹北商城是盘庚迁殷的有力证据，虽然小屯附近发现盘庚、小辛、小乙三王时期的资料不丰富，但不能因此界定洹北商城必定就是盘庚的"殷"都，这种非此即彼的说法缺乏足够的说服力。并且，由于殷墟遗址早期考古发掘技术较为原始，一些重要的遗迹单位在经过发掘之后不能确定其年代，比如宫殿宗庙区内的甲组基址，有学者推测其年代很可能在武丁以前，与盘庚到小乙三王年代相当，此外，在宫殿宗庙区的洹河北岸，也有一些时代早于殷墟一期文化的墓葬被发现，这些遗迹单位可能就是属于当时的盘庚、小辛、小乙三王时期。并且文献记载也多次提到河亶甲居相的"相"地位于安阳市。

2. 城址的规模应是商代都城

洹北商城城址，平面约为方形，方向为北偏东约13°，城墙用深褐色纯净土夯筑而成，土质坚硬细密。城址四段城墙的长度应该都在2000米以上，城址总面积在400万平方米。2001年发现以来已在城址的中部发现了30余处夯土基址，洹北商城一号宫殿位于宫殿区东南部，是迄今发现的规模最大的商代建筑，平面形态与二号宫殿类似，都是"回"字建筑，其南北宽85～91.5米，总面积接近16 000平方米，方向与二号宫殿、城址一致①。洹北商城二号宫殿基址位于洹北商城中央，南部与一号基址相距不到30米。二号宫殿基址面积上远小于一号宫殿，平面呈"回"形，北部中央是正殿，正殿两侧各有一耳庑，东、西、南三面都是廊庑结构，南部中间开有门道；二号宫殿基址方向与一号宫殿和洹北商城整体方向一致，总面积接近6000平方米。东庑东部还发现了二号宫殿的附属建筑。郑州商城早期平面形状呈方形，面积约300万平方米，晚期1300万平方米，小双桥遗址的总面积在400万～500万平方米，遗址的规模小于郑州商城，而略相当于安阳洹北商城的面积②。因此，花园庄商城城址的规模应是商代都城遗址（图四四、图四五）。

3. 洹北商城出土的陶器特征与小双桥遗址年代十分接近

从陶器特征看，一是器类一致，二者都有鬲、甗、爵、尊、盆、罐、瓮、甑、簋、豆、斝；二是洹北商城出土的一些陶器特征与小双桥遗址非常相似，比如鬲、浅腹圜底盆等陶器，陶鬲一般折沿，多为方唇，肥大的袋足不多见，大多数袋足都较为浅瘦，最大腹径与口径相差不多或大概相同，实足根偏粗矮，裆部略偏低，多在颈部饰有一道或两道弦纹，从腹部上方开始饰竖向绳纹，裆部饰横向绳纹，袋足素面。从陶器分析郑州小双桥遗址为代表的鬲整体细高，袋足较瘦，裆高，素面实足尖细高而外撇，而

---

① 中国社会科学院考古研究所安阳工作队：《河南安阳市洹北商城宫殿区1号基址发掘报告》，《考古》2003年第5期。
② 唐际根、荆志淳等：《河南安阳市洹北商城的勘察与试掘》，《考古》2003年第5期。

图四四　洹北商城发掘现场

图四五　洹北商城发掘现场

花园庄期陶鬲也是宽折沿为主，但整体较矮，袋足较肥，裆低，实足尖矮小或内拢；小双桥的盆类十分丰富，多为宽卷沿或方唇，腹部可分深腹圜底或浅腹，少数平折沿圜底盆，而花园庄期盆类也很多也有深腹浅腹之分；小双桥遗址与洹北商城所出的深腹盆或中腹盆相似，洹北商城二号宫殿水井内出土的编号为 J1⑧:2 的中腹盆形态与Ⅰ式盆非常接近，都是折沿，颈部折棱比较明显，腹部微鼓，肩部略宽与腹部，平底或平底微内凹，纹饰也以绳纹为主。小双桥的大口尊上腹部多饰窗棂纹，鼓肩，而花园庄期大口尊少见窗棂纹，多溜肩。小双桥的假腹豆盘浅壁不直。豆盘较深，圈足较高，而花园庄期假腹豆盘浅壁直，圈足较粗矮。由此可见二者年代比较接近，两者部分陶器之间存在一定的承袭关系。

4. 商人此时开始将其经营的中心向东北方向转移

早商文化的第五期，商文化的分布范围有较大扩展，扩张重点显然开始了面向北方和东方。此时商文化遗址已分布于太行山东麓地带，甚至远至太行山以北的壶流河流域。但目前已发掘的遗址有安阳花园庄、鹤壁刘庄、邯郸龟台寺、藁城台西、蔚县庄窠和四十里坡等地点。此段早商文化不仅占据了原下七垣文化漳河型的主要分布区，而且向太行山以北地区突入。向东达柘城孟庄、杞县鹿台岗、鹿邑栾台等遗址。山东地区有泗水尹家城、天齐庙、滕州前掌大、菏泽安邱堌堆、济南大辛庄等遗址，说明此段早商文化遗址的分布已东抵济南一带。《尚书·盘庚上》："盘庚迁于殷，民不适有居，率吁众戚出矢言。曰：'我王来，既爰宅于兹，重我民，无尽刘。不能胥匡以生，卜稽曰其如台？先王有服，恪谨天命，兹犹不常宁。不常厥邑，于今五邦。今不承于古。罔知天之断命。矧曰其克从先王之烈。若颠木之有由蘖。天其永我命于兹新邑。绍复先王之大业。厎绥四方。'"讲的是盘庚迁于新都——殷，民众迁新都后不适应这里的生活。盘庚把大臣们召集来，让他们告谕民众迁都是效法先王的旧制和迁都的必要性。可见民众随王迁都是当时的一种制度。从考古资料方面分析这种状况在早商时期已经存在。

郑州商城周围共发现早商遗址40余处，但到了花园庄期以及以后的殷墟时期这里的商城遗址多已废弃，遗址不足5处。类似的情况在洛阳更是如此。根据陈星灿等研究团队在伊洛河支流干沟河与坞罗河两支流域地区的调查，坞罗河流域的遗址数量是裴李冈文化时期4处，仰韶文化15处，龙山文化16处，二里头文化21处，商代文化22处，其中二里冈上层期21处，晚商遗址1处，二里冈下层期则完全没有发现。而干沟河流域的情况是，裴李冈文化时期1处，仰韶文化19处，龙山文化28处，二里头文化25处，商代遗址33处，其中二里冈下层9处，二里冈上层23处，晚商4处[①]。但到了花园庄期以及以后的殷墟时期河北省南部，河南省北部的安阳、濮阳等地，原来没有二里冈文化遗址的地区则出现大量这个时期的遗址。太行山东麓、漳河流域较多早商晚期遗址出现，而洹北花园庄商城聚落群的形成成为早商聚落东进北上的代表。与此形成鲜明对比的是郑州商城开始进入废弃阶段。这恰恰反映出商王朝经营重心的转移，王畿内居民也随之迁移。

5. 王河亶甲居相与文献记载

商王朝曾多次迁都，史上称"前八后五"。"前八"指的是汤在立国之前商人迁都八次，而"后五"则指商汤在立国之后五次迁都，这五次分别是成汤居亳、仲丁迁隞、

---

① 陈星灿、刘莉、李润权、Henry T·Wright，Arlene Miller Rosen：《中国文明腹地的社会复杂化进程——伊洛河地区的聚落形态研究》，《考古学报》2003年第2期。

河亶甲居相、祖乙迁邢、南庚迁奄与盘庚迁殷，之后直到纣时商朝灭亡的二百七十三年没有更迁都。这五次迁徙中，有两次与安阳有关，即商十三代王河亶甲居"相"与第二十代王盘庚所迁"殷"[①]。

仲丁迁隞之后，中间只隔了其弟弟外壬，外壬之弟弟"河亶甲整即位，自器迁于相"（《太平御览》卷八三引《竹书纪年》）[②]。《史记·殷本纪》是所记载的商王世系以及卜辞殷王世系也是和《竹书纪年》所记述的基本一致。

关于相的具体位置，《史记集解》引孔安国曰："（相），地名，在河北"，至于其具体地点，主要有三说：一说在今内黄。《括地志》载："故殷城在相州内黄县东南十三里，即河亶甲所筑都之，故名殷城也。"《元和郡县图志》卷十六相州内黄有："故殷城，在县东南十里，殷王河亶甲居相，因筑此城。"

另一说在今安阳。唐杜佑《通典》卷一七八相州条："相州（今理安阳县），殷王河亶甲居相，即其地也……后魏道武置相州，取河亶甲居相之义。"宋王应麟《通鉴·地理通释》："安阳县本殷墟，所谓北蒙者；亶甲城在五里四十步，洹水南岸。"

河亶甲，生卒年不详，甲骨文作戋甲，子姓，名整，商王太戊之子，商王仲丁和外壬的弟弟，商朝第十二任君主。在其兄外壬死后继位。河亶甲在位时，他北上迁都于相。仲丁与弟弟河亶甲只差一王，且都是同代人，所属时代相差不会太大。

总之，安阳因发现洹北商城，它与小双桥遗址之间的陶器共同特征继承和发展关系明显，根据考古学陶器材料比对，再结合历史文献，可知洹北商城存在"河亶甲居相"的可能。

四、偃师商城的性质

偃师商城位于偃师县城关镇西侧、洛水之阳稍微隆起的高地上，分内城与外城两部分。整体作长方形，唯东南角内凹。除南城墙尚未发现外（也可能被洛水冲毁，或者原来就依河而建没有南墙）其余三面都已探明，其范围南北长1700余米，北部东西宽1215米，中部宽1120、南部宽740余米，面积约190万平方米，约相当于郑州商城的三分之二。城周围有夯土城墙。三面城墙共发现缺口9处，其中北墙两处，东、西墙各发现三处城门（另有一缺口）只有西墙2号门（X2）已经过发掘。城内还发现大道若干条，发现4处大型夯土建筑基址。城位于大城的西南部，平面近长方形，其南北长约1100、东西宽约740米，小城西墙、南墙及东墙南部与大城城墙重合，并被大城城墙所包夹。宫城在偃师商城的南部，北墙长200、东墙长180、南墙长190、西墙长185米，墙宽3米，夯土厚1~1.5米。2000年宫城北部发掘出大型建筑基址13处，其中大型宫殿建筑2座、大型池苑建筑遗存1处、祭祀遗存10处，其中大规模的祭祀

[①] 刘忠伏：《世纪末的惊喜——安阳洹北商城的发现及其意义》，《历史月刊》2000年第5期。
[②] 王迎春："河亶甲居相"与"盘庚迁殷"原因浅析》，《董作宾与甲骨学研究续集》，2008年。

场所 5 处。城内还分布有大量的平民墓，尸乡沟以北则有密集的商代居住遗迹，说明该城还有大量的各个层次的居民。而且从城内的手工业遗址来看，该城还具有一定的经济功能。另外偃师商城还有完善的军事防御体系，包括三重城垣、宫城与府库的互相响应，以及小城城墙的马面式设计①（图四六）。

由于偃师商城的位置在尸乡沟一带，与文献记载的西亳地望相吻合，以前将偃师二里头遗址视为西亳的学者，不少成了偃师商城西亳论者。1997 年，考古工作者又在

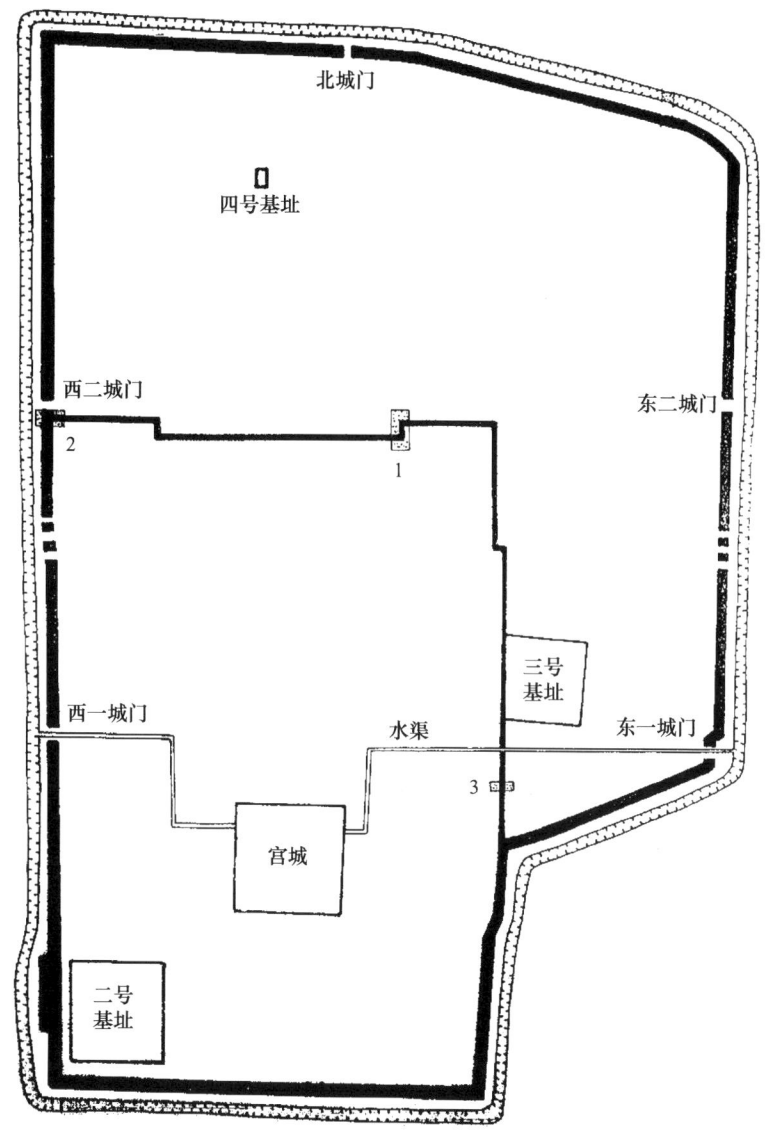

图四六　偃师商城平面图

---

① 中国社会科学院考古研究所洛阳汉魏故城工作队：《偃师商城的初步勘探与发掘》，《考古》1984 年第 6 期；中国社会科学院考古研究所河南第二队：《1983 年秋季河南偃师商城发掘简报》，《考古》1984 年第 10 期。

偃师商城的南部发现大城之下还压着一座较小规模的城址，偃师商城的发掘者根据小城的地层关系、出土遗物以及遗迹认为这一小城早于郑州商城①，因此，郑州商城与偃师商城的关系备受学术界关注。

1. 偃师商城的始建年代

关于偃师商城小城的始建年代，偃师商城的发掘者根据小城的地层关系、出土遗物以及遗迹现象指出："偃师商城小城最晚建于商文化的第2段。以之同郑州商文化遗存相对比，可以说偃师商城小城的建造年代不晚于郑州二里冈C1H9，或说在相当于C1H9的时候，偃师商城小城已经建成。"②我们基本同意偃师商城小城的建造年代不晚于郑州二里冈C1H9的认识，从偃师商城小城同时的出土遗物分析，小城的建造年代应当略早于郑州二里冈C1H9的年代。而此时郑州商城内城已经建立。目前学术界对偃师商城大城的始建年代认识基本一致，都认为它始建于二里冈下层。1983年偃师商城考古队对商城西二门进行了发掘，发现属于二里冈下层时期的墓葬打破了城门路土，而城门路土下为城墙夯土，由此可知偃师商城大城的始建年代不晚于二里冈下层时期。此外，偃师商城内五号宫殿分上、下两层，上面叠压着二里冈上层偏晚阶段的灰坑，上、下层基址之间夹着二里冈下层偏早的文化层。这就说明下层基址开始建设和使用的年代要早于二里冈下层时期③。

2. 郑州商城与偃师商城的规模和布局比较

郑州商城的平面形状基本呈方形，它是由宫城、内城和郭城组成的。目前在内城东北部发现有二里冈下层的宫城墙，但分布范围不详。从这里分布较多的宫殿基址、蓄水池、排水沟、大型夯土水井等重要现象分析，二里冈下层时期的宫城应该在内城东北部。内城城址略呈长方形，城垣周长约7公里，城内面积约300万平方米。内城中的宫殿基址不仅仅分布在东北部，此外在商城路、东西大街、红旗大楼、河南省电力技校都发现有夯土基址，这表明内城主要为宫殿区。依据已经发表的资料，目前可以确定年代的共60余处④，除宫殿基址外还有宫城、大型壕沟、规模宏大的蓄水池、排水沟、夯土水井等⑤。从这些夯土基址的规模以及宏大的蓄水池等设施我们可知，内城是当时统治阶级生活的主要场所和当时的政治中心。郭城墙在西南北三面都应存在，它与内城的距离最宽处在1100米左右。南墙和西墙都经过考古发掘确证其存在，紫荆山制骨作坊以北，发现有夯土和护城河遗迹，结合大面积文化层在这一带消失的事实，我们认为这里可能也存在城墙。东部地势较低，考古钻探为湖相沉积。依据文献资料并结合考古调查，我们认为其东部商代可能为湖泊。郑州商城的防御体系是通过城墙和护城河与东部湖泊内的

---

① 杜金鹏：《郑州南关外文化的再认识》，《考古》2001年第6期。
② 杜金鹏、王学荣、张良仁：《试论偃师商城小城的几个问题》，《考古》1999年第2期。
③ 王学荣：《河南偃师商城的考古发掘与研究述评》，《考古求知集》，中国社会科学出版社，1997年。
④ 袁广阔：《关于郑州商城夯土基址的年代问题》，《中原文物考古研究》，大象出版社，2003年。
⑤ 河南省文物考古研究所：《郑州商城》，文物出版社，2001年。

大面积水域构成的。郭城墙的走向是围绕内城依照地势而设计的，防御的性质十分明显，内城中均为宫殿遗址，规划得比较规整，二者的关系应该是唇齿相依、相辅相成的。郑州商城的面积约1300万平方米[①]，是迄今所发现的我国商代前期规模最大的一座城址。郭城内主要为手工业作坊和墓地、祭祀坑等。南墙内有南关外铸铜作坊遗址，二里冈一带发现有当时的祭祀坑12处，在郑州烟厂发现墓葬区1处；北墙内也有铸铜作坊遗址、紫荆山制骨遗址；在内城西墙外有人民公园墓葬区，在顺城街、杜岭街有青铜器祭祀坑、制陶作坊；在东南角向阳食品厂有青铜器祭祀坑、东南部有杨庄墓葬区；在东北部有白家庄墓地等[②]。商城内东西南北四面的考古发掘钻探证明这里都有丰富的文化层，一般厚达0.5~2米，在这个巨大的城址内连为一体。历经数千年的破坏至今仍有大面积文化层和遗迹发现，当时堆积之丰厚、文化之发达在今天是很难想象的。这说明郭城中当时居住有大量的人口，他们主要是手工业者，因此这里也是早商的经济中心。

偃师商城分小城和大城，考古资料证明小城是按严格的规划设计修建的一座平面呈长方形的城址。城址南北直线距离约1100米，东西直线距离约740米，城墙墙体宽约6米，四面城墙之中部，发掘者认为很可能各有一座城门。小城的布局为宫城居中，府库位于城西南隅[③]。大城是通过扩宽小城西城墙、南城墙和东城墙南段，并以小城西城墙为基准，向北增筑新的城墙为大城西城墙北段，沿着自然地势使其形状为刀形。扩建后的城垣周长5500米，城址面积约200万平方米。宫殿区的位置没有改动，但规模扩大，早期宫城被突破。府库两处，分别位于宫殿区的东南和西北。沿中轴线在大城北城墙中段偏西位置新建北城门；依等距离原则在西一城门以北修置西二城门；依对称关系，在大城东城墙修置东一城门和东二城门，这两座城门和大城西城墙上的西一和西二城门遥相对应从而完成城址内外的道路网建设。大城建成后，小城北城墙和东城墙大部被废弃不用[④]。

3. 关于偃师商城的性质

偃师商城小城面积约为80万平方米，大城面积约200万平方米，整个宫殿区的面积只有4万平方米。而目前的考古资料表明新石器时代晚期的城址面积有的已经超过200万平方米，如山西陶寺龙山城址[⑤]。因此我们不认为它是一处都城遗址。从这座城址的规模、布局和城垣城门的特征看，其具有较浓厚的军事色彩，特别是最初出现的小城，俨然是一座军事堡垒。关于这一问题，发掘者已经明确指出：小城城墙为非直线走向，城墙拐角外凸，类似后世城墙的马面[⑥]，加之城内早晚都有规模较大的府库遗址，更能说明这一问题。近年发现的垣曲商城、焦作商城面积均小于偃师商城，学

---

① 河南省文物考古研究所：《郑州商城外郭城的调查发掘与试掘》，《考古》2004年第3期。
② 河南省文物考古研究所：《郑州商城——1953~1985年考古发掘报告》，文物出版社，2001年。
③ 杜金鹏、王学荣、张良仁：《试论偃师商城小城的几个问题》，《考古》1999年第2期。
④ 王学荣：《偃师商城布局的探索和思考》，《考古》1999第2期。
⑤ 何驽：《黄河流域史前最大城址进一步探明》，《中国文物报》2002年2月8日版。
⑥ 杜金鹏、王学荣、张良仁：《试论偃师商城小城的几个问题》，《考古》1999年第2期。

术界公认其为军事重镇,其城门都有一些特殊的防御措施,如焦作商城的西城门向外凸[①],垣曲商城的城门设在夹墙内[②]。与郑州商城相比,偃师商城缺乏大量的手工业作坊。因偃师商城距二里头夏都遗址约6公里,《史记·殷本纪》云:"汤既胜夏,欲迁其社,不可,作夏社。"对此,郑杰祥先生分析得十分精辟,他认为"成汤推翻夏王朝以后,不敢摧毁夏人的社稷,可见这时夏遗民力量还是比较强大的。面对这种形势,成汤一方面把夏人社稷保存下来,以安抚人心,另一方面又在被推翻的夏朝亡都之旁,作宫邑于下洛之阳,作为军事据点,以镇压夏人。因这里是夏王朝的腹地,建立的军事重镇规模自然要大一些。这一点与周人在灭商以后营造的规模巨大的东都洛邑十分相似"[③]。

五、具有军事堡垒性的小型城址

这些小型城址一般分布于商王朝外围的重要交通枢纽上,如垣曲商城、东下冯商城、焦作府城、黄陂盘龙城。

1. 盘龙城遗址

盘龙城遗址位于武汉市北约5公里的黄陂区叶店大队,城址坐落在一个三面环水的土丘上。该城近似方形,城内东北高而西南低,城垣南北长约290米,东西宽约260米,面积7500平方米。城内的东北部高地上是宫殿建筑群,分上、下两层建筑。其中上层建筑第1号基址(F1)是一座四周有回廊、中为四室的大型宫室建筑。整个建筑物,如以回廊外沿大檐柱计,面宽38.2、进深11米。这是迄今为止已发掘的二里冈时期房屋建设中保存最好的一座大型基址,面积仅次于二里头遗址一号宫殿式建筑的殿堂,可能是寝殿。在古城外的东、西、北三面,都发现有二里冈时期的墓葬,其中1974年发掘的李家嘴M2是现知二里冈时期最大的墓葬。该城的内城面积仅是郑州商城的二十五分之一,但它却有着规模较大的建筑群,有着身份较高的墓葬,这说明该城的统治者是很有地位、有权力的人物。这里可能是商王朝在南方的一处据点。商代早期,长江流域的两大铜矿江西瑞昌的铜岭矿与湖北大冶铜绿山矿已经开发利用,而向南突出的盘龙城极可能是为了控制附近的铜矿资源而设立的据点[④]。

2. 垣曲商城和东下冯商城

垣曲商城和东下冯商城位于商王朝的北方,是掌控晋南进入中原的要冲之地,具有极大的军事战略意义[⑤](图四七)。

---

① 河南省文物考古研究所2000年府城遗址发掘资料。
② 中国历史博物馆等:《垣曲商城》,科学出版社,1996年。
③ 郑介祥:《关于偃师商城的年代和性质问题》,《中原文物》1984年第4期。
④ 北京大学考古系、湖北省文物考古研究所《盘龙城——1963~1994年考古发掘报告》,科学出版社,2001年。
⑤ 中国历史博物馆考古部等:《垣曲商城——1985~1986年勘察报告》,科学出版社,1996年。

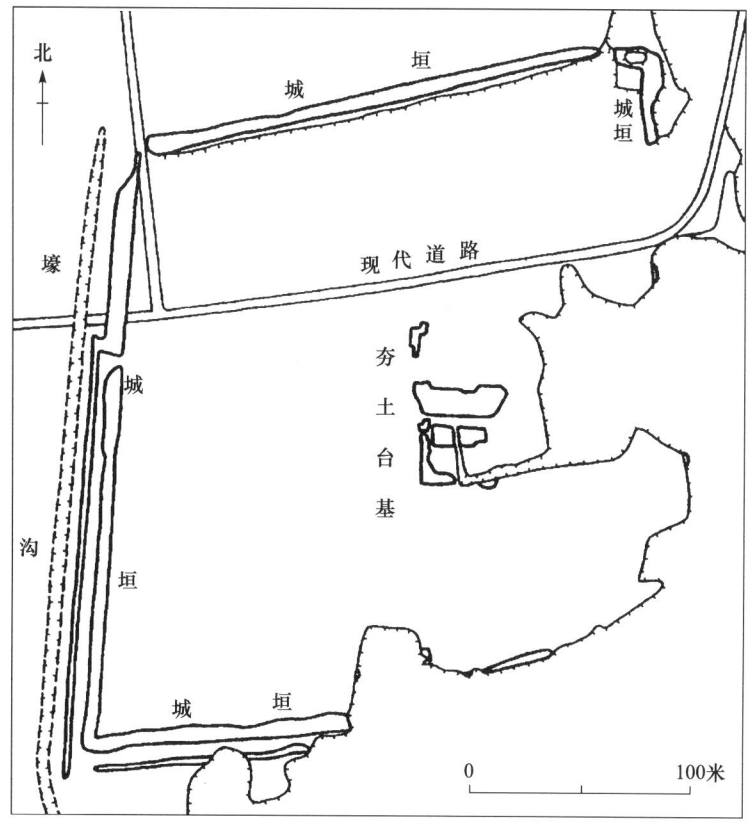

图四七　垣曲商城平面图

3. 新郑望京楼城址

望京楼城址位于河南省新郑市区北 6 公里的新村镇望京楼水库东侧，黄水河从遗址西侧流过且从遗址西南部折而向东，郑新公路自北向南从遗址中部穿过。该遗址发现于 1965 年，2006 年 6 月被河南省人民政府公布为河南省文物保护单位。二里头文化城址位于二里冈文化城址的外侧，东城墙、东南角、东北角保存较好。北城墙残长 32、残宽 0.5～1 米，东城墙长 625、残宽 2.5～5.5 米，南城墙残长 41、残宽 6.5、厚度为 0.6～1.2 米。从南城墙及东城墙解剖沟可以看出，二里头文化城墙基槽被二里冈文化护城河打破，护城河亦紧邻城墙，宽约 11 米。城内遗迹包括夯土基址、房基、灶、灰坑、水井、墓葬。出土遗物包括铜、玉、陶、石、骨、蚌器等，陶器尤为丰富。从地层关系及城内出土遗物可推知城墙始建于二里头文化二期，毁弃于二里冈文化城址始建之时。二里冈时期在二里头时期城邑的基础上重新营建城邑，城内有井字形道路，城内中部偏南有大型建筑，东城墙有两座与城内道路相连的城门。城邑外围东、南、西三面分别被黄沟水和黄水河围绕，北面有一道壕沟，形成平面略呈竖长方形的环壕设施，内城与外壕之间有丰富的二里冈文化遗存。内城的面积约 37 万平方米，外壕围起的面积达 168 万平方米左右（图四八）。

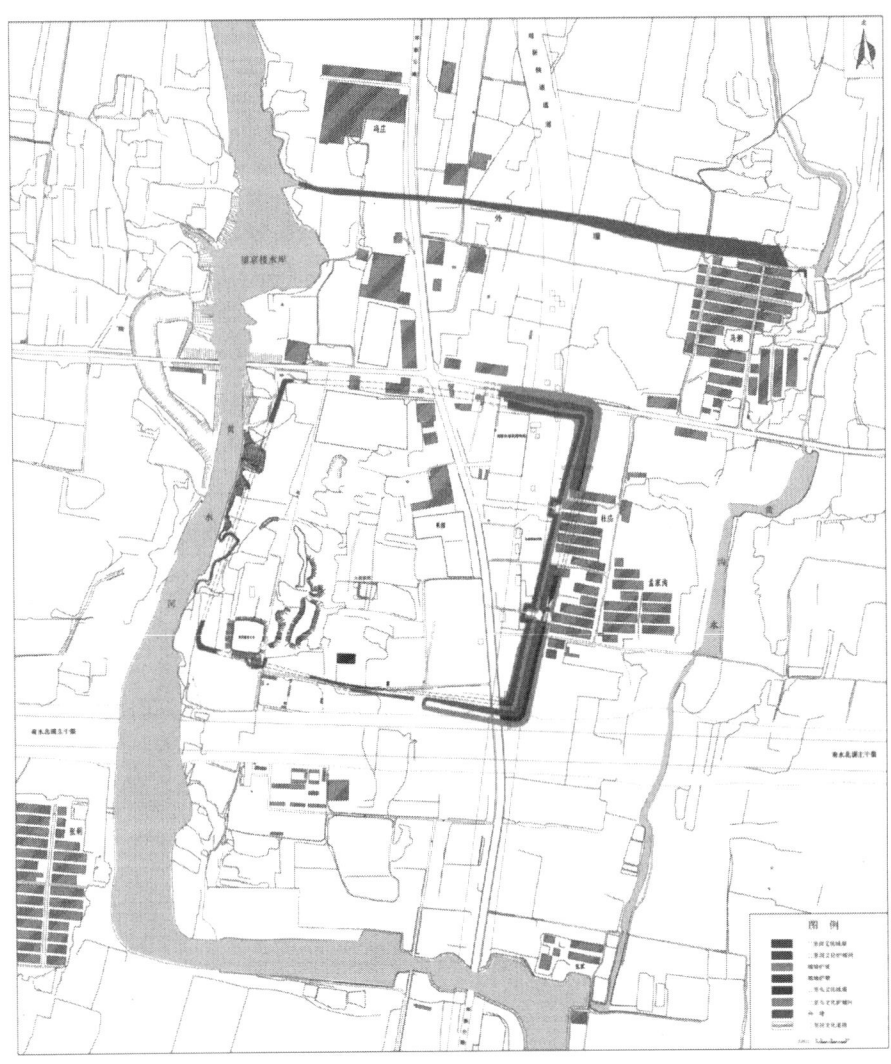

图四八　望京楼城址平面图

4. 府城商城

遗址位于焦作市西南府城村的台地上，北部15公里处有太行山，南部20公里处有沁河从西北向东南流过。是一处面积仅10万平方米的二里冈文化时期的城址。在遗址中心偏北处发现的宫殿建筑基址与偃师商城的宫殿相似，为回廊式建筑形式。出土陶器显示的年代大约始建于二里冈下层期，在二里冈上层晚期的白家庄期废弃，其存续期间与郑州商城、偃师商城等其他商城一致。

六、一般聚落遗址

通常是面积为10万～30万平方米的普通遗址。这类聚落为普通遗址，一般依附于附近以城址为中心的高等级聚落，但遗址本身基本不见城址。辉县孟庄遗址是其中比较大的遗址，平面形状为圆形，核心区南北长560米，东西宽约520米，总面积约为30万平方米。二里冈期文化遗存遍布整个遗址，发现有广场、灰坑、灰沟、房基、陶窑、水井、墓葬等。灰坑以圆形坑为主，一般是临时贮存食物的窖穴，废弃之后成为垃圾坑。房基8座，以地面式建筑为主建筑，一般为长方形和圆形，居住面用黄土夯砸而成，质地坚硬，其中XT12F4东南角和西南角各发现一平面为圆形的灶面，半地穴式建筑一座。房子周围分布着6座陶窑，有圆形、椭圆形和心形。长方形、圆形、椭圆形水井，基本上分布在房子的周围。墓葬发现29座，主要分布在房子外围。为长方形土坑竖穴墓，仰身直肢葬，墓葬规模较小，一般长0.6~2.4、宽0.32~1.05米，少数墓葬有葬具并随葬石器、陶器、玉器、铜器等，多数无葬具及随葬品。铜器以斝爵、鬲爵为组合；陶器以盆、豆、鬲为主[1]。西安老牛坡等遗址[2]、济南大辛庄[3]、河北曹演庄[4]都是如此。

---

[1] 河南省文物考古研究所：《辉县孟庄》，中州古籍出版社，2003年。
[2] 宋新潮：《西安老牛坡遗址发掘的主要收获》，《西北大学学报》1988年第3期。
[3] 山东大学历史系考古专业：《大辛庄遗址1984年秋试掘报告》，《东方考古》第4集，科学出版社，2003年。
[4] 河北省文物管理委员会：《邢台曹演庄遗址发掘报告》，《考古学报》1958年第4期。

第四章　早商城市文明时期的经济系统

第一节　早商城市文明形成时期的经济系统概述

城市的形成与发展是建立在政治稳定与经济繁荣基础之上的必然结果，而经济系统的完善与成熟则是城市得以出现的根本原因。因为经济是一个开放的生产、分配、物质消费和社会服务系统，它不仅与资源攫取、物质加工密切相关，而且也与商品交换、工人移动以及日常的物质消费和服务消费不可分离，而城市正是这个经济综合系统的载体。从社会最小单位的家庭到国家的整体行为都需要经济的供给和支持。传统经济学包括两个方面的内容，即生存经济和政治经济[①]。

正如许多著作中都有定义的那样，生存经济就是为了生存而进行的经济活动，其主要的社会单位以家庭或小团体为主，它们进行渔猎、采集、农耕和必要的工具生产以满足家庭和团体本身的需求而不是为了贸易和其他商业及政治行为。它们偶尔也有物品交换行为，但仅仅是因为它们想得到本地资源中缺少的物质或工具而不是真正的贸易。而政治经济则表现了与生存经济相反的方面。它们的剩余产品主要用于流动以及分配用于支持政治性活动、生活方式和协助社会团体机构及它们的首领。这种政治经济具有天然的竞争性和定向增长的倾向，它们参与管理和支配社会的生产、分配和消费活动，并控制社会机构和金融系统。政治经济中最重要的三要素是土地、劳力和资本。土地原本是所有人都可以使用的，但是随着土地所有者对资源占有的不平衡而产生的特权，使它们有了掌握土地使用的准许权力，并由此催促社会阶层的形成。劳力是由人群组成的团体，而工人集团的地域流动和组织机构与生产活动直接相关，因而也是这三个要素中比较重要的一个。资本包括技能和剩余财富，它在生产过程中具有商贸和资本的双重意义。技能可用于城墙、水库、水利灌溉系统的建造，而剩余财富则增生特权，导致社会分配不均，易于形成社会阶层。而当这些大规模的建造发生的时候，工人集团的组织和使用就成为必然。人便再也不是一个家庭的人，而成为社会集团的一分子。它们的行为也就在这种政治经济系统之中被加以定位，从而形成人在不同社会领域的分工和地位差异。催促人类社会的经济模式从生存经济进入政治经济系统，社会形态也就从农耕文明进入城市文明阶段[②]。

早商时期的经济系统处于生存经济到政治经济的转型期，也是城市文明的形成阶

---

① Timothy Earle. Bronze Age Economics: The Beginnings of Political Economies. Westview Press, 2002.
② Timothy Earle. Bronze Age Economics: The Beginnings of Political Economies. Westview Press, 2002.

段。那么这种转型期的经济形态有什么样的特点？它又是如何转变的呢？本章将通过对不同考古资料的多角度分析对此问题进行研究。

中国从新石器时代开始就有许多城址出现，特别是龙山文化时期，黄河上下、大江南北都有大大小小的城址发现，学术界对此也有多方面的研究。总结这一时期城址的特点，大概可以说目前发现的除了石峁城址、陶寺城址和良渚城址外，大部分面积都比较小，城墙之内虽然有宫殿性的夯土台，但是大多数未见手工业作坊，也没有发现一般城内居民的居住区，城市布局非常简单。与其说是城市，倒不如说是防御性质的城堡。而进入二里头文化时期以后，这种布局特征发生了较大的变化。首先是像二里头、郑州商城、偃师商城那样中心性综合城址的出现[①]。这些城址不仅面积规模大，而且除了中心宫殿性基址之外，大都发现了不同性质的手工业作坊、一般居住区和祭祀性礼仪基址。这些变化与防御性城堡的最大不同就是城市体现诸功能的出现。首先是体现政治性功能的、有一定规模的中心宫殿基址和祭祀性建筑基址在城内发现，比如二里头遗址。这体现了城市的形制已经由早期的军事性防御发展为政治性统治中心的特点。其次是城址内成熟的各种手工业作坊的分布格局，比如郑州商城。城南和城西的铸铜作坊；城北的制骨作坊和制陶作坊等分布明确。而且在手工业作坊内部还有了行业的内部分工，比如郑州商城内的两处制陶作坊与两处制骨作坊等不仅仅是数量上的规模增加，还因为手工业内部分工的需要，他们分别制作不同用途和器类的陶器与骨器。最后是城内除了体现政治性特权阶层居住的宫殿台基外，还在城内远离宫殿区的周边地区发现了各种劳动者或一般居民的居住区。这些布局性特征都显现了一个完整的政治性与经济性不可分离的城市特点，而郑州商城和偃师商城就是这种城市的典型例子。城市就像一个巨人，它作为物质体现虽然只是一座规模较大的城址，然而它的能量和影响力却是超越地域的政治组织，那些由人组成的利益集团在战争和摩擦中顺和，并为了平和相处而制定了某些规则、条款，进而形成统治者集团，服务于统治者集团或称管理者阶层以及被统治者集团。它们的生活也以各自的能量和方式在城市体系中建立。它们虽然是统治者和被统治者的不平等关系，但是因为生活中的彼此需要、相互依赖，他们必须生活在同一座城市内，因而宫殿区、生产区、一般居住区这样的区分也就自然而然地在城市中产生了。

一个地区内中心性城市的诞生必然影响到周边地区的自然性聚落形态的分布格局。因为城市的建设离不开劳动力的劳作和原材料的使用、搬运以及由此而建立起来的运输系统、劳工管理系统、建筑设计工程系统以及各种技能的人力资源调配系统。而城市周边的村落首先受到影响，他们的生活将从原有的生存经济状态发生较大的改变。其可能发生的变化是村落人口流入城市内成为手工业者，导致村落的衰败。而那些远离城市的村落虽然受到的影响没有邻近村落这样强烈，但是其固有的生存经济模式也

[①] 中国社会科学院考古研究所二里头工作队：《偃师二里头：1959年~1985年发掘报告》，中国大百科全书出版社，1999年；杜金鹏、王学荣主编：《偃师商城遗址研究》，科学出版社，2004年；河南省文物考古研究所：《郑州商城》，文物出版社，2003年。

会受到一定的影响。这些村落极有可能被强制性地职业化,即它们只生产某种产品供应城市,变相成为城市功能的一部分。比如只生产铜器,或陶器,或骨器等专业性领域的产品。聚落分布形态的格局也必然发生变化。这些变化仅从聚落分布的外部形态上是看不出来的,比如面积大小、村落之间的距离。但是可以从聚落分布的密集程度以及与城市之间的距离、交通要道以及产品的种类与城市用品的关联性来观察。也就是说除了对聚落分布的分析外,还需要从考古出土遗物的观察上来探讨体现城市与村落之间的纽带关系。因此这里首先对早商时期不同性质的聚落分布形态进行分析。然后再通过对考古出土遗物的特征、制作、形态和数据分析来探讨中心城市与周边遗址的关系。最后对这种分析结果所暗示的早商时期的经济模式进行阐释与总结。特别是对它们的手工业作坊的分布与其产品的流通途径、手段以及所体现的城市政治的支配体系是如何在地域间运作的及其背景进行分析。

第二节　综合性政治经济的中心城市
——郑州商城与偃师商城

　　早商文化时期的郑州商城与偃师商城不仅有城墙,城内布局也完全具备了城市的定义,宫殿群和祭祀场所所代表的政治中心,各种手工业作坊区域,一般民众的居住区,代表城市设施的池苑及供水和排水道系统、城门、水井、城内外道路、壕沟、埋葬区等,体现了政治与经济中心兼有的性质。这种性质的城址早商时期发现了2座,虽然偃师商城的面积仅有郑州商城的三分之一,但是城内的布局与功能却与郑州商城显示着基本相同的性质。同一时期有两座中心城市这一点似乎显得异例,但是如果阅读文献就会发现这也许正是早商时期都城制度的一个特点。正如张国硕研究表明的那样,夏商时代施行主辅都的都城制度[①]。而偃师商城是早商时代设置的第一个辅都。郑州商城的建城年代虽然早于偃师商城,但二者并行使用了相当长的一段时期。内部设施也有不少相同之处,但是规模和出土物却非常不同,显示了两座城址在建造之初就有功能上的区别。

　　郑州商城作为早商时代唯一的中心城市,它的规模与布局的完善显示着当时城市设计与建造的最高水平。也是早商时代经济实力、技术技能和知识以及社会运营系统具体体现的一个实例。郑州商城的布局是经过精心规划、并遵循当时已有的一套都城制度而进行设计和建造的。虽然早商时代脱胎于以二里头大型遗址为代表的夏王朝时代,但是它的都城建造却与二里头遗址有所不同。首先它是由宫城、内城和外郭城三部分组成,仅内城面积就有300万平方米,同时还有更巨大的外城郭,并在宫城内发现了60余处夯土台基建筑遗址,以形式多样的建筑形式成组分布,城址以及宫殿建筑的设计方位与建造时间也与二里头不同。因为中国古代讲究风水和上位,建筑的朝向

---

① 张国硕:《夏商时代都城制度研究》,河南人民出版社,2001年。

与居住者所信仰的方位理念有关。中国人相信建筑的方位与健康、运势以及政权的稳定等息息相关。其实它还与其统治者的出生地、先祖所在的方位等有千丝万缕的联系。因此不同王朝遵循不同的方位理念是合理的。其次是城内布局的中心部位不同，二里头遗址内的一号建筑基址更具备宗庙的性质，而一些学者也认为它就是宗庙，而它的建筑时代显示了它是二里头遗址内最早建设的设施，显示了宗庙重于宫殿的设计建造理念。而郑州商城却不同，位于城内中北部的宫殿遗址群，不仅是与城壁同时建造的，而且它的设计形式复杂多样，既有高台式长屋建筑，也有台基较低的建筑，还有与建筑有关联的附属性回廊等设施。考古资料表明这里的各种建筑遗址交错分布，相互之间也多有叠压和打破关系，显示其作为宫殿群经历了较长的时间，并多有修缮或改建、增加的历史过程。表明宫殿是城内设计建筑的重点而不是宗庙性的建筑；城市建造形式显示了早商时代统治者政权重于神权的政治理念。

郑州商城外城郭内完备的手工业作坊的配置，为中国古代城市布局之先河。因为手工业作坊在城内外城郭部的设置，表明城内平民居住区以及由此而必须出现的相关设施在城市内的存在。它使以政治和王权至上的城市设计理念发生变化，将维系社会运转的经济元素考量其中，并将它们设计在政治权力中心的城市范畴内。显现了经济因素在国家统治中逐渐占有重要的地位。根据考古发掘资料提供给我们的信息，郑州商城外城郭的南关外和北部的紫金山各有一处铸铜作坊，北部和中部各有一处制骨作坊和铭功路的制陶作坊。手工业作坊虽然也在城市范围内，但是它们与宫殿区所在的宫城则分别设置在城内和外城郭处，显示了它们既有联系，又区别对待的特殊关系。根据考古资料[①]，这些手工业作坊内部还有进一步的分工，比如制陶作坊出土的残次品以及大量出土的陶器种类显示，它们并不是生产所有日常需要的陶器，而是仅生产泥质陶类的盆、甑、豆、大口尊和瓮等，而其他粗砂陶器类则有可能在别处生产。铸铜作坊也一样，南关外的作坊是一处综合性工厂，这里既发现了工具和武器，也发现了青铜礼器。而位于北部的紫金山作坊仅发现小型工具和武器类，而没有青铜礼器，显示两处作坊在生产的器类上有区别。而制骨作坊则更有特征，位于紫金山的骨器作坊以动物骨骼为素材，以生产笄、镞、匕和针类家常用品为主，而不见生产工具类器具。而位于城内中北部的作坊则以人头骨和肢骨为原材料制作器皿和工具。这些大规模的各类手工业作坊的存在表明，与此相应的手工业者就应该同时也居住在外城郭内，因此平民或一般居民区的存在则是必然的。考古发掘也在相应的作坊附近发现了居住者的生活场所（见图四〇）。那么分布在郑州商城内的这些手工业作坊的产品究竟是一种什么性质的产品呢？这需要作进一步的探讨。因为这些探讨结果将为我们了解早商时代的经济模式提供证据和结论。

首先根据其产品的动向看可以导致两种结果的经济模式或经济系统：如果城内分工协作的手工业作坊生产的产品是以宫城内居住的统治者阶层以及相关的统治机构人

---

① 河南省文物考古研究所：《郑州商城》，文物出版社，2003年。

员的消费为目的的,那么它们就是政治支配机构的一部分,它们的生产虽然分工细致、产品优良,但是它们生产的直接结果并不存在社会的经济价值,也与当时王朝国家所运营的经济系统有所区别。因为它们的产品是有计划性和目的性的,并不受社会经济市场的任何影响。但是这并不意味着它们的产品仅仅在城内统治者之间消费,而与社会其他方面没有联系。因为手工业作坊既然是王朝政治统治机构的一部分,就与这种统治所涉及的领域息息相关。它们的产品在满足统治阶层日常消费之外,还有可能流通到一些较远的但是与郑州商城有关系的地方性聚落中,以此发挥其作为政治因素的作用。而它们优越的生产环境与条件以及特殊的配置与工人组织体系使它们由此形成的工人集团编制、技术制作能力、分工协作所形成的环环相扣的流程性工程操作系统,以及由此而生产出的具有一定标准化和规格化的产品,都对整个社会的经济体系起着一定的影响和制约作用。而另一种可能是这些手工业作坊的产品是以经济流通等商业行为为目的而生产的,它们的产品直接进入市场,并通过商业手段进行交易,形成一定的经济流通体系和模式,在一定程度上显示其游离于政治之外独立的经济性特征。郑州商城究竟属于哪一种模式,或者是介于两者之间,这还需要我们在对其他城址、聚落遗址以及各种出土物详细分析和对比之后才能得出结论。

  偃师商城位于距离早商之前的夏王朝首都二里头仅7公里的地方,它的位置与建造与夏商政权的交替有着直接的关系[①]。早商王朝在郑州大兴土木建造郑州商城的同时,没有忘记在已经衰落的夏都附近营建辅都的计划,以此显示它们对刚刚衰亡的夏王朝的戒备以及对早商时代西部地区的特别对待。偃师商城除了面积仅有郑州商城的三分之一外,城内布局虽然不尽相同,但是具备一个政治中心城市应有的设施,可见当时设置偃师商城的政治性目的是明确的。而正因为它的这种性质,使得学者之间以各种见解来推测它与郑州商城之间的关系。偃师商城由大小城两部分组成,城壁的凹凸曲折现象比较显著,有的学者认为它们应该是后世的防御设施——马面,显示着偃师商城军事防御性质。而其宫城内的宫殿建筑基址,较小的一号建筑为宫城的主体建筑,而其周围的三号、五号、二号和四号分别为祖庙、社稷以及与寝居有关的建筑基址。这种分布格局显示其祭祀性质多于政治性质的建筑特点。因此军事防御与祭祀为特征的偃师商城充分显示了它作为郑州商城辅都的特有性质。虽然在偃师商城内也发现了铸铜作坊和制陶作坊,但是目前提供的考古资料使我们无法断定它们的产品是用于流通而不是供城内居住者使用的。至少其手工业作坊的规模比郑州商城要小很多,其产品的内容也不清晰(见图四六)。

  以上分析显示政治性中心都市郑州商城和其偃师辅都虽然都有手工业作坊,但是它们产品的流通渠道和经营方式则需要我们通过对它们以外城址和聚落出土遗物的分析来解明。考古发掘资料已经为我们提供了有力的线索,这就是分布在边缘地区的其他4座早商时代的城址以及它们周边的一般聚落遗址。

[①] 杜金鹏、王学荣主编:《偃师商城遗址研究》,科学出版社,2004年。

第三节　单一而特殊的功能性城市

早商时代与以上两座中心城市同时建造的还有 4 座地方城市分布在距离较远的周边地区，他们不仅面积小很多，而且城内的布局也有一些特殊的局限性。比如，25 万平方米的东下冯商城没有发现宫殿建筑基址，但是在城内西南部却发现了共 7 组纵横排列有序的圆形建筑基址，从这些圆形建筑的地基部分没有发现门道来推测，其可能是用于储藏的仓库类建筑设施（图四九）。而这也正暗示了东下冯商城不同于其他城址的特殊性质[①]。

与东下冯距离仅 60 公里的垣曲商城建于黄河岸边，其南墙壁已经被黄河冲掉。在这个总面积 13 万平方米的城址内中北部，发现了一组 6 座建筑基址，可能是宫殿类区域，西部发现数座陶窑作坊，东南部则有一些居住性遗迹，在西城墙的东段还发现了一类似城门的缺口。但是其他三面城墙则没有发现城门的痕迹。虽然仅从名称来看这里具备宫殿区、居住区和作坊区的城市布局，但是无论是规模还是数量都不能与其他两座商城相比，也没有足以反映其性质的遗物出土。从其仅有一个城门以及城墙为双道夹墙而且城址建筑在邻近黄河及其支流的被水环绕的三角地带诸因素来看，它的功能可能与当时利用黄河及其支流的水上运输便利以及货物集散地有关。一道城门与双道夹墙的特殊防御性质正是这种功能的体现[②]（见图四七）。

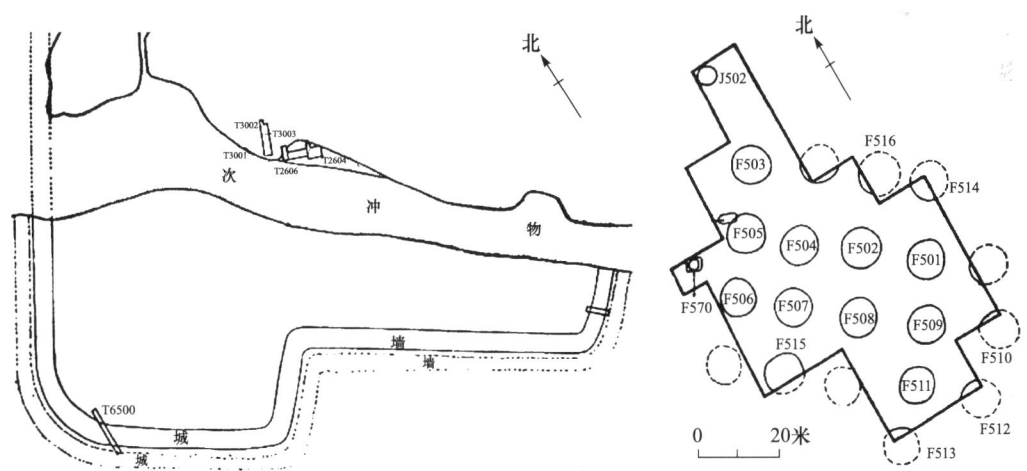

图四九　东下冯商城与圆形仓库

---

① 中国社会科学院考古研究所、中国历史博物馆、山西省考古研究所：《夏县东下冯》，文物出版社，1988 年。
② 中国历史博物馆考古部、山西省考古研究所、垣曲县博物馆：《垣曲商城——1985～1986 年勘察报告》，科学出版社，1996 年。

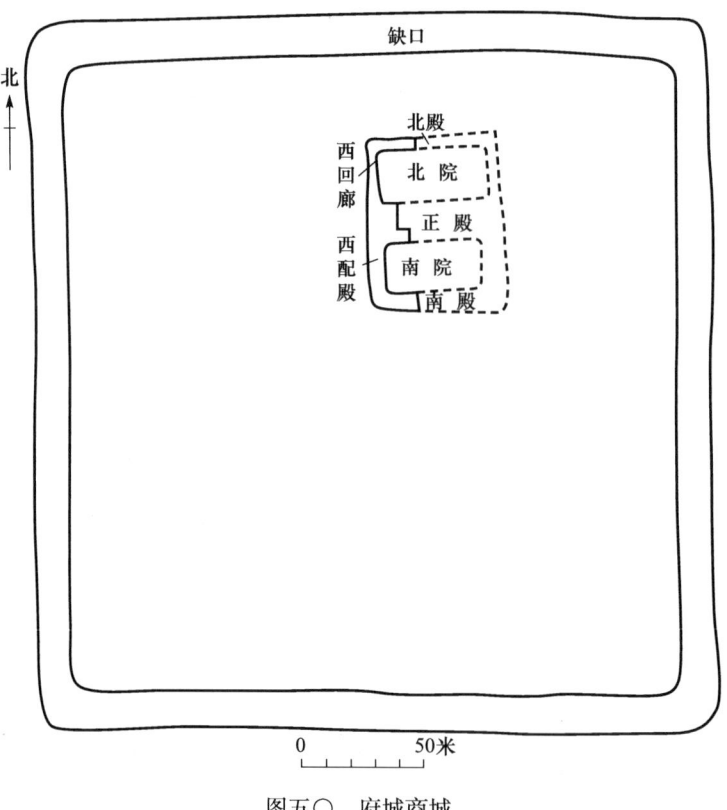

图五〇　府城商城

府城商城位于太行山下约 15 公里处，南距沁河 20 公里，面积仅 10 万平方米。城内共发现了 4 座建筑基址。其中 1 号基址是一座由前后三进殿堂和两座庭院组成的既有前殿、后殿，又有正殿和配殿的特殊建筑基址。而与其近邻还相继发现了 2 号、3 号和 4 号基址。从 1 号建筑基址的配置来看，与其说它是一组宫殿建筑基址，倒不如说它更体现着祭祀性建筑的特点。因此府城商城也许是一座以祭祀功能为主的城市[①]（图五〇）。

位于长江中游的盘龙城商城坐落在深入盘龙湖的半岛上，城址三面环水，面积 7 万余平方米。共发现 3 座建筑基址分前、中、后三排位于高台之上（图五一）。根据杨鸿勋先生的研究，其中的 1、2 号建筑基址符合前朝后寝的格局，两侧还似有配殿和廊庑，并有南北向的排水设施。它的设置与构成同府城商城中的祭祀建筑有些相似。但是决定这个城址功能的不能仅以这个建筑基址为标准。因为这个城址的特殊之处在于其城址外围分布的大小居住遗址以及它们的出土物——大量成层的木炭灰烬和伴随出

---

① 袁广阔、秦小丽：《河南焦作府城遗址发掘报告》，《考古学报》2000 年第 4 期；袁广阔、秦小丽、杨贵金：《河南省焦作市府城遗址发掘简报》，《华夏考古》2000 年第 2 期；中国社会科学院考古研究所河南一队、焦作市文物工作队：《河南焦作地区的考古调查》，《考古》1996 年第 11 期。

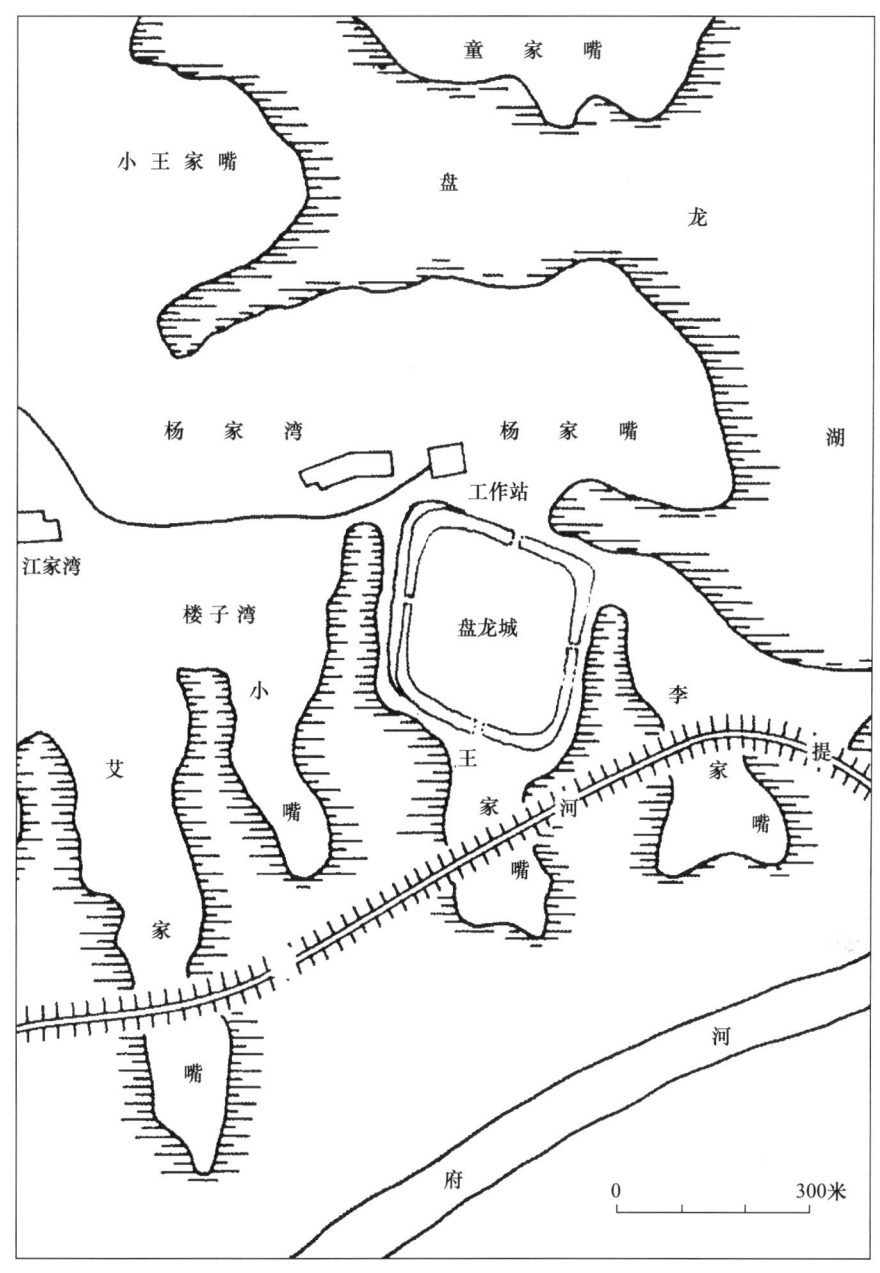

图五一 盘龙城商城

土的大型成组的陶缸和坩埚形器类。这些器物足以表明这是一处与冶炼有关的手工业作坊集聚地。而城内的建筑基址也许并不是宫殿，而是一处特殊的祭祀场所——为了青铜冶炼而设的祭祀场所。特别是在城南的王家嘴遗址发现了10座灰坑、3座陶窑、3座大型住址，说明盘龙城址建筑之前就已经是一处规模较大的手工业作坊。而建城之后则变为平民区。在城北的杨家湾发现3个较大的灰坑，出土了许多陶器、玉石器，发现祭祀坑1座。另外还有一座出土铜渣和铜片的灰沟，推测可能是一处铸铜作坊①。

以上4座分别位于西北方、北方和南方的城址都是与郑州商城同时兴建和同时废弃的，这种兴废关系将它们紧紧地联系在一起，也为我们探讨它们的关系提供了正确的时间标尺。许多学者已经注意到了这些城址的设置与早商王朝对资源的控制与利用有直接的关系，特别是对青铜资源以及冶炼青铜所需的附加材料——铅和锡的需求，是它们设置城池的主要目的②。因为4座城址的地理位置都在这些资源附近，而这些城址内也的确发现了相关的证据，特别是盘龙城发现了大量铸造铜器所需的坩埚和盛器的大型缸类器具、铜渣和孔雀石等冶铸不可缺少的遗留物。而东下冯的圆形仓库的用途则更是一目了然，是货物集聚、储藏必需的建筑，但是考古证据并没有为我们提供线索是哪些货物曾经利用了这些仓库，我们只能进行推测。然而这些并不影响我们对东下冯城址性质的推断。那就是它作为郑州商城的一个特殊的功能性城址的性质。它并不是一座为人们生活而建造的一般城址，而是应郑州商城统治者的需要而设在能发挥其作用的地区的单一功能性城址。垣曲与府城商城的性质也一样，只是它们分担的功能各自不同而已。就此我们可以看到早商时代的都城建制不仅是政治统治，还有更多经济因素的制约。而这些地方城址只是在分担以郑州商城为中心的早商政权所需的政治与经济兼有的某一功能而已，它们不足以成为一个健全的地方政权机构，也并不能算在社会阶层的某一级别上，而只能是郑州商城所需功能的一部分。它们与以郑州、偃师为代表的政治经济性中心城市有着不可分割的紧密关系，这也正是早商城市文明时期独有的特征。

2002年，武汉大学考古实习队在湖北云梦县城关镇和平村的王家山发现了一座早商文化时期的城址，遗址主要部位是一个西南—东北向的角锥形土台，西南较宽，80余米，土台西南东北长约180米。土台面上分三个阶梯。城垣的走向基本上是围绕着土台的边缘，土台的大小即是城垣的大小。发掘表明这座城址的建造和使用年代在二里冈文化上层期，城墙经过三次修造。此外还在遗址中发现了二里冈文化时期的墓葬。根据地理位置，有学者认为王家山商城的建立可能是为了保障与盘龙城之间矿产资源运输线路的畅通。因为没有公开发表资料这里不能作更多的分析，但是这座商城的存在值得引起我们的关注③。

早商时期对原材料和资源情有独钟，郑州商城内手工业作坊的产品也不足以满足整个社会的需要并流通到市场供应贸易和商业买卖。那么，早商时代的经济系统在两大政治经济中心城市和4个功能性城市的系统中是如何运作的呢？那些日常生活和生产所需的陶器、玉石器、骨器、蚌器等产品是如何取得的呢？这些问题的解决需要我们从聚落布局、相互关系及其出土遗物的分析来寻找证据。

---

① 北京大学历史系考古专业、湖北省文物考古研究所：《盘龙城——1963～1994年发掘报告》，科学出版社，2001年。
② 刘莉、陈星灿：《城：夏商时期对自然资源的控制问题》，《东南文化》1999年第2期。
③ 蒋刚：《盘龙城遗址群出土商代遗存的几个问题》，《考古与文物》2008年第1期。

第四节 有铜器和玉器出土的遗址与墓葬分布

在郑州商城以外及其周边地区目前发现的有二里冈文化时期的铜器与玉器出土的遗址、窖藏或墓葬有：河南郑州小双桥、新郑望京楼、登封王城岗、登封袁寨、荥阳西史村、辉县琉璃阁、辉县孟庄、许昌大路陈、舞阳北舞渡、临汝李楼、伊川坡头寨、焦作南朱村、新乡博物馆采集的诸早商铜器、林县元康、灵宝文底桥、灵宝东桥，柘城心闷寺、孟庄、项城孙店、中牟黄店和大庄、郾城孟庙村、山西平陆前庄、长治市长子西旺、长子北高庙、陕西蓝田怀珍坊、渭南姜河村、扶风法门寺、岐山京当，河北藁城台西、沧州倪杨屯、山东济南大辛庄、长清归德乡前平村，安徽嘉山泊岗、含山孙家岗、孙戚村、湖北黄陂官家寨、钟家岗、应山乌龟山、应城吴祠、随州淅河乡、黄州下窑嘴，湖南岳阳铜鼓山等（图五二）。

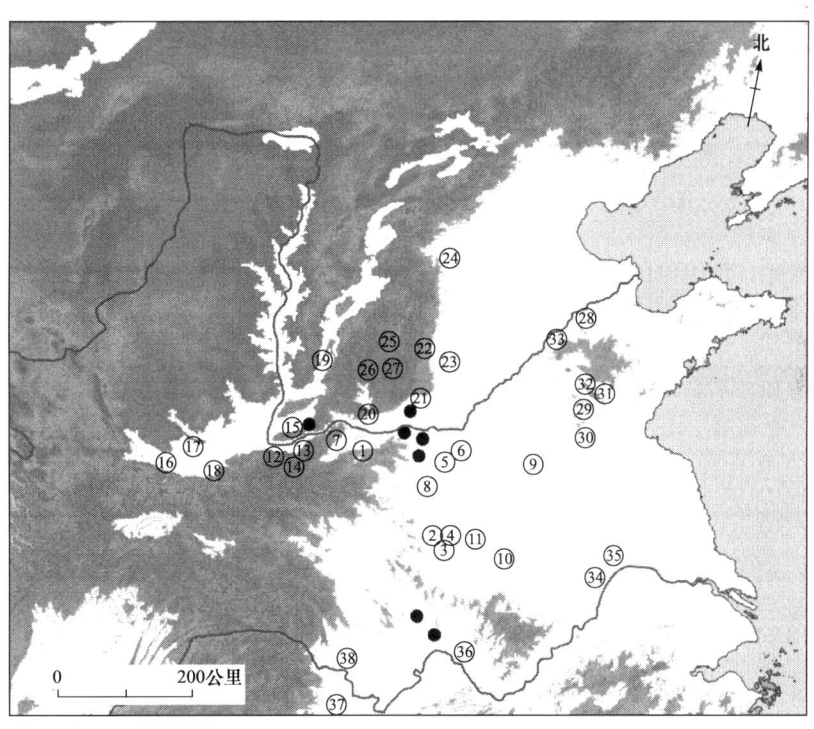

图五二 早商时期出土铜器与玉器的地点

1.临汝李楼 2.舞阳北舞渡 3.舞阳吴城北高 4.舞阳玉皇庙 5.中牟黄店村 6.中牟大庄 7.伊川高山坡头村 8.许昌大路陈 9.柘城心闷寺 10.项城毛家 11.偃城孟庙栏河潘村 12.灵宝东桥村 13.灵宝川口赵家沟 14.灵宝涧口王家湾 15.山西平陆前庄 16.岐山京当 17.礼泉朱马嘴 18.兰田怀真坊 19.洪洞双昌上村 20.焦作南朱村 21.辉县孟庄 22.林县元康 23.安阳三家庄、董王度 24.藁城北龙宫 25.潞城洛河村 26.长子北高庙村 27.长子关同福村 28.山东大辛庄 29.藤县官桥镇吕楼村 30.官桥镇前掌大 31.官桥镇大康留乡 32.官桥镇轩辕村 33.长清归德前平村 34.安徽含山孙家岗 35.含山仙踪镇 36.湖北黄州下嘴窑 37.湖南枙岗 38.荆南寺以上43处遗址的时代跨度大致在二里冈下层期到二里冈上层晚期的白家庄期直至殷墟早期之间。这些遗址、墓葬或铜器出土地点有些分布在距离都城或功能性城市不远的地方，显示了与这些特殊遗址的紧密关系。但是，有些则不是，详细观察这些遗址的分布图会发现相当一部分遗址位置较远，至少从地理位置上看不出它们与这些都城遗址的关系。而这些铜器的出土都与墓葬有关。因此这些有铜器和玉器出土的地点至少可以分为两种：距离都城较近的大多是窖藏类和墓葬类性质的遗址，而距离较远的出土地点则基本都是墓葬性质的。所以远距离的墓葬不一定与都城有关，而是一些具有特殊身份人的墓葬，它们作为与城址有关的权势人物之所以会在与权力中心距离很远的地方出现，可能与它们的出生地有关系，而与早商时代的聚落分布形态没有直接关系。窖藏铜器则大多在距离城市较近的地方，它们的意义比较复杂，根据学者的研究，大致有祭祀、战乱和贮藏等解释。

　　首先分析郑州地区周围出土青铜器的地点。在郑州商城以及周围出土铜器的地点中窖藏青铜器比较多见，除了南顺城街、二七路等与商城直接关联的窖藏之外，在距离这里稍远的地方也有不少发现。20世纪70年代曾经在新郑望京楼采集到一批青铜器和玉石器，经研究是属于二里头和二里冈时期的遗物；90年代初又相继采集到一批铜器和玉器。根据其数量和出土状况应均是出土于窖藏的。其中玉器5件，有璋1、戈2、钺1、瑗1。铜器17件，有爵9、罍1、盘1、斧2、戈3、矛1①。而在临汝杨楼乡李楼村发现的属于二里头和二里冈时期的铜器有两批，一处发现人骨，应该是墓葬无疑，其中出土有铜器3件：爵1、斝1、觚1。另一处虽然未见人骨，也出土铜器3件：爵1、斝1、鬲1及觚的圈足。爵耳有补铸痕迹。可能也是一处墓葬②。舞阳北舞渡南校出土两件铜器，均是鬲，年代为二里冈时期，是在距离地面约2.35米深处发现的，是窖藏的可能性较大③。还在舞阳吴城北高遗址发现铜爵1件，再根据在其周边的沙河流域有同时期遗址阎刘、善德、寺疙瘩、白马寺等。因此，这里的应该引起关注④。而同时在舞阳玉皇庙村也发现了青铜器3件，分别为戈1、刀1，镞数件，还有1件鼎，但是现在已经遗失，时代属于二里冈时期。根据发现者的判断，这里应该是一处遗址⑤。在距离郑州仅30公里的中牟县黄店村的一座墓葬中发现铜器2件，有盉1、爵1，时代属于二里冈时期⑥。而在距离10公里的中牟大庄村的一座墓葬中也发现了铜器3件：爵1、觚1、戈1，时代也属于二里冈时期⑦。伊川高山乡坡头寨村的一

---

① 赵柄焕、白秉乾：《河南省新郑县新发现的商代铜器和玉器》，《中原文物》1992年第1期；河南省文物考古研究所：《河南新郑望京楼出土的铜器和玉器》，《考古》1981年第6期。
② 临汝县文化馆：《河南临汝县李楼出土的商代青铜器》，《考古》1980年第9期。
③ 朱帜：《北舞渡商代铜鬲》，《考古》1983年第9期。
④ 朱帜：《河南舞阳吴城北高遗址发现铜爵》，《考古》1984年第5期。
⑤ 朱帜：《河南舞阳县陆续发现商代文物》，《考古》1986年第3期。
⑥ 赵新来：《中牟县黄店、大庄发现商代铜器》，《考古》1980年第12期。
⑦ 赵新来：《中牟县黄店、大庄发现商代铜器》，《考古》1980年第12期。

座墓葬中发现有人骨5具、狗骨1具；铜器12件，分别为鬲1、觚2、爵2、戈1、戣1、凿2、镞1、鸟形笄2；玉器2件：环1、柄形器1；陶器2件：簋1、豆1，时代属于二里冈上层期①。在许昌长村张乡大路陈村的一座墓葬中发现人骨2具、狗骨1具；铜器29件，分别为鼎3、斝2、爵2、戈2、刀1、钺1、带钩1、镞17；玉器：柄形器2、璋1，时代属于二里冈时期。郑州东南部地区也发现了一些青铜器出土地点②。柘城西八里冈王乡孟庄村心闷寺是一处遗址，属于二里冈上层期，发现了铜器3件：鼎1、斝1、觚1，铜器有补痕。而在距离这处遗址不远的西部有商代冶铸遗址。由于这里没有发现人骨，推测不是一座墓葬，它的性质也许应该与冶铸遗址相关联来考虑③。项城孙店乡石营村毛冢遗址，位于豫东周口地区的泥河、汾河和沙河两岸。根据历年来不断出土二里冈时期陶器和铜器残片等现象，推测应该是一处遗址，时代属于二里冈时期。1977年出土了铜器3件，分别为斝1、爵1、戈1。还有陶器残片较多。陶拍上有刻画文字④。郾城孟庙乡栏河潘村位于颍河支流柳河北岸，时代属于二里冈上层期。在一处疑似窖藏的沙层内发现了铜器12件，其中罍2、斝2、鼎4、爵2、觚2、铜器有烟痕和使用痕，证明其曾经是实用器。由于这批铜器不仅数量多，而且制作非常精细，有的学者认为它可能与《古本竹书纪年》所说的奄的地望有关。不管怎样，这批铜器都与当时的郑州早商王朝有不可分割的关系⑤。郑州石佛乡出土铜器的地点与郑州小双桥很近，属于二里冈时期。20世纪80年代曾采集到铜器3件，戈1、刀1、铜容器残片1⑥。此外在河南灵宝的三个地点也出土了青铜器。它们分别是文底乡东桥村，出土有鬲1、斝1、爵1、罍1、尊1、钺1、戈1、斨1，时代属于二里冈晚期。川口乡赵家沟村，出土有鼎3、斝2、爵1、觯1件，时代也属于二里冈晚期。涧口乡王家湾村，出土有爵1、觚1、锛1、刀1，时代属于殷墟早期⑦。而在与河南灵宝所在的与豫西相邻的晋西南地区也在毗邻黄河的前庄遗址发现了青铜器窖藏，出土大型铜器14件，分别为罍、鼎、簋、鬲等，时代属于二里冈上层期⑧。而在陕西岐山京当镇先周文化的中心地区也发现了二里冈晚期铜器窖藏，共出土铜器5件，有戈1、爵1、斝1、觚1、鬲1⑨。略位于东北部的陕西礼泉朱马嘴是一处二里冈时期的遗址，在遗址发掘前发现的窖藏中，发现了铜器6件，大鼎1、甗1、小鼎1、爵1、觚1、戈1、镞1和陶

---

① 宁景通：《河南伊川县发现商墓》，《文物》1993年第6期。
② 河南省文物研究所：《许昌大路陈村发现商代墓》，《华夏考古》1988年第1期。
③ 中国社会科学院考古研究所河南一队、商丘地区文物管理委员会：《河南柘城孟庄商代遗址》，《考古学报》1982年第1期。
④ 周口地区文化局、项城县文化馆：《河南项城出土商代前期青铜器和刻文陶拍》，《考古》1982年第9期。
⑤ 孟新安：《偃城县出土一批商代青铜器》，《考古》1987年第8期。
⑥ 陈焕玉：《郑州市石佛乡发现商代青铜戈、刀》，《华夏考古》1988年第1期。
⑦ 河南省博物馆、灵宝县文化馆：《河南灵宝出土一批商代青铜器》，《考古》1979年第1期。
⑧ 李百勤：《山西平陆前庄商代遗址清理简报》，《文物季刊》1994年第4期。
⑨ 王光永：《陕西岐山县发现商代青铜器》，《文物》1977年第12期。

鬲 4 件①。陕西东部地区的蓝田怀珍坊遗址，属于二里冈期上层，不仅发现了青铜器，还发掘了数处灰坑，其中有铜器 7 件，鼎 1、锯 2、钺 1、戈 1、斧 1、刀 1，石磬 1 等，根据遗迹现象被认为是一处二里冈时期的冶炼铜质材料的作坊②。山西洪洞县双昌乡上村，发现了鼎 1、爵 1、戈 2、金耳环 1、玉刀 1。其时代属于商代早期—中商时期③。

再来分析河北豫北一带发现的青铜器出土地点。新乡地区博物馆收藏的青铜器中有一些属于二里冈文化时期，其中有鼎 2、斝 1、爵 3、瓿 1。这些大多出土于新乡的周边地区，暗示这里应该有相当于二里冈文化时期的铜器出土地点。而在焦作南朱村发现有墓葬 2 座。M1 随葬器 3 件，其中铜爵 1、陶斝 1、陶豆 1，M2 仅有陶斝 1、陶豆 1，时代为二里冈期④。辉县孟庄是一处大型二里头文化城址，二里冈文化时期也是一处重要的遗址，其中发现了 29 座墓葬，出土有铜器 5 件，斝 2、鬲 1、爵 2⑤。河南林县元康乡出土了铜器 3 件，分别为尊 1、斝 1、瓿 1，时代属于二里冈上层期⑥。而在著名的安阳殷墟附近的三家庄、董王度村发现的铜器也属于二里冈上层晚期。三家庄是一处窖藏，出土鼎 4、甗 1、斝 1、镬 1、戈 1、爵 1、斝 1。董王度是一处墓葬，出土有鼎 1、镞 1。也属于二里冈上层晚期⑦。而在河北南部地区的藁城北龙宫遗址的一座墓葬中出土铜器 2 件，爵 1、瓿 1，属于二里冈时期⑧。在长子县北高庙村也采集到铜鼎 1、甗 2、戈 1、刀 1，时代属于二里冈晚期⑨。山西长子县北关同福村，发现两处与人骨同时出土的陶器地点，第 1 处与人头骨和肢骨共出土了铜器 15 件，其中鼎 2、斝 1、爵 2、甗 1、瓿 1、罍 1、戈 4、镞 3，玉器 2 件，柄形器 1、玉镞 1。第 2 处与人骨共出的有铜器 4 件，鬲 1、斝 1、瓿 1、爵 1，陶器 4 件，鬲 2、豆 2。铜器和陶器所显示的时代均为二里冈文化时期。不容置疑，这应该是两座墓葬⑩。此外在较远的北京平谷刘家河属于二里冈上层晚期的墓葬中也发现了很多遗物，其中铜器 16 件/组，鼎 2、鬲 1、甗 1、爵 1、斝 1、卣 1、羊罍 1、瓿 1、盉 1、盘 1、钺 1、人面饰 5、泡 3、蟾蜍泡 4、当卢 1、金器臂钏 2、耳环 1、笄 1，玉器 4 件/组，斧 1、柄形器 1、璜 1、绿

---

① 北京大学考古系商周组、陕西省考古研究所：《陕西礼泉朱马嘴商代遗址试掘简报》，《考古与文物》2000 年第 5 期。
② 西安半坡博物馆、蓝田县文化馆：《陕西蓝田怀珍坊商代遗址试掘简报》，《考古与文物》1981 年第 3 期；吴镇烽、樊维岳：《陕西省蓝田县出土商代青铜器》，《文物资料丛刊》1980 年第 3 期。
③ 朱华：《山西洪洞县发现商代遗物》，《文物》1989 年第 12 期。
④ 马全：《焦作南朱村发现商代墓》，《华夏考古》1988 年第 1 期；武陟县博物馆：《武陟县出土三件商代青铜器》，《考古》1989 年第 12 期。
⑤ 河南省文物考古研究所：《辉县孟庄》，中州古籍出版社，1999 年。
⑥ 张增午：《河南林县拣选到三件商代青铜器》，《考古》1986 年第 3 期。
⑦ 孟宪武：《安阳三家庄、董王都村发现的商代青铜器以及年代推定》，《考古》1991 年第 10 期。
⑧ 河北省文物研究所：《藁城北龙宫商代遗址的调查》，《考古》1985 年第 10 期。
⑨ 山西省文管会郭勇：《山西长子县北郊发现商代铜器》，《文物资料丛刊》三，文物出版社，1980 年。
⑩ 山西省文管会郭勇：《山西长子县北郊发现商代铜器》，《文物资料丛刊》三，文物出版社，1980 年。

松珠9①。同时代的昌平张营遗址也有铜器出土的报道②。

最后分析山东地区和湖北地区铜器出土地点的状况。山东官桥镇吕楼村出土铜器3件，其中斝1、爵1、觚1。因为未见人骨，其出土状况不清楚。属于二里冈文化时期③。官桥镇前掌大是一处大型墓地，时代属于从二里冈晚期到殷墟期。墓葬中共出土了铜器15件，觚1、斝1、爵1、戈1、钺1、削1、镞9④。官桥镇大康留村，也出土了二里冈晚期铜器4件，分别是尊1、爵1、斝1、盘1⑤。山东滕州官桥镇轩辕村的一处墓葬，出土铜器6件，鬲1、爵1、斝1、戈1、镞2。玉器1件，柄形器1。其时代相当于商代早中期⑥。而在山东长清县归德县前平村出土的两件青铜器爵1、斝1也属于早商晚期⑦。此外在安徽含山孙家岗出土两件铜器，戈1、爵1属于二里冈时期⑧。安徽含山仙踪镇孙戚村也发现戈1、觚1两件铜器，其时代相当于二里冈文化时期⑨。湖北黄州下嘴窑的一座墓葬中出土了铜器16件，鬲1、觚1、爵1、斝1、瓿1、戈1、镞6、镢1、斧1、凿1、刀1。时代属于二里冈晚期⑩。而湖南栀岗的一座残墓中，出土了玉石器4件，分别为璋1、钺3。其时代相当于二里冈文化晚期⑪。

以上分析的青铜器出土地点其时代大致介于二里冈文化早期到二里冈文化晚期的白家庄期之间，一些铜器的时代可能晚到殷墟一期前后。其中以二里冈文化上层期资料最丰富。从出土铜器的遗迹性质来看，以墓葬形式的出土例为多，部分为窖藏出土。早商文化时期的青铜器，特别是青铜容器是当时郑州政权统治系统的一个物在表现，其拥有者大多与以郑州为中心的早商王权有一定的关联。根据学者的研究，当时的青铜器冶铸由商王朝中心控制、运营与分配，是早商王权统治参与者的权力和身份的象征。同时也是用于早商政权祭祀礼仪的特殊器类。而此后盛行于西周时代的列鼎列簋制度正是萌芽于这个时期的青铜礼器制度。因此研究这些铜器的出土地域以及出土状况是研究早商文化城市文明体系不可或缺的一个方面。首先从其分布来分析。在以上列举的遗址中我们可以看到，它们基本上是成群分布的，即在一个地区有多处发现，而没有的地区则完全没有。也就是说它们多是集中分布的，比如在郑州周边以及东部地区新郑望京、伊川、李楼、舞阳、中牟、项城、柘城、偃师等与郑州连接的颍河以及支流流经地区。而河南西部的灵宝、山西南部一带也是经常出土铜器的地区，这里

---

① 北京市文物管理处：《北京平谷县发现商代墓葬》，《文物》1977年第11期。
② 北京市文物研究所、北京市昌平区文化委员会：《昌平张营》，文物出版社，2000年。
③ 滕州市博物馆：《山东滕州市薛河下游出土的商代青铜器》，《考古》1996年第5期。
④ 滕州市博物馆：《山东滕州市薛河下游出土的商代青铜器》，《考古》1996年第5期。
⑤ 滕州市博物馆：《山东滕州市薛河下游出土的商代青铜器》，《考古》1996年第5期。
⑥ 滕州市博物馆：《山东滕州市发现商代青铜器》，《文物》1993年第6期。
⑦ 韩明祥：《山东长清、桓台发现商代青铜器》，《考古》1982年第1期。
⑧ 安徽省展览博物馆：《安徽含山县孙家冈商代遗址调查与试掘》，《考古》1977年第3期。
⑨ 安徽省展览博物馆：《安徽含山县仙踪镇商代遗址调查与试掘》，《考古》1979年第3期。
⑩ 黄冈地区博物馆、黄冈市博物馆：《湖北省黄州市下窑嘴商墓发掘报告》，《考古》1993年第6期。
⑪ 王文建等：《石门县商时期遗存调查——宝塔遗址与栀岗墓地》，《湖南考古辑刊》第4辑，岳麓书社，1987年。

则与介于伊洛地区和晋西南地区的地理位置有关。因为这两个地区之间在早商文化时期都是具有特殊意义的。河南北部与河北南部地区也与晋西南地区一样是地方城郭都市的所在地，与此相关的青铜器也大多出土在与这些城址距离不远的地方。山东、安徽一带的铜器出土地点则都位于大辛庄和前掌大的周边地区。而南方的长江流域虽然发现的青铜器时代略晚于其他地区，但是仅有的几处也位于盘龙城或铜绿山等特殊遗址的周边地区。

第五节 专业性手工业作坊聚落遗址

早商时期的一般聚落遗址的分布，从早期的二里冈下层期到二里冈上层期之间在分布形态上发生了较大的变化。正如上节已经指出的那样，首先是二里冈下层期遗址数量的大幅减少和二里冈上层期遗址数量的回归以及增加。这既反映了王朝的政权更替对一般村落分布的影响，又是二里冈为代表的早商时代聚落分布不同于其他时代的一个鲜明的特点。自从新石器时代人类明确定居以来，其村落的分布大致经历了从早期的沿河流而居到龙山文化时代的选高台而生息的过程。而龙山文化晚期随着人类文明的进程所发生的战乱，使得防御性城址在各地大量出现，直到以二里头文化为代表的夏王朝的诞生，然而一般聚落的分布形态至少从数量上也不曾有大的变化。但是随着以郑州商城为代表的二里冈下层期早商文明的出现，与城堡性城址不同的城市的发生，致使聚落分布锐减，原因与前所未有的大型土木工程兴建有直接的关系。那么人们的生活在经历了二里冈下层期的大规模的移动和重组之后，恢复稳定的二里冈上层期的聚落分布有哪些特征呢？

首先是专业性功能聚落在一般聚落遗址中出现。这些聚落的一个特点就是生产某一、二种产品，这不同于在此之前的自给自足包容所有种类的村落性质的手工业作坊，或者是一般村落中都可以看到的以小型陶窑、制骨或石器制作场等为特征的性质。它们的特点是一个村落只生产一种产品，这样的遗址在二里冈上层期多有发现。比如山西西南部邻近东下冯城址南部，同位于青龙河流域的东阴遗址是一处单纯的二里冈上层期遗址[①]。2000年对其进行的考古发掘资料表明，这是一处面积仅4万平方米的小型村落遗址，这里共发现了17座灰坑、1座窑址和1座墓葬。除了大量陶石骨蚌器外，引人注目的是这里发现的大量骨质坯料以及经过切割后扔掉的骨质边角废料和骨关节部分。这些骨料大多为牛肢骨的不同部位，所有骨料的加工方法如出一辙，均以锯割为主，除了大小不一的坯料和废料外，并没有见到成品的骨器（图五三）。显然不同于新石器时代以来一般村落人们惯常用以猪、鹿、羊、鸡类小型动物骨骼制作骨器的状况。而这里发现的少量骨质类工具却是用一般常见的小型动物

---

① 山西省考古研究所、夏县博物馆：《山西省尉郭镇东阴遗址发掘简报》，《考古与文物》2001年第4期。

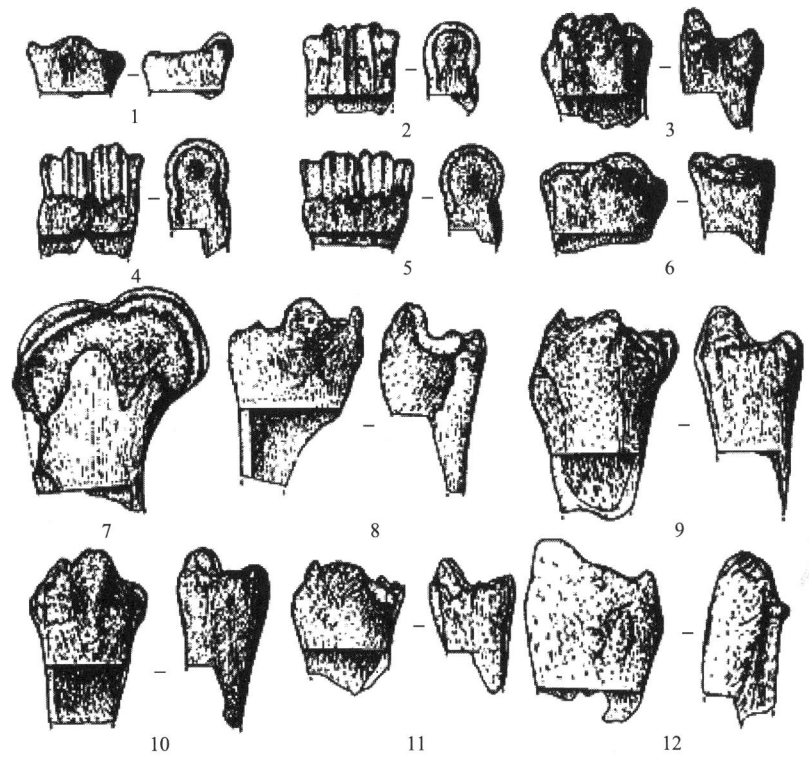

图五三　山西夏县东阴遗址出土的切割骨器
1～4.（H11∶24、H11∶21、H13∶6、H11∶26） 5～8.（H11∶25、H16∶16、C∶111、H4∶24） 9～12.（T5②∶5、H11∶27、H4∶25、H13∶7）

骨骼制作而成的。而那些废料所显示的骨质制品则不知去向，显然生产它们的目的并不是东阴村聚落本身的需要，而是一个专业化以牛骨为材料的骨器生产地，或者只是骨器坯料的加工场所。因为骨器的生产要经过原材料的收购、坯料的加工和成品的磨制等重要环节，特别是像以牛骨这样的大型动物为原材料的骨器制作，显示着它与以郑州商城为代表的早商国家的紧密联系。根据一些学者的研究，早商时代开始流行以牛作为国家祭祀的动物，从牛的饲养到祭祀都有一套完善的管理体制[1]。而东阴遗址大量的牛骨坯料和废料正暗示了它有可能是统治者集团设在晋西南地区的一个专门为早商国家生产牛质骨制品的专业性功能性村落。此外在这个遗址中还发现了6件牛卜骨，玉质圭、钺以及一些石质工具和铜镞。这些与祭祀和礼仪有关的出土物反映了作为专业性功能聚落遗址，在生产过程中曾有某种为生产而举行的特别仪式。而大量出土的陶质生活器类，无论是陶色还是器形都与郑州商城同时期的陶器非常相似。而它位于东下冯城址南部很近的位置，显示了它们之间的特别关系（图五四）。

---

[1] 冈村秀典：《中国文明　農業と儀礼の考古学》（学術選書36シリーズ：諸文明の起源6），京都大学学術出版社，2008年。

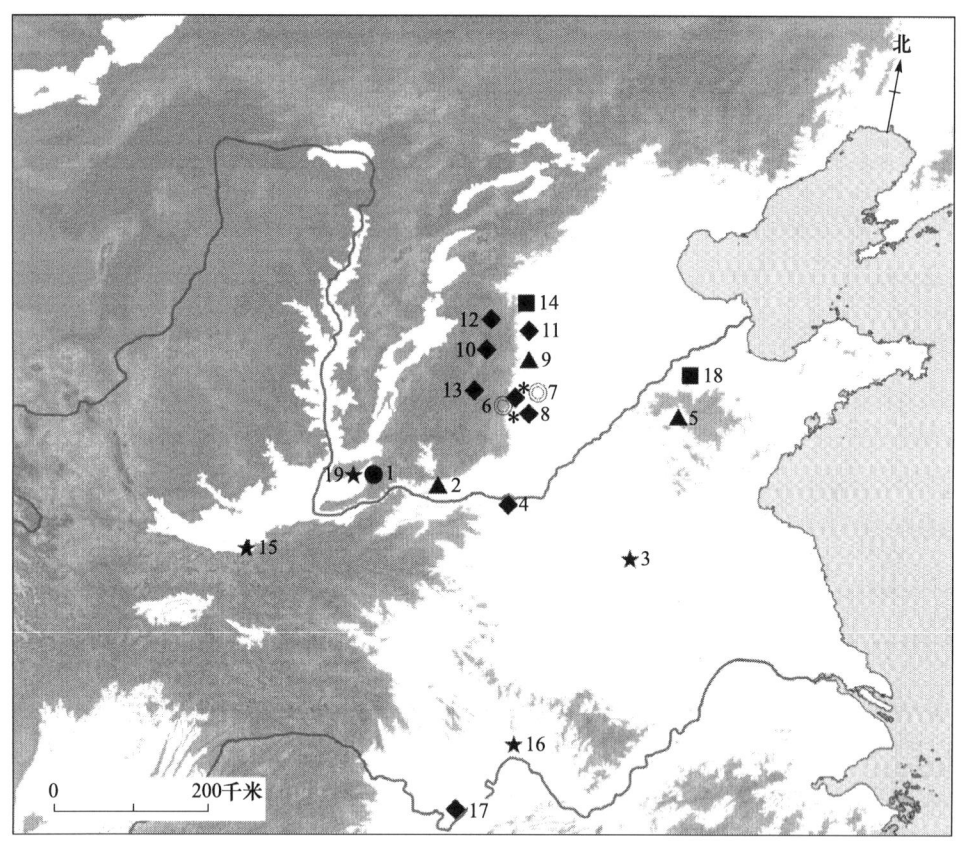

图五四　早商时期专业性手工业作坊遗址

1. 山西夏县东阴遗址　2. 河南孟津洞溪遗址　3. 河南柘城孟庄遗址　4. 河南荥阳关帝庙遗址　5. 山东大辛庄遗址　6. 河北磁县下潘汪遗址　7. 河北邯郸涧沟遗址　8. 河北磁县下七垣遗址　9. 河北邯郸龟台遗址　10. 河北武安赵窑遗址　11. 河北邢台曹演庄遗址　12. 河北邢台贾村遗址　13. 河北涉县台村遗址　14. 河北藁城台西遗址　15. 陕西蓝田怀珍坊遗址　16. 湖北盘龙城遗址　17. 江西吴城遗址　18. 湖南岳阳温家山遗址　19. 山东信阳李屋遗址

（●：骨质作坊；▲：石器作坊；★：铸造作坊；◆：陶器作坊；＊：蚌器作坊；◎：制盐作坊）

河南孟县洞溪遗址是一处属于二里冈上层晚期的遗址，这处面积约4万平方米的小型聚落遗址，经考古发掘，出土了非常丰富的遗物，其中在Y10的一个灰坑内发现了14件从未使用过的石镰和石刀，还有15件纺轮。表明它似乎是一个用于专门储藏工具类的仓库性质的窖藏[①]。而在遗址内发现的器类也以石镰、石刀和石铲最多，而且石器的形态非常规格化，暗示着它们可能出自相同的制作作坊。但是在遗址内没有发现相应的石器制作作坊遗迹。不过无论这里有没有作坊遗迹，都不影响我们对这处遗址性质的判断，即它极有可能是与专业化生产或储藏石器地有关。也就是说与东阴遗址一样，它也具备了一个专业化的功能性村落的性质。而在村落的东南部还有一条东南—西北向的壕沟。这种防御措施也许正是其货物集散地或生产地所必需的防御

---

① 河南省文化局文物工作队：《河南孟县洞溪遗址发掘》，《考古》1961年第1期。

设施。

　　河南柘城孟庄遗址位于柘城县西部7公里处的惠济河支流蒋河南岸。根据1977年的发掘，这里有住址9座、灰坑25座、铸造遗迹1处和制陶作坊1处。这些遗址出土的陶器属于二里冈上层期①。铸造遗迹和陶器作坊可能正是这个遗址手工业作坊性质的体现。

　　河南荥阳关帝庙遗址是一处属于人民公园期—殷墟二期的完整的村落遗址，经发掘出土了住址22、陶窑20、水井32、墓葬228、祭祀坑17和灰沟9条。20处陶窑和32座水井足以说明这个村落是一处专门的陶器制作作坊②。

　　山东地区的大辛庄遗址是一处二里冈上层晚期的大型聚落遗址，自从1935年发现以来的近70余年，经过多次发掘，取得了很多成果。在出土的大量遗物中尤其以石器的数量最为显著。根据钱益汇和方辉以1984年和2003年的发掘资料进行的研究，两次发掘的石器成品共139件、石坯原料9件、废料13件和大量加工时废弃的石质碎屑。还有29件未成品和残损品以及制作石器所使用的磨石36件。这些遗物足以反映这里曾进行过石器制作，在二里冈上层时代曾是一处石器制作作坊。由于大辛庄还发现许多随葬青铜器的墓葬和其他玉、石、铜器，它的性质一直是学者所关注的，而它的复杂性也不能仅以石器作坊单一的判断来决定。但是这里曾大量制作石器的事实可以反映它具有专业化功能性聚落性质的特质之一③。

　　河北磁县下七垣遗址是一处从先商时代、早商时代、中商时代和晚商时代连续堆积的遗址④。其中属于早商时代的遗迹有21个灰坑、1座住址和2座陶窑。两座窑址的面积比较大，2号窑膛直径约80厘米，残存壁高约78厘米。而在3号窑址内则发现了未经烧制的细绳纹泥坯，据推测是在装窑时剔除的坏陶坯，而在窑址的西北侧则发现了一个不规则的大坑，坑内几乎全部是单一的刚出窑未经使用的鬲残片和残次品残片，因而可以说这两座窑址是专门用来烧制陶鬲的手工业作坊。而在属于商代中期的下七垣第二层中，则发现灰坑53座，其中窖藏1处，内藏100对完整大蚌壳，它应该是一处用于储藏蚌质原材料的仓储遗迹，因此这里或者是距离这里不远的某个村落也许就是一处专门制作蚌质器具的手工业作坊，而事实上在距离这里仅1.5公里的涧沟遗址在龙山文化时期就曾经发现大量的蚌质工具，比如蚌镰、蚌刀以及蚌环。这也许暗示着涧沟遗址制作蚌质工具的传统一直持续到早商时代，虽然我们现在还没有发现早商时

---

① 中国社会科学院考古研究所河南一队、商丘地区文物管理委员会：《河南柘城孟庄商代遗址》，《考古学报》1982年第1期。
② 河南省文物考古研究所：《河南荥阳市关帝庙遗址商代晚期遗存发掘简报》，《考古》2008年第7期。
③ 山东大学历史系考古专业、山东省文物考古研究所、济南市博物馆：《大辛庄遗址1984年秋试掘报告》，《东方考古》第4集，科学出版社，2003年；钱益汇、方辉：《济南大辛庄遗址商代石器工具组合的类型学研究——基于生产系统与功能的视角》，《东方考古》第4集，科学出版社，2003年。
④ 河北省文物管理处：《磁县下七垣遗址发掘报告》，《考古学报》1972年第2期。

代的证据①。这一时期下七垣仍然是一处制陶作坊遗址,在发现的一个制陶场所内发现了大量的陶坯和陶土原材料堆积。而在不远处的陶窑内则发现大量残鬲片,陶窑的直径约1.7米,火堂直径1.82米,是一处规模较大的陶窑,而在周围的相关地层内还发现了制作陶鬲用的陶内模17件。

在距离这里1.5公里处的涧沟遗址在商代早期就有陶窑手工业作坊发现,其陶器种类虽然除了鬲之外还有其他种类,但是出土陶器种类中仍然以陶鬲最多。而在涧沟西北不远处的龟台遗址,则发现了属于早商时代的38个灰坑,2座墓葬。其中在H66、H67、H81三座灰坑内出土了115件石器,其中石镰和石铲占65%以上,石镰以微弯较窄的刃部为特征,而石铲以长方形为主,其中也有一些有肩石铲。但是这里出土的陶器种类则以平底器为多,三足器居次,与以三足鬲为主要生产品的涧溪和下七垣不同②。

武安赵窑遗址是一处早商与晚商时期的遗址,在属于早商时代的下层文化中发现了两座灰坑H5和H12,出土遗物除了少量陶器外,石器的出土量较多,其中石镰36件、石斧26件、石铲12件、石刀8件和石锛4件。而这些石器的形状也比较规则,与其说它们是废弃在灰坑内的,倒不如说是用来储藏石器的储藏坑。也许暗示着在距离这里不远的地方应该有一处制作石器的作坊遗址。而在稍晚的二里冈上层晚期到人民公园期的地层内则发现了一个石器制作场,在一个直径约5米的大坑内发现了大量石料,还有许多石棒、磨石、石片、石斧和石刀的半成品。而属于这一时期的一座陶窑内部有大量粗绳纹鬲片和未经烧制的陶坯等。周边还有灰坑9座③。

邢台曹演庄遗址是一处属于二里冈期的商代早期遗址,这里发现了大型陶窑3,其中出土了许多陶鬲的残坯、陶模和烧残的陶鬲残次品。在陶窑的周围还有大量木炭灰烬,可能是当时用于烧制陶器的燃料遗留痕。因此这里应该是一处专门烧制陶鬲的手工业作坊遗址。另外还有灰坑3座,在H189内发现鬲17、罐19和骨笄7。这些器物均没有使用痕迹,很可能是一处用于储藏手工业生产品的窖藏。此外还发现了住址3座④。

在邢台贾村商代遗址中发现了4座陶窑,其窑内和窑址的周围发现大量残陶鬲以及半成品和制陶废料,但是没有见到任何其他陶器器类,因此可以说这是一处专门生产陶鬲的制陶作坊,反映了陶器生产内部的再分工和生产门类细化的状况。

河北涉县台村遗址是一处属于二里冈时期的遗址,在发现的11座灰坑内出土大量鬲的残片而没有鼎,其他器类也不丰富⑤。

藁城台西遗址因为出土了大量铜、陶、玉、石、蚌等遗物,还有12座性质特殊

---

① 北京大学、河北省文物局、邯郸考古发掘队:《1957年邯郸发掘简报》,《考古》1958年第10期。
② 北京大学、河北省文物局、邯郸考古发掘队:《1957年邯郸发掘简报》,《考古》1958年第10期。
③ 河北省文物研究所、河北文化学院:《武安赵窑遗址发掘报告》,《考古学报》1992年第3期。
④ 河北省文物管理委员会:《邢台曹演庄遗址发掘报告》,《考古学报》1958年第4期。
⑤ 河北省文物研究所、邯郸市文物研究所、涉县文物保护管理所:《河北涉县台村遗址发掘简报》,《河北省考古文集》三,河北人民出版社,2005年。

的房址和大量墓葬[①]，但是关于这座遗址的性质则意见不一。首先从时代来看，这里除了2座住址属于二里冈上层期之外，其他14座住址则属于中商文化时期。从这些住址的布局来看它们是相互关联的。根据发掘者及一些学者的研究，这里是一处专门酿酒的手工业作坊[②]。因为在最大的F14住址内发现了大量酿酒用的瓮、大口罐、将军盔式的陶器和用于装酒不可缺少的陶漏斗。此外还有罍、尊和豆等日常生活用器和少量骨、蚌、石器。而最有力的酿酒证据是在一个大型瓮内发现重约8.5千克的灰白色水锈沉淀物，经科学分析认为其是一种人工培养的酵母。此外还在4件大口罐内发现了各种果实的种子残留遗物，发掘者也认为这些正是专门用于酿酒的原料。而与此F14相关的其他住址则很可能是这座酿酒作坊的关联工坊。再从其整体布局的规范化程度来看，这是一处经过事前设计和规划而建造的手工业作坊遗址。

藁城遗址除了这一组特殊建筑遗址外还有一个特点就是发现了大量的各种材质、用途各异的器具。而在482件石器中336件为石镰，此外还有一些砺石。另外有陶纺轮162件和铜觚上发现的丝织品痕迹，在T10内还出土有麻布以及山羊绒毛的痕迹。这些现象暗示这里不仅是酿酒作坊，也许还有其他诸如纺织和玉石制作作坊等手工业门类。

陕西蓝田怀珍坊遗址是一处早商时代的遗址，遗址面积仅5万平方米，因为曾多次发现青铜器而知名。这里曾在1973进行小规模发掘，在发掘的282平方米的范围内，发现灰坑7个、墓葬5座。除了发现的9件铜质如刀、钻、锥类工具外，还在多数灰坑中出土了大量的铜渣，往往在一个灰坑内就有数筐铜渣拣出，其中还夹杂许多木炭碎块。另外在灰坑和地层中都出土有很多粘有铜汁的草拌泥结构的红烧土块和残渣，发掘者认为这些应该是当时炼铜的炉壁残块。但是这里却没有发现任何铸铜用范模，因此发掘者认为这里不是铸造铜器的作坊，而是用于专门冶炼铜料的作坊[③]。

山东信阳县李屋遗址是最近发掘的一处从中商时代到晚商时代的专业制盐作坊遗址。遗址面积约5万平方米，可以区分出甲、乙、丙三片由住址、院落以及从属的墓葬、灰坑、取土坑和倾倒垃圾区的聚落单元。各区内除了出土大量生活用陶器外还发现了大量用于制盐的盔形器。根据灰坑不同数量也不等，比如在H46、H33和H22内发现的陶器中70%为盔形器。一些灰坑有可能是放置盔形器的窖藏。发掘者认为这里是一处稳定的制盐生产和制盐者长期的生活单位。这里发现的用于煮盐的盔形器，虽然数量很多，但是在盔形器的内壁均未发现白色污垢状物，底部也不见粘贴的草拌泥烧土，表面没有二次使用的痕迹，同时遗址内还多见窑壁、窑汗以及因烧制温度过高导致变形的盔形器，因此这里应该不是直接制盐的手工业作坊，而是一处为了制盐提供工具、食料和盐工生活用的聚落遗址。而在距离李屋遗址仅10公里的兰家遗址也出土大量盔形器，聚落内也有明显的功能性区分。约有12万平方米，并有专门的住址

[①] 河北省文物研究所：《藁城台西商代遗址》，文物出版社，1985年。
[②] 王震中：《藁城台西邑落居所所反映的家族手工业形态的考察》，《东方考古》第4集，科学出版社，2003年。
[③] 西安半坡博物馆、蓝田县文化馆：《陕西蓝田怀珍坊商代遗址试掘简报》，《考古与文物》1981年第3期。

区、贵族墓地、平民墓地、骨器作坊和制陶质盔形器作坊。说明这样专业化的聚落遗址不是一个特例，而是这一时期经济生产的一般模式[①]。

作为长江流域的专业手工业作坊遗址除了盘龙城铸铜遗址外还有位于江西省的吴城遗址[②]。位于赣江支流萧江南岸的吴城遗址，经过10次发掘确定它是一处商代的城址。城址及其出土遗物与遗迹可以分为三期，相当于二里冈上层的第1期遗迹、遗物均较少。相当于中商时期的第2期最丰富，是吴城遗址的主要时期，其中的一些遗址一直持续到第3期的商代晚期。这里主要讨论第2期城址与遗址的性质。属于第2期的遗迹有灰坑21个、住址2座、水井2口、陶窑14座和7处冶铸遗址。14座陶窑遗址集中分布在城址北部的高地岭的三面山坡上，证明这里是陶瓷器生产区，并出土了大量原始瓷器，它们是吴城遗址技术含量较高、传播最广的代表性器物，这都反映着吴城遗址可能是当时原始瓷器的制作中心，是南方地区一个单纯的功能性手工业制作地。另外这里也发现了冶铜铸造遗迹，但是与陶瓷器的遗迹与遗物相比不甚明确。而制作陶器的工具陶拍有16件、修整用的陶刀48件。因此，吴城遗址第2期是一处专业化陶瓷器制造手工业作坊遗址[③]。

湖南岳阳温家山遗址是一处属于二里冈晚期—殷墟时期的遗址。发现坑状遗迹30个，集中出土大量陶器、石器，有灰屑、木炭等，虽然目前资料还在整理中，我们还不清楚这些坑的性质，但是据简报坑内的出土陶器种类有区别，一些坑内发现大量灰烬，究竟是祭祀坑、墓葬还是储藏坑仍需要研究，但是集中出土大量陶器这一点值得注意[④]。

总结以上对考古材料的分析可以认为，以二里冈文化为代表的早商时期的城市文明化特点就是整个国家的运营体系以城市为中心支配地，形成在空间上对地域的统治，而这种统治和支配不是军事性的，也不仅仅是宗教性和政治性的，还加入了经济性的牵制和地域之间在经济流通中的不可分离、相互制约的关系。而专业性质很强的功能性地方城址和一般村落手工业生产的专业化出现就是这种空间控制体系的一种体现。

第六节　早商时代的经济模式

早商城市文明的形成与其之前的夏代国家文明在内在支配与外在形式上究竟有什么不同？如果仅仅就其可视的外在形式而言也许很难明确区分它们的差别。首先中心

[①] 山东省文物考古研究所、北京大学中国考古学研究中心、山东师范大学齐鲁文化研究中心、滨州市文物管理所：《山东阳信县李屋遗址商代遗存发掘简报》，《考古》2010年第3期。
[②] 江西省文物考古研究所、樟树市博物馆编著：《吴城——1973~2002年考古发掘报告》，科学出版社，2005年。
[③] 施劲松：《吴城遗址与商代江南》，《探古求原——考古杂志社成立十周年纪年学术文集》，文物出版社，2007年。
[④] 湖南省岳阳市文物管理处：《湖南岳阳温家山商时期坑状遗迹发掘简报》，《江汉考古》2005年第1期。

第四章 早商城市文明时期的经济系统

都城、地方都市、大型村落和小型村落这样的以防御设施以及面积大小为根据所作的划分从龙山文化晚期开始就存在，至少它们在外在形式上看不出实质性的区别。但是事实上它们是性质完全不同的社会形态这一点很明确。因为都有中心都城，也都有分层性的聚落大小、城壁的有无等形式，到了夏代随着铜器的出现甚至连出土物也没有本质性的区别，我们应该如何来说明它们在支配上的差异呢？这就是经济形态和在政治上强权统治的证据，也就是有些学者已经提出的特权阶层对空间的控制和支配。这种空间的控制和支配包括政治性的统治体系和经济性的支配模式以及政治与经济不可分割的相互依赖的社会循环系统。

都市出现以及阶层性聚落分布的外在性质显示了早商都城在政治上的强权统治，而它的统治内容以及运营系统除了从对自然资源的控制以及由此设置在各地的地方性城址和大小不同的聚落的层层支配关系的推测之外，还没有有力的证据来证明它们内在的具体运营系统以及与经济不可分割的依赖关系。正如前节已经分析的那样，早商时代的聚落分布特点是中心都市、功能性城址、出土礼仪性特殊遗物的窖藏遗址与墓葬以及专业性聚落遗址的空间分布形式。这种突显聚落经济功能与政治性特点的聚落在空间上的分布格局的背景值得探讨，这也是本节将要分析的重点。

郑州商城除了宫殿、祭祀等政治性设施的设置以外，还有分工精细的各类手工业作坊、一般居住区、用水排水系统、道路设施、池苑分布区等完备的城市布局规划。那么与此同时分布在城市以外的其他聚落又是如何对应中心城市的这种变化的呢？换言之，即城市的这种变化其实也正预示着维系整个社会运营的体制变化。因为无论是政治还是经济都不是一个独立都市可以运转的，而是与周边聚落相互关联的。在城市体制建立的同时必须要有一个与此相应的社会运转机制。也就是说整个社会必须要有一个同样的运转机制围绕在它的周边或它的空间统治范围内。经济是政治的基础，经济模式决定了政治体制。早商王朝时期的都城配置也正是它社会结构的反映。

何驽撰文认为都城具有强烈的空间控制色彩，空间控制权利被政治上的统治者所垄断，城内布局不仅明显，而且有了明确的规划理念[①]。我们认同何驽提出的聚落考古学中存在这种空间控制的理论，而且认为这种理论不仅使用在都城内，而且应该适用于整个王权国家在地域中的控制范围内。它们不仅使城内布局规范化，而且有可能对整个统治区域内的不同功能的地方城市和村落进行了相同的规划，使它们分别成为与都城息息相关的一部分。功能性城址与聚落的出现就是这种控制的一个物在体现。因为除了中心的郑州商城之外，这些地方城址无论从大小或城内设置的异同来看，它们都不是一个完整的城市，但是都有某一方面的特别功能。而那些生产某一种产品的专业性村落遗址则更是这种规划下的特殊产物。因为这样高度专业化的生产作坊需要对

---

① 何驽：《都城考古的理论与实践探索——从陶寺城址和二里头遗址都城考古分析看中国早期城市化进程》，《三代考古》三，科学出版社，2009年。

原材料和生产成品流通的统一规划和统领，或是计划性指令。也就是说它们之所以成为专业生产作坊而不是一个自给自足的村落，是因为在整个社会系统的运转中只需要它们生产某一种产品就能生存。而决定它们生产哪一种产品则有两种可能，一种是市场的需要，另一种就是被要求，而原材料的得手和产品的去向则由那些命令它们生产的机构来完成，或者是通过生产者之间的协调自己解决。早商时代后一种形式的可能性比较大，应该是早商统治集团当时的一种统治形式，这种形式体现为对空间领域强有力的支配模式，而城址和专业化村落的出现就是这种形式的体现。当然这种对空间的支配形式究竟是直接由郑州来控制还是由次一级的地方性城址为代表的机构来管理则值得探讨。尽管许多学者从地方城址与资源的关系以及遗址大小的等级关系作了很多的推测和分析，而笔者认为通过对出土遗物的详细观察和研究才是真正明确这一关系的根本基础。本书也将从这一观点出发作一些尝试性的分析与研究。以下章节将逐步分析早商时期青铜器、玉石器、骨蚌器和陶器出土物在各个地区的分布、系统及组合状况，进而探讨早商时期的各种手工业的生产、流通或分配以及早商王朝统治下的经济运营体系和特征。

第五章　手工业产品的分布与种类构成所反映的地域间的流通关系

早商时期至少在郑州商城和偃师商城内我们看到了布局规整的手工业作坊和手工业内部的再分工，这表明早商时期手工业生产的专业化和手工业生产者的专门化的事实。但是它们生产的产品是如何在社会上被使用或是如何分配和流通的，则需要我们通过对发掘出土的考古资料中出土数量最多的铜器、玉石器、骨蚌器和陶器等手工业产品的详细分析来解决。最好的方法应该是对这些产品的使用痕迹、制作方法、原材料来源、加工制作程序、使用工具痕迹的详细观察和个案分析来逐步积累基础资料，并在此基础上进行各个地域手工业产品的异同比较，以期通过对这些产品的分布地域和途径的了解来明确它们当时的分配和流通状况。但是目前我们不具备这样的基础资料观察数据和个案分析实例，因而只能就公开发表的资料中我们可以捕捉到的基本信息为基础资料来做尽可能的分析，这就是材质和产品的种类及形态。今后将随着资料的细化和详尽的个案分析实例的增加来不断深化本课题研究。因此这里将首先以材质分类对不同用途的手工业产品的种类和分布进行数量化分析。

第一节　青铜工具与武器种类的分布

青铜器的出现始于龙山文化晚期，但是出土资料所显示的普遍使用则在二里头文化时期，特别是青铜容器的出现是伴随着夏王朝的建立而流行的。这里我们不讨论比较复杂的青铜容器，而仅仅对青铜容器之外的工具、武器等进行分析。这里分析的基础是统计每个遗址中发掘出土的青铜器具以及它们在各个遗址所在地域中占有的比例，以期得出地域间在铜器器类使用上的异同以及功能选择上的区别。然后来比较各个地域间的异同以及这些异同与郑州、偃师等中心都市、地方城郭以及一般功能性遗址之间的关联性。

一、青铜器具的种类构成比例与地域分布

早商时期青铜器具虽然发现较前期为多，但是在日常使用的所有工具和武器中仍然以玉石质和骨蚌质的比例较多，铜质仍然是珍贵而稀有的贵金属，因此遗址中是否出土青铜类器具仍然是显示其重要性的一个侧面。这个时期铜质工具种类较为丰富，

大致有以下几种比较常见，即镞、矛、戈、钺、剑、戣、镦等武器类和刀、斧、钻、锯、锛、锥、凿、针、钩、锸、镬、铍等工具类。工具的种类比武器要丰富很多。而各个种类在地区之间分布则不同，比如工具中的刀、斧、锥、凿、针等在黄河流域诸遗址中出土数量较多，而锛、钻、锯、锸、镬、铍等工具则在长江流域多有发现。而武器类中镞的比例在各个地区都较丰富。

通过对已经发掘并公开发表报告的 64 处早商时期遗址出土的青铜工具和武器区分为 5 个地区进行了统计（表三）。但并不是每个遗址都有铜质工具和武器出土，这里仅就出土铜质器具的遗址进行统计。就铜质工具的器类来看，最丰富的是铜刀、凿、锥、钩和钻头，它们在铜质工具中所占的比例都比较高。铜刀在郑州、洛阳和长江中游地区最高分别为 12.5%、15.2% 和 16.8%，其次是铜锥，洛阳、郑州和河北南部和河南北部地区较高，分别为 13.6%、5.6% 和 6.0%，铜钩的分布也较普遍，但是其比例均不高，仅在郑州地区占到 8.9%，其他地区均在 1.4%～4.0%。铜凿除了山西和陕西地区外均有发现，长江中游地区最高占 5.6%，其他地区均在 1.8%～2.2%。而铜锥除了长江中游地区之外均有发现，其中洛阳地区最高为 13.6%，其次为河北地区的 6.0%，郑州的 5.6%，山东的 4.0% 和山西陕西的 1.1%。铜锛除了郑州和山西、陕西外均有发现，长江中游最高为 7.7%，洛阳的 2.7% 和河北的 1.0%。其他的铜工具有铜削、铜扣、铜钻头、铜锯、铜镬、铜斧等种类，但是其分布仅在两或一个地区发现，呈现着不甚普遍的分布特征。而另外还有铜斨、铜铍、铜锸、铜戣、铜镦等工具，但是这些种类仅在长江流域的盘龙城、荆南寺和吴城等遗址多有发现，中原地区几乎没有出土例子。

铜质武器有铜镞、铜戈、铜钺、铜矛四类。其中比例最多的是铜镞，其比例在各个地区都较高，分别为河北的 69.0%，郑州的 48.2%，洛阳的 48.9%，山西、陕西的 27.4%，长江中游的 32.2% 和山东的 48.0%，均占到几乎半数。其次是铜戈，山东地区的比例最高，占 16.0%，其次是长江中游的 11.9%、郑州的 10.0%、洛阳的 8.2%、河北的 5.0% 和山西、陕西的 4.2%。铜钺除了河北外均有发现，山西及陕西和山东较高，其比例分别为 4.2% 和 4.0%，其他地区的比例均在 1.6%～3.5%。铜矛最少，并仅在洛阳、山西陕西和长江中游发现，比例分别为 1.1%、7.4% 和 2.8%。

这里同样通过对已经发掘并公开发表报告的 65 处早商时期遗址出土的青铜工具和武器区分为 5 个地区进行统计。河北、豫北地区包括晋东南地区的小神遗址和内蒙古地区的朱开沟和赤峰二道井子合计 14 处遗址。其铜质工具与武器的比例如图五五所示，武器占总数的 74%，而工具类仅占 26%。郑州商城及周边地区 17 处遗址出土青铜武器与工具，它们的比例分别为武器的 58.9% 和工具的 41.1%，工具类的比例大幅增加。而在郑州与洛阳之间以及洛阳地区的 19 处遗址出土青铜武器与工具，其中武器的比例为 57.1%，而工具的比例为 42.9%，显示了与郑州商城几乎相同的比例构成。陕西关中地区与山西晋西南地区 9 处出土青铜工具与武器的统计，其比例大致为武器占 31.6%，工具占 68.4%，显示着铜质工具的比例高于武器的构成趋势。而在长江流域地区包括

第五章 手工业产品的分布与种类构成所反映的地域间的流通关系

表三 早商铜质工具与武器数量统计表

地区	遗址名	时代	铜质工具														铜质武器			
			刀	斧	削	饼	斨	凿	锥	针	钩	钹	钉	钻头	锯	锚	镞	矛	镞	戈	戣	镞
河北豫北	藁城台西遗址	早期（二里冈）	5								2		1						54			
	昌平张营遗址	早期青铜时代	2					2	5		1								5			
	大坨头遗址	夏家店下层																	1			
	古冶遗址	商代早期			1					1												
	下岳庄遗址	早商																	1			
	下七垣遗址	早期（二里冈）	1																1			
	伊郭村遗址	商代早中晚期												1					2			
	曹演庄遗址	二里冈晚期				1			1				1						1			
	府城遗址	二里冈上层																	1		1	
	小神遗址	商代中晚期									1											
	北关同福遗址	早商									1								3	4		
	小双桥 95 年	二里冈晚期												1					2			
	小双桥遗址	二里冈晚期（采）												1					1			
郑州商城及周边	商城城遗址商墓 M1	二里冈晚期								1					1		1		1		2	
	木材公司遗址	二里冈上层																				
	南关外铸铜遗址	二里冈下层	1					1			2						2		15			
	紫荆山北遗址	二里冈上层							2		1								4			
	经五路遗址	二里冈上层																				
		二里冈下层																	1			

续表

地区	遗址名	时代	铜质工具																		铜质武器		
			刀	斧	削	锛	斨	凿	锥	针	钩	铍	钉	钻头	锯	锚	镘	钺	矛	镞	戈	戟	镦
	白家庄遗址	二里冈上层	1																		1			
	人民公园 M25	白家庄期	1																		1			
	二七路 M1	二里冈期	1																					
	二七路 M2	二里冈期	1																			1		
	南顺城街遗址	二里冈上层																				2		
	黄委会青年公寓遗址	二里冈下层（H1）																	1				1		
	电力学校遗址	二里冈早—晚期																				1	1		
	上街遗址	二里冈中层									1														
	石佛乡遗址	二里冈下层	1																				1		
	大路陈商代墓	商代	1								1								1			17	2		
洛阳郑州周边	坡头寨遗址	早商						1											1			1	1		
	东桥遗址	二里冈上层																1	1		1		1		
	高村寺遗址	二里冈期	1																	1	1				
	荥台遗址	二里冈下层	1																			1			
	白元遗址	二里冈上层												1											
	陈庄遗址	商文化下层																			1				
	望京楼遗址	二里冈期		2																			3		

续表

第五章　手工业产品的分布与种类构成所反映的地域间的流通关系

地区	遗址名	时代	铜质工具															铜质武器					
			刀	斧	削	锛	斨	凿	锥	针	钩	钹	钉	钻头	锯	锚	耰	钺	矛	镞	戈	戣	镦
	毛家遗址	二里冈期																			1		
	大庄遗址	二里冈期																			1		
	王城岗遗址	二里冈下层																		1			
	王城岗遗址	二里冈上层						1												1	1		
	稍柴遗址	第4期（二里冈）																			2		
	挖瘩王遗址	早商晚期							1												2		
	鹿台岗遗址	二里冈期																					
	孟庄遗址	二里冈期						1													7		
	商城遗址	二里冈下层1	1																				
	商城遗址	二里冈下层2	3						4		1			1							12	1		
	商城遗址	二里冈上层1	15						13					3							24	2		
	商城遗址	二里冈上层2	1														1				1			
洛阳郑州周边	二里头遗址	二里冈下层	1			5			2												4			
	二里头遗址	二里冈上层						1			1										3			
	偃师商城	二里冈期（1）																			2			
	偃师商城	二里冈期（2）	1																		2	1		
	偃师商城	二里冈期（3）	1						3												7			
	偃师商城	二里冈期（4）																			1			
	偃师商城	二里冈期（5）						1													2			
	偃师商城	二里冈期（8）	1																					

续表

地区	遗址名	时代	铜质工具															铜质武器					
			刀	斧	削	铲	斨	凿	锥	针	钩	铍	钏	钻头	锯	锸	镘	钺	矛	镞	戈	戟	镞
山西陕西	东下冯遗址	第5期	4																	10			
	东下冯遗址	第6期	1																	3			
	垣曲商城	二里冈下层																		2			
	东阴遗址	二里冈上层																		1	1		
	怀珍坊遗址	二里冈晚期	1						1					1						2	1		
	朱马嘴遗址	二里冈晚期																		1	1		
	龙头镇遗址	二里冈晚期											46							7		2		
	南沙村遗址	上层（二里冈）																			1			
	北村遗址	二里冈上层			1																4			
长江中游	荆南寺遗址	夏商时期									1										2			
	盘龙城遗址	二里冈期																			6	1		
		王家嘴2期																			1			
		王家嘴3期	1									1									2			
		王家嘴4期																			1			
		王家嘴5期	1					4													10	1		
		王家嘴6期	1																					

续表

地区	遗址名	时代	铜质工具															铜质武器					
			刀	斧	削	锛	斨	凿	锥	针	钩	铍	钉	钻头	锯	锚	镬	钺	矛	镞	戈	戣	镦
长江中游	盘龙城遗址	李家嘴4期	6			1		1							1	1		2	1		1		1
		李家嘴5期	3			1																	
		李家嘴6期	3			1																	
		李家嘴7期	3			2	1	1										2	1	7	1	1	2
		杨家嘴3期																					
		杨家嘴4期	1			1															2		
		杨家嘴5期	1															1			1		
		杨家嘴6期									1	1									1	1	
		楼子湾4期				4															3		
		楼子湾5期	1				1					1							1	4			
		楼子湾6期					1	1									2						
		调查和采集（二里冈期）	1				1	1												2			
		调查和采集4期	1	1																			
		调查和采集5期															2					1	
		调查和采集6期	1									1									1	2	
		调查和采集7期																			1	1	

·120·　早商城市文明的形成与发展

续表

地区	遗址名	时代	铜质工具																铜质武器					
			刀	斧	削	锛	斤	凿	锥	针	钩	锨	钏	钻头	锯	镐	镰	钺	矛	镞	戈	胄	镦
长江中游	盘龙城97~98	二里冈期																		3			
	汪家嘴遗址	杨家嘴（二里冈期）																		1			
	庙台子遗址	二里冈晚期																		1			
	矿山水库	盘墟一期早期								1													
	石湖遗址	二里冈早期																		2	3		
	玉笥山遗址	商代															2		1			1	
	铜鼓山遗址	商代晚期													1						3	1		
山东 安徽	大辛庄	商代早期			1			1	1											1	6	2		5
	前掌大墓地	二里冈上层																			多	2		
	官桥遗址	二里冈晚期											1								2	1		
	郑家湾	中商时期																			1	1		
	孙家冈遗址	二里冈晚期																			2			
	大城墩遗址	二里冈上层																			1			

盘龙城城内外的 6 处遗址在内的 15 处遗址中，青铜工具约占 51.0%，而武器仅占 49.0%，铜质武器与工具的比例各占半数，显示着这一地区的独特性。而位于黄河下游的山东和安徽地区，在早商时期的 7 处遗址中发现了铜质工具与武器，其比例分别为工具仅占 16%，武器则占到 84%，在以上分析的所有地区中武器的比例最高（图五五、图五六）。

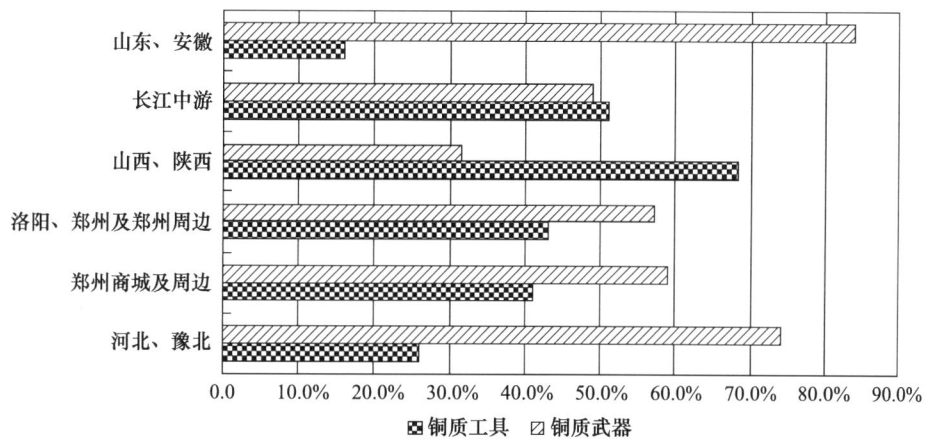

图五五　铜质工具与武器的地域间构成比例

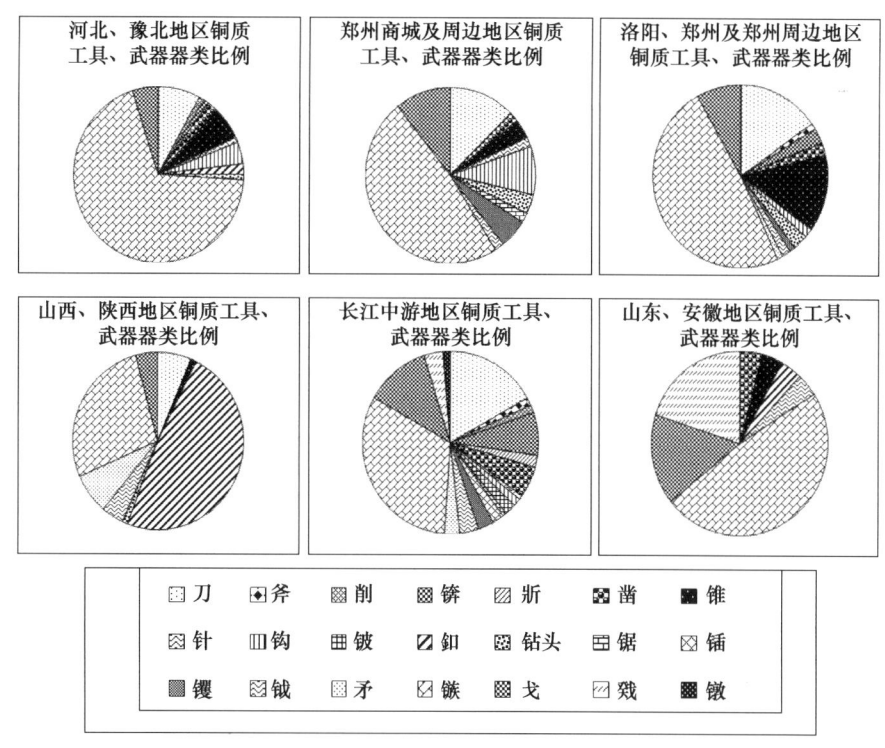

图五六　铜质工具与武器种类的构成比例

以上各个地区铜质武器与工具构成的百分比显示地域之间存在差异，其中河北豫北地区和山东、安徽地区铜质武器的比例占到七八成，而工具的比例仅占二三成，显示了武器在青铜器具中占有绝对优势。而在早商时代的中心地区郑州与洛阳以及周边地区，长江中游地区，两者的比例差异并不大，前者武器与工具相比略占优势，而后者则以工具略占优势。然而在陕西与山西西南地区则完全不同，铜质武器仅占三成以上，而工具则占近七成的高比例。以上5个地区中工具占优势的是陕西、山西地区与长江中游地区，而这两个地区在目前的研究中普遍被认为是青铜原材料产地以及青铜器制造地区，铜质工具的发达是不是与这种状况有关不得而知，但是其与武器构成比例的差异则值得关注。

二、青铜器具的数量分布与铸铜作坊的关系

正如前节已经叙述的那样，青铜质工具和武器在所有地区无论数量比例多少都有出土，暗示在早商时代青铜不仅用于礼仪容器，也开始用于武器和日常器具的工具类，反映了铜质开采与制作开始呈现出比较普遍的迹象。但是具体的器类构成比仍然显示了武器类多于工具的趋势，表明青铜仍然局限在一些特殊的领域，还不能像其他素材那样为一般领域随便使用。因为青铜的开采、冶炼与铸造不是一般人就能胜任的，它需要一个首领集团的运营与参与，因此青铜产品的制作、流通或分配都呈现着与其他材质不同的模式。

目前学术界普遍认为，山西省西南部与长江中游地区早商时代具有青铜开采、制作的天然条件，因为它们自古以来就有铜矿资源，也在很早的古代就得到开采与利用。更为有力的证据是它们在早商时代都有与郑州商城同时建立的地方性城址，城内也都发现了冶铸必需的范型、货物储藏的仓库、青铜铸造作坊遗迹等，还在于与此相关的贵族墓葬随葬大量的青铜礼器。的确，这两个地区在早商时代与铸造有密切的关系，此外在陕西东部的蓝田怀珍坊遗址也发现了同时期青铜原材料冶炼场，在这里发掘的7个灰坑内发现了大量与冶炼有关的废料，是一处迄今不被人们关注、然而却是不容忽视的重要冶炼地。而正是在这两个地区青铜工具的占有率略高于青铜武器。而在完全没有冶铸遗址发现的河北、豫北和山东、安徽地区，青铜武器的占有率则远远高于工具。这也许从一个侧面反映了铜质武器与工具在制作与流通方面存在差异，至少可以说青铜武器在任何地区都可能发现，即使在没有冶铸遗址的地方。然而青铜工具却不同，只有在冶铸遗址发现的地区其比例高于武器，或者与武器持有相同的比例，说明早商时代青铜材质首先用于武器，然后用于工具。又由于武器的使用与战争有关，具有天然的流动性质，因而在很多地区都有发现，而工具只有在有冶铸的地方才有机会被大量生产，而有目的的地域间流通则需要更为丰富的生产量和原材料的支持。因而青铜工具的普遍出现并用于流通的状况反映了政治经济体制在青铜开采、生产与流通

方面的转变。

第二节 青铜容器的地域分布与种类构成比

青铜容器作为礼器在二里头时期一些重要遗址和墓葬中开始出现，到了早商时期随着大型城址的建造，大型墓地和一些分布在城址周边的遗址内开始发现成批的青铜容器，还在一些遗址内发现了青铜器窖藏，特别是郑州商城周边的顺城街、二七路等发现了青铜窖藏，盘龙城等墓葬出土的青铜器为我们研究早商时期的青铜容器提供了非常重要的资料。这里也以地区为单位对青铜容器资料进行简单的数量分析。

河北、豫北地区在8个早商时代遗址或地点发现了青铜器，共统计到38件青铜器，其中铜爵最多，占总数量的34%，其次是斝占18%，觚占13%，鼎占11%。而鬲、尊、卣分别占5%，其余的罍、甗、觯分别占3%。显示爵、斝、觚、鼎是这一地区青铜礼器的主要器类。郑州、洛阳地区作为早商时代的中心地区，出土了大量的青铜礼器，根据对33处遗址或出土青铜地点的调查，共统计到265件青铜器（表四），其中数量最多的仍然是爵，占总数量的29%，其次为斝，占21%，鼎占18%，觚占12%。其余的器类有罍、甗、鬲、尊、盘、卣、盉等，其比例大致介于1%～6%之间。统计数字同样显示这里青铜礼器的主要器类是爵、斝、鼎、觚，与河北、豫北地区完全相同，只是在具体所占比例上有所区别，这里斝和鼎多于觚。山西、陕西地区8处遗址共统计到40件铜礼器，其中鼎的比例最高占22%，其次是爵的14%和觚的15%，簋的13%，罍的10%，其余的甗、盘、尊、卣各占5%，斝和觯则各占3%。与其他地区相比，这里青铜礼器的器类以鼎、爵、觚、簋和罍为主体，其他器类的比例则较其他地区所占比例为高。山东、安徽地区仅对5处遗址的铜礼器进行了统计，共统计到39件铜礼器，其中爵的比例最高，占32%，其次是觚的18%，而鼎、卣、尊分别占10%，斝则占8%。其余的器类有簋、鬲、觯、壶分别占3%。这里青铜礼器的种类以爵、觚、鼎、卣和尊为主体，而爵的比例则较其他地区为高，显示着爵的绝对优势。最后讨论长江中游地区，这里共对以盘龙城为主的13处遗址进行了统计，共统计到172件铜器，其中爵和斝的比例最高，分别占28%和27%，其次是觚占18%，鼎占8%。尊占6%和鬲占5%，其余的卣、甗、簋、罍和盘则分别占到1%或2%。因此可以说爵、斝、觚是长江中游地区铜礼器的主要器类（图五七）。

以上数量分析资料仅仅显示这些器类在地域间的构成比例以及这些构成比例所显示的总体趋势，而不拘泥于具体数量的完全正确。这个统计结果反映了早商时期青铜礼器种类在地域间的分布状况。5个地区的统计数据以及构成比显示爵、斝、觚、鼎

表四　早商文化时期铜礼器器容器器出土数量统计表

地区	遗址名	时代	爵	斝	盉	鼎	觚	甑	簋	罍	盘	鬲	尊	卣	盂	觯	瓿	壶	器盖
河北	北龙宫遗址	二里冈期	1																
豫北	倪杨屯遗址	中商2期	1			1	1												
	新城铺遗址	商代	4			1	2						1	1					
	西木佛遗址	商代	1											1					
	辉县孟庄遗址	二里冈期	2	2								1							
	元康乡遗址	二里冈期					1						1						
	北关同福遗址	早商	3	2		2	2	1		1		1							
	南朱村遗址	二里冈期	1																
洛阳郑州以及周边	小双桥95年	二里冈晚期	3																
	文化路 M6	二里冈期			1							1							
	郑州商城 T6M1	二里冈期	1	1															
	郑州商城 T22M2	二里冈期	1	1			1												
	郑州商城 C5M1	二里冈期	1			1													
	木材公司遗址	二里冈下层								1	1								
	北二七路遗址	二里冈上层	1							1									
	铭功路西遗址	二里冈上层				1													
	白家庄 M2	二里冈期	1	1		1										1			
	白家庄 M3	二里冈期	1	2		3	2												
	人民公园 M25	人民公园期	1																
	黄河医院 M32	二里冈下层	1	1															
	黄河医院 M39	二里冈下层	1	1		1													

第五章　手工业产品的分布与种类构成所反映的地域间的流通关系

续表

地区	遗址名	时代	爵	斝	盉	鼎	觚	瓿	簋	罍	盘	鬲	尊	卣	盂	觶	瓿	壶	器盖
洛阳郑州以及周边	中医院东里路遗址	二里冈下层	1		1														
	回民食品厂遗址	二里冈上层H1		3		5	2			1	1		1	1	1				
	二七路M1	二里冈上层	1			1	2												
	二七路M2	二里冈朔	1	2		1	1												
	铭功路西侧M2	二里冈上层	2	2			1												
	铭功路西侧M4	二里冈朔	1																
	商业局仓库遗址	商代墓（早商）	1	1															
	南顺城街遗址	上层（H1）早商晚期	2	2		4			1										
	张寨南街遗址	二里冈上层				2						1							
	商城遗址	二里冈下层1	6	2	3														
		二里冈上层1	27	22	1	14	13			5	2	7	4	1	1				
		二里冈上层2	2	1			1												
	大路陈遗址	商代墓（早商）	2	2		3													
	李楼遗址	商代（早商）	2	2			1												
	北舞渡遗址	商代（早商）					2					2							
	坡头寨遗址	早商	2									1							
	东桥遗址	二里冈朔	1	1						1		1	1						
	赵家沟遗址	中商期	1	2		3										1			
	心闷寺遗址	二里冈上层		1		1	1												
	坡头寨遗址	早商										1							
	高村寺遗址	二里冈朔		1															

续表

地区	遗址名	时代	爵	斝	盉	鼎	觚	瓿	簋	罍	盘	高	尊	卣	盂	觯	瓿	壶	器盖
洛阳郑州以及周边	望京楼遗址	二里冈期	9							1	1								
	孟庙遗址	中商期	2	2		4	2			2									
	毛家遗址	二里冈期	1	1															
	大庄遗址	二里冈期	1				1												
	黄店遗址	二里冈期	1		1														
	偃师商城遗址	二里冈期	1	1															
	岔河遗址	二里头·二里冈期				2													
	东下冯遗址	第6期	1																
山西陕西	垣曲商城遗址	二里冈上层	1	1		1													
	黄沟村北遗址	二里冈晚期							1										
	怀珍坊遗址	二里冈晚期				1													
	朱马嘴遗址	二里冈晚期	1			2	1	1											
	洣河坝遗址	二里冈晚期				2			3										
	龙头镇遗址	二里冈晚期	1				5	1	1	3	2		2	2					
	前庄遗址	二里冈期	2	1		3	1			1									
长江中游	盘龙城遗址 城址墓葬7期		1	1		1	1												
		王家嘴4期	1			1													
		王家嘴5期	1				1											1	

第五章　手工业产品的分布与种类构成所反映的地域间的流通关系

续表

地区	遗址名	时代	爵	斝	盉	鼎	觚	瓿	簋	罍	盘	高?	尊	卣	盂	觯	瓿	壶	器盖
长江中游	盘龙城遗址	王家嘴6期	1	2		1	2						1						
		李家嘴4期	4	3		4	1	1	1			1	1						
		李家嘴5期	3	5	1	2	4	1	1		1	2	2	1					
		杨家湾3期	1	1								1							
		杨家湾6期	6	4			5		1			2	2						
		杨家湾7期	6	6		1	5		1			1	4						
		杨家湾5期	3	3			2												
		楼子湾4期	1	1		1	1					1							
		楼子湾5期	4	5															
		楼子湾6期	1	1															
		楼子湾7期	1	1			1												
		调查和采集3期		2		1													
		调查和采集4期	1				2												
		调查和采集5期	1	1															
		调查和采集6期	4	5		1	1						1						
		调查和采集7期	2							1									
	荆南寺遗址	夏商时期		1															

续表

地区	遗址名	时代	爵	斝	盉	鼎	觚	甑	簋	罍	盘	甗	尊	卣	盂	觯	瓿	壶	器盖
长江中游	吴城遗址	商代		3									1						1
	湴潭农场遗址	商代中晚期	1				1												
	湖北孝感遗址	二里冈晚期及商代晚期	2	1		1	3							1					
	下窑嘴墓	二里冈晚期	1	1			1				1						1		
	矿山水库遗址	二里冈期	1																
	盘龙城97～98	二里冈期					1												
	杨家嘴遗址	二里冈期	2																
山东	山东潍坊遗址	早商晚期、晚商	2											1				1	
	大辛庄遗址	二里冈晚～殷墟	4	2		1	5						2	1					
	前掌大墓地	二里冈晚期	4			2	2		1				1	1		1			
	官桥遗址	中商时期	1	1							1			1					
	郑家湾遗址	商周	2			1							1	1					

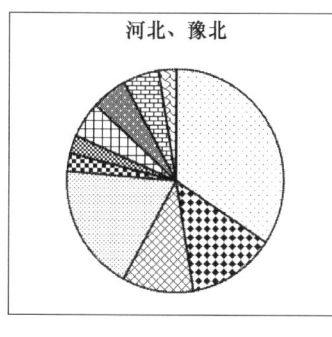
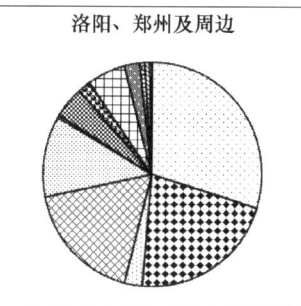
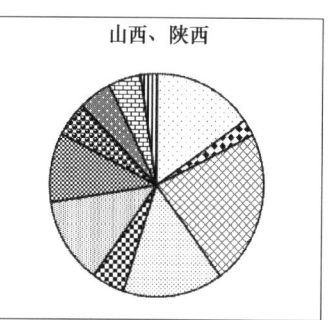
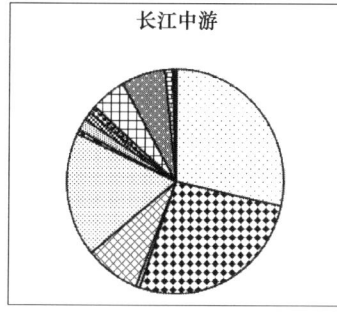
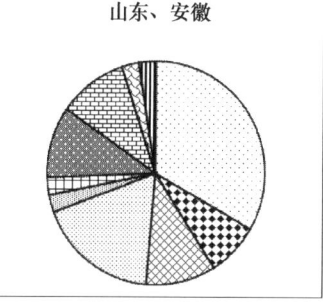
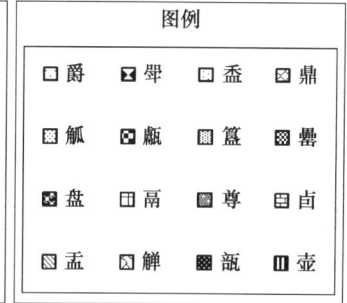

图五七　青铜容器器类构成比

是所有地区青铜礼器种类的主体构成，这种不同地域间相同礼器的构成状况再次证明了早商时期青铜礼器由统治者统一分配而不是来自地域间的事实。早商时期的青铜器作为一种礼器，与它的功能相比，其政治与宗教的意义更为重要。早商统治者将青铜礼器作为统治地方的象征物而通过各种途径以分配、奖励或是任命等形式给予地方支配者。因而它的器类和外在形式都是相同的，即使它们出土于文化背景完全不同、地理上的距离也很远的不同地域间，它们的组合与形式也都相似本身就暗示着这种特殊礼器的分配方式与工具类等使用器是不同的。因此青铜容器作为早商统治体系的物在表现，为我们提供了早商时代中心统治者与周边地区在政治上的连带关系的实物证据。

第三节　玉石质类工具、武器的种类与分布

早商时代几乎所有遗址都有玉石质类器具，特别是石器的，是从新石器时代以来种类与分布最为普遍的出土遗物，而石质工具和武器类在一般性遗址中也很丰富，但是早商文化时期在郑州商城和偃师商城内均没有发现玉石器的制作作坊，即使在4座地方功能性城郭都市也没有发现明确的玉石器作坊，而是发现了冶铸、制骨

和制陶作坊。直到殷墟时期才有大型石器制作作坊的报道。从石器在一般遗址中的分布也较普遍来看，这可能与玉石器，特别是石器的制作技术和原材料的获取方式有关系。石器制作不需要特别的工坊或设施，只要有可利用的石材以及相应的工具和技术就可以，而就近获取石材或是搬动石材到需要石器的聚落来制作也并不困难，而石器制作剩余的残片遗留物在发掘时也很容易被当做一般的自然石块而忽视，除非这些废料是成堆发现的。因此石器作坊的考古发现需要慎重对待。本节仅就现有可收集和获取的考古资料信息为基本分析素材，对早商时期各个遗址中出土的石器进行统计和数量分析，以期在此基础上做进一步的地域间比较。

一、玉石质器具的功能性构成比例及地域间比较

这里仍然以地域为单位对各个遗址出土的玉石质器具的构成比进行分析。首先来看河北、豫北地区，这里以收集的 30 处遗址的数据作为分析的基础（表五）。30 处遗址共统计到 1439 件玉石工具和 26 件玉石武器，它们分别占 98.2% 和 1.8%，几乎全部为工具类，占绝对优势。而早商时代的中心地区郑州和洛阳以及周边地区，根据 53 处遗址的统计资料，其工具分别占 91.6%、92.3%，而武器仅分别占 8.4% 和 7.7%，与河北、豫北相比，武器的比例略有增加，但是仍然不到一成。陕西和山西西南部地区仅统计到 13 处遗址，其显示的工具与武器的构成比分别为 95.3% 和 4.7%。长江中游地区 16 处遗址的统计数据显示的百分比分别为工具的 88.7% 和武器的 11.3%，武器的比例与其他地区相比较高。而山东、安徽地区的 4 处遗址的统计比例分别为工具占 89.7% 和武器占 10.3%，显示了与长江中游地区几乎相同的比例（图五八）。

图五八表示的玉石质工具与武器的构成比显示了与铜质同类构成比的差异，暗示着在器具制作上根据种类的不同存在材质选择上的差异。像青铜这样的贵金属在早商时代还不容易得手，因为它在开采、冶炼、铸造等技术面上有着较高的要求，其制作程序需要技术集团的协力合作，而不像玉石质等其他材质以个人或小集团的力量就可以制作，因此在大多数地区青铜质多用于上层集团关注的武器或礼仪器具，因而青铜工具的比例则远远少于武器。玉石质就成为工具类材质的首选，图五八所示的玉石质工具与武器的构成比例明确显示了工具在所有地区所占有的绝对多数，而玉石质武器则很少。即使将玉石质的装饰品与礼仪用品包括在内，这样的比例构成也不会发生本质的变化，因此玉石质材质是早商时代工具类制作的主流素材，无论是中心地区还是周边或边缘地区都显示着同样的趋势，看不出地域间的差异。因此可以说早商时期的工具类主要以玉石器为主要材质。

第五章 手工业产品的分布与种类构成所反映的地域间的流通关系

表五 早商玉石质工具与武器数量统计表

地区	遗址名	时代	斧	锛	凿	锥	铲	刀	镰	锄	削	杵	锤	球钻	纺轮	磨棒	磨盘	废料	石料	砺石	镞	钺	戈
河北豫北	藁城台西遗址	早期（二里冈）	54	2				44															
	昌平张营遗址	早期青铜时代	42	10	3	1	13	23	56	2	21	14		5		14	7		5	46	3		
	大坨头遗址	夏家店下层	1		1	1		2			8										1		
	北宅头遗址	商代	8				4	2	2												1		
	古冶村遗址	商代早期	14						7														
	东冶店遗址	夏家店下层	6				3		3														
	下阁庄遗址	早商时期	2	1			20	12	17														
	富位遗址	早商晚期																					
	南大郭遗址	商代	1				5	1					1							1			
	高鲎庄遗址	早商晚期																					
	葛家庄遗址	第3期					1		2														
	北龙宫遗址	二里冈期		1				2	1														
	倪杨屯遗址	中商2期							1														
	下七垣遗址	上层（早商）	12	4	3		29	12	20			1	1	1	1					28			
	下七垣遗址	下层（先商）	8	1	2		22	19	41		2									12	3		
	下潘汪遗址	早商		1			2																
	赵窑遗址	商代	26	4			12	8	36			1	1										
	赵窑遗址	早商（下层）	1	1			1	2	6			1									1		
	赵窑遗址	早商（上层）													2								

·132·

续表

地区	遗址名	时代	玉石质工具																	玉石武器		
			斧	锛	凿	锥	铲	刀	镰	锄	削	杵	锤	球钻	纺轮	磨棒	磨盘	废料	石料	砺石	镞	钺	戈
河北豫北	龟台遗址	早商					50		50														
	洞沟遗址	商代			1			3		41					4						4		
	伊郭村遗址	商代	7	1	1		94	35	25		1				1			28		11			
	界段营遗址	商代						多	2															
	曹演庄遗址	二里冈期	1	1	1		1	多	多			1		2	1						2		
	潞王坟遗址	下层	2	1			3	5	2			1		2									
	大正老磨集	商代早期					1		1															
	郭村西南台	商代晚期							3															
	府城遗址	二里冈上层		2	1		2	3	1						2									
	小神遗址	商代中晚期	1				1	3	3						1									
	辉县孟庄遗址	二里冈期	4	4	2		8	14	12				1		1						5		
	北关天同福遗址	早商	2					2														1		
	朱开沟遗址	早期青铜时代	50	3	11		5	86	10		10	8		9	8	1	1			18	5		
郑州商城及周边	小双桥 95年	二里冈晚期	1				5	3	21						1			7		7	1		
	小双桥遗址	二里冈晚期（采）					1	1	1			1											
	铭功路东遗址	二里冈下层		1	1		1	2	2		1							2					
		人民公园期	1				2	2	1											1			
	外城郭	二里冈期							1													6		

续表

地区	遗址名	时代	玉石质工具																	玉石武器		
			斧	锛	凿	锥	铲	刀	镰	锄	削	杵	锤	球钻	纺轮	磨棒	磨盘	废料	石料	砺石	镞	钺	戈
郑州商城及周边	银基商贸城遗址	二里冈期						1	2														
	河医二附院遗址	二里冈期			1			1	1														
	经八路铸铜遗址	二里冈期						1	1														
	南关外灰坑遗址	二里冈期			1			1															
	通用机械厂遗址	二里冈上层	1																				
	香烟厂西街遗址	二里冈上层	1	1			1	1															
	木材公司遗址	二里冈上层	1				1	1	7					1						1			
	南关外铸铜遗址	二里冈下层	2				2		2									10					
	紫荆山北遗址	二里冈上层	1		1			1	1														
	经五路遗址	二里冈下层			1				2															
	白家庄遗址	二里冈上层			1																			
	回民中学遗址	二里冈下层						1																
	中医院东里路遗址	二里冈上层	1	1			9	1	1														7	
	中医院东里路遗址	二里冈下层	1				1	1	2												1			
	郑州商城制陶作坊	二里冈中层	6				3		5															
	郑州商城制陶作坊	二里冈上层		1			2	2	1															1

续表

地区	遗址名	时代	斧	锛	凿	锥	铲	刀	镰	锄	削	杵	锤	球钻	纺轮	磨棒	磨盘	废料	石料	砺石	镞	钺	戈
郑州商城及周边	医疗机械厂遗址	二里冈下层						1										1		1			
	黄河医院M39	二里冈上层																					1
	二七路M1	二里冈期					1																2
	二七路M2	二里冈期					1																6
	南顺城街遗址	二里冈上层																					3
	张寨南街遗址	二里冈下层(H1)	1	1					1														1
	黄委会青年公寓遗址	二里冈上层	5		4		1	2	13			1								6			
	电力学校遗址	二里冈下层					1	1	1														1
	化工三厂遗址	二里冈早期					1		1											2			
	南关外遗址	二里冈下层			3		2	3	9											1			
		二里冈中层	3	1			1	2	9			1											
		二里冈上层			2		4		3											3			
	宫殿区遗址1998	二里冈下层	10	8	3			21	21									2					
洛阳与郑州周边	上街遗址	商代																					
	大路陈商代墓	二里冈期	4		1		14		2			2								3			1
	高村寺遗址	二里冈下层																					
	栾台遗址	二里冈下层																					

第五章 手工业产品的分布与种类构成所反映的地域间的流通关系

续表

地区	遗址名	时代	玉石质工具																		玉石武器		
			斧	锛	凿	锥	铲	刀	镰	锄	削	杵	锤	球钻	纺轮	磨棒	磨盘	废料	石料	砺石	镞	钺	戈
	白元遗址	二里冈上层							2													1	1
	陈庄遗址	商文化下层							4											1			
	望京楼遗址	上层（二里冈）							41														
	王城冈遗址	二里冈下层					1																
		二里冈上层	4	2	5		3	3	4											1	1		
	西史村遗址	第3期（下层）	1				1	1	1					1							1		
		第4期（上层）	1	1			1		1														
洛阳与郑州周边	稍柴遗址	第4期（二里冈期）	9	2	3		9	18	8						1						1		
	挖瘩王遗址	早商晚期	5		9	8	47	24	28				1	1	1			1		2			
	鹿台岗遗址	二里冈期					2	1															
	大河村遗址	二里冈期	3	1	1		5	3	9			2		2	2			3			2		
	商城遗址	二里冈下层1	16	14			6	2	10						1					1	2		
		二里冈下层2	45				20	43	23						5	2		2		23	3		4
		二里冈上层1	59				59	69	79						3					33	7		14
		二里冈上层2	3	1	1			1	5														

续表

地区	遗址名	时代	玉石质工具																		玉石武器		
			斧	铲	凿	锥	铲	刀	镰	锄	削	杵	锤	球钻	纺轮	磨棒	磨盘	废料	石料	砺石	镞	钺	戈
洛阳与郑州周边	二里头遗址	二里冈下层	3	2	1		2	6	5						1					5	1		
		二里冈上层	2	1			1	1	1												17		
	清凉寺遗址	二里冈晚期	1			1																1		1
	偃师商城遗址	二里冈期（1）					1																	
		二里冈期（2）			1			1																
		二里冈期（3）	1				1		多															
		二里冈期（4）	2						1															
		二里冈期（5）							3															
		二里冈期（8）													1							18		
		二里冈期（9）						2							1									
	曲梁遗址	二里冈期	1		3		2	5	9				1											
	陶河遗址	二里冈期	3		1		多	少	少															
	岔河遗址	二里冈期			3		6	2	2											1				
山西陕西	东下冯遗址	第5期	13	8	3		38	37	10				1	2	1					9	6		
		第6期	9	1	1		5	13	7				4	1						12	3		
	垣曲商城	二里冈下层	3		3		6	12	13				1		1	1					2		
		二里冈上层	3				5	23	14						1	1					3		
	前庄遗址	二里冈期						1	3			2												

续表

地区	遗址名	时代	玉石质工具																玉石武器		
			斧	钵	凿	锥	铲	刀	镰	锄	削	杵	锤	球钻	纺轮	磨棒	磨盘	废石料	砺石	镞	钺	戈
山西陕西	北平望遗址	二里冈期						1														
	东阴墓地	二里冈上层	11				2		9												1	
	龙岗墓地	二里冈晚期																		1		
	怀珍坊遗址	二里冈晚期			1		4	2	1											2		
	怀珍坊冶炼铜料地	二里冈晚期																				
	朱马嘴遗址	二里冈晚期						1					1	1								
	南沙村遗址	二里冈晚期	7				1	9	3													
	老牛坡遗址	二里冈下层	1					1														
	老牛坡遗址	二里冈上层	6		1		4		2							3			1	2		
	老牛坡遗址	二里冈上层晚期	8		3		4	11	7		1		3	2		2				2		
	北村遗址	二里冈	5				38	12	2							2			1			
	荆南寺遗址	夏商时期	3	1																		
长江中游	盘龙城遗址	城址第3期																				
		城址第5期		1			1	1	1							1						
		王家嘴2期	2	4			1	1	4										1			
		王家嘴3期		2	1			1															
		王家嘴4期						2															
		王家嘴5期						1											1	1			1
		王家嘴6期																					1

续表

地区	遗址名	时代	玉石质工具																	玉石武器		
			斧	锛	凿	锥	铲	刀	镰	锄	削	杵	锤	球钻	纺轮	磨棒	磨盘	废石料	砺石	镞	钺	戈
长江中游	盘龙城遗址	李家嘴4期																				4
		李家嘴5期																				3
		李家嘴6期	1	1																		1
		杨家湾3期	2					2	1									1				
		杨家湾6期		2			2	1	1									3				3
		杨家湾7期	1						1													
		杨家嘴3期		1					3													
		杨家嘴5期	2	2		1			3			1						4				1
		杨家嘴6期													2				1			1
		楼子湾4期	2	3			1	1	1			6		1				5				1
		楼子湾5期	1	3	6		2					2		2				2				1
		调查和采集3期	1	1				1	3													
		调查和采集4期						1								1			3			
		调查和采集5期	1	1			2	1	1													
		调查和采集6期	1						1													
	盘龙城97~98	二里冈期																			1	
	汪家嘴遗址	二里冈晚期																				
	庙台子遗址	殷墟一期																				

续表

地区	遗址名	时代	玉石质工具																	玉石武器		
			斧	锛	凿	锥	铲	刀	镰	锄	削	杵	锤	球钻	纺轮	磨棒	磨盘	废料	石料	砺石	镞	钺	戈
长江中游	张家山遗址	二里冈晚期	4																				
	枊冈墓地	早商时期																				3	
	石湖遗址	商代	1																				
	温家山遗址	二里冈晚期		1				1							1			1		1			
	玉笥山遗址	商代晚期	2		2			1															
	皂市遗址	二里冈期	4	1								1												
山东	大辛庄遗址	二里冈上层	13	3	1		2	15	41				2			2		3		5		5	
安徽	前掌大墓地	二里冈晚期																						4
	孙家岗遗址	二里冈晚期	3	2	1																	2		
	大城墩遗址	二里冈上层	3	3			2																	

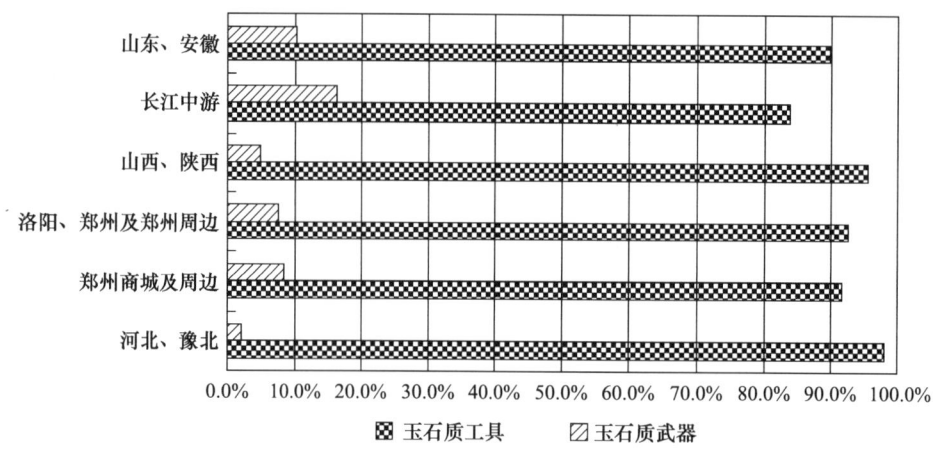

图五八　玉石质工具与武器地域间构成比例

二、玉石质器具的种类所占比例以及地域间比较

这里同样以收集的30处遗址的数据作为玉石器种类构成比分析的基础。首先来看河北、豫北地区，玉石质工具与武器共20余种，其中以石质镰、铲、刀和斧的数量最多，其比例分别占19.9%、18.3%、18.3%和16.0%。其次为砺石占7.7%，其余的锛、凿、锄、削、杵、锤、球钻、纺轮、磨石、磨棒、石范和武器类的镞、钺、戈等虽然均有发现，但是其比例均较低，在0.1%～2.8%之间。因此可以说镰、铲、刀、斧四类工具是河北、豫北地区玉石质工具的主要类型。其次再看郑州地区，石镰占32.8%最为显著，其他为石铲占13.5%，石刀占10.9%和石斧占8.8%，也是以镰刀铲斧为最多，但是石镰占绝对多数是其特点之一。此外，这里的石器未成品和砺石分别占到8.0%和8.4%，也比较显著。其他的器类除了石凿占5.1%，石戈占5.5%外，均占较少比例，大致介于0.4%～2.6%之间。再来分析洛阳地区的器类比例。这里也以石镰比例最高，占25.8%，其次为石刀的20.1%，石铲的18.1%和石斧的11.1%。另外砺石占7.0%，石锛占5.4%，其余器类的比例仅介于0.1%～3.2%之间。山西、陕西地区的主要器类比例则与以上分析的地区不同，这里以石刀的比例最高，占26.5%，其次是石铲的23.0%，石镰的15.3%和石斧的14.2%。此外砺石占4.7%，石锛占4.5%也比较高，而其他器类的比例则介于0.2%～2.8%之间。再来观察山东地区，这里的石镰比例与郑州地区大致相同，占到38.3%，石刀占15.9%，石斧占15.0%，而其他地区较多的石铲仅占1.9%，石锛的比例则高达7.5%。砺石占4.7%，武器中以石钺较多，占到4.7%，石戈占3.7%，而石镞仅占1.9%。其他器类的比例在0.9%～1.9%之间。最后来分析长江中游地区的玉石质器具的种类构成比。这里比例最高的器类是石锛，占21.6%，其次为石斧占14.3%，另外石刀占9.7%，石镞占9.4%，石范占9.7%，石镰占6.3%，石凿占5.5%，石戈占5.8%，砺石占4.8%，未成品占3.2%，石铲占3.7%，虽然各个器类的

比例均不高，但是各个器类所占比例比较平均，反映了与其他地区相比这里的石器种类比较丰富和多样化。其他种类的比例在0.2%～2.2%之间（图五九）。

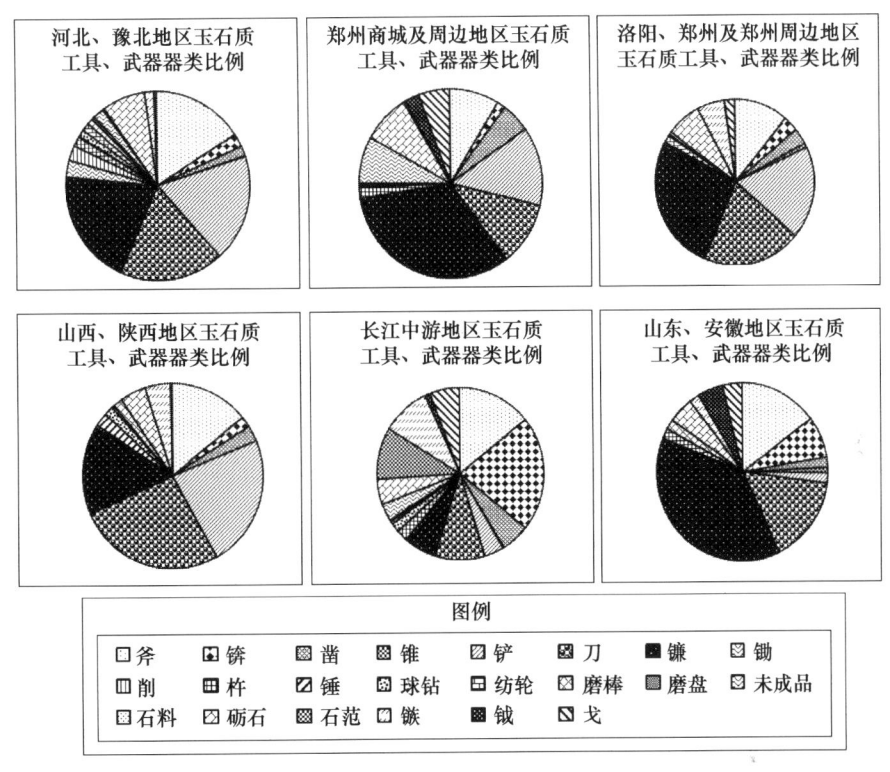

图五九　玉石质工具与武器种类的构成比例

总结以上分析可以看到，除了长江中游地区外，石镰、石刀、石铲和石斧是所有地区的主要器类，虽然各个地区之间在比例高低上有差异，但是总体趋势则变化不大。同时各个地区的砺石与石器未成品也显示了大致相同的比例，都在5%左右。而武器类与洛阳和山西、陕西地区石镞占4.5%～5.4%相比，山东和长江中游地区石钺，石戈的比例较高，特别是长江流域的石镞也占到9.7%，显示了武器的比例较高。

三、玉石质器具的地域性与手工业作坊的分布

根据考古发掘资料，早商时期虽然发现了大量的玉石质工具和武器及装饰品等生产与生活用品，但是还没有发现一处完整而明确的玉石制作工坊。这一方面可能与考古发掘资料的局限性有关，另一方面也与玉石器的制作作坊以及玉石器的残留物的特殊性有关。郑州商城内发现了铸造铜器、制骨、制陶的作坊，但是却没有发现制石作坊，这种状况一直持续到殷墟时期。为什么玉石器在各种性质的遗址中均有大量出土却没有发现相应的制作工坊呢？这些石器是通过何种途径而出现在不同性质的遗址中，

早商时期的石器制作体系以及流通、分配方式又是怎样的呢？通过以上对各个地区出土石器种类的分析，我们发现除了长江中游地区外，石镰、石刀、石铲和石斧是所有地区主要器类，而与石器使用相关的砺石在各个地区均有出土，而且其比例大致都占到石器总量的5%，石器未成品则不一致，但是各个地区都在3%以下。各个地区石器种类的相似性也许反映了其制作体系在地域间的流通状况，但是在我们没有对石器进行制作痕迹、使用痕迹以及石器原材料的鉴定之前，无法下任何结论，只能等待详细的分析结果。

第四节　骨质器具的分布与生产体系

早商时期制骨作坊已经高度专业化，在郑州商城内发现的两处制骨作坊，一处位于郑州商城北墙外，在一个长方形窖穴内出土了1000多件骨器的成品和半成品，骨料和废料以及制骨必需的砺石和青铜小刀等。这些成品和半成品大部分是镞和笄，还有少量的锥和针，因而可以断定这里是生产镞和笄的专门作坊，经过鉴定这些骨器的原料一半以上为人的肢骨和肋骨，此外还有牛、猪和鹿的骨骼。另还发现250件角料，以鹿角最多。而生产的器类中以锥最多，还有纺轮、镞、挂钩、环等器类。而少量牙质材料中以象、猪和獐等动物的长牙为主。而另一处制骨场所则在商城内中北部，以人头骨为骨料制作器皿。源于郑州商城的这种制骨作坊一直延续到晚期的殷墟时期，在晚商王都的殷墟也发现了两处制骨作坊。一处在大司空村，面积约1380平方米，发现住址1处、骨料坑12座，还有灰坑3处。其中发现了大量骨料、废料和半成品。而另一处则是位于北辛庄的制骨作坊，在一个大型骨料坑内发现了狗和鹿骨，极少量人骨。非常遗憾的是这个制骨作坊较少发现骨器成品，不清楚它们是专门制作哪些产品的。以上资料表明早商时期骨制业的专业化和内部分工的细化，那么商城之外的制骨牙业的状况又如何呢？我们一方面要重视对制骨作坊的发现，另一方面则需要详细分析出土量普遍而丰富的骨牙制品。这里与石器研究相同，以现有资料可捕捉的信息为基础资料对各个地区各个遗址出土的骨牙制品进行分析。

一、骨器的种类与分布

自新石器时代以来，除了玉石质工具大量出土之外，骨牙质工具的数量也非常多，分布也很普遍。进入早商时期之后，这种状况并没有太大的改变，但是所使用的骨料中，牛骨的大量增加则与前期不同。从其器具的种类来看也可以区分为工具、武器、装饰品、卜骨和骨料及骨质半成品。这里根据对各个地区近100处遗址出土的骨质器具的统计（表六），各个器类在不同地域之间所占的比例是有差异的。首先来看骨质工具中的各器类所占的比例。

第五章 手工业产品的分布与种类构成所反映的地域间的流通关系

表六 早商骨质工具与武器数量统计表

地区	遗址名	时代	骨质工具													骨质武器		骨料与半成品			骨质装饰品				卜骨	卜甲
			锥	斧	凿	铲	刀	钻	锯	削	抹子	角锥	角器	骨匕	针	镞	矛	骨料	半成品	加工骨	骨笄	梳	管	环	卜骨	卜甲
河北豫北地区	藁城台西遗址居住区	早期(二里冈)	128	1										61		221	2				238	1				
	昌平张营遗址	早期青铜时代	14		1		1							3		1		2					6			
	东先贤遗址	商文化1期(白家庄)	3													4					3				4	
	北宅村遗址	商代	3		1							1			1											
	古冶遗址	商代早期	5			1								2		4					1					
	夏家店下层	夏家店下层				1	1								1											
	下湘庄遗址	夏商	1			1																				
	富位遗址	早商晚期												1												
	南大郭遗址	商代	1									1														
	高窑庄遗址	早商晚期														3		4							3	
	葛家庄遗址	第3期					1						1	2							4				1	
	北龙宫遗址	二里冈期									1	1														
	倪杨屯遗址	中商2期									3	1	1	1	2	3									1	2
	下七垣遗址	早商(二里冈)	88		2	9	8	1		6				25		12					13				12	1
		新石器•早商			1									1							42		2	2	39	28
	下潘汪遗址	早商(下层)	3											2												
		早商(上层)	4												1						3				8	

续表

地区	遗址名	时代	骨质工具 锥	斧	凿	铲	刀	钻	锯	削	抹子	角锥	角器	骨匕	针	骨质武器 镞	矛	骨料与半成品 骨料	半成品	加工骨	骨质装饰品 骨笄	梳	管	环	卜骨	卜甲
河北豫北地区	洞沟遗址	龙山·商代	1				1														多					
	伊郭村遗址	商代早中晚期	14				1							12	1	9		9	12		11				16	5
	界段营遗址	新石器·商代	1											1		3					1					
	曹演庄遗址	二里冈晚期	2			多	1							1	1	5					6	1			4	2
	潞王坟村遗址下层（早商）		6		1	2								2	5	6						2			1	
	正定曹村遗址	白家庄期	1											1							3				2	
	大正老磨集遗址	新石器·商早期										2									7				2	
	涉县台村	早商时期	5					1						2	2	1		3			1				2	
	邢台粮库	先商时期	3			1													2						5	
	府城遗址	中商时期												2							4				5	
	小神遗址	二里冈上层											1	4		4									13	
	北关同福	商代中晚期	5											1		4					1					
	朱开沟遗址	早商	82			6	6						1	15	30	20							4			
	赤峰二道井子遗址	夏家店下层												2	2	4					1		1		2	
郑州	新乡杨村遗址	早商晚期														3					2					
	小双桥95年	二里冈晚期（发掘）	5											3		3		多			58				2	
洛阳地区		二里冈晚	1									1		1							1				1	
	铭功路东遗址	二里冈下层	3															2							1	
		二里冈上层																1							2	

续表

地区	遗址名	时代	骨质工具												骨质武器		骨料与半成品			骨质装饰品				卜骨	
			锥	斧	凿	铲	刀	钻	粗削	抹子	角锥	角器	骨匕	针	镞	矛	骨料	半成品	加工骨	骨笄	梳	管	环	卜骨	卜甲
郑州洛阳地区	郑州商城外城郭遗址	二里冈下上层											1							1				4	
	河医二附院遗址	二里冈期	1												3					5					
	纬三路遗址	二里冈期	1												1										
	文化路遗址	二里冈期													1					1					
	通用机械厂遗址	二里冈上层	3			3													2						
	木材公司遗址	二里冈上层	2			2							8		2				2	15				44	
	南关外铸铜遗址	二里冈下层	1										5	1	1					2				8	
	紫荆山北遗址	二里冈下层	1																	1				多	
	经五路遗址	二里冈上层	1			1									2					16	1				
	白家庄遗址	二里冈下层				1									2					5					
	回民中学遗址	二里冈下层	1										2		2					2				1	
		二里冈上层	2									2												1	
	制陶作坊遗址	二里冈中层	7			1							7	3	7					7					
		二里冈上层	1			1							1		5			12			38					
	医疗机械厂遗址	二里冈上层										2														

续表

地区	遗址名	时代	骨质工具												骨质武器		骨料与半成品			骨质装饰品				卜骨	
			锥	斧	凿	铲	刀	钻	削	抹子	角锥	角器	骨匕	针	镞	矛	骨料	半成品	加工骨	骨笄	梳	管	环	卜骨	卜甲
郑州	医辽机械	二里冈上层	1																	2					
	黄委会青年公寓遗址	二里冈下层															4		2	7					1
	电力学校遗址	二里冈早—晚	1																	5					
	化工三厂遗址	二里冈下层早										1	1		1		3			6				11	
	南关外遗址	二里冈下层											14		1					33				69	
		二里冈中层	2			1									14					10	1	1		55	
		二里冈上层	1									1	9	3	13			6						多	
	宫殿区1998	二里冈下层早期				1	1								1										
	上街遗址	二里冈下层早期				1	1								2			2							
	坡头寨遗址	早商													48					1					
	栾台遗址	二里冈下层	1																	2	1				
	白元遗址	二里冈上层												2	4					7					
洛阳地区	陈庄遗址	商文化下层										1		2											
	王城岗遗址	上层(二里冈晚)	8												14					44		1		31	
	西史村遗址	二里冈下层	2		1										2					14				4	
	稍柴遗址	第4期(二里冈上层)	12		2		1						6	7	4					33				11	
	挖橘王遗址	早商晚期	10		5								6	6	12					19				20	

续表

地区	遗址名	时代	骨质工具														骨料与半成品			骨质装饰品				卜骨	卜甲
			锥	斧	凿	铲	刀	钻	粗削	抹子	角锥	角器	骨匕	针	镞	矛	骨料	半成品	加工骨	骨笄	骨梳	管	环	卜骨	卜甲
	鹿台岗遗址	二里冈期	3																	3					
	孟庄遗址	二里冈期	3		2	3							3		11					35				3	
	大河村遗址	二里冈期	1												8				2	1				1	
	商城遗址	二里冈下层1	42		1	13	4				2		12		9				1	30				5	
		二里冈下层2	63			23	25				6		32	4	60				多	103				106	
		二里冈上层1	3									30	56	3	105				31	328	2			111	
		二里冈上层2	2			1									13					21					
郑州洛阳地区	大师姑遗址	二里冈期			1										1					3				2	
	鹿台岗遗址	二里冈期	5		1	2					1		2	2	23		2			13		1			
	二里头遗址	二里冈下层	1										3	1	11					7					
		二里冈上层	1												2										
	清凉寺遗址	二里冈晚期—殷墟													1									1	
	曲梁遗址	二里冈																						多	
	陶河遗址	二里头·二里冈													1					1					
	岔河遗址	二里头·二里冈																						3	
	薛村遗址	二里冈下层	1																	3					
	偃师商城遗址	二里冈期（1）	1																					1	

续表

地区	遗址名	时代	骨质工具											骨匕	针	镞	矛	骨料与半成品			骨质装饰品				卜骨	卜甲
			锥	斧	凿	铲	刀	钻	粗	削	抹子	角锥	角器					骨料	半成品	加工骨	骨笄	梳	管	环		
郑州洛阳地区	偃师商城遗址	二里冈期（3）																								
		二里冈期（4）	1																		2					
		二里冈期（5）														5					2					
		二里冈期（8）												1		13					2				多	
		二里冈期（9）														4					1				2	
	涧溪遗址	早商晚期	13													1		1			4					
山东豫东地区	东龙山遗址	二里头·二里冈										1		1		2									10	
	交兑遗址	二里冈上层										1				5					2					
	泗水尹家城遗址	商代	10			1						3		2	8	17					15				9	
	大辛庄遗址	二里冈上层	31		1		11							12		9		14			50	7	1			
	东岳石遗址	二里头—二里冈	37			5	6					3		34	24	8					7	1	1			
	东家桥遗址	早商晚期	1					2				1				5					5				1	5
山西西南部	东下冯遗址	第5期	77			5	13					2		52	24	62					285				39	
		第6期	29									2		10	12	18					31				30	
	垣曲商城遗址	二里冈下层	6									8		9	9	13					27				9	
		二里冈上层	9			1						3		9	4	5					11				12	
陕西东部地区	前庄遗址	二里冈期	1											1		1										
	东阴遗址	二里冈上层	3																	56					4	
	怀珍坊遗址	二里冈晚期																								

第五章　手工业产品的分布与种类构成所反映的地域间的流通关系

续表

地区	遗址名	时代	骨质工具												骨质武器		骨料与半成品			骨质装饰品				卜骨	
			锥	斧	凿	铲	刀	钻	粗削	抹子	角锥	角器	骨匕	针	镞	矛	骨料	半成品	加工骨	骨笄	梳	管	环	卜骨	卜甲
山西南部	怀珍坊冶炼铜料地	二里冈晚期	1												3					2				17	
陕西东部地区	朱马嘴遗址	二里冈晚期	1												1										
	南沙村遗址	上层（二里冈）	2											1	2					1		1		13	
		二里冈下层	4			1														5				2	
	老牛坡遗址	二里冈上层	2			3					1	9	4	1	9					9		2		13	
		二里冈上层晚期	17			10					4	10	3		26									28	
	北村遗址	二里头·二里冈				1	16			1	8		9	4	23			2		34		2		53	
	周原老堡子遗址	早商晚期	24			1							5	1	8					5				5	
长江中游	荆南寺遗址	夏商时期	3				1								1					2				1	
	孙家岗遗址	二里冈晚期	1												2					1				1	
云南地区	大城墩遗址	二里冈上（2期）									1						2							2	
	周梁玉桥遗址	早商晚期																							3

首先来看河北豫北地区，这里骨质工具中占绝对多数的是骨锥占29.0%，其次为骨匕占11.1%，而武器的骨镞占23.8%，装饰品的骨笄也占到26.5%，而其他器类有骨针占3.6%、骨铲占1.6%、骨刀占1.6%、骨凿占0.9%、角锥占0.5%、骨削占0.5%、骨矛占0.2%、骨钻占0.2%和骨斧占0.1%。显示这里的骨器以骨锥、骨匕，武器以骨镞，装饰品以骨笄是骨质器具的主要器类。其次来分析郑州洛阳地区，骨锥占22.9%、骨铲占5.8%、骨刀占3.5%、骨匕占13.0%、骨针占3.7%、角锥占5.3%、角锥占1.7%。武器的骨镞占23.0%、装饰品的骨笄占48.0%、其他器类则没有发现。而山东地区的骨锥占25.7%、骨刀占5.5%、骨匕占15.6%、骨针占10.4%。而武器的骨镞占12.7%、骨笄占25.1%。其他有骨铲占2.0%、骨驷的0.7%、角锥的2.3%。其他器类则没有发现。山西陕西地区的骨锥占17.6%、骨匕占10.1%、角锥占4.7%、骨铲占2.1%、骨刀占2.9%、骨针占4.7%。武器的骨镞占17.0%，而骨笄则占到骨器近半数的40.8%，而骨凿和骨削仅占0.1%。最后观察长江中游地区，这里的骨锥占更高比例的33.3%，是所有地区中比例最高的地区。骨刀占8.3%，角锥占8.3%，其他工具器类特别是其他地区比例较高的骨匕和骨针则没有发现。武器的骨镞占25.0%，骨笄占25.0%，与其他地区大致呈现相同的比例趋向。

二、各地域出土骨器的数量比例

这里将5个地域骨质器具区分为工具、武器、装饰品、卜骨和骨料及骨质半成品来分析它们在各个地区所占的比例。首先来看河北豫北地区，骨质工具占骨器总数的42.4%、武器占20.5%、装饰品占24.0%、卜骨占11.0%、骨料与骨质半成品占2.1%。山东、豫东和安徽地区骨质工具占56.3%、武器占11.5%、装饰品占23.6%、卜骨占4.4%、骨料和骨质半成品占4.1%。郑州、洛阳地区骨质工具仅占22.3%、武器占17.5%、装饰品占36.6%、卜骨占20.6%、骨料和骨质半成品占3.0%。而陕西与山西南部地区骨质工具占32.5%、武器占13.2%、骨质装饰品占32.1%、卜骨占17.4%、骨料和骨质半成品占4.5%。长江中游地区骨质工具占28.6%、武器占14.3%、装饰品占14.3%、卜骨占33.3%、骨料和骨质半成品占9.5%（图六〇）。

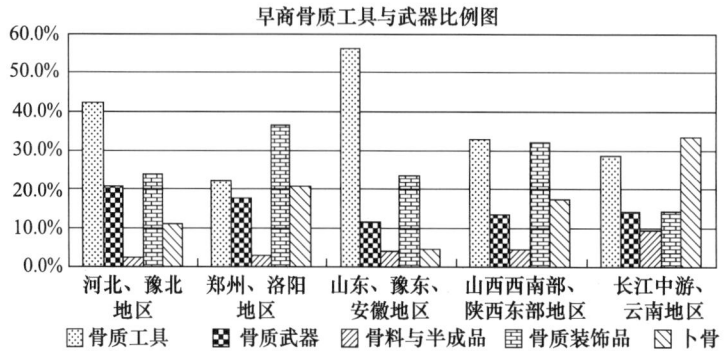

图六〇　骨质工具与武器的地域间构成比例

以上五地域中骨质工具所占比例最高的地区是河北豫北地区和山东、豫东和安徽地区。它们的比例分别是42.4%和56.3%，占到骨质器具总数的近半数或半数以上。而其他地区虽然武器的数量也少于工具类，但是其比例差别则要小一些。相反骨质装饰品的数量在各个地区均占到2~3成，而卜骨的比例除了郑州洛阳地区和陕西、山西南部地区占到近二成外，其他地区均在一成左右。骨料和骨质半成品在5个地区的比例均在一成以下，山西南部地区略多，占到4.5%（图六一）。

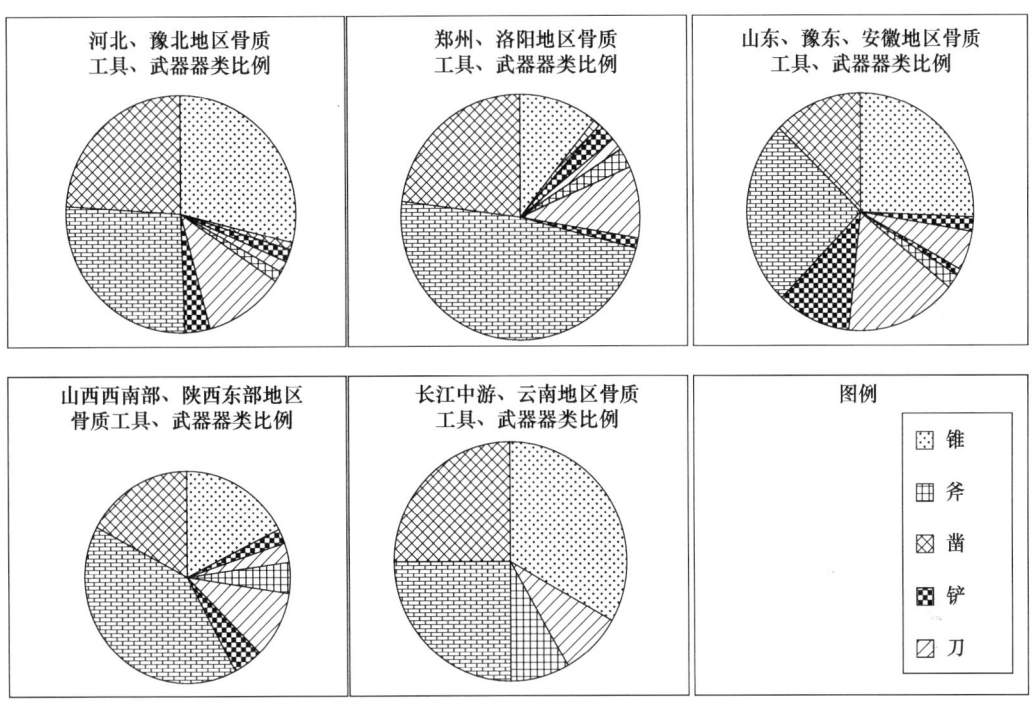

图六一　骨质工具与武器种类的构成比例

三、骨器的种类构成与骨器制作作坊遗址的发现

以上分析显示各个地区的骨质工具和武器中，骨锥、骨匕、骨镞和骨笄不仅构成比高，而且分布也很普遍，5个地区都呈现着相同的比例构成。结合以上分析过的铜器、玉石器器类的构成状况，可以认为早商时代在整个手工业产品的制作体系中，似乎有一个根据材质和功能而制定的生产规划，即因材质而确定它的种类。因为以上分析结果显示铜质、玉石质和骨质以及蚌质和陶质工具的种类虽然有很多器类是相同或重复的，但是仔细观察它们在器类总数中所占的比例却非常不同。与玉石器中所占比例较高的铲、刀、镰、斧相比，骨质器中则以锥、匕、镞和笄的比例最丰富。此外，与很少发现玉石器制作作坊不同，骨质制作作坊不仅在郑州商城、偃师商城、二里头遗址发现，而且在一些地方城郭和一般遗址中也有发现。这些骨器作坊大都是一些专

业性工坊，只生产某一二种产品，比如骨笄或骨针等。因此显现了这一时期制骨业内部的分工和专业化程度。另外使用的动物骨骼也因地域和用途有所不同，反映着这一时期对材质的认知和区别。比如郑州商城内以小型动物骨骼为材料的作坊和以人骨为原材料的作坊，山西东阴遗址发现的大量牛骨废料则反映这里使用牛骨制作工具的事实。从构成比较高的骨器种类来看，锥、笄、镞和匕等这些器具均选择用小型动物的肢骨为原材料，因为商代牛马等大型动物为国家管理和饲养，而一般的骨器作坊在原材料的使用上则不受这一管理的影响。但是从其作坊产品的专业化程度来推测，这些作坊的产品流通则有可能受到统治集团的控制或管理。

第五节　蚌质和陶质工具的发现与分布

利用水产蚌壳制作工具、武器或装饰品的习惯从旧石器时代开始就有发现，新石器时代蚌质器具发现很多也较普遍。这种原材料的利用习惯也一直沿用到早商时代。尽管这一时期已经有更为丰富的原材料和更先进的制作技术，但是除了长江流域之外的各个地区都发现了一定量的蚌质器具，显示蚌质工具、武器和装饰品在早商时代的继续流行状况。当然由于蚌质的特殊性，这些器具的种类与以上石骨铜质的类别有所不同。而陶质工具则更加显示了材质在种类上的局限性。

一、蚌质器具的种类与分布

早商时代的蚌类器具也多有发现，但是其总数量与以上铜、玉石质和骨牙质相比要少许多（表七）。首先分析各个器类在蚌质类器具中所占的比例。河北豫北地区蚌镰的数量占器具总量的24.4%、蚌铲占26.2%，是这一地区蚌质工具的主流。蚌刀占12.2%、蚌锯占13.4%、蚌锥占5.2%，其他如蚌削和蚌钩分别占0.6%。而工具类的蚌镞占8.7%，装饰品类的蚌环占7.6%，蚌泡占1.2%。郑州洛阳地区蚌镰的比例则高达39.4%，其次为蚌铲的24.2%、蚌刀的22.3%，其他蚌锥仅占1.1%，蚌锯占0.8%、蚌削占0.3%、蚌凿占0.8%。武器的蚌镞占8.7%。其他器类蚌环等则非常少。山东地区的蚌镰、蚌刀和蚌铲分别占23.1%、蚌锥和蚌锯分别7.7%、蚌镞占15.4%。其他器类发现较少。山西、陕西地区的蚌镰比例高达45.8%，是各个地区蚌镰比例最高的地区，蚌刀和蚌铲也分别占到22.9%。其他工具类别则完全没有发现，武器的蚌镞则占8.3%。以上分析显示蚌镰在各个地区所占的比例都较高，是这一时期蚌质工具的主要器类，其次是蚌刀、蚌铲和武器的蚌镞，不仅分布普遍，而且在各个地区的比例也较高。其他器类则仅在一些地区出现。河北、豫北地区的蚌质工具类别最丰富，其次是郑州、洛阳地区，其余地区则仅有以上器类的半数。而长江中游地区则几乎未见到蚌质工具和武器，这可能与它们所在地区的土壤条件不利于蚌质工具的保存有关，因而并不能断定它们没有蚌质工具。

表七　早商蚌质与陶质工具数量统计表

地区	遗址名	时代	蚌器											陶质器								
			锥	镞	镰	刀	凿	锯	铲	削	钩	蚌环	蚌泡	网坠	陶拍	陶纺轮	陶抹·陶垫	陶弹丸	陶杵	陶棒	陶刀	陶范	陶铸件
河北豫北地区	襄城台西遗址	早期（二里冈）		11		7			40			12	2										
	昌平张营遗址	早期青铜时代	1	2	14				1					9	4	2	30	2					
	东先贤遗址	商文化1期（白家庄）															1							
	葛家庄遗址	第3期			1	1																		
	下七垣遗址	早商																						
	下潘汪遗址	早期（二里冈）			1					1														
		新石器·早商			22			16			1													
	龟台遗址	早商				2																		
	伊郭村遗址	商代早中晚期																						
	界段营遗址	新石器·商代	7			8		7																
	曹演庄遗址	二里冈晚期		1	1	1																		
	潞王坟遗址	下层（早商）	1	1	1	1					1													
	大正老磨集遗址	新石器·商早期			1																			
		中商时期					1		3															
	朱开沟遗址	早商时期			1	1			2								31	18	4					
郑州洛阳地区	小双桥95年	二里冈晚期		1		1																	2	
	河医二附院遗址	二里冈晚期（发掘）				1																		
		二里冈期																						

续表

地区	遗址名	时代	蚌器										陶质器							陶铸件
			锥	镞	镰	刀	凿	锯	铲	削	钩	蚌环	蚌泡	网坠	陶拍	陶纺论	陶抹·陶垫	弹丸	杵	棒刀	陶范	
郑州洛阳地区	紫荆山北遗址	二里冈上层		1																		
	医疗机械厂遗址	二里冈中层				1																
		二里冈上层				2			2													
	南关外遗址	二里冈上层			3	1			3													
		二里冈下层			6	2	1		5	1												
	宫殿区1998	二里冈下层早期			2	1			3													
	上街遗址	二里冈下层早期			1																	
	陈庄遗址	商文化下层			2																	
	王城岗遗址	上层（二里冈晚）			3																	
	西史村遗址	二里冈下层		2																		
		第4期（二里冈上层）		1																		
	稍柴遗址	第4期（二里冈上层）																				
	疙瘩王遗址	早商晚期		1	3	2		2	5													
	鹿台岗遗址	二里冈期		1	11	8																
	孟庄遗址	二里冈期			3																	
	大河村遗址	二里冈期			3	2																
	商城遗址	二里冈下层1		2	3	2			8													

第五章　手工业产品的分布与种类构成所反映的地域间的流通关系

续表

地区	遗址名	时代	蚌器												网坠	陶拍	陶纺沦	陶抹·陶垫	陶质器				陶范	陶铸件
			锥	镞	镰	刀	凿	锯	铲	削	钩	蚌环	蚌泡					弹丸	杵	棒	刀		
郑州洛阳地区	商城遗址	二里冈下层2	3		8	1			1														
		二里冈上层1		5	38	15	9		16														
		二里冈上层2	1	9	39	35			36														
	二里头遗址	二里冈下层		1	1												1						
		二里冈上层				1																	
	清凉寺遗址	二里冈晚期-殷墟		2		2																	
	薛村遗址	二里冈下层		1	1	1																	
	偃师商城遗址	二里冈(2)		1																			
		二里冈(3)																					
		二里冈(4)		2		1																	
		二里冈(5)		1																			
		二里冈(8)		1																			
山东豫东地区	洞溪遗址	早商			11			1	5					1	1								
	东龙山	商代早期												6	5	30							
	交兑遗址	二里冈上层			1									1	2	40							
	泗水尹家城	商代			3	2			3							2							
	大辛庄遗址	二里冈上层	1	2	3	2																	
	东岳石遗址	二里头—二里冈												91	3	3							
	朱家桥遗址	早商晚期			多	1		1						12	3	15							

·156· 早商城市文明的形成与发展

续表

地区	遗址名	时代	蚌器											陶质器									
			锥	镞	镰	刀	凿	锯	铲	削	钩	蚌环	蚌泡	网坠	陶拍	陶纺纶	陶抹·陶垫	弹丸	杵	棒	刀	陶范	陶铸件
山西西南部	东下冯遗址	第5期		1	1	1									0								
	东下冯遗址	第6期			10	9																	
	垣曲商城遗址	二里冈下层		1	5				2														
	垣曲商城遗址	二里冈上层			1				9														
陕西东部地区	东阴遗址	二里冈上层			3							笋1				2	2						
	前庄遗址	二里冈期			1																		
	朱马嘴遗址	二里冈晚期		1	1	1																	
长江中游	松滋汪家嘴遗址	二里冈上层晚期	0											0									
	荆南寺遗址	夏商时期				1								2		20	2						
	薛家岗遗址	夏商时期												3		5							
云南地区	吴城遗址	早商												66		46	16		6	2	48	2	23

蚌质器具除了蚌镞之外大部分为工具类，若就工具与武器的构成比例来看，河北豫北地区工具占82.0%、武器占8.7%、装饰品占8.8%。郑州洛阳地区蚌质工具占91.3%、武器的镞占8.3%。山东地区工具占74.6%、武器占15.4%。山西陕西地区工具占91.7%、武器占8.3%。蚌质器具中绝大多数为工具类（图六二）。

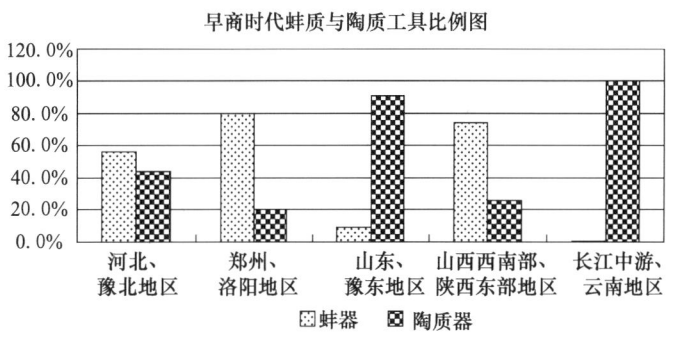

图六二　蚌质与陶质工具地域间构成比例

二、陶质工具的种类与分布

陶器以日常生活容器的生产与使用为主流，但是在许多遗址中也发现了一些陶质工具，总结这些陶质工具的种类大致有以下几种：纺轮、网坠、弹丸、陶拍、陶垫、陶抹、陶杵、陶棒和陶刀等，在一些遗址中还发现了陶铸范和陶质构件。首先以地区来分析陶质工具的种类比例。河北豫北地区，陶垫、陶抹所占比例最高，为35.6%，其次是陶铸件的23.7%和陶纺轮的25.2%。其他陶网坠占6.7%、陶拍占3.0%、陶范占1.5%。郑州洛阳地区则以陶纺轮的比例最高，占到82.0%，其次为陶拍和网坠的9.0%。其他器类则没有发现。而山东地区则以陶网坠的比例最高，占到80.5%，其次为陶纺轮的14.1%、陶拍的2.3%和陶铸件的3.1%。其余器类则没有见到。山西、陕西地区与郑州、洛阳地区相同，也以陶纺轮的比例最高，占70.6%，其次为陶拍和陶垫，其比例分别为11.8%、11.7%，陶弹丸占5.9%。长江中游地区以陶网坠和陶纺轮的比例最高，分别占29.5%，其次为陶刀占19.9%。陶垫和陶铸件则分别占7.5%和9.5%，还有陶杵占2.5%，陶棒和陶范分别占0.8%（图六三）。

以上分析显示陶质工具大致限定于一些特别用途的器类范畴中，与以上分析过的玉石质、骨质和蚌质工具的种类完全不同。这是由陶质的特殊性能决定的，比如纺轮和网坠在所有地区都有发现，而且大部分是陶质的。还有一些是与制陶有关的工具，比如陶垫抹、陶拍和陶刀等，是陶容器生产中不可缺少的工具。陶范和陶铸件则是应冶铸生产的需要而产生的工具。因此与玉石、骨蚌质工具的农耕或手工业用器具的性能相比，陶质器具几乎都与手工业生产紧密相关而不用于农业生产。

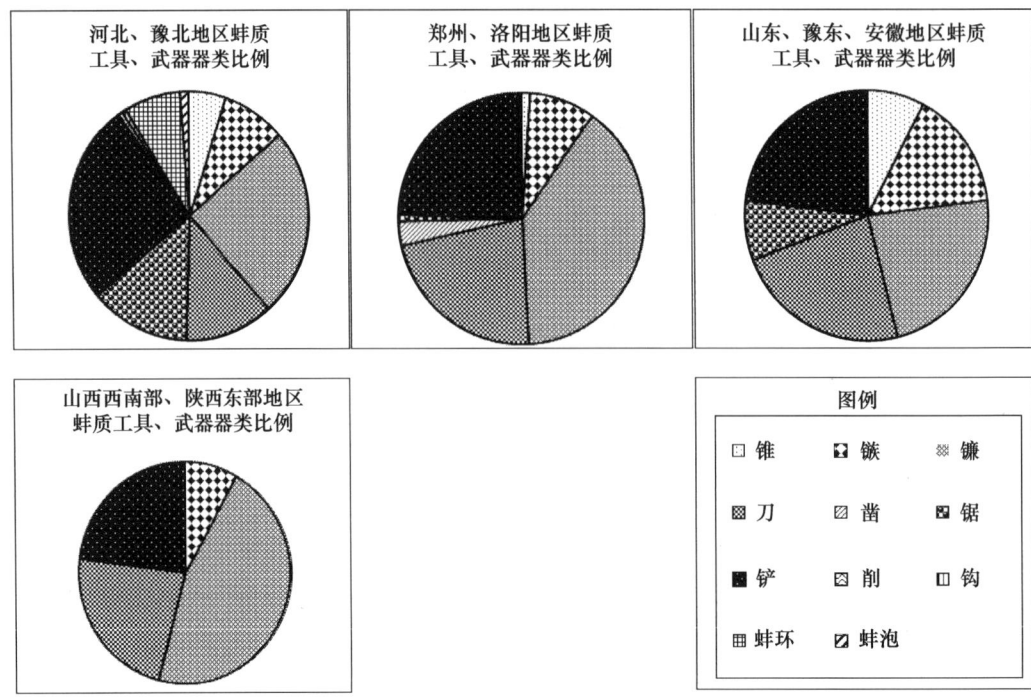

图六三　蚌质、陶质工具与武器种类的构成比例

第六章 早商时期陶器种类构成所反映的陶器制作体系及其地域间关系

陶器，一种应日常生活需要而产生的器具，正因为它存在于人类可能生活的每一个角落，因而成为考古学产生以来最基础的研究对象。它不同于像祭祀用品那样的权力象征物代表社会特权或者祭祀礼仪，它的意义在于它的普遍性。如果我们只关注宫殿中特权人物的权力游戏，那就不必花费时间去关注不甚高贵的陶器，而如果我们认为一个国家之所以有权力和统治者，正是因为有广大的普通民众组成的基层社会，那么就必须去了解它，研究它。因此，当我们想要研究一个高高在上的统治者和他的统治集团是如何组建他的国家和支配他的人民的，就不能只关注哪些稀有而珍贵的祭祀用品，还需要将关注力转移到统治集团所支配的基础社会状况的研究，而了解这种状况的最普遍的资料也许就是陶器、石器和骨蚌器类这些一般民众经常使用的遗留物。

早商时期的陶器，无论是其系统、组合与种类、炊煮器更替以及容器大小，还是制作技法所反映的生产体系与前期相比都发生了很大的变化。这种变化既是考古学文化转变的结果，也是其手工业生产体制独特性的体现。陶器系统是通过对陶器的外在形式，诸如形态、纹饰、胎土、制作修整风格和器类的分析来分辨陶器具有的地域性特征的。而陶器组合则是与其用途密切相关的因素之一，它反映当时陶器使用者是如何成组使用这些器类的，而它的使用方式则与其所在地区独特的生活方式息息相关。比如二里冈文化时期中原地区的炊煮器多为三足器的鼎、鬲类，而长江流域地区则流行釜类炊煮器，炊煮器的不同有可能反映炊煮食物和炊煮习惯的差异，而这种差异与各个地域间人们传统的饮食习惯和对动植物的利用方式有关系。陶器的制作技法则与当时社会陶器生产的制作、流通或分配系统密切关联，因为胎土、纹饰、修整痕迹所反映的制陶工具等均体现着地域间在陶器制作上的异同，而通过分析这种异同则可以帮助我们了解陶器在制作体系、流通渠道方面的信息。而陶器制作作为手工业生产的一个重要部门与当时早商王朝的统治体系直接有关。因此当我们想要了解早商文化时期的手工业生产状况时，就首先需要从其产品遗留物的分析开始。

第一节 陶器的地域性

以中原地区为中心的早商文化时期，出土遗物最丰富的是陶器，对各个地区各个遗址出土的陶器,本章将从器类构成、用途及生活方式、陶器个体大小和容积、陶器器表修整纹饰以及陶器的系统构成作数量分析。以期揭示各个地域陶器样式的异同以及这些异同所暗示的地域差异和早商时期陶器的制作体系和流通方式在早商经济运营系统中的体现。以下就每个遗址作这四个方面的具体探讨。特别是器种构成及生活方式变化分析是陶器分析的第一步,其目的在于对遗址单位中的陶器组合尽可能做到客观再现,并计测这些组合中各个器类所占数量比例的多少。有了陶器组合构成及组合中各器类所占百分比的数据后,就可以作这样的研究分析,即陶器使用者的日常生活状况,器类组合中各个器类使用量的频度及原因,不同时代日常生活状况的变化和器类消长所暗示的生活方式变化以及社会背景等。

而陶器器表绳纹的分析与比较是探讨陶器制作体系的重要分析手段之一。器表绳纹陶拍修整在中国出现于新石器时代早期,到龙山文化后期在各地普遍化。早商时期各遗址出土的陶器,其器表也基本是绳纹修整。迄今为止学者们也曾对绳纹进行研究,特别是对绳纹的时间和空间变化,一般认为有由细变粗的趋势,但是这里所谓的粗和细,由于没有具体的比较标准,在对绳纹的空间比较上,难以作客观的论述。另外,由于学术界对绳纹粗细变化所包含的意义不甚明了,因而也仅是就事论事的用粗和细的变化来表述。事实上,器表绳纹既然是陶器制作的最后一环——器形调整阶段所留下的痕迹,那么,它的粗细首先与调整工具有关,这种调整纹饰的差异反映了工具的不同。而工具的差异,也可能反映陶器制作工人集团的不同。这种分析目的大概才应是我们重视器表纹饰的视点之一。

笔者曾对晋西南、豫北、郑州以及豫东地区和长江中游地区的二里头文化时期的陶器组成以及从二里头文化到二里冈文化变迁过程中陶器组合发生的变化做过分析,并认为这些地区的陶器组合在二里头文化时期大约由不同的系统组成,即土著系、东太堡系、东下冯系、伊洛系、漳河系、辉卫系、岳石系、豫南系等各个地区以及邻近地区不同文化系统。对这些不同的陶器系统用 A、B、C、D 等字母来表示。那么,到了二里冈文化时期,这些地区的陶器组合又是如何变化的呢?这里将在以上陶器系统的基础上来区别二里头文化时期陶器系统在二里冈文化时期的变化特征。为了观察从二里头文化到二里冈文化陶器组合的时期变化,本章首先对具有两文化地层叠压堆积的复合型遗址进行分析,以期论证本论文的第一个问题,即通过陶器系统、器类构成变化、炊煮器更替和容量的时期变化来观察从二里头文化到二里冈文化陶器组合所发生的演变过程。然后,在此基础之上再对单纯的二里冈文化遗址的陶器组合加以探讨,以分析第二个问题,即这些地区二里冈文化的陶器组合的具体构成。对这些遗址的分析方法和复合遗址一样,也是从陶器系统、器类构成、炊煮器及容量大小四个方面,并以时代的顺序进行具体探讨。

第二节　陶器的系统区分与编年

见于中原东部地区的器种，既有伊洛地区特有的深腹罐、圆腹罐、捏口罐、甗、刻槽盆、深腹盆、大口尊、大口缸、爵、三足盘、杯，也可以看到冀南豫北地区常见的鬲、甑、折肩盆、器盖，还有山东地区特有的尊形器、篦纹修整的深腹罐、甗、深腹盆、豆等。这里以器名后的字母来表示各个系统（图六四、图六五），即 A：伊洛系，D：漳河系，E：岳石系，F：土著的豫东系，并详细解释各系统器类的不同特征。圜底深腹罐为 A，长腹平底深腹罐为 D，深腹直领、篦纹修整的深腹罐为 E，而敞口圆腹、颈部不明显、平底、粗方格纹修整的深腹罐为 F。大敞口圆腹的深腹盆为 A，带有明显折肩、腹部施凹弦纹的深腹盆为 D，而下腹部施横向绳纹的深腹盆为 E。甗的甑部呈圆腹、腰部带附加堆纹和绳纹的为 D，而甑部为斜直腹、带篦纹修整的为 E。根据盘部的深浅，将豆区分为深盘豆和浅盘豆。A1 的深腹豆口缘较厚，盘部深而外表有凹凸纹，柄部细高，而 D 的深盘豆则腹部圆润，柄部粗而大。A2 的浅腹豆基本与同系统的深腹豆相同，只是豆盘较浅而已。E 的浅盘豆口缘薄而外翻，柄部较长。仅从器物形态来看，中原东部地区至少存在 A、D、E、F 四个陶器系统，但是在东南部的周口地区则只发现 A、E、F 三个系统，未见漳河系陶器。这里我们将出现于二里头文化晚期和二里冈下层之间的折中性陶器用 AD 来表示。

在中原西部和晋西南地区则有 A 的伊洛系，土著的 B1 东下冯系，B2 的东太堡系，D 的漳河系等。豫北地区除了前面已经叙述的诸系统外，还有土著的 C 辉卫系。豫南地区土著的 G 豫南系。而远在长江中游地区的陶器系统则比较复杂，除了伊洛系，H 的土著荆南系外，还有 R 的巴蜀系，J 的江西釉陶系等中原地区少见的陶器系统。

这里首先以晋西南和陕西东部地区、中原地区的豫东和山东地区、豫北地区和豫南和长江中游地区为地域单位，对复合型遗址的出土陶器进行分析。在分析复合型遗址时将从二里头后半期开始。这里首先以发表的 12 处复合型遗址为分析对象，并注意陶器组合的时期性变化，对各个遗址陶器系统、器类构成和炊煮器的尺寸变化进行讨论。在此之前首先对其编年进行简单的总结，并作为陶器分析的时代标尺。

以二里冈文化上下层为代表的早商文化时期以 20 世纪 50 年代发掘的郑州二里冈遗址为标准区分为上下层 2 期。20 世纪 80 年代北京大学的邹衡先生以河北藁城台西村和二里冈遗址为分析对象进一步将以前的两期再细分为 4 期[①]。此后二里冈文化的 4 期编年为学术界一般的年代标准。1988 年，二里冈遗址发掘者安金槐先生将晚于二里冈

---

① 邹衡：《试论夏文化》，《夏商周考古学论文集》，文物出版社，1980 年。

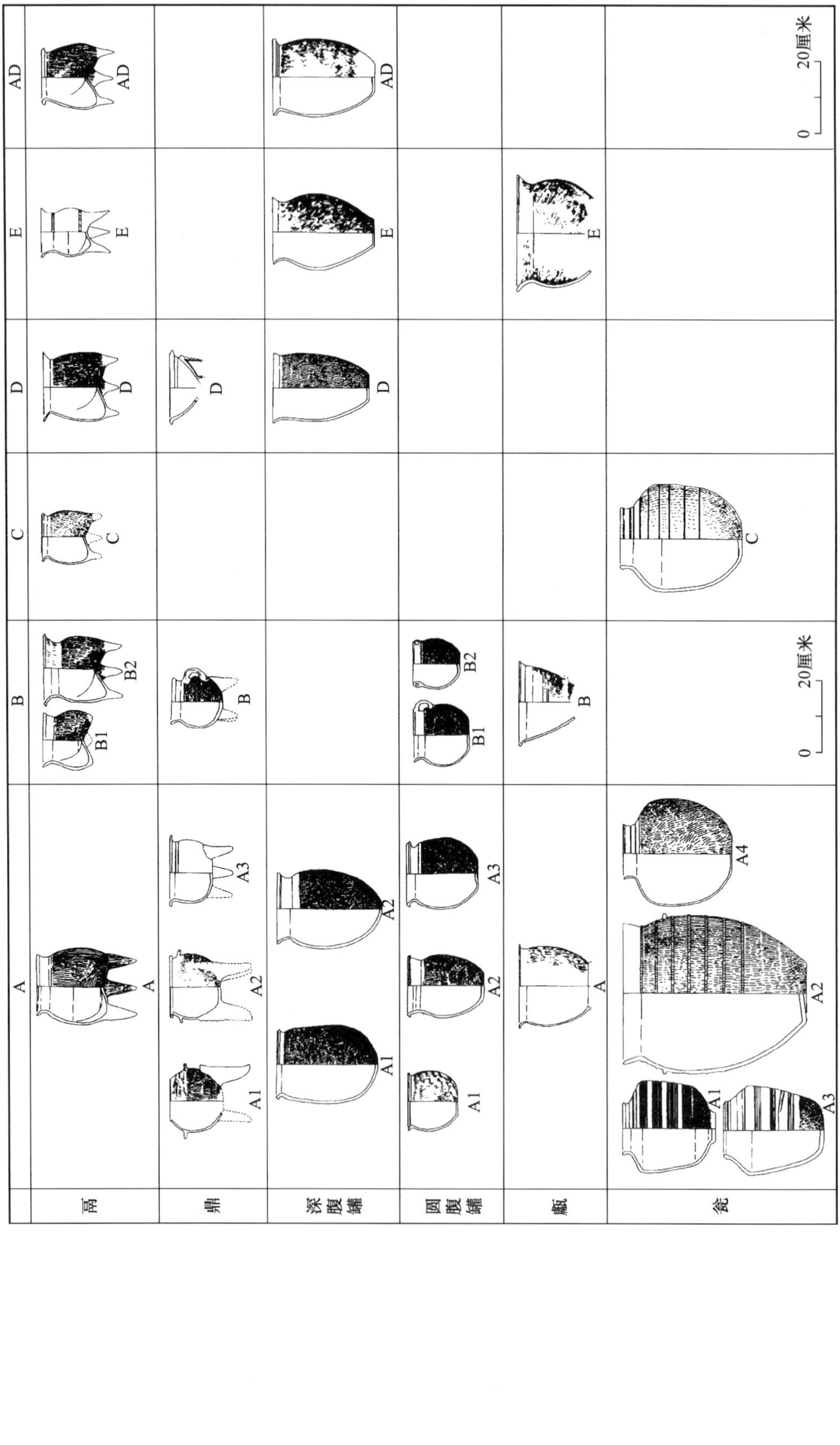

· 162 ·　早商城市文明的形成与发展

图六四　陶器的分类和系统

第六章 早商时期陶器种类构成所反映的陶器制作体系及其地域间关系

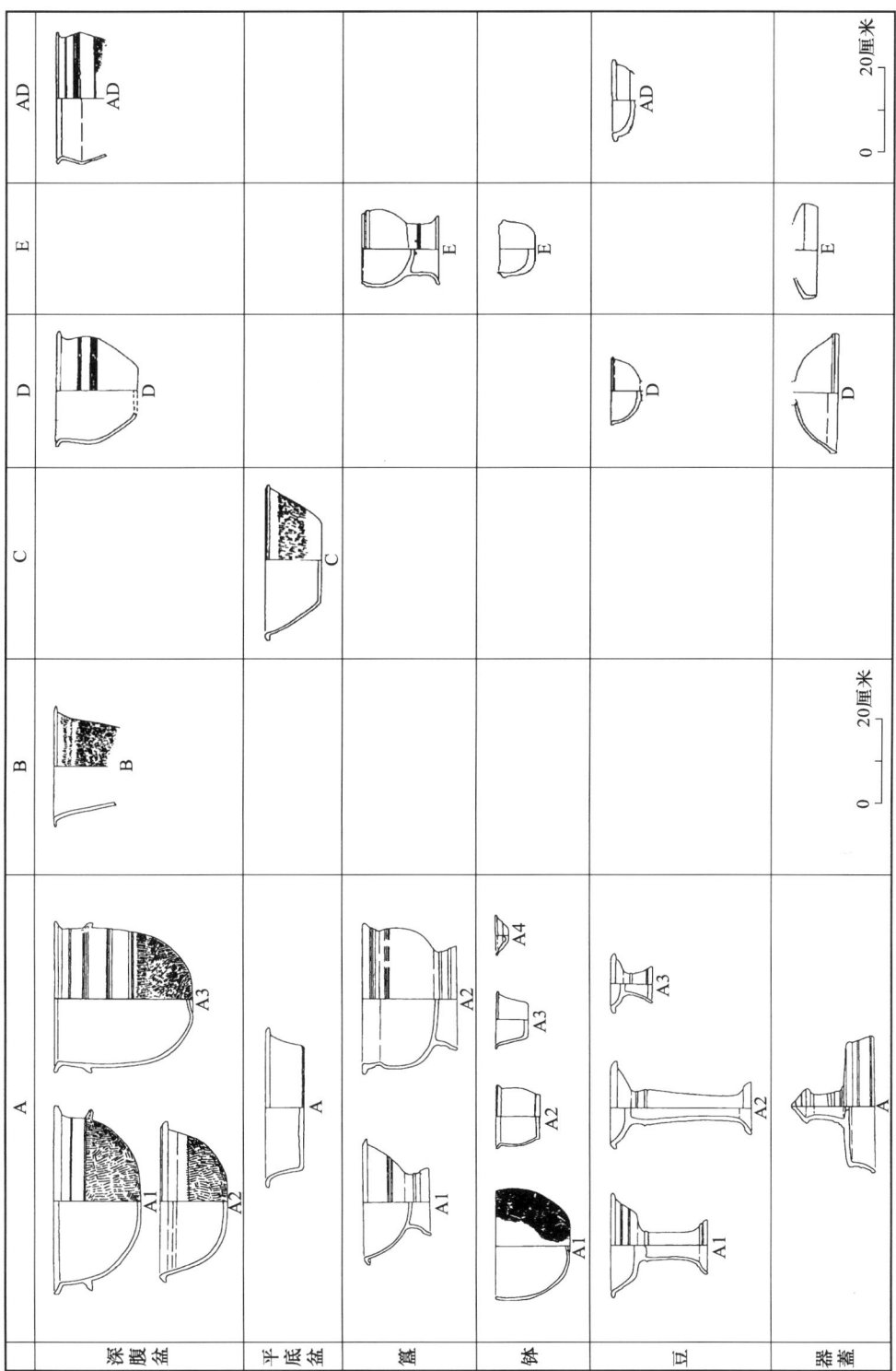

图六五 陶器的分类和系统

上层的白家庄遗址作为邹衡4期编年的最晚期,并称为白家庄期[1]。本章以邹、安两人的二里冈4期分期为基准进行陶器分析,并在比较复合型遗址时加入二里头后半期的遗迹单位对各个遗址的陶器组合进行分析。

第三节　复合型遗址的分析

一、伊洛、郑州周边及山东地区

(一) 遗址资料分析

早商时期的洛阳和郑州地区是产生大型城郭遗址的中心地区,这里也是二里冈文化时期遗址分布最密集的地区,复合型遗址共有10处。以下对这10处遗址的陶器组合样式进行分析。

1. 郑州商城遗址

位于郑州市的郑州商城遗址自20世纪50年代发现以来,相继发现了城墙、外城郭、宫殿遗迹以及陶器制作工坊、青铜器铸造工坊、骨器制作工坊、青铜器窖藏和墓葬等遗迹现象。最近除了外城郭之外,还在城内中北处的宫殿区发现了属于二里头文化时期的版筑墙和环沟遗迹,并出土了一组可供分析的陶器组合[2]。

图六六显示从二里头文化后半期到二里冈下层前段的陶器系统。作为外来系的漳河系和岳石系占有一定的量,而土著的伊洛系和伊洛·郑州系的比例占到八成。但是到了二里冈下层后段以后,伊洛系和伊洛·郑州系则占到97%,并持续到白家庄期而没有大的变化。显示着从二里头后半期开始呈现增长趋势的伊洛系和伊洛·郑州系陶器成为二里冈文化时期唯一的陶器系统,这种一改前期二里头文化多系统的陶器构成方式值得注意。

再从器类的构成来看。二里头文化后期的炊煮器是深腹罐A2、圆腹罐A2、鼎A1。到了二里冈文化下层时期转变为鬲AD,这种不同炊煮器的转变是这一地区两个时代之间发生的最大转变。深腹罐A2比二里头文化时期有所减少,但是仍然有一定的量。而圆腹罐A2、A3,鼎A1、A2到二里冈文化时期则几乎看不到。平底盆A、刻槽盆A4、甑A3、盉A、觚A等二里头文化时期的主要器种虽然在二里冈文化时期仍然存在,但是其比例很低,并随着时代的变迁逐渐减少。在二里头文化第4期时,AD的伊洛·郑州系陶器开始出现,而从二里头文化时期开始就存在的大口尊A2、缸A2、瓮A4、大口罐A、深腹盆A2、捏口罐A1、爵A2即使在二里冈文化时期也仍然保持一定的量,呈现出一种安定的变化趋势。此外,斝A、豆AD、簋A2等二里冈文化下

---

[1]　安金槐:《关于郑州商代二里冈期陶器分期问题的再研究》,《华夏考古》1988年第4期。
[2]　河南省文物考古研究所:《郑州商城》上中下,科学出版社,2002年。

层前期开始出现的新器类则呈现逐渐增加的倾向。总的来看，各个器类的比例在两个时代转化之间表现出较大的差异，而进入二里冈文化之后，器类稳定而较少变化，虽然也有器类的消失与增加，但是仍然保持伊洛系与伊洛·郑州系陶器群的增加，其他系统陶器逐渐消失的趋势（图六六）。

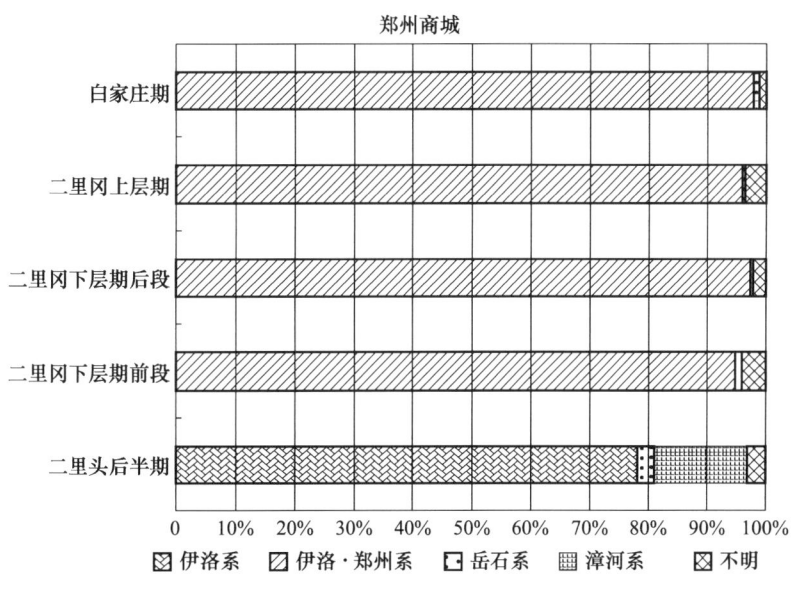

图六六　郑州商城的陶器系统比例

最后分析炊煮器深腹罐 A2 和鬲 AD 的口径尺寸的时代变迁。首先来看深腹罐的口径计测值。郑州商城二里冈下层期前段出土的 4 件深腹罐的口径平均值为 20.8 厘米，标准偏差值在 19.0~22.5 厘米之间。二里冈下层后段则有 8 件罐可以计测，其口径的平均值为 19.2 厘米，标准偏差值在 17.8~20.6 厘米之间，与前期相比不仅口径变小，而且变异幅度缩小。到了二里冈上层期，有 7 件罐可用于计测，其口径的平均值为 18.6 厘米，标准偏差在 17.1~20.1 厘米之间，比前期进一步变小，但是其标准值变化不大。而晚于二里冈上层的白家庄期因缺乏数据资料不能分析。以上分析显示了深腹罐的口径随着时代的变化逐渐变小的趋势，而且其标准偏差值的变异幅度不断缩小，暗示着炊煮器深腹罐逐渐规格化的倾向（图六七）。

再从另一件炊煮器鬲的口径分析来看其变化趋势。二里冈下层前期 12 件鬲的平均口径值为 15.9 厘米，标准偏差值在 14.3~17.5 厘米之间。二里冈下层期后段的 8 件鬲的平均值为 16.1 厘米，标准偏差值和前期基本相同，大致在 14.5~17.6 厘米。进入二里冈上层期，6 件鬲的计测口径为 16.3 厘米，标准偏差值在 15~17.6 厘米之间，与前期相比平均值略大，但是其变异幅度却在缩小。最后的白家庄期有 9 件鬲口径计测值，其平均值为 16.2 厘米，标准偏差值在 13.8~18.5 厘米之间，与前期几乎相同。郑州商城鬲口径分析显示，随着时代的变迁逐渐变大的倾向，标准偏差值的变异幅度不大，这显示着鬲口径的个体差异较小。反映了鬲与深腹罐不同，从其出现之初就显示着规格化的倾向（图六八）。

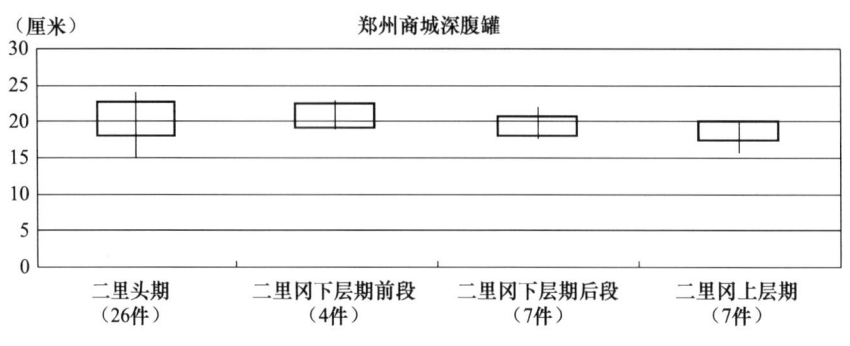

图六七　郑州商城深腹罐口径分布

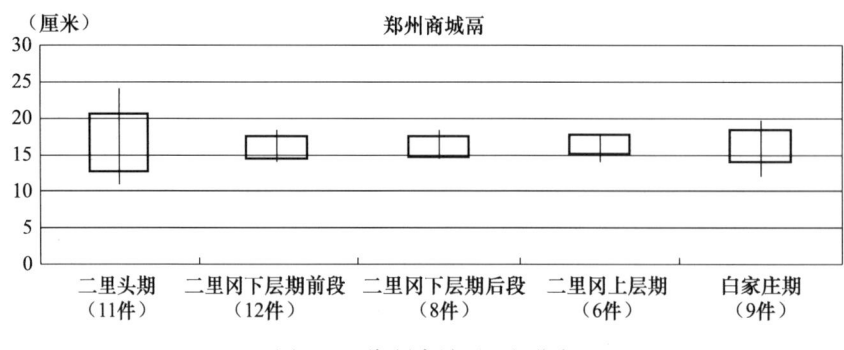

图六八　郑州商城鬲口径分布

2. 偃师商城

位于伊洛河北岸的偃师商城遗址距离二里头遗址仅6公里。1983年发现以来进行了多次大规模的发掘，发掘成果显示偃师商城是一座与郑州商城性质相同的城址之一。这里属于二里头文化晚期遗迹出土的陶器组合，为我们研究偃师商城在两时代之间的变化提供了良好的分析资料[①]。

首先来看陶器组成。二里头文化晚期的遗迹较少，陶器资料不甚丰富。其组合中深腹罐A2、鼎A2、圆腹罐A2、大口尊A2、捏口罐A1、深腹盆A2、瓮A4等伊洛系陶器占79.5%，系统不明陶器除外，漳河系的深腹罐D、深腹盆D等占20.5%。而深腹盆AD等伊洛·郑州系开始出现。进入二里冈下层前期，伊洛系和伊洛·郑州系陶器占到83.9%，与前期相比略有增加，但是漳河系陶器占16.1%，与前期相同。到了二里冈下层后期，伊洛系和伊洛·郑州系激增到95.0%，而漳河系则急减到5.0%。到了

---

① 杜金鹏、王学荣主编：《偃师商城遗址研究》，科学出版社，2004年。

二里冈上层期直至白家庄期陶器则几乎完全由伊洛系和伊洛·郑州系构成。与郑州商城一样显示了陶器系统的一元化倾向（图六九）。

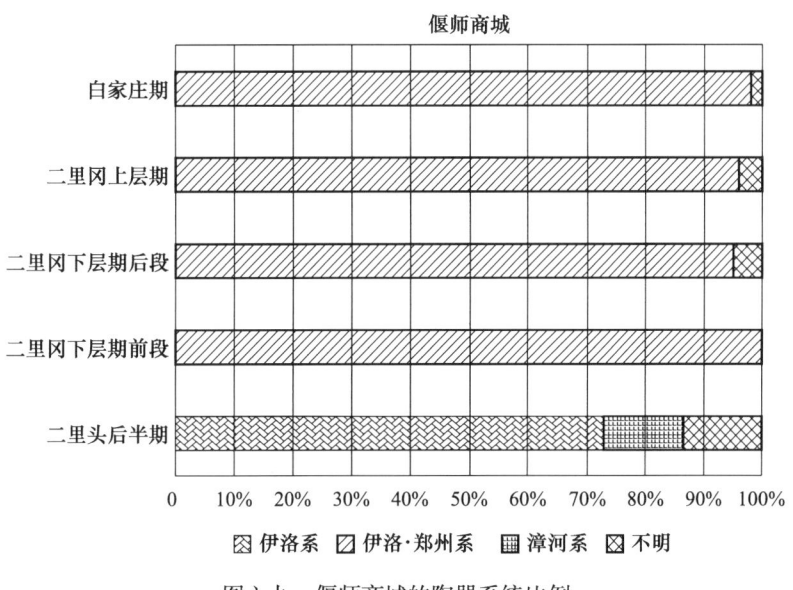

图六九　偃师商城的陶器系统比例

再从器类构成来看。二里冈下层期前段的炊煮器发生了从二里头晚期的深腹罐 A2 到鬲 AD 的变化，这一点与郑州商城一样，但是随着鬲 AD 的增加，深腹罐 A2 的比例并没有太大的变化。而进入二里冈下层后期之后开始减少，这一点则与郑州商城不同。与此同时大口尊 A2、瓮 A3 及 A4、深腹罐 A2、捏口罐 A1 等开始增加，平底盆 A、刻槽盆 A4、鼎 A2 等则开始减少。而簋 A、豆 AD、鼎 A3、斝 A 等新器类出现并有增加趋势这一点与郑州商城一致。但是值得注意的是郑州商城存在的甗 AD 在偃师商城没有见到，而郑州商城呈减少趋势的甑 AD 在偃师商城呈现增加趋势。

最后来分析鬲 AD 和深腹罐 A2 的口径大小。深腹罐 A2 从二里头晚期到白家庄期，其口径的平均值逐渐变小，标准变异幅度也呈现逐渐缩小的倾向，但是还不具备规格化的程度。二里冈上层期开始，深腹罐口径大约固定在 18.4 厘米前后，小型化和变异值的进一步缩小使规格化的倾向更加明显（图七〇、图七一）。

再来分析鬲的口径。偃师商城出土的各个时期的鬲口径可以总结如下：鬲口径的平均值从二里头晚期到白家庄期集中在 15.9～16.7 厘米之间，二里头晚期为 16.7 厘米略显大，而到了二里冈时期则几乎集中在 15.9～16.4 厘米之间。但是与深腹罐相比，其规格化的程度不明显，再从器高的平均值来看，集中在 20.9～17.9 厘米之间，可以看到小型化的倾向，但是变异幅度较大，规格化的倾向不明显。

3. 王城岗遗址

位于登封告城镇颍河支流西岸的王城岗遗址在龙山文化之外还包含二里头和二里

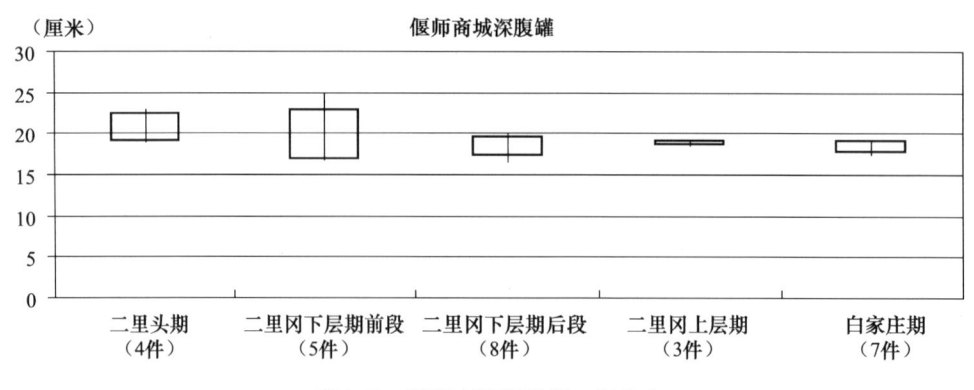

图七〇 偃师商城深腹罐口径分布

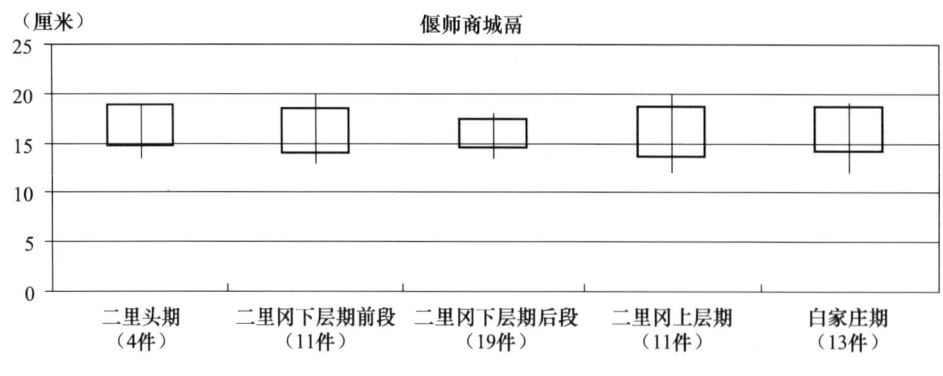

图七一 偃师商城鬲口径分布

冈文化时期的文化层[①]。但是因为缺少二里冈下层期的遗迹单位。二里冈上层期的陶器系有 5 件鬲 AD、1 件深腹罐 A、1 件甗、1 件斝、1 件罍 A、2 件大口尊 A、4 件簋、4 件豆 AD、6 件深腹盆、1 件小口瓮及平口瓮、刻槽盆、器盖、爵、缸各 1 件等，器类大量增加，陶器构成几乎均为伊洛系和伊洛·郑州系。

再来分析炊煮器深腹罐的口径值。二里头晚期仅计测深腹罐 2 件，其口径的平均值是 20.5 厘米。二里冈下层期 1 件，口径为 19 厘米。二里冈上层期 1 件，口径为 18.5 厘米。炊煮器鬲的数量较深腹罐多。二里头晚期 4 件鬲的口径平均值为 17.3 厘米，标准偏差值在 14.4～20.1 厘米之间，变异幅度较大。二里冈下层期的 2 件鬲口径的平均值为 14.3 厘米，二里冈上层期 3 件鬲的口径平均值为 13.8 厘米，标准偏差值在 12.7～15.0 厘米。

4. 二里头遗址

遗址位于偃师商城东部约 6 公里的洛河南岸。1959 年开始发掘至今。二里头遗址的编年共分 6 期，前 4 期相当于二里头文化，后 2 期分别相当于二里冈文化的下层与上层。这里仅就二里头晚期与二里冈上下层为分析对象。

---

① 中国历史博物馆考古部、河南省文物研究所：《登封王城岗与阳城》，文物出版社，1992 年。

二里头晚期遗迹单位出土的陶器组合包含多种系谱。深腹罐 A2，圆腹罐 A2、A3，鼎 A1、A2，深腹盆 A2，刻槽盆 A4，平底盆 A，小罐 A，有颈罐 A1，盘 A1、A2、A3，豆 A1、A2、A3，爵 A，觚 A，盉 A，短颈壶 A2，大型尊 A2，缸 A2，杯 A2，鬲 A 等伊洛系陶器，约占全体陶器的 82.9%，是本期陶器构成的主体。除了系统不明的器类之外，漳河系陶器有鬲 D、深腹罐 D、深腹盆 D 等，占全体陶器的 12.9%。圆腹罐 B1 及 B2、鼎 A2、鬲 B2、甗 B2、深腹盆 B 等东下冯系陶器占全体陶器的 1.4%。深腹罐 E、鼎式鬲 E、簋 E、器盖 E 等岳石系陶器占 2.8%。虽然还不是很明确，深腹盆 AD 开始出现。

进入二里冈下层期后，簋 A、斝 A、豆 AD、鬲 AD 等新器类出现，盘 A2、A3、盉 A、豆 A1、瓮 A2、杯 A2 等器类消失。伊洛系与伊洛·郑州系陶器占全体陶器的 96.9%，其他系统的深腹罐 D、鬲 B1 等仅占 4.4%。二里冈上层期，伊洛系的大型尊 A1、小罐 A、瓮 A1、短颈罐 A1、A2、圆腹罐 A2、鼎 A2 等器类也消失，伊洛系与伊洛·郑州系占全体陶器的 94.1%，其他系统的陶器仅占 5.9%。

再从器类构成来看，二里头晚期的器类有 40 余种，其中圆腹罐 A2、A3 比较多，约占 10.1%，深腹罐 A2 占 4.6%，鼎 A2 占 3.7%，大型尊 A2 占 7.8%，器盖 A 占 2.8%，小罐 A 占 2.3%，有颈罐 A1 和豆 A1 分别占 5.1 和 2.8%。其他器类则在 0.3%～3.1%。器类丰富多样，器形复杂是这一时期的特征。到了二里冈下层期，器类减少到 20 余种，而且圆腹罐 A2、鼎 A2、深腹罐 A2 的比例仍然比较高，分别占 9.8%、4.9% 和 2.4%。鬲 AD 数量增加，占全体陶器的 6.6%。而有颈罐 A1、甑 A4、深腹盆 AD、缸 A2、深腹盆 A2、簋 A、斝 A、捏口罐 A1 等器类较前期略有增加，小罐 A、大型尊 A1、短颈壶 A2、瓮 A1 等呈现减少趋势。进入二里冈上层期，比例一直较高的圆腹罐 A2、鼎 A2 消失而鬲 AD 大幅增加到 13.0%，但是深腹罐 A2 不仅存在，而且占 7.8%，较前期为高。深腹盆 A2、AD、簋 A、豆 AD、瓮 A3、A4、捏口罐 A1、大口罐 A、缸 A2 等的比例呈现增加趋势，而盉 A、瓮 A1、大型尊 A1、短颈壶 A2 消失，甑 A4、大型尊 A2、有颈罐 A1 呈现减少趋势。

最后分析炊煮器深腹罐 A2 与鬲 AD 的口径。二里头晚期共计测深腹罐 6 件，其平均值为 19.3 厘米，标准偏差值在 18.1～20.5 厘米。二里冈下层期 3 件罐的口径平均值为 19.1 厘米，标准偏差值在 17.9～19.8 厘米，与前期几乎相同。二里冈上层期 7 件罐的口径平均值为 18.9 厘米，标准偏差值在 17.6～20.1 厘米，比前期变小，但是偏差值基本相同。显示着深腹罐在小型化的同时规格化的倾向。

其次分析鬲的口径。二里头晚期 9 件鬲的平均口径为 15.8 厘米，标准偏差值在 13.7～17.8 厘米之间。二里冈下层期 8 件鬲的口径平均值为 15.4 厘米，标准偏差值在 14.3～16.5 厘米，与前期相比不仅口径变小，而且变异幅度也开始缩小。二里冈上层期 9 件鬲的平均口径为 16.7 厘米，标准偏差值在 14.7～18.7 厘米。鬲的口径比前期略增大，变异幅度也有所增加。

5. 稍柴遗址

遗址位于伊河南岸的乌罗河和伊河的三角地带的台地上[①]。二里头晚期的器类有鼎 A2、圆腹罐 A2、深腹罐 A2、刻槽盆 A3、甗 A3、平底盆 A、盘 A1、大口尊 A2、缸 A2、瓮 A3、A4 等伊洛系陶器占 89.1%，是遗址构成的主要要素。深腹盆 D、鬲 D、深腹罐 D、小盆 D 等漳河系陶器占 10.9%。二里冈下层期鬲 AD 的数量比前期增加。进入二里冈上层期，二里头晚期以来的圆腹罐 A2、鼎 A2、刻槽盆 A3、盘 A2 等消失，而深腹罐 A2、深腹盆 A2、平底盆 A 等比例开始减少。而同时鬲 AD、簋 A2、小口尊 A1、豆 Ad 等器类开始出现。伊洛系和伊洛·郑州系陶器占 96.2%，深腹盆 D、平底盆 C、篦纹罐 E 等漳河系、辉卫系和岳石系陶器合计仅占 1.9%。

从器类构成来看，二里头晚期的深腹盆 A2、甗 A3、刻槽盆 A3、豆 D 的比例较高，分别占到 8.7%，而炊煮器的深腹罐 A2 占 6.5%，鬲 D 占 10.9% 高于深腹罐。圆腹罐 A2 和鼎 A2 占 4.3%。其他的缸 A2、瓮 A4 各占 6.5%。而盘 A2、短径壶 A1、平底盆 A、大口尊 A2 等占 2.2%。二里冈下层期仅有鬲 AD，比前期有所增加。到二里冈上层期鬲 AD 大幅增加，而原本比例较高的圆腹罐 A2、鼎 A2 消失，深腹罐 A2、甗 A3 分别减少为 5.7% 和 3.8%。深腹盆 A2、豆 AD 的比例和前期相同，呈现一种安稳的状况。新出现的簋 A2、小口尊 A2 分别占 7.5%，3.8%，显示着较高的比例。大口尊 A2、缸 A2、瓮 A3、A4 与前期相比减少，分别占 3.8% 和 1.9%。

最后分析炊煮器深腹罐 A2 和鬲 AD 的大小。二里头晚期仅 1 件深腹罐，其口径为 20 厘米，二里冈上层期 2 件的口径平均值为 19.0 厘米。由于数据较少，这里不做更细的分析。再来看鬲 AD 的口径，二里头晚期 3 件鬲的口径平均值为 17.0 厘米，标准偏差值在 15.2～18.8 厘米。二里冈上层期 4 件鬲的口径平均值为 15.7 厘米，标准偏差值在 14.0～17.4 厘米。可以看出随着时代的变迁炊煮器鬲的口径逐渐呈现小型化倾向。

6. 西史村遗址

遗址位于荥阳县西 6 公里的地方，是一处由二里头、二里冈和殷墟时代构成的复合型遗址[②]。根据发表的二里头晚期的陶器组合分析，器类有深腹罐 A2、缸 A2、深腹盆 A2、刻槽盆 A3、大口尊 A2、盘 A3、豆 A2 等全部是伊洛系陶器。二里冈下层期、上层期则均为伊洛·郑州系陶器，外来系陶器完全没有发现。从器类来看，二里头晚期深腹罐 A2 最多，占全体陶器的 21.4%，而鼎 A2、盘 A3、大口尊 A2、缸 A2、刻槽盆 A3、深腹盆 A2、豆 A2、甗 A3 各自占 7.1%。到了二里冈下层期，新出现了鬲 AD、簋 A2，并各自占 11.1%，深腹罐 11.1% 比前期有所减少。而常见的甗 A3、刻槽盆 A3、盘 A3 等很少见到。大口尊 A2、缸 A2、豆 A2、瓮 A4 等器类则较前期有所增加。

---

① 河南省文物研究所：《河南巩县稍柴遗址发掘报告》，《华夏考古》1993 年第 2 期。
② 郑州市博物馆：《河南荥阳县西史村遗址发掘简报》，《文物资料丛刊》5，文物出版社，1983 年。

二里冈上层期的鬲 AD 和豆 AD 进一步增加，占到 18.2%，深腹罐 A2 则减少为 9.1%。其他器类均较前期减少。但是因为没有深腹罐和鬲的口径计测数据，不能作口径的分析。

7. 阎河遗址

遗址位于荥阳县南部 3 公里的索河东岸。1986 年经发掘得知这是一处二里头和二里冈文化构成的复合型遗址[①]。二里头晚期出土陶器显示这里除了器类不明的之外，深腹罐 A2、圆腹罐 A2、鼎 A2、深腹盆 A2、甑 A3、大口尊 A2、瓮 A3 及 A4、豆 A3、盉 A、器盖 A 等均为伊洛系陶器。到了二里冈下层期，除新出现鬲 AD、捏口罐 A1、缸 A2 等之外，圆腹罐 A2、鼎 A2、盉 A、钵 A2 则消失，陶器系统全部为伊洛·郑州系。二里冈上层期除了新出现簋 A2、豆 AD 外，其他与前期完全相同。

从器类构成来看，二里头晚期深腹罐 A2 占 17.6% 比较高，其次为圆腹罐 A2、深腹罐 A2、鼎 A2、瓮 A3、器盖 A 分别占 11.8%。刻槽盆 A3、瓮 A4、盉 A、甑 A3 各自占 5.9%。二里冈下层期的深腹罐 A2 减少到 7.7%，而新出现的鬲 AD、捏口罐 A1 各自占 7.7%。深腹盆 A2 的比例较高，占到 15.4%。而前期占较高比例的圆腹罐 A2、鼎 A2 消失。进入二里冈上层期，鬲 AD 的比例更增加到 11.8%，而深腹罐 A2 减少为 5.9%。其他器类几乎与前期相同，其比例为 5.9%。

8. 岔河遗址

遗址位于郑州西北 25 公里的索河与须水河合流处。1986 年曾出土 6 件铜器。经发掘得知遗址由二里头和二里冈文化层构成[②]。二里头晚期 H15、H10 出土的陶器组合中除了系统不明者外，深腹罐 A2、圆腹罐 A2、鼎 A2、深腹盆 A2、刻槽盆 A2、大口尊 A2、缸 A2、瓮 A4 等 92.8% 是伊洛系陶器，漳河系仅有鬲 D 占 2.5%。到了二里冈文化上下层时期，除了系统不明者外，伊洛系与伊洛·郑州系都非常高，占到 90% 以上。

再从器类构成来看，二里头晚期陶器由深腹罐 A2、圆腹罐 A2、鼎 A2、深腹盆 A2、刻槽盆 A3、大口尊 A2、缸 A2、瓮 A4 组成，包含了这一时期所有的主要器类。深腹罐 A2 和圆腹罐 A2 占全体陶器的 32.9% 和 14.0%，显示着较高的比例。深腹盆 A2 占 13.1%，瓮 A4 占 17.0%，大口尊 A2 占 8.3%。其他的器类所占比例集中在 2.3%~3.3%。到了二里冈下层期深腹罐 A2 减少为 7.7%，圆腹罐 A2，鼎 A2，刻槽盆 A3 完全看不到。而新出现的豆 AD、簋 A2 分别占 7.1%，和 3.9%。与此同时鬲 AD 的比例急剧增加到 31.0%。深腹盆占 15.4%，大口尊 A2 占 7.7%。其他器类的比例大约在 3.9% 前后。二里冈上层期的深腹罐占 8.4% 与前期相同，但是鬲 AD 占 21.0%，而深腹盆 A2 减少为 11.4%。其他器类比例在 2.8%~4.2% 之间。

最后分析炊煮器的尺寸。这里仅计测到二里冈上层期的深腹罐 3 件，其口径的平均值为 20.3 厘米，标准偏差值在 18.8~21.8 厘米之间。可计测的 4 件鬲的口径平均值

[①] 郑州市文物工作队：《河南省荥阳县阎河遗址的调查与试掘》，《中原文物》1992 年第 1 期。
[②] 李维明：《试论曲梁、岔河夏商文化遗址的分期》，《华夏考古》1991 年第 2 期。

为16.7厘米，标准偏差值在14～19.5厘米。计测数据显示这里的炊煮器深腹罐与鬲和其他遗址一样，随着时代的变迁在小型化的同时也逐渐规格化。

9. 大师姑遗址

遗址位于郑州市西北约10公里的杨拐村与大师姑村之间，在索河东岸的拐弯处。经多次调查与发掘证明这是一处二里头文化时期的城址。根据发掘者的研究，二里冈文化时期这座城址仍然沿用，也是早商文化时期一处较重要的遗址①。大师姑遗址从二里头文化到二里冈文化共分为9段，其中第1段到第6段为二里头文化时期，第7段到第9段为二里冈文化时期。从属于二里冈文化时期的20个灰坑中出土了丰富的陶器资料。根据对这些单位陶器出土资料的组合分析，以深腹罐、深腹盆、大口尊、平底盆、捏口罐、敛口瓮、高领罐、斝、簋、鬲、甗、豆等器类为主体的陶器组合主要为伊洛·郑州系陶器，仅有少量篦纹罐等岳石文化的陶器，约占1.2%。再从器类的构成比来看，深腹盆、深腹罐和鬲的数量最多，分别占到全体陶器的14.6%、16.8%和14.6%，中腹盆占9.0%，浅腹盆、捏口罐和敛口瓮分别占5.3%。簋、大口尊、甗和豆的比例则分别介于2.8%～3.1%。其他器类则较少，其比例介于0.3%～1.9%。

最后分析深腹罐和鬲的口径。相当于二里头文化二、三期的第1～4段共统计计测了180余件深腹罐，其口径的平均值各阶段分别为22.2厘米、21.8厘米、21.6厘米和21.8厘米，标准偏差值在2.4～3.0厘米。进入二里头文化晚期的两个阶段共计测了56件深腹罐，其口径的平均值为21.3厘米和21.0厘米，与前期相比略显小型化，其标准偏差值都为19.2厘米，呈现着规格化的倾向。到了二里冈文化时期，属于二里冈下层期的两个阶段仅计测到16件深腹罐，其平均值为18.2厘米和19.3厘米，与前期相比进一步小型化，而标准偏差值则分别为3.0和2.6，比前期略显大，但是仍然呈现着规格化的倾向。而到了二里冈上层期，共计测了37件深腹罐，其口径的平均值为20.2厘米，标准偏差值为3.7厘米，与前期相比没有大的变化。再来分析二里冈文化期鬲的口径大小，下层期的两个阶段共计测到13件鬲的标本，其口径的平均值为16.0厘米和15.5厘米，标准偏差值为3.1厘米。到了二里冈下层期，共计测到22件鬲，其口径的平均值为17.1厘米，标准偏差值为2.5厘米，与前期相比看不到小型化的趋势，但是呈现明显的规格化倾向。

10. 荥阳薛村遗址

遗址位于邙山南麓，北距黄河约1.5公里，总面积约50万平方米。是一处二里头文化晚期到二里冈文化时期的聚落遗址②。属于二里冈文化下层期的遗迹有墓葬1座、灰坑1座，出土有鬲1、簋1和一些圆陶片。而灰坑出土的有鬲2、深腹罐2、深腹盆1、簋1、壶1、大口尊1、甗1和骨笄、骨锥1件。陶器均为典型的伊洛·郑州系陶器。

---

① 郑州市文物考古研究所：《郑州大师姑》（2002～2003），科学出版社，2005年。
② 河南省文物考古研究所：《河南荥阳市薛村遗址2005年度发掘简报》，《华夏考古》2007年第3期。

(二) 小结

以上分析了伊洛地区和郑州地区10处复合型遗址的陶器组合样式,其中除了二里头遗址、偃师商城遗址、郑州商城遗址和大师姑遗址外均为一般性聚落遗址。在二里头文化第3期开始出现的多系统要素构成的陶器组合,直到二里头第4期显示着10遗址中的共通性。然而进入二里冈文化时期后,伊洛系和伊洛·郑州系陶器占压倒多数,成为所有10遗址陶器构成的主体成分,呈现出陶器构成的一元化的时代特征。值得注意的是郑州商城与偃师商城从二里冈下层期开始就呈现出陶器的一元化倾向,而其他6遗址则在略晚的二里冈上层期才呈现。显示了在陶器一元化过程中因遗址性质不同而存在明显的时间差异。

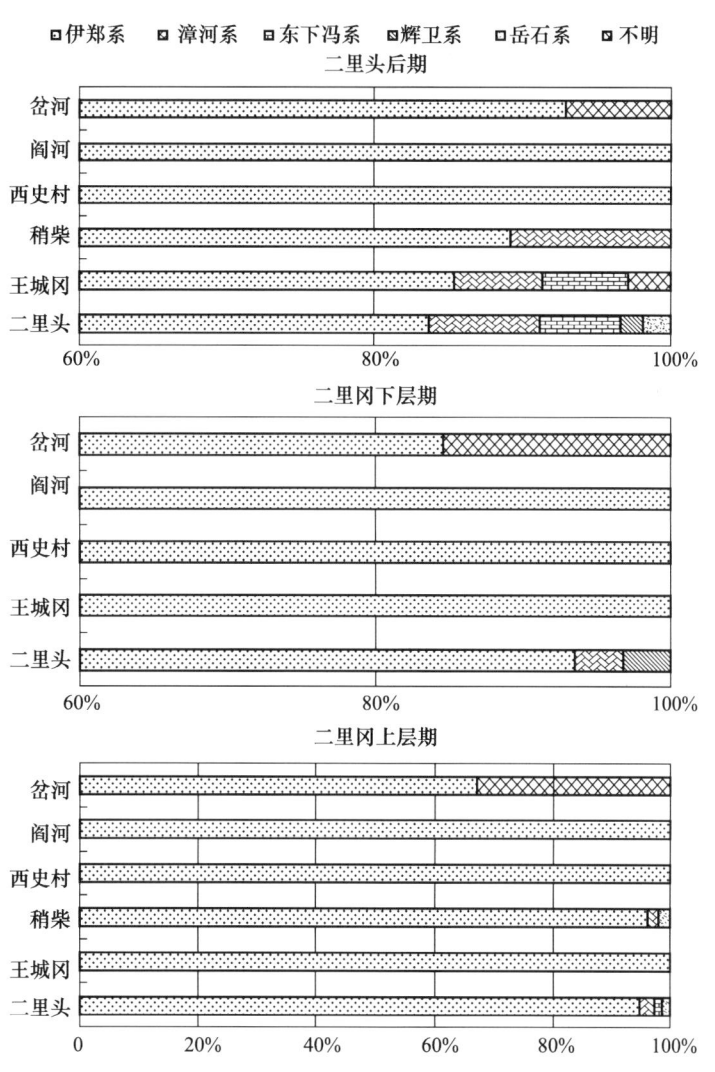

图七二 伊洛、郑州地区复合型遗址陶器系统比例

对10处复合遗址的陶器系统、器类构成和炊煮器深腹罐、鬲口径的分析结果大致可以总结如下。首先来看陶器系统，二里头文化第3期外来的岳石系、漳河系和东下冯系等陶器系统伴随着二里冈文化时期的到来呈现急剧减少趋势。而二里冈下层前期出现的伊洛·郑州系则成为这一地区各个遗址陶器构成的主体成分，显示着两时代转变之际所发生的巨大变化。特别是二里头晚期不断增加的漳河系鬲D、深腹盆D和伊洛系陶器相互融合而形成的伊洛·郑州系，显示着一个新时代的开始。这时期原有的伊洛系和漳河系在二里冈下层前期阶段仍然存在，但是比例很少，而在后期阶段则完全消失。与此相伴随的岳石系、东下冯系也逐渐减少，呈现着伊洛·郑州系陶器组合的一元化特征（图七二）。

随着这样的陶器系统比例的变化，陶器的器类构成比例也表现出明显的不同。二里头文化时期主要的炊煮器深腹罐A2、圆腹罐A2、鼎A2等在进入二里冈文化时期后，替换为鬲D、AD、斝A、甗AD等器类，成为新时代的主要炊煮器。而如果注意两时代炊煮器深腹罐与鬲的口径尺寸，不仅显示了口径与器高的小型化趋势，在进入二里冈文化之后，伴随着这种小型化，炊煮器的规格化倾向特征也开始显著化。

二、河南省北部和河北省南部地区

迄今为止，河南北部地区共发现二里头文化时期的遗址50余处，但是二里冈文化时期的遗址发现很少，其分布状况也不明确。在辉县琉璃阁，新乡潞王坟，河北南部的曹演庄、下潘汪、界段营等属于二里冈上层期，白家庄期的遗址多有发现，并在辉县诸邱、新乡、南朱村等出土了大约同时期的青铜器。但是属于二里冈下层期的考古资料在编年、分布状况以及与郑州商城的关系方面很不明确。近年来，焦作府城遗址和辉县孟庄遗址、宋窑遗址和李大召遗址、新乡杨村遗址等的发掘为这一地区的研究提供了丰富的资料。这里首先以这些复合型遗址的资料为主进行编年分析。

（一）遗址资料分析

河南省北部的二里冈文化编年共有两种意见。张立东以辉县宋窑遗址资料为主对这一地区的年代进行了分析。他将其分为5期，第1期以琉璃阁H1为代表，相当于二里冈下层前期或略早。第2期以琉璃阁M203为代表，相当于二里冈下层后段。第3期以琉璃阁M110、潞王坟上层为代表，相当于二里冈上层前期。第4期以南朱村M2为代表，相当于二里冈上层期。第5期以琉璃阁M158为代表，相当于二里冈上层后段。而张新斌则将二里冈文化分为三期，分别相当于张立东的第1期到第3期。这里以张立东分期为基础，参考孟庄和府城遗址的资料将河南北部地区二里头晚期到二里冈文化分为4期，即二里头晚期、二里冈下层期、二里冈上层期和较晚的白家庄期。

这里首先依据以上编年从陶器系统、器类构成和炊煮器三方面对复合型遗址的孟庄遗址、府城遗址、李大召遗址进行分析。

1. 孟庄遗址

遗址位于卫河形成的冲积平原，总面积约25万平方米。是一处由新石器时代、二里头文化、二里冈文化和殷墟文化构成的复合型遗址，并发现了龙山文化和二里头文化时期的城址[①]。还发现了二里冈文化陪葬青铜器的墓葬25座。根据发掘结果，通过对属于二里头文化第3期H23、H44、H301出土的陶器组合分析，这里共包含5类陶器系统，其中辉卫系占20%，东太堡系占15%，与此相对，伊洛系则占51.7%，大幅超越土著的辉卫系成为本遗址的主要陶器构成。而漳河系仅占8.3%，岳石系占5.0%。

属于二里头文化第4期H68、H77、J2、J4出土的陶器系统分析结果显示，前期较低的漳河系增加到23.5%，辉卫系也增加到26.5%。而前期占绝对优势的伊洛系则大幅减少为26.5%，东太堡系占17.6%。进入二里冈下层期后，对T149H36、T5H64、T128H77出土的陶器组合分析结果显示，鬲AD，深腹罐A2，捏口罐A1，大口尊A2，缸A2，深腹盆A2、AD、D，豆A1、A2、AD，瓮A3、A4，器盖A等器类为主要要素。但是鬲B2、甗B、深腹盆D、绳纹平底盆C、刻槽盆A3、鼎A2、甑A3等二里头文化常见的器类仍然存在。就陶器系统来看伊洛系和伊洛·郑州系占全体陶器的73.0%，土著系仅占27.0%。二里冈上层期以20区T48J1、J3、H23、H37等遗迹出土的陶器组合进行分析，其结果显示这时期的陶器系统构成几乎全部是伊洛系和伊洛·郑州系。而鬲B2、绳纹平底盆C、豆D等仍然有少量存在。前者的比例占到90.0%，而后者的土著系和其他诸系统仅占10.0%。

其次分析陶器器类构成比。二里头第3期圆腹罐A2的比例最高，占全体陶器的6.7%，而第4期减少为2.9%。到了二里冈下层期圆腹罐很少见到。深腹罐A2的比例在二里头第3、4期为3.3%～5.9%，而二里冈文化时期则减少为1.3%～3.0%。另一方面，鬲在二里头第3期仅占9.9%，第4期大幅增加到17.6%。二里冈下层期则占21.2%，上层期进一步增加为23.4%。深腹盆A2在二里头第3期占5.0%，第4期减少为2.9%。但是进入二里冈下层期后又急剧增加到13.6%，其中深腹盆AD的数量较多。上层期占14.3%，随着时代的变迁不断增加。二里头文化时期豆的形态较复杂，二里头晚期豆D的比例在2.9%～3.3%，二里冈文化下层时期新出现豆AD，其比例为3.0%左右没有太大的变化。上层略增加到5.2%。大口尊A2在二里头晚期占2.9%～3.3%的比例，到了二里冈文化时期突然增加到7.6%～9.1%。平底盆A是二里头文化常见的器类，但是在二里冈文化时期则很少见到，孟庄遗址中二里冈文化一直都有较多的平底

[①] 赵新平、范永禄：《河南辉县孟庄遗址夏代墓葬及其相关问题》，《东方考古》第4集，科学出版社，2008年；秦小丽：《豫北地区二里头时代的地域间关系——以陶器资料分析为中心》，《华夏考古》2008年第4期。

盆，不过这里的平底盆均有绳纹，是土著的辉卫系陶器的特征。从比例来看，二里头、二里冈期基本相同，均在5.8%～6.1%之间，变化不大。其他二里头文化的常见器类鼎、甗、刻槽盆、圆腹罐等则完全消失。此外，小口尊A1和A2、鬲A、缸A2等二里冈文化期新出现的器类是两文化之间转变的特征之一（图七三）。

最后分析炊煮器深腹罐A2和鬲AD的口径尺寸。首先分析深腹罐的口径，二里头晚期共计测到4件深腹罐，其口径的平均值是21.2厘米，标准偏差值在28.2～29.8厘米之间。器高的平均值为29.1厘米，标准偏差值在28.2～29.8厘米之间。二里冈文化仅有3件罐，其口径平均值为17.6厘米，小于二里头文化的深腹罐，标准偏差值在17～18.9厘米之间，比前期大幅缩小。虽然可用于计测的完整深腹罐的资料有限，但是我们仍然可以从中窥探到两时代之间深腹罐口径逐渐规格化的过程。再来观察另一件炊煮器鬲的口径与器高的尺寸。孟庄遗址二里头晚期共有12件鬲可以计测，它们的口径平均值是15.2厘米，标准偏差值在10.5～18.8厘米之间，不仅变异幅度大，而且鬲的形态也多种多样。但是鬲的器高平均值17.4厘米和标准偏差值15.6～23.2厘米的数值显示其变异幅度小于口径。二里冈下层有16件标本得以计测，它们的口径平均值是16.4厘米，标准偏差值在14～18.1厘米之间。器高的平均值是20.2厘米，标准偏差值在18～22厘米之间，与二里头时期相比，变异幅度大幅缩小，但是口径还略显大。二里冈上层期的可计测标本16件鬲，其口径的平均值为15.6厘米，标准偏差值在14～18.3厘米之间。器高的平均值是18.8厘米，标准偏差值在16.5～21.6厘米之间。口径较前期变小，而变异幅度与前期几乎相同。以上分析显示鬲的尺寸与深腹罐一样均呈现着小型化与规格化的变化倾向（图七五、图七六）。

以上从陶器组合样式、器类构成比例和炊煮器尺寸三方面进行了分析。其结果显示，二里头3期的陶器系统仍然以伊洛系陶器为主体，而进入第4期后土著系陶器占多数，显示其主体构成，但是其他外来系不仅存在而且器类丰富。到了二里冈文化时期后，陶器系统则完全由伊洛系和伊洛·郑州系构成，显示了陶器系统一元化过程的完成。陶器的器类不仅减少，而且炊煮器也由罐转变为鬲，并随着时代的变迁逐渐小型化和规格化。

2. 府城遗址

遗址位于焦作市西南府城村的台地上，北部15公里处有太行山，南部20公里处有沁河从西北向东南流过。是一处面积仅10万平方米的二里冈文化时期的城址[①]。遗址由二里头、二里冈、西周和汉代构成。二里头文化晚期有3座建筑基址和18座灰

[①] 张锟：《府城商城建置原因考》，《中国历史文物》2005年第6期；秦小丽：《河南焦作府城遗址陶器研究——对二里头、二里冈文化陶器数量分析的尝试》，《考古与文物》2009年第1期。

第六章　早商时期陶器种类构成所反映的陶器制作体系及其地域间关系 ·177·

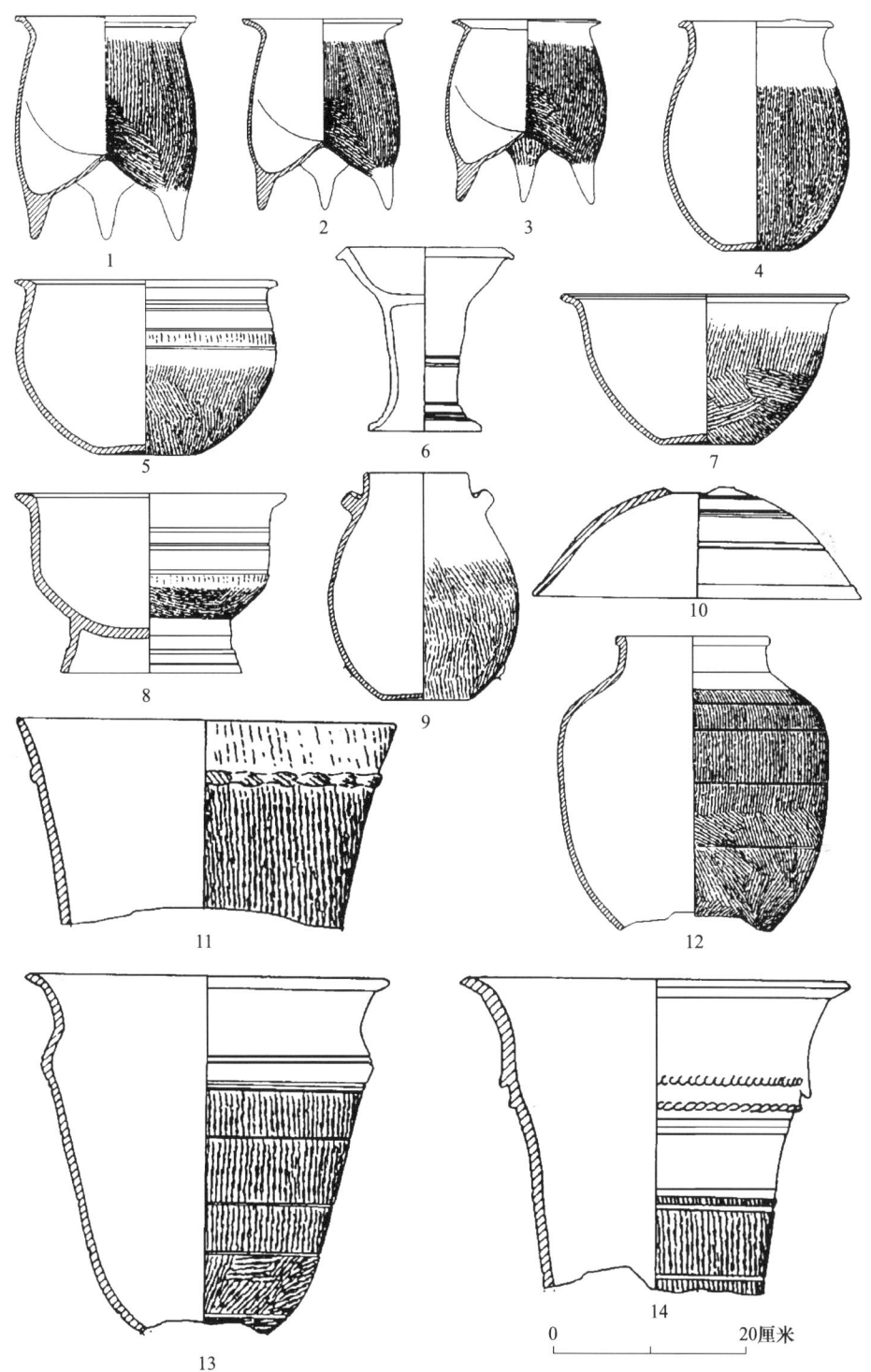

图七三　孟庄遗址的陶器系统
1~3. 鬲 AD　4. 捏口罐 A1　5. 小罐 A　6. 豆 AD　7. 深腹盆 A2　8. 簋 A2　9. 短颈壶 A2　10. 器盖 A
11. 缸 A2　12. 瓮 A4　13、14. 大型尊 A2

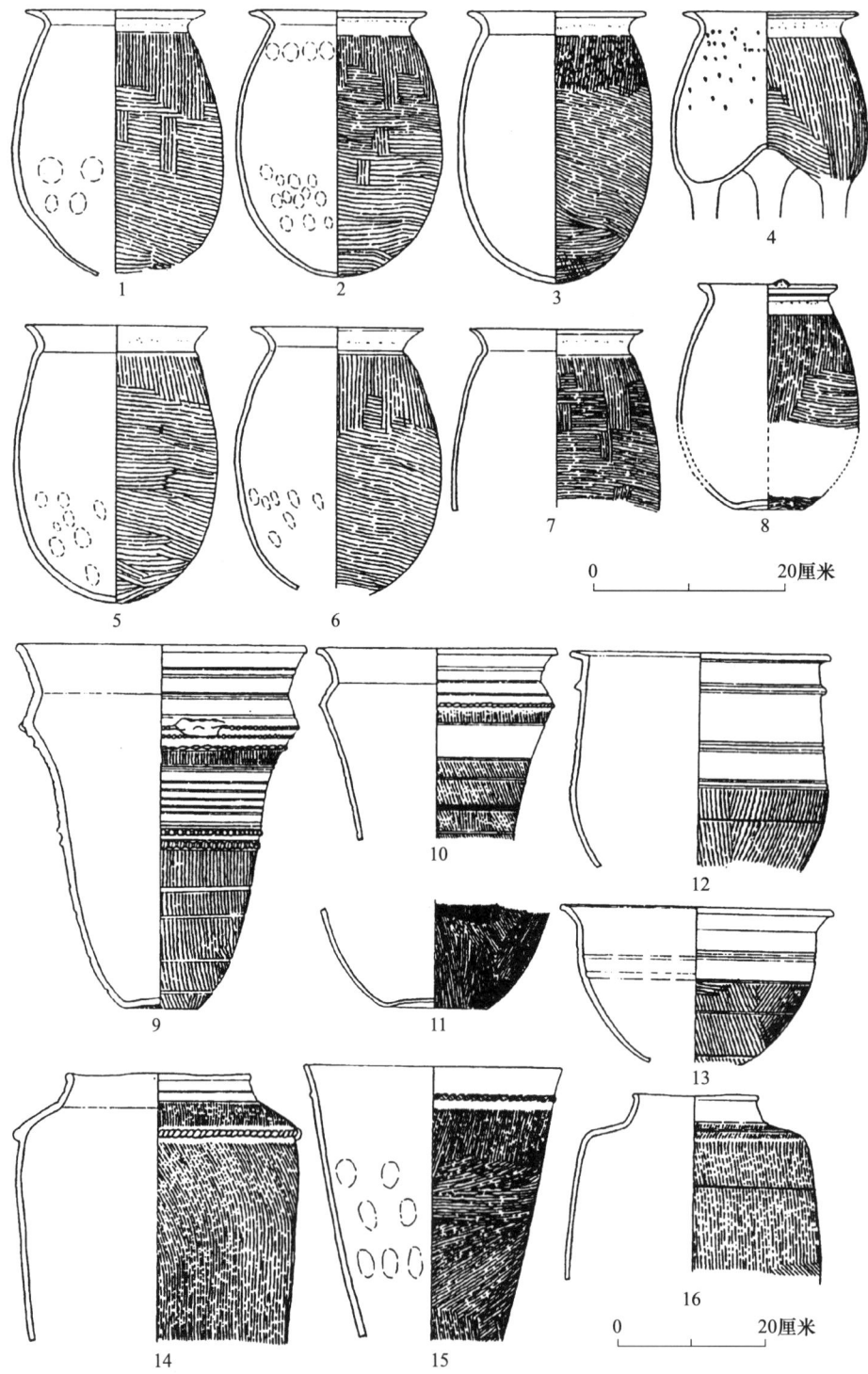

图七四　府城遗址的陶器系统

1~3、5~7. 深腹罐 A2　4. 鬲 AD　8. 捏口罐 A1　9~11. 大口尊 A2　12. 深腹盆 A3　13. 深腹盆 A2
14、16. 瓮 A4　15. 缸 A2

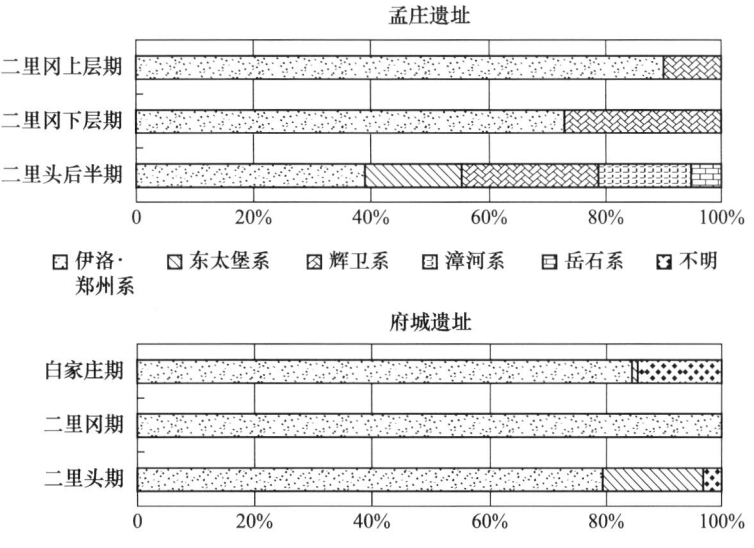

图七五 孟庄、府城遗址陶器系统比例

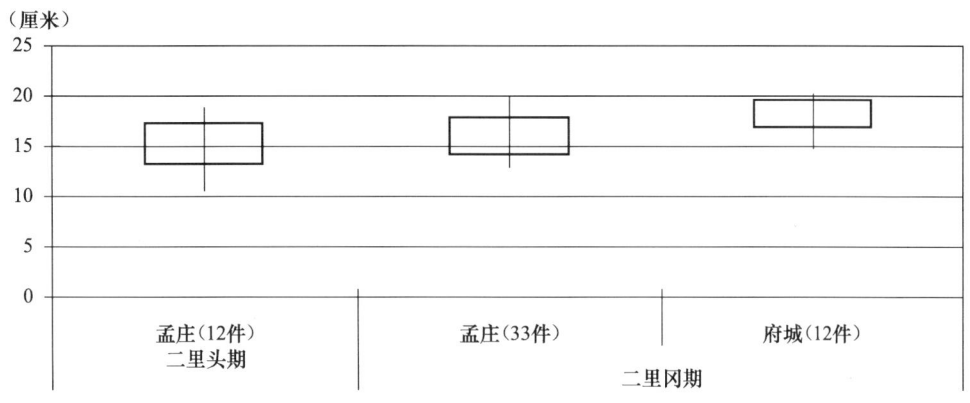

图七六 孟庄、府城遗址鬲口径分布

坑,其中出土的陶器组合显示,这里共包含3个不同的陶器系统。它们分别为深腹罐A2、捏口罐A1、圆腹罐A1、大口尊A2、带耳深腹盆A1、甗A2、鬶A、鼎A2等典型的伊洛系陶器,占55.6%,而蛋形瓮B、甗B、鬲B2等东太堡系占22.6%,其他绳纹平底盆C、小盆C、绳纹平口瓮等土著的辉卫系陶器占21.8%。进入二里冈文化之后,府城遗址在筑造城址的同时还营造了2座大型宫殿基址。属于二里冈下层前期的H59的陶器组合显示,这一时期的陶器有深腹罐A2,鬲AD,大口尊A2,深腹盆A2、AD,瓮A3、A4,豆AD,甗A3,缸A2等伊洛系和伊洛·郑州系的典型陶器,占全体陶器的90.9%,土著系陶器仅占9.3%。东太堡系则完全消失。二里冈文化下层后期到二里冈上层前期没有遗迹出现,呈现缺环。白家庄期共发现11座灰坑,其中出土的陶器显示其陶器构成为单一的伊洛系和伊洛·郑州系陶器,其比例为97.0%,土著系仅占3.0%。府城遗址从二里头到二里冈时期的陶器分析也显示了由多系统到单一系统的转变以及二里冈文化陶器一元化的时代特征。

再来观察陶器器种构成的时代变化。府城遗址各个时期均有的深腹罐在二里头晚期占28.7%，到了二里冈下层期增加到37.0%，但是进入二里冈上层期之后则大幅减少为仅占7.6%。而鬲的比例在二里头晚期为4.5%，二里冈下层期略增加为11.1%，到了二里冈上层晚期的白家庄期则大幅增加到25.8%。随之各个时代的炊煮器也从占全体陶器的三分之一到占二分之一，并随着时代的变迁从深腹罐向鬲转变。而大口尊A2，在二里头时代仅占0.6%，二里冈下层期增加为9.3%，上层期为13.1%，显示着随时代变迁逐渐增加的趋势。相反深腹盆D在二里头期占11.5%，二里冈下层期深腹盆D和AD合占9.3%，二里冈上层期则占8.1%，略呈减少。深腹盆A2从二里头晚期到二里冈上层期的比例大致稳定在11.8～11.4%之间。因此就整个陶器器类的比例而言，深腹罐A2、平底盆A、有颈罐A1、蛋形瓮B、绳纹平口瓮C等呈减少趋势，而鬲D、豆AD、大口孙A2、捏口罐A1、缸A2等则呈现逐渐增加的趋势（图七三、图七四）。

最后讨论炊煮器深腹罐A2和鬲的尺寸。显示二里头晚期110件深腹罐的平均计测值21.3厘米，标准偏差值在16.5～26.1厘米之间，变异幅度很大。二里冈下层期的18件深腹罐的口径平均值18.1厘米，标准偏差值在17.2～19.0厘米之间，与前期相比在小型化的同时，也显示着其规格化的进程。二里冈上层期15件深腹罐计测显示其口径的平均值为17.6厘米，标准偏差值在15.8～19.6厘米之间，与二里冈下层期基本相同。在从深腹罐的器高来看，二里头晚期有器高的仅2件罐，它们的器高分别为30.5厘米和30厘米。二里冈下层7件可计测器高的陶器，其器高的平均值为26.9厘米，标准偏差值在26.2～27.6厘米之间，和口径一样显示非常规格化，与二里头晚期相比也显得小型化。二里冈上层晚期没有可计测的器高标本。

府城遗址二里头晚期仅有鬲的残片不能计测。二里冈下层期仅1件完整鬲，它的口径为18.1厘米。二里冈上层晚期的白家庄期则有12件鬲可以计测，其口径的平均值是18.1厘米，标准偏差值在14.8～20.2厘米之间。器高的平均值为21.5厘米，标准偏差值在18～23.4厘米之间。虽然府城遗址各期之间鬲的口径不能比较，但是仅就二里冈上层期的计测值与孟庄遗址的比较，也显示了完全相同的数值（图七六）。

3. 李大召遗址

遗址位于河南省新乡市西部的大召营镇李大召村北的台地上，面积约20万平方米。2002年经郑州大学考古专业发掘，明确本遗址由龙山文化、二里头文化、二里冈文化和殷墟文化、汉代文化构成，其中以龙山文化最丰富。在属于二里头文化和二里冈文化的遗址中出土了丰富的陶器资料[①]。其中属于二里头文化的灰坑中出土的陶器有深腹罐、圆腹罐、花边罐、小口罐、大口尊、鬲、敛口瓮、甗、蛋形瓮、大口缸、捏

---

① 郑州大学历史学院考古专业：《河南省新乡李大召遗址发掘报告》，科学出版社，2006年。

口罐、深腹盆、平底盆、器盖、甑等，其中大部分为伊洛系，占总陶器的93.3%，蛋形瓮等东太堡系占6.7%。再根据对二里冈10个灰坑出土陶器组合的统计，这时期的陶器由深腹罐、捏口罐、圆腹罐、敛口瓮、大口尊、深腹盆、平底盆、大口缸、甗、鬲、簋、甑、器盖、豆、蛋形瓮、高领瓮、筒形罐、钵、碗等组成。其中95.6%属于伊洛·郑州系，其他如蛋形瓮等东太堡系占2.4%，筒形罐、碗、盂等土著系占2.0%。从二里头晚期到二里冈文化，陶器系统没有太大的变化。但是若从器类来分析，可以发现这里从二里头文化晚期开始就有大量鬲，其比例占到7.2%，比二里冈文化时期的6.7%还要多，而东太堡系在二里头晚期占6.7%，二里冈文化时期则减少到2.4%，是这个遗址中两时代之间的一个变化。再来分析器类构成比，无论是二里头文化时期还是二里冈文化时期，深腹盆的比例都最高，大约分别占到11.5%和13.5%，其次是鬲分别占7.2%和6.7%，二里头时期的深腹罐占4.3%，而二里冈时期仅占2.4%，呈现减少趋势，相反，二里头时期比例较高的圆腹罐、花边罐分别占5.3%和3.8%，到了二里冈时期花边罐消失，圆腹罐仅占2.4%。东太堡系的蛋形瓮也呈现减少，从二里头时期的3.8%，到二里冈时期的1.0%，其他器类的比例则介于0.5%～2.9%之间。位于豫北南部的李大召遗址，从二里头晚期开始就有大量鬲存在，这一点与辉县孟庄遗址相似。

（二）小结

河南省北部3处复合遗址的陶器组合样式分析结果，显示着与郑州洛阳地区相同的变化趋势。二里头文化时期，豫北地区发现了50余处遗址，而到了二里冈文化时期仅发现10余处。在遗址减少的同时，陶器组合的系统构成也发生了变化。二里头文化时期常见的辉卫系、漳河系、东太堡系、岳石系等外来系陶器混杂的状况比较普遍，陶器组合显示多种因素构成。但是进入二里冈文化时期后，伊洛系和伊洛·郑州系陶器在两遗址中均占到80%左右，分别成为两遗址的陶器的主体构成。与此同时其他外来系陶器则急剧减少。特别是二里冈上层期虽然仍有少量外来系陶器，但是整个陶器组合呈现出伊洛系和伊洛·郑州系陶器的一元化状况。在器类构成方面，二里头时期的炊煮器深腹罐A2、甗B被二里冈时期新出现的鬲AD和甗A所替代成为这一时期的主要炊煮器。孟庄遗址在二里头第4期则已经完成了从深腹罐到鬲的转变过程。而府城遗址直到二里冈下层前期仍然呈现深腹罐多于鬲的状况，显示两个遗址之间存在差异。这可能与两遗址所在的地理位置有关。再从炊煮器深腹罐与鬲的尺寸来看，深腹罐A2从二里头晚期开始小型化并呈现规格化的变化趋势，到了二里冈文化时期，口径与器高都显示着明显的规格化倾向。而鬲在二里头文化晚期口径与器高的变异幅度都比较大，进入二里冈文化时期后，虽然小型化的趋势并不显著，但是可以观察到明确的规格化倾向。因此以上分析显示，豫北地区从二里头文化到二里冈文化的转变过程与郑州、洛阳地区相同。

三、山西省西南地区

晋西南地区的二里头文化遗址经考古调查共发现50余处，然而二里冈文化时期的遗址仅确认有10余处，但是却在夏县东下冯遗址和垣曲商城遗址内不仅发现了城墙和环沟，还发掘出土了随葬青铜器的墓葬。这种从二里头文化到二里冈文化聚落发生的布局变化曾经引起许多学者的关注，并对它们与郑州商城之间的关系以及聚落的空间构成进行了研究。这里也将在重视这种关系的同时，重点关注其在陶器组合等因素方面的动态关系。首先分析东下冯、垣曲商城、绛县柳庄和商洛东龙山4处二里头与二里冈文化的复合型遗址。

（一）遗址资料分析

晋西南地区的陶器编年比较成熟，与郑州地区的对应关系也很清楚。这里仅从二里头文化晚期开始分析，其相关的编年大致有4个阶段，即二里头3期、二里头4期、二里冈下层期、二里冈上层期。

1. 垣曲商城

遗址位于垣曲县古城镇南关，中条山从西、东、北三面将古城镇围成一个盆地，垣曲商城就处于这个盆地的中心部。南部是著名的黄河，遗址就位于两条流入黄河的河流形成的台地上①。二里头晚期发现灰坑67座、墓葬1座和住址1座。其中出土的陶器除了系统不明者之外大致有3个系统，即土著系、伊洛系和东太堡系。观察属于二里头晚期的H153、H291、H319、G16出土的陶器，圆腹罐B1及B2、小罐B、折肩罐B、小口罐B、盘B等土著系陶器占全体陶器的15.6%。而深腹罐A2、圆腹罐A2、鼎A2、大口尊A2、捏口罐A1、缸A2、刻槽盆A3、深腹盆A2、爵A、盉A等伊洛系陶器占全体陶器的占80.2%。鬲B2、甗A2、蛋形瓮B2、斝B2、豆B2等东太堡系仅占4.2%。漳河系陶器则没有发现。伊洛系陶器占绝对多数这一点与东下冯遗址相同，但是同类陶器不仅是形态而且从制作方法上也与伊洛郑州地区相似这一点则显示着其与东下冯遗址的差异。二里冈下层期的遗迹有灰坑64座、住址3座和陶窑4座以及祭祀坑与墓葬13座。这些遗迹出土的陶器显示土著系的小罐B、小口罐B、斜腹罐B等占全体陶器的5.3%，东太堡系的蛋形瓮B2等仅占0.6%。其他则均为伊洛系和伊洛·郑州系陶器，其比例为94.1%。二里冈上层期有灰坑24座、墓葬4座、陶窑4座等，出土陶器除了小罐B、折肩罐B和小口罐B占2.7%之外均为伊洛系和伊洛·郑州系陶器，其比例为97.0%（图七七）。

---

① 中国历史博物馆考古部、山西省考古研究所、垣曲县博物馆：《垣曲商城——1985~1986年勘察报告》，科学出版社，1996年。

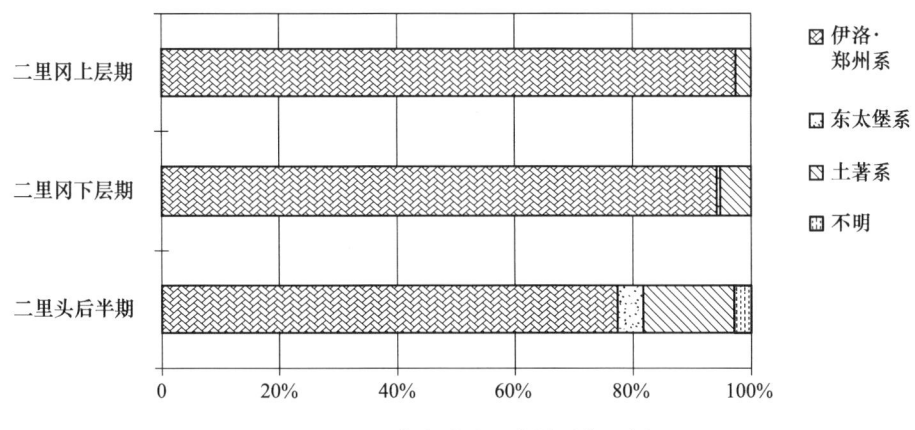

图七七　垣曲商城遗址陶器系统比例

再来分析陶器的器类构成比例。二里头文化晚期共有27种器类，其中深腹罐A2最多，占全体陶器的22.4%，其次是圆腹罐A2占16.2%和大口尊A2的13.3%，折肩罐B占4.2%，深腹盆A2占5.3%。其他器类的占有比例在0.4%～4.2%之间。鬲B2仅占0.8%。炊煮器为深腹罐A2和圆腹罐B1，圆腹罐B2以及鼎B。二里冈文化下层期，前期很少的鬲AD突然大幅增加为25.3%，使主要炊煮器从罐类转变为鬲类。这里的鬲AD，与二里头时期多见的鬲B不同，而是郑州洛阳地区常见的束颈卷沿鬲。深腹罐A2减少到12.9%，圆腹罐A2仅占0.6%。大口尊A2与深腹盆A2的比例变化不大，但是器物形态发生明显的变化。缸A2、豆AD、短颈壶A2有所增加，并新出现了斝A、小口尊A1等器类。到了二里冈上层期，器类构成与前期相比变化不大，只是鬲AD所占比例达到33.1%，而大口尊A2则减少到3.4%。深腹罐A2、豆AD、深腹盆A2的比例则分别为16.8%、7.4%和8.8%略显增加。斝A与前期相同。豆则从二里头时期的喇叭形高柄变为低柄带弦纹的豆AD。

最后是对炊煮器深腹罐A2和鬲的尺寸分析。垣曲商城二里头时期深腹罐A2有16件标本可用于计测，其口径的平均值是20.8厘米，标准偏差值在18.8～22.9厘米之间，器高的平均值是25.2厘米，标准偏差值在20.4～28.5厘米之间。二里冈下层期7件标本的计测结果显示，其口径的平均值为20.5厘米，标准偏差值在18.9～22.1厘米之间，与前期相比略显小型化。二里冈上层期9件标准的口径平均值为19.1厘米，标准偏差值在18.5～19.7厘米之间，口径与变异幅度都比前期更小和规格化。因此，垣曲商城深腹罐的口径与郑州、洛阳地区一样，随着小型化也在不断规格化。

再来观察鬲的尺寸。二里头时期仅2件鬲，难以取得客观的平均值。二里冈下层期则有25件可计测鬲标本。它们的口径平均值为19.8厘米，标准偏差值在13.4～26.2厘米之间。器高的平均值为26.9厘米，标准偏差值在16.6～37.1厘米之间，变异幅度比较大，显示规格化程度很低。到了二里冈上层期，其口径的平均值为17.2厘米，标准偏差值在15.0～19.4厘米之间。器高的平均值为18.5厘米，标准偏差值在

14.7~22.2厘米之间。口径与器高不仅开始变小，同时其变异幅度缩小，与深腹罐A2一样呈现出高度的小型化和规格化的倾向。

因此可以说垣曲商城的陶器组合样式，在陶器系统、器类构成比例和炊煮器尺寸三个方面都显示着陶器系统的一元化倾向，器类构成的交替和炊煮器的小型化和规格化趋势。

2. 东下冯遗址

遗址位于夏县东下冯村东北部的青龙河南北两岸的台地上。东面有南北向的中条山，西北部有低丘陵的鸣条冈。遗址总面积约25万平方米，由龙山文化、二里头文化和二里冈文化的地层堆积构成[①]。共发掘了住址、灰坑，其他还有陶窑、水井、仓库建筑等遗迹现象。这些遗迹出土的陶器大致可以区分为6期，其中前4期为二里头文化，后2期属于二里冈文化。这些遗迹出土陶器组合显示有4个系统的陶器存在。在属于第3期的H15、H413、H535的陶器组合中，土著系占41.8%，伊洛系陶器占44.5%，东太堡系占14.7%，而漳河系仅有少量。二里头4期的遗迹有住址12座、灰坑33座、墓葬等22座。这些遗迹出土的陶器组合与3期相同，有4个系统。土著系占27.4%比前期大幅减少，而伊洛系包括新出现的鬲D在内其比例高达56.8%，此外属于东太堡系的鬲B2等占15.8%，漳河系仍然较少。

到了二里冈下层期，遗址开始筑造城壁，同时在城内还发现了40余座圆形仓库建筑、25座墓葬和祭祀遗迹等。其中出土的陶器系统中，伊洛系和伊洛·郑州系占82.5%，土著系的圆腹罐B1及B2、折肩罐B、小口罐B、小罐B、盘B等仅占8.4%，而东太堡系的蛋形瓮B2和斝B2等占9.1%。二里冈上层期的13座灰坑和8座墓葬出土的陶器91.9%为伊洛系和伊洛·郑州系陶器，东太堡系仅占2.2%，土著系占5.9%（图七八）。

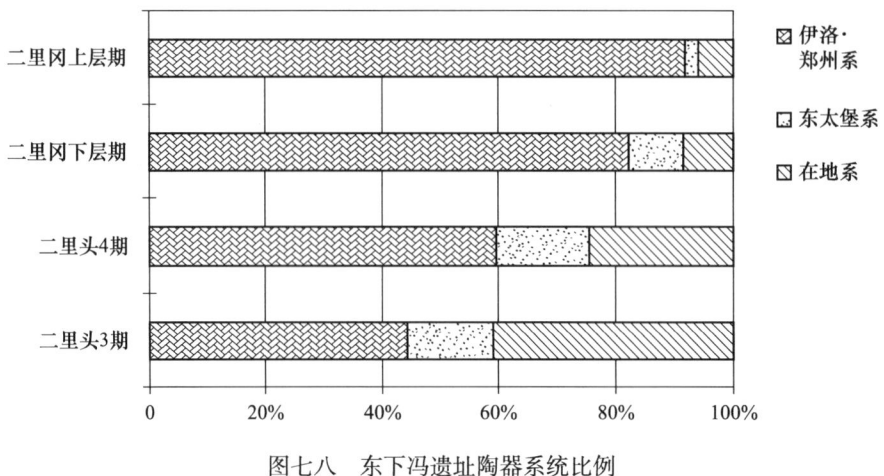

图七八 东下冯遗址陶器系统比例

---

① 中国社会科学院考古研究所、中国历史博物馆、山西省考古研究所：《夏县东下冯》，文物出版社，1988年。

再来分析陶器器类的构成比例。二里头3期有30余种器类，其中圆腹罐B1占21.0%、折肩罐B占7.4%、小口罐B占4.8%。甗B2和蛋形瓮B2各占8.9%和4.1%。而大口尊A2、瓮A3、深腹盆A2、深腹罐A2的比例分别为5.9%、7.4%、12.5%、3.3%。其他器类则在3.4%~5.9%之间。这里与垣曲商城不同的是炊煮器以土著系的圆腹罐B1和甗B2最多，其次为深腹罐A2，但是陶器系统的比例却是伊洛系占绝对多数。

二里头第4期的器类构成与3期基本相同，但是鬲D的急剧增加比较显著。前期仅占0.6%的鬲到这一期则增加到6.3%。这时期还出现了甗A，其比例占到6.1%，而甗B2则比前期减少到3.0%。深腹罐A2、大口尊A2和缸A2的比例均比前期为高。但是前期较高的圆腹罐B1、折肩罐B、深腹盆A2等则呈现减少倾向。蛋形瓮B2占8.4%，高于前期，其他器类基本与前期相同。

二里冈下层期共有25种器类，其中比例最高的是鬲AD，占22.7%，甗A和大口尊分别占6.2%和11.4%，变化不大。新出现了簋，爵和盉消失。圆腹罐B1及B2、鼎B、折肩罐B仅有少量，蛋形瓮B2也减少到4.9%。

二里冈上层期共有25种器类，其中鬲AD比例最高，占到30.6%，大口尊A2占11.0%，瓮A3占3.7%。甗B2和蛋形瓮B2各减少到0.4%和1.8%。圆腹罐B1、B2及折肩罐B等几乎见不到。豆A1、短颈壶A1、深腹盆A2、大口罐A的比例相对较高，分别占3.3%、4.2%、8.8%和8.4%，成为这一时期陶器构成的主体因素。

最后分析炊煮器的尺寸。二里头3期8件深腹罐的口径平均值为20.7厘米，标准偏差值在17.0~24.4厘米之间。器高平均值为27.5厘米，标准偏差值在21.1~33.8厘米之间。二里头4期仅3件，其口径的平均值为21.8厘米，标准偏差值在21.1~22.5厘米之间。器高不能计测。二里冈下层期2件深腹罐的平均口径值为17.7厘米，标准偏差值在15.5~19.8厘米之间。器高的平均值为24.9厘米，标准偏差值在24.8~24.9厘米之间。二里冈上层期仅1件，口径为19.2厘米。由于可计测标本太少难以作客观比较，这里仅把以上计测数据作为参考。

再来观察鬲的尺寸。二里头3期4件鬲的口径平均值为18.5厘米，标准偏差值在14.2~22.8厘米之间。器高的平均值为18.9厘米，标准偏差值在18.4~19.3厘米之间。二里头4期7件鬲的口径平均值为15.1厘米，标准偏差值在12.6~17.5厘米之间。器高的平均值为17.0厘米，标准偏差值在13.9~20.0厘米之间。显示二里头时期鬲口径的变异幅度较大。二里冈下层期7件鬲的口径平均值为16.3厘米，标准偏差值在14.4~18.2厘米之间。器高的平均值为20.3厘米，标准偏差值在18.0~22.6厘米之间。与前期相比口径与器高的变异幅度缩小。二里冈上层期6件鬲的口径平均值为15.5厘米，标准偏差值在13.8~17.2厘米之间。器高的平均值为19.4厘米，标准偏差值在16.6~22.8厘米之间。口径和器高均呈现出小型化和规格化的倾向。

3. 绛县柳庄遗址

遗址位于山西南部的中条山西北山麓，由二里头文化和二里冈文化构成。属于二里头文化时期的遗迹有6座灰坑，其中出土的陶器有深腹罐、圆腹罐、深腹盆、敛口瓮、小口瓮、甗、蛋形瓮、鬲、高领罐、大口罐、双錾罐、单耳罐等，其中属于伊洛系的陶器约占陶器总数的72.9%，而蛋形瓮、甗、鬲等东太堡系陶器占13.1%，土著系陶器占14.0%。进入二里冈文化时期，伊洛·郑州系陶器略有增加，其比例占85.9%，东太堡系减少为9.4%，土著系陶器为4.7%。再就器类构成来看，二里头时期深腹罐比例高达9.3%，其次为深腹盆，占7.0%，甗、鬲、圆腹罐分别占4.6%，高领罐和小口瓮分别占5.8%和4.7%，其他器类的比例介于1.2%～3.5%之间。到了二里冈时期，鬲的比例增加到7.1%，而深腹罐则下降为4.7%，其他器类的比例则介于1.2%～2.3%之间。其在炊煮器上所显示的时代变化与其他遗址一致。由于没有鬲口径和深腹罐口径计测值，不能对其口径大小进行分析。

4. 陕西商洛东龙山遗址

遗址位于秦岭南麓，丹江北岸的二级台地上。隶属于商洛市东南部2.5公里的东龙山村[①]。夏代晚期共发现灰坑21座、墓葬8座。其中出土的陶器共280件。鬲3、鼎5、大口尊3、深腹盆10、浅腹盆4、直腹盆7、鼓腹小盆3、刻槽盆3、甗2、三足盘1、四系壶2、深腹罐2、双錾罐1、小口双耳罐4、折肩罐1、浅腹罐1、敛口瓮7、大口缸3、器盖3。陶器系统分析表明，二里头时期的伊洛系陶器是本遗址的主体构成要素，其比例占78.2%，而土著系陶器仅占21.8%。进入二里冈文化时期，土著系陶器几乎看不到，全部为伊洛·郑州系陶器所构成。再来分析器类构成，二里头文化期深腹盆、大口瓮的比例较高，分别占到12.8%和11.5%。其次是大口尊和敛口瓮的比例分别占9.0%，鼎和浅腹盆则分别占6.4%和5.1%。而其他遗址均占较高比例的深腹罐和鬲仅分别占2.6%和3.8%。而刻槽盆、四系壶、甗、大口缸、器盖等器类也分别占到2.6%～3.8%，呈现较高的比例。三足盘比例最低仅占1.3%。而土著系的直腹盆和双耳罐的比例也占到9.0%和5.1%，其他器类的比例则在1.3%～3.8%之间。

到了二里冈文化时期，共发现灰坑40座和墓葬4座。其中出土的陶器有鬲5、大口尊5、簋4、豆1、深腹盆6、刻槽盆1、敛口瓮1、器盖2。从其在陶器总量中的百分比来看深腹盆、大口尊和鬲的比例最高，分别占26.1%、21.7%和21.7%，其次是簋占13%、器盖占8.9%，敛口瓮和刻槽盆的比例分别为4.3%。与二里头时期相比，器类大幅减少，不仅土著系器类消失，一些伊洛系陶器如三足盘、甗、四系壶、鼎等也完全看不到，器类构成发生较大的变化。

---

① 陕西省考古研究所、商洛市博物馆：《商洛东龙山遗址1区发掘简报》，《考古与文物》2010年第4期。

（二）小结

通过以上对垣曲商城、东下冯商城、柳庄遗址和东龙山遗址陶器的综合分析，可知这一地区从二里头文化向二里冈文化过渡时期大致有以下特点：首先是陶器系统从多样复杂的构成组合向伊洛系以及伊洛·郑州系的一元化变迁过程，特别是二里冈上层期几乎看不到其他陶器系统存在，九成以上为伊洛系和伊洛·郑州系所构成，呈现出单一的陶器系统。器类构成中的炊煮器由传统的深腹罐 A2、圆腹罐 B1 被二里冈期的鬲 AD 所替代，而同时炊煮器本身无论是深腹罐还是鬲都在这一进程中逐渐小型化和规格化。特别是二里冈上层期突显高度的规格化倾向，暗示随着二里冈文化在晋西南地区的稳定，陶器制作体系可能受到来自伊洛和郑州地区的某种规制而走向一元化。

第四节　单纯的二里冈文化遗址分析

一、伊洛、郑州以及周边和山东地区

在复合遗址之外，属于单纯的二里冈文化时期的遗址还有很多，这些遗址出土的陶器组合是我们了解二里冈文化陶器制作体系以及流通过程不可或缺的部分。这里将对公开发表资料的遗址以地区为单位进行同样的分析。

（一）遗址资料分析

1. 大河村遗址

遗址位于郑州市西北部的黄河南岸，是一处著名的仰韶文化遗址。1983 和 1987 年的发掘中发现了二里头和二里冈文化的遗迹，其年代分别相当于二里头 3 期和二里冈文化上层期[①]。二里头晚期出土的陶器鬲 AD、甗 A、深腹罐 A2、大口尊 A2、深腹盆 A2 等除了系统不明者之外，94.4% 是伊洛系和伊洛·郑州系。二里冈上层期出土的陶器有深腹罐 A2、鬲 AD、大口尊 A1、深腹盆 A2 及 AD、甑 A2、刻槽盆 A3、豆 AD、捏口罐 A1、缸 A2、簋 A2、器盖 A 等伊洛系和伊洛·郑州系占 95.7%。器类构成中深腹盆 A2、AD 的比例从下层期的 5.6% 到上层期的 23.9%，大幅增加。而鬲的比例上下层都较低，占 10.9%~11.1%。缸 A2、刻槽盆 A3、豆 AD、簋 A2 占 7.4%，其他器类的比例大致在 3.7% 左右。深腹盆 A2 和 AD 的比例最高，鬲 AD 的比例较低，这一点与其他遗址不同。

---

① 郑州市文物工作队、郑州市大河村遗址博物馆：《郑州大河村遗址 1983、1987 年发掘简报》，《考古学报》1996 年第 1 期。

大河村遗址二里头晚期的炊煮器有深腹罐 5 件，其口径的平均值为 20.4 厘米，标准偏差在 19.7～21.1 厘米之间。二里冈上层期深腹罐口径平均值是 19.9 厘米，标准偏差值在 19.0～20.0 厘米之间，比二里头晚期变小，变异幅度呈现缩小趋势。鬲则因缺乏可计测标本不能比较。

2. 陈庄遗址

遗址位于郑州市西北 10 公里的贾鲁河西岸。1964 年的发掘显示其文化层由二里冈上下层期构成[①]。二里冈下层期出土的陶器除了系统不明者外，深腹罐 A2、鬲 AD、捏口罐 A1、深腹盆 A2、甑 A3、大口尊 A2 等伊洛系和伊洛·郑州系占 84.6%。二里冈上层期则几乎所有的器类都是伊洛·郑州系陶器。从器类构成来看，下层期的大口尊 A2 比例较高，占 23.1%，其次是深腹盆的 15.4%。深腹罐 A2 占 7.7%，鬲 AD 占 7.7%。二里冈上层期几乎看不到的深腹罐 A2、鬲 AD 的比例大幅增加到 25.0%。大口尊 A2 占 16.7%，比前期减少。新出现瓮 A4、豆 AD，分别占 8.3%。深腹盆 A2 占 25.0%，比前期更高，与鬲 AD 的比例大致相同。甑 A3 的比例高于其他遗址，占 16.7%。陈庄遗址仅有 3 件鬲可以计测口径，其平均值为 16.4 厘米，标准偏差值在 14.6～18.1 厘米之间。

3. 高寺村遗址

遗址位于荥阳县北部 15 公里的枯河北岸[②]。1986 年的分布调查显示，这里属于二里冈文化上层期的陶器有鬲 AD、深腹罐 A2、深腹盆 A2 及 AD、捏口罐 A1、刻槽盆 A3、甑 A3、大口尊 A2、缸 A2、瓮 A3 及 A4、簋 A2、豆 AD、器盖 AD 等占全体的 96.0%。从器类构成比例来看，鬲 AD 的比例最高，占 24.0%，深腹罐 A2 仅占 4%。深腹盆 A2 占 12.0% 比例较高。其他捏口罐 A1、缸 A2、刻槽盆 A3、簋 A2、甑 A3 分别占 4.0%。炊煮器仅有鬲 AD3 件，其口径的平均值为 17.0 厘米，标准偏差值在 15.3～18.7 厘米之间。

4. 白元遗址

遗址位于伊川县西南 7 公里的伊河东岸。1979 年的发掘显示这里有龙山、二里头和二里冈的文化层构成[③]。二里冈文化层仅有上层期，其出土的陶器有深腹罐 A2、鬲 AD、大口尊 A2、缸 A2、瓮 A4、鼎 A2、刻槽盆 A3 等伊洛系和伊洛·郑州系陶器，占全体陶器的 88.9%。器类构成中鬲 AD 的比例最高，占 33.3%，深腹罐 A2 占 22.2%，其他的大口尊 A2、缸 A2、瓮 A4、鼎 A4、刻槽盆 A3 等分别占 11.1%。

5. 曲梁遗址

遗址位于新密市东部，文化层由二里头 2、3 期和二里冈上层期构成[④]。二里冈上层出土的陶器有鬲 AD、深腹罐 A2、捏口罐 A1、深腹盆 A2、大口尊 A2、缸 A2、瓮

[①] 郑州市博物馆：《郑州陈庄遗址发掘简报》，《中原文物》1986 年第 2 期。
[②] 陈立信、马德峰：《荥阳县高村寺遗址调查报告》，《华夏考古》1991 年第 3 期。
[③] 洛阳地区文物处：《伊川白元遗址发掘简报》，《中原文物》1982 年第 3 期。
[④] 李维明：《试论曲梁、岔河遗址的夏商文化遗址的分期》，《华夏考古》1991 年第 2 期。

A4、豆 AD、簋 A2、甗 A、斝 A 等伊洛系和伊洛·郑州系占全体陶器的 77.3%，白家庄期的同类陶器占 84.5%。器类构成中鬲 AD 的比例最高，占 25.5%，其次是豆 AD 占 17.2%，深腹罐 A2 占 15.1% 和甗 A 占 15.7%，深腹盆 A2 占 5.5%。其他器类的比例则在 0.5～1.5% 之间。

6. 小双桥遗址

遗址位于郑州市西北 20 公里的石佛乡，总面积达 100 万平方米。根据 1989 年的调查发掘，发现了建筑基址 3 处、祭祀坑 16 座、铜器铸造作坊 1 处和灰坑 36 座、灰沟 9 条[①]。这些遗迹出土的陶器显示，鬲 AD、甗 A、大口尊 A2、深腹盆 AD、深腹盆 A2、中柱盆 A、甑 A2、瓮 A2 及 A4、大口罐 A、捏口罐 A1、缸 A2、簋 A2、豆 AD、斝 A、小口尊 A2 等伊洛系和伊洛郑州系陶器占 98.1%。深腹罐 E、罐 E、红陶罐 E、钵 E 等岳石系陶器占 1.9%。器类构成中比例最高的是深腹盆 AD 的 19.5%，而鬲 AD 的比例则仅占 16.0%，深腹盆 A2 占 10.2%，缸 A2、小缸 A 各占 7.2% 和 4.6%，捏口罐 A1 占 6.5%，瓮 A4 占 6.7%，而大口尊 A2 仅占 3.6%，其他器类的比例在 0.1%～2.4% 之间。

最后来分析鬲 AD 和深腹罐 A2 的口径。16 件鬲 AD 的计测值显示，其口径的平均值为 16.4 厘米，标准偏差值在 14.2～18.5 厘米之间。9 件完整器的器高平均值为 20.8 厘米，标准偏差值在 15.0～26.5 厘米之间。5 件深腹罐的口径平均值为 17.5 厘米，标准偏差值在 16.1～18.8 厘米之间。

7. 柘城孟庄遗址

遗址位于柘城县西部 7 公里处的惠济河支流蒋河南岸[②]。根据 1977 年发掘，这里有住址 9 座、灰坑 25 座、铸造遗迹 1 处和制陶作坊 1 处。这些遗址出土的陶器属于二里冈上层期。鬲 AD、深腹罐 A2、甗 A、甑 A3、鼎 A2、大口尊 A2、缸 A2、小口尊 A1、瓮 A3 及 A4、豆 AD、簋 A2、斝 A、深腹盆 A2、平底盆 A、小口尊 A2、器盖 A 等伊洛系和伊洛·郑州系陶器占全体陶器的 85.4%。而器盖 E、圜底小罐 E、碗 E、盘 E 等土著系陶器占 14.6%。器类构成中鬲 AD 的比例最高占 26.2%，深腹罐 A2 仅占 4.9%，甗 A 和甑 A3 分别占 2.9% 和 5.7%。深腹盆 A2 占 4.9%，平底盆 A 占 2.9%。豆 AD、簋 A2、小口尊 A1、A2 等分别占 3.8%、4.8%、2.9%、1.0%。但是大口尊 A2、缸 A2、有颈罐 A1、瓮 A3、A4 分别占 2.9%、1.9%、5.7%、1.9%、1.0%。器盖 E、圜底小罐 E 和钵 E 占 1.0%、3.8%、5.7%。其他器类的比例则在 1.0%～1.9% 之间。

炊煮器深腹罐仅 2 件，其口径的平均值为 16.4 厘米。4 件鬲的口径平均值为 18.4 厘米，标准偏差值在 17.2～19.5 厘米之间。

---

① 河南省文物考古研究所：《郑州小双桥遗址的调查与试掘》，《郑州商城考古新发现与研究》，中州古籍出版社，1993 年；河南省文物考古研究所、郑州大学文博学院考古系、南开大学历史系博物馆专业：《1995 年郑州小双桥遗址的发掘》，《华夏考古》1996 年第 3 期。
② 中国社会科学院考古研究所河南一队、商丘地区文物管理委员会：《河南柘城孟庄商代遗址》，《考古学报》1982 年第 1 期。

8. 栾台遗址

遗址位于鹿邑县南部10公里处的白沟河与清水河合流的台地上[①]。1987年发掘显示这里是一处由多种文化构成的遗址，其中属于二里冈文化下层的仅有鬲1件，其余均为二里冈上层期。出土的陶器有鬲AD、深腹盆A2、甗A、簋A2、豆AD、瓮A4等伊洛系和伊洛·郑州系陶器，占全体的91.7%，盆E、甗E等土著系占8.3%。器类构成中鬲AD的比例最高，占41.7%。深腹盆A2占16.7%，甗A占8.3%，簋A2和豆AD，瓮A4分别占8.3%。炊煮器的口径计测仅有鬲AD 3件，其口径的平均值为17.8厘米，标准偏差值在15.9～19.7厘米之间。

9. 鹿台岗遗址

遗址位于杞县东部12公里的惠济河北岸[②]。相当于二里冈上层期的19座灰坑出土的陶器有鬲AD、甗A、深腹盆AD、深腹盆A2、豆AD、簋A2、瓮A4、缸A2、大口尊A2等伊洛系和伊洛·郑州系陶器，占88.7%，钵E等土著的岳石系占4.2%，其余的长腹罐和瓮等系统不明陶器占7.0%。器类构成中鬲AD占25.4%显示较高的比例，深腹罐A2占11.3%，甗A占12.7%的比例也较高。瓮A 47.0%，深腹盆A2、深腹盆AD、豆AD、簋A2分别占5.6%。其他器类的比例则在1.4%～2.8%之间。炊煮器中深腹罐9件的计测结果显示，其口径平均值为17.0厘米，标准偏差值在15.2～18.8厘米之间。10件鬲AD的口径平均值为15.8厘米，标准偏差值在13～17.5厘米之间。

10. 济源交兑遗址

遗址位于济源市大峪乡交兑村北的黄河二级台地上，遗址的三面被王屋山环绕，南临黄河，面积约3万平方米，1996年发掘[③]。属于二里冈上层期的灰坑6座，其中出土的陶器有鬲、深腹罐、浅腹罐、小罐、深腹盆、大口尊、簋、小口瓮、缸、敛口瓮、壶、豆、碗、器盖等器类。除了碗、器座、平底盆等属于土著系陶器，仅占6.8%外，其余的93.2%均为伊洛·郑州系陶器。从器类构成来看，深腹罐最多约占全体陶器的25.1%，其次为小口瓮占16.9%，深腹盆占6.8%，簋占6.8%，尊形器、敛口瓮、器盖各占5.1%。其余器类的比例介于1.7%～3.4%之间。这里未见鬲的报道，但是从一些口缘残片来看，一部分深腹罐口缘可能应该是鬲的口缘。

11. 大辛庄遗址

遗址位于济南市历城区舍人镇大辛庄村东南约0.5公里处。总面积约40万平方米，遗址中部有一条南北向冲沟将遗址分为东西两部分[④]。1935年齐鲁大学的林仰山教授首次发现，从1955年开始迄今为止共经过10次田野发掘。这里根据1984年的发掘成果

---

① 河南省文物研究所:《鹿邑栾台遗址发掘简报》,《华夏考古》1989年第1期。
② 郑州大学文博学院、开封市文物工作队:《豫东杞县发掘报告》,科学出版社,2000年。
③ 河南省文物管理局、水利部小浪底水利枢纽、建设管理局移民局:《黄河小浪底水库文物考古报告》,黄河水利出版社,1998年。
④ 山东大学历史系考古专业、山东省文物考古研究所、济南市博物馆:《大辛庄遗址1984年秋试掘报告》,《东方考古》第4集,科学出版社,2003年。

进行分析。发掘之前曾经多次发现青铜器，1970年曾一次出土了6件青铜器，分别是瓿、斝、盉、刀1、戈2。1983年发现铜钺1件。1984年的发掘，发现了住址14座，灰坑和灰沟365座，水井5座，墓葬28座。其中出土玉石器90件，骨器115件，蚌器23件，陶质和铜质工具分别47件、15件。其余均为陶质容器。根据发掘者的研究，这里的陶器从早商时期到殷墟期可以区分为两类遗存，第1类为以卷沿鬲、甗、折沿鬲、簋、豆、深腹盆、敛口瓮、盉、盂、爵、大口尊、罍、壶、将军盔等为主要器类的中原商文化因素，其比例大致占到90%以上，而另一类则是尊形器、夹砂罐、泥质罐、钵、杯、大沿罐、折肩罐、短颈罐、小罐、甗E、鬲E、直口罐、高领罐等岳石系陶器，约占2%，此外还有印纹硬陶和原始瓷器等占少量比例。从陶器系统来看，鬲、甗、甑、簋、爵、盉、大口尊、深腹盆、浅腹盆、将军盔、原始硬瓷等AD的伊洛·郑州系陶器占84.6%，而属于土著的岳石系的鬲E、甗E、夹砂罐E、鼎E、豆E、碗E、钵E、壶E、器盖E等占15.4%，除了系统不明者外其他陶器系统则没有发现。再从陶器的器类构成比来分析，鬲AD的比例最高占23.4%，其次是深腹盆占11.3%，甗AD、豆AD、将军盔、泥质罐和夹砂罐等则分别占6.8%、7.4%、8.2%、8.1%和6.1%。其他器类的比例则在0.1%~3.4%之间。

由于大辛庄遗址主要以鬲为主要炊器而少见深腹罐，这里仅分析鬲的口径及大小。根据1984年发掘简报，这里共统计293件鬲口径标本，其口径的平均值为18.1厘米，口径的平均偏差值为5.0厘米，从图所表示的方框来看，大多数鬲口径集中在14~23厘米之间，虽然口径大小有一定偏差，但是就近300件标本量的计测值来看还是比较规格化的。

12. 泗水尹家城遗址

遗址位于泗水县城西约10公里处，北距泗河3000米。遗址东西各有小河自南向北流过。尹家城是一个高出河床14米的台地。1963年发现，1971年开始发掘直至1986年经过多次发掘。尹家城遗址以龙山文化而著名，但是其中在小范围内发现了二里冈文化时期的住址2座、灰坑52座和5墓葬。出土了丰富的陶器、石器和骨蚌器[①]。这里仅分析陶器。共出土了鬲9、方鼎1、深腹盆4、浅腹盆1、小罐1、斝1、簋1、刻槽盆1、豆2、碗1，基本均为伊洛·郑州系陶器。

（二）小结

以上对12处单纯的二里冈文化遗址进行了分析，其结果可总结如下：属于二里冈下层期的陈庄、大河村遗址的陶器系统中伊洛系和伊洛·郑州系陶器占全体陶器的85.0%，但是器类显示的比例中二里冈期重要的炊煮器鬲仅占7.7%和11.1%。其他7遗址的年代均属于二里冈上层期，就陶器系统来看，郑州以东的栾台、柘城孟庄、鹿

---

① 山东大学历史系考古专业教研室：《泗水尹家城》，文物出版社，1990年。

台岗和曲梁遗址中伊洛系和伊洛·郑州系占75.0%~91.7%，而其他遗址中97%前后均为伊洛系和伊洛·郑州系陶器。陶器系统显示着明显的一元化趋势。

另一方面，再从器类构成比进行分析。除了大河村遗址外，其他7遗址中炊煮器鬲占到25%~33%，显示着较高的比例，而深腹罐A2的比例在3.8%~15.1%之间，低于鬲的比例。完全取代了二里头文化以来的炊煮器深腹罐。位于东部的孟庄遗址、栾台遗址、鹿台岗遗址和大辛庄遗址中虽然有一定土著的岳石系陶器，但是伊洛系和伊洛·郑州系陶器占到80%以上这一点没有变化。最后8遗址中炊煮器深腹罐的平均口径除了陈庄、高寺村、栾台外，其他4遗址比较接近，变异幅度显示着较高的规格化倾向。鬲AD在除了大河村的7遗址中均有可计测标本，其结果显示鬲不仅口径的变异幅度较小，器高也显示着相同的结果。

二、河南省北部地区

这里共发现了13处单一的二里冈文化时代的遗址，但是其中能进行分析的遗址仅有潞王坟、琉璃阁、藁城台西村、新乡杨村、涉县台村、北龙宫和葛家庄遗址7处。

（一）遗址资料分析

1. 新乡潞王坟遗址

遗址位于太行山南麓[①]，属于二里冈文化的遗址上层出土的陶器有鬲AD、深腹罐A2、大口尊A2、捏口罐A1、瓮A4、甑A3、豆AD、簋A、斝A、爵A等伊洛系和伊洛·郑州系陶器，其比例占88.2%，土著系的甗、平底盆等仅占11.8%。器类构成中鬲Ad、簋A、捏口罐A1、瓮A4等分别占11.8%，甑A3、大口尊A2、豆AD、爵A、深腹盆A2、深腹罐A2等分别占6%左右。炊煮器仅有2件鬲，其口径的平均值为17.6厘米。

2. 葛家庄遗址

遗址位于邢台市西南的太行山东麓[②]。以H22为代表的第2期第1段相当于白家庄期。出土的陶器有鬲AD、甗A、豆AD、深腹盆A2、瓮A4、钵D、小盆D、鼎D等，其中属于伊洛系和伊洛·郑州系的陶器占88.2%，而钵、鼎、小盆等土著系陶器占11.8%。器类构成中鬲AD占41.2%，比较高。其次豆AD占11.8%，甗A、深腹盆A2、瓮A4分别占5.9%。炊煮器有4件鬲可以计测，其口径的平均值为18.6厘米，标准偏差值在13.6~22.6厘米之间，器高仅1件可计测，为27.2厘米。

---

① 河南省文物局文物工作队：《河南新乡潞王坟商代遗址发掘报告》，《考古学报》1960年第1期。
② 河北省文物研究所：《邢台葛家庄遗址发掘简报》，《河北省考古文集》（三），科学出版社，2007年。

3. 北龙宫遗址

遗址位于浮沱河北岸①。早期地层属于二里冈上层前段，其中出土的陶器有鬲 AD、大口罐 A、瓮 A4、豆 AD、簋 A、深腹盆 A2、平底盆 AD 等。属于伊洛系和伊洛·郑州系的陶器占全体陶器的 75.0%，而土著的绳纹小盆、钵等仅占 25.0%。器类构成中除鬲 AD、簋 A2、豆 AD 分别占 16.7% 之外，斝 A、深腹盆 A2、瓮 A4 分别占 8.3%。炊煮器仅有鬲 2 件，其口径的平均值为 18.8 厘米，标准偏差值在 13.6～24.0 厘米之间。

4. 台西遗址

遗址位于浮沱河南岸，由住址和墓葬构成，分别属于早期和晚期②。早期的住址属于白家庄期，出土的陶器有鬲 AD、豆 AD、簋 A2、大口尊 A2、深腹盆 A2、小口尊 A1、短颈壶 A2、爵 A、斝 A、鼎 A2、钵 D、小盆 D、盘 D 等，其中属于伊洛系和伊洛·郑州系陶器占 77.3%，而土著系陶器占 22.7%。器类构成中鬲 AD 占 31.8%，比例较高，豆 AD 占 15.9%，大口尊 A2 占 6.8%。其他器类的比例在 2.3%～4.5% 之间。炊煮器仅有 5 件鬲 AD，其口径的平均值为 17.5 厘米，标准偏差值在 13.0～20.2 厘米之间。器高的平均值为 23.3 厘米，标准偏差值在 17.9～27.40 厘米之间。

5. 琉璃阁遗址

遗址位于辉县北侧的丘陵地带③。二里冈文化的遗迹主要是墓葬，大约相当于二里冈上层期。出土的陶器有鬲 AD、豆 AD、簋 A2、爵 A、深腹盆 A2、大口尊 A2、斝 A、瓮 A3 及 A4、小口尊 A1、觚 A、器盖 A、鼎 A、钵 D、小口罐 D 等。其中伊洛系和伊洛·郑州系占 93.9%，土著系占 6.1%。器类构成中鬲 AD 占全体的 22.4%，豆 AD 占 18.4%，深腹盆 A2 和簋 A 各占 10.2%，此外大口尊 A2、瓮 A3、A4 占 6.1%，其他器类的比例在 2.0%～4.1%。炊煮器仅有鬲 AD，其口径的平均值为 13.7 厘米，标准偏差值在 13.2～14.4 厘米之间。器高的平均值为 16.5 厘米，标准偏差值在 13.0～17.5 厘米。但是这里需要注意的是这些鬲均出自墓葬，与其他遗址的鬲相比变小。

6. 新乡杨村遗址

遗址位于卫辉市安都乡南侧的太行山麓，东邻卫河。面积约 2 万平方米④。由二里冈文化晚期和殷墟文化构成。遗迹有灰坑 4 座、墓葬 2 座、瓮棺葬 1 座。出土的陶器器类有鬲 28、圆腹罐 7、深腹罐 4、捏口罐 1、小口瓮 16、直领罐 2、蛋形瓮 1、深腹盆 3、浅腹盆 C2、深腹盆 A25、小盆 1、大口尊 4、圈足盘 3、鬶 5、甗 1、豆 2、贯耳壶 1、甑 1、爵 1。根据对其陶器系统的分析，鬲、深腹罐、圆腹罐、深腹盆、捏口罐、大口尊、甗、簋、爵等 AD 陶器的统计，占全体陶器总量的 83.8%，而蛋形瓮、直领瓮、束颈盆、贯耳壶、豆等其他陶器系统合计占 16.2%。再从器类构成来看，鬲的比

---

① 河北省文物研究所：《藁城北龙宫商代遗址的调查》，《文物》1985 年第 10 期。
② 河北省文物研究所编：《藁城台西商代遗址》，文物出版社，1985 年。
③ 中国科学院考古研究所：《辉县发掘报告》，科学出版社，1956 年。
④ 傅山泉、明永华：《河南新乡杨村商代遗址试掘简报》，《中原文物》2010 年第 4 期。

例高达 41.2%，其次为圆腹罐占 10.3%，深腹盆占 8.8%，深腹罐占 5.9%，其他器类的比例则在 1.5%~4.4% 之间。由此可以看出早商文化晚期，随着时代的变迁鬲成为主要炊煮器，而深腹罐的比例则减少很多。

7. 河北涉县台村遗址

遗址位于涉县城东北 3.8 公里，遗址三面分别为青龙山环抱，西南约 5 公里有青漳河[①]。属于商代的遗迹有灰坑 4 座。其中出土的陶器有鬲 2、各类罐形器 9、蛋形瓮 6、甗 3、各类盆形器 4、尊 1 和器盖 4。通过对其陶器系统的分析，伊洛·郑州系的鬲、甗 A 等仅占 20.7%，而平沿罐、折腹盆、器盖、深腹罐等土著系陶器比例最高，占到 31.0%，而蛋形瓮和甗 B 等东太堡系陶器占 20.7%，敛口瓮、深腹盆 D、小口瓮 D、器盖 D 等漳河系陶器则占 27.6%。显示着与其他遗址完全不同的比例构成。再从器类构成来看，蛋形瓮的比例最高占全体陶器的 17.2%，其次为鬲和深腹盆 D 分别占 10.3%，其他器类的比例在 3.4%~6.9% 之间。

可以计测的鬲口径标本仅有 3 件，其口径分别为 17.6、20、20 厘米，比其他遗址略显大。

（二）小结

这里的 7 处遗址全部相当于二里冈上层期，但是在潞王坟和北龙宫遗址见到的伊洛系和伊洛·郑州系陶器占到 88.2% 和 75.0%。器类构成比例中鬲 AD 分别仅占 11.8% 和 16.7%。而属于白家庄期 3 个遗址的伊洛系和伊洛·郑州系分别占 88.2%、76.4% 和 77.3%，但是器类构成比例中鬲 AD 在琉璃阁遗址占 22.4%，台西占 31.8%，葛家庄占 41.2%，与遗址远近无关，都占有较高的比例。除甗 A 的比例较其他地区为高外，其他器类的比例与其他遗址相同。而陶器系统中伊洛系和伊洛·郑州系所占的比例比其他地区较低，土著系陶器占有一定的比例。

炊煮器鬲 AD 的平均口径值除了琉璃阁之外，大致在 17.5~18.8 厘米之间。变异幅度与其他地区类似，集中在一定的范围内。而琉璃阁的鬲 AD 的平均口径为 13.7 厘米，标准偏差值在 13.0~17.5 厘米之间。与其他 4 个遗址相比要小。而这些小型鬲均出土于墓葬中这一点则值得注意。

三、山西省西南地区

这一地区共有 7 处单一的二里冈文化时期的遗址可供分析。它们分别是东阴遗址、西阴遗址、前庄遗址、宁家坡遗址、上北平望遗址、南沙村遗址、北村遗址。

---

① 河北省文物研究所、邯郸市文物研究所、涉县文物保护管理所：《河北涉县台村遗址发掘简报》，《河北省考古文集》（三），科学出版社，2007 年。

（一）遗址资料分析

1. 东阴遗址

遗址位于夏县东阴村西南，西南距离东下冯遗址仅 8 公里，是一处位于青龙河南岸的小型遗址[①]。根据 2000 年的发掘，这是一处单纯的二里冈上层期遗址。根据 17 座灰坑、1 座陶窑、墓葬和灰沟出土的陶器，全部有 17 个种类，土著系仅有小盆和甗 B2，其比例为 7.5%，其余的 92.5% 均为伊洛系和伊洛·郑州系陶器。这里对甗稍作详细分析和说明。山西南部的甗可以区分为东太堡甗 B2 和伊洛系甗 A 两种。甗 B2 的甑部口缘大而外反，颈部有突刺文，肩部略外反，甗腰部有放置箅子的隔梁，鬲足部有纵向凹槽。这是东太堡三足部特有的特征。甗表面略呈褐色和灰色。而甗 A 的口缘部呈二重形态，与鬲几乎相同，但是鬲 AD 的口径平均值为 17.4 厘米相比，甗的口径在 26～32 厘米之间，口径大小完全不同。甗腰部放置箅子的隔台很小，不太明显。两种甗在形态上的差异很大。同时甗表面的绳纹粗细也不同，因此两种甗很容易区分。关于这种纹饰的差别将在后面详细解释。

器类构成中鬲 Ad 的比例最高，占到 34.2%。其次为深腹盆 A2、AD 合占 16.3%，大口尊 A2 占 7.5%，瓮 A4 占 3.1%，甗 A 占 6.8%，深腹罐 A2 占 4.7%，豆 AD 占 1.7%，大口罐 A 占 5.8%，簋 A2 占 2.4%，瓮 A3 占 2.7%。而短颈壶 A1、器盖 A、捏口罐 A1、小盆 B、甗 B2、杯 B 等的比例集中在 0.4%～2.2% 之间。

最后探讨炊煮器深腹罐 A2 和鬲 AD 的容量大小。东阴遗址的深腹罐较少，仅有 9 件，其平均口径为 19.5 厘米，标准偏差值在 17.2～21.9 厘米之间。鬲 AD 比较多，共计测了 118 件鬲的口径，其平均值为 17.4 厘米，标准偏差值在 14.9～19.8 厘米之间。而可计测器高仅有 6 件，其平均值为 19.6 厘米，标准偏差值在 17.7～21.4 厘米之间。

2. 前庄遗址

遗址位于平陆县东 40 公里的黄河北岸二级台地上，遗址的东侧有流入黄河的石膏河[②]。在发掘之前曾发现了 8 件大型青铜容器。发掘出土了住址 5 座、灰坑 2 座，其中出土的陶器有大口尊 A1 及 A2、瓮 A3、豆 AD、甗 B2、尊形器 A、鬲 AD、器盖 D、瓮 A4、深腹盆 A2 及 AD、斜腹盆 B、簋 A2、觚 A 等。基本全部为伊洛系和伊洛·郑州系陶器，年代相当于白家庄期。特别是这些陶器不仅是器形，而且在陶色、胎土、纹饰等方面都比其他遗址更接近郑州地区的同类陶器。此外还出土有铜镞、铜匕、铜析、海贝和卜骨等。

再来观察器类构成，鬲 AD 占 15.4%，比其他遗址低。不见深腹罐。大口尊 A2、

[①] 山西省考古研究所、夏县博物馆：《山西夏县东阴遗址发掘报告》，《考古与文物》2001 年第 6 期。
[②] 卫斯：《平陆县前庄商代遗址出土文物》，《文物季刊》1992 年第 1 期。

瓮 A3、A4，分别占 15.4%、11.5%、7.7%。簋 A2、尊形器 A、大口尊 A1 各占 7.7%，比其他遗址略高。大口罐 A、瓿 A、豆 AD 各占 3.8% 与其他遗址大致一样。

最后来分析鬲的尺寸。4 件鬲的平均口径为 15.0 厘米，标准偏差值在 17.2～22.5 厘米之间。

3. 垣曲宁家坡遗址

遗址位于垣曲商城西北约 5 公里的亳清河西岸的台地上[①]。二里冈文化的遗迹均属于二里冈上层期，6 座灰坑和 1 座住址出土的陶器有鬲 AD、深腹罐 A2、深腹盆 A2、大口尊 A2、豆 AD、簋 A 等。除了极少量的土著系陶器外，均属于伊洛系和伊洛·郑州系陶器。器类构成中深腹罐占 27.3% 的高比例这一点与邻近的垣曲商城相似。鬲 AD 占 27.3%、深腹盆 A2 占 18.1%、豆 AD 占 9.1%、大口尊 A2 和簋 A 各占 9.1%。

炊煮器中 3 件深腹罐的平均口径为 17.2 厘米，标准偏差值在 17.0～17.5 厘米之间。器高的平均值为 28.9 厘米，标准偏差值为 28.5～29.5 厘米之间，与口径一样变异幅度很小，显示着较高的规格化程度。鬲 AD3 件的平均口径值为 16.0 厘米，标准偏差值在 14.5～17.0 厘米之间。器高的平均值为 20.3 厘米，标准偏差值在 17.8～22.5 厘米之间。与深腹罐相比变异幅度较大。

4. 侯马上北平望遗址

遗址位于侯马市汾河东岸的台地上[②]，总面积约 7 万平方米。二里冈文化期的地层与二里冈下层期相当。采集的陶器有鬲 AD、瓿 A、大口尊 A2、深腹罐 A2、高领罐 B、小盆 B、深腹盆 A2、瓮 A4、簋 A2 等。其中高领罐、小盆等土著系占全体陶器的 16.7%，其他均属于伊洛系和伊洛·郑州系陶器，其比例为 83.3%。陶器器类的构成中鬲 AD 占 16.7%，与其他遗址相比其比例较低。深腹罐和大口尊则分别占 16.7%，显示较高的比例。深腹盆 A2、瓮 A4、高领罐、瓿 A、小盆等分别占 8.3%。

5. 夏县西阴遗址

遗址位于东阴遗址西约 1 公里处的青龙河北岸[③]。在属于二里冈文化下层期的遗迹中，出土的陶器有鬲 AD、深腹盆 B、大口尊 A2、瓮 A4、小罐 B 等。其中土著系陶器占 20.0%，其余均为伊洛系和伊洛·郑州系陶器，其比例为 80%。器类构成中鬲 AD 占 30%，大口尊 A2 占 20%，瓮 A4、深腹盆 B、小罐分别占 10%。仅有鬲 1 件，其口径为 16.8、器高为 20.8 厘米。

6. 华县南沙村遗址

遗址位于华县临石堤河北岸的台地上[④]，总面积约 30 万平方米，发掘的 2 座灰坑出土的陶器有鬲 AD、斝 A、瓿 A、短颈罐 B、钵 B、刻槽盆 B、大口尊 A2、瓮 A3 及

[①] 山西省考古研究所：《垣曲宁家坡遗址发掘的意义》，《中国文物报》1997 年 5 月 12 日。
[②] 侯马市博物馆：《山西省侯马市上北平望遗址调查简报》，《华夏考古》1991 年第 3 期。
[③] 山西省考古研究所：《西阴村史前遗址第 2 次发掘》，《三晋考古》二，山西人民出版社，1992 年。
[④] 北京大学考古教研室华县报告编写组：《华县、渭南古代遗址调查与试掘》，《考古学报》1980 年第 3 期。

A4、深腹盆 A2、簋 A2、豆 AD、器盖 A、缸 A2、杯 A2、小口尊 A2 等。其中 B 类的土著系占 13.8%，其余均为伊洛系和伊洛·郑州系陶器。器类构成中鬲 AD 占 14%，深腹盆 A2 占 10.3%，斝 A、短颈罐 B、簋 A 分别占 6.9%，其他器类的比例为 3.4%。陶器种类比较丰富是其特点。二里头文化继承而来的器类较多，但是鬲 AD 的比例则较低。

7. 耀县北村遗址

遗址位于关中盆地中北部的渭河高原，总面积 18 万平方米①。属于二里冈文化下层期的灰坑 2 座和陶窑 1 座，其中出土的陶器有鬲 AD、甗 A、深腹盆 A2、瓮 A3 及 A4、大口尊 A2、豆 AD、簋 A2、花边罐 B、器盖 A、钵 B 等。其中伊洛系和伊洛·郑州系陶器占 70.8%，土著系陶器占 29.2%，所占比例比其他遗址高。器类构成中鬲 AD 最多，占 30.8%，其次是花边罐的 29.2%，深腹罐占 13.8%，瓮 A4 占 12.3%。瓮 A3 占 6.2%，大口尊 A2、甗 A、豆 AD、簋 A2、器盖 A 等仅分别占 1.5%。进入二里冈上层期后，除了已经有的器类外，新增加小口尊 A1 及 A2、短颈壶 A2、缸 A2 和钵 B 等，伊洛系和伊洛·郑州系增加到 93.1%，而土著系则减少到 6.9%。器类构成中鬲 AD 占 38.4%，其次为瓮 A4 占 17.1%，深腹盆 A2 占 11.5%，豆 AD 占 8.9%，甗 A 占 6.6%，花边罐占 6.3%，簋 A2 占 5.2%。其他瓮 A3 占 1.9%，短颈壶 A2 占 1.6%，器盖 A 占 0.9%，钵 B 占 0.5%，缸 A2 占 0.3%，小口尊 A2 占 0.1%。

二里冈下层期的炊煮器有 6 件鬲 AD，平均口径为 16.1 厘米，标准偏差值在 14.2～18.1 厘米之间。上层期 12 件鬲 AD，口径平均值为 15.9 厘米，标准偏差值在 14.0～18.1 厘米之间，与下层期的变化不大。

（二）小结

以上对相当于二里冈文化时期的 7 个遗址进行了分析。其结果可总结如下：属于二里冈下层期的上北平望、西阴和北村三遗址的陶器构成，前两处遗址的伊洛系和伊洛·郑州系占 80% 以上，而位于关中北部的北村遗址的伊洛系陶器较低，仅占 70.7%。器类构成中的炊煮器鬲 AD，在 3 个遗址中均占较高的比例，而深腹罐等罐类则比较低。此外大口尊 A2、深腹盆 A2、瓮 A3 及 A4、捏口罐 A1、豆 AD、缸 A2 等继承二里头文化的器类还比较常见。但是平底盆 A、甗 A3、刻槽盆 A3、杯 A2、有颈罐 A1 等的比例则很少（图七九）。

其次分析属于二里冈上层期的东阴、宁家坡、前庄、南沙村和北村遗址 5 处陶器组合中的陶器系统，这些遗址中伊洛系和伊洛·郑州系陶器占 90% 以上，与前期相比，陶器的一元化趋势比较明显。器类构成中除了南沙村土著系陶器比例较高外，其

---

① 北京大学考古学系商周组、陕西省考古研究所：《陕西耀县北村遗址 1984 年发掘报告》，《考古学研究》二，北京大学出版社，1994 年。

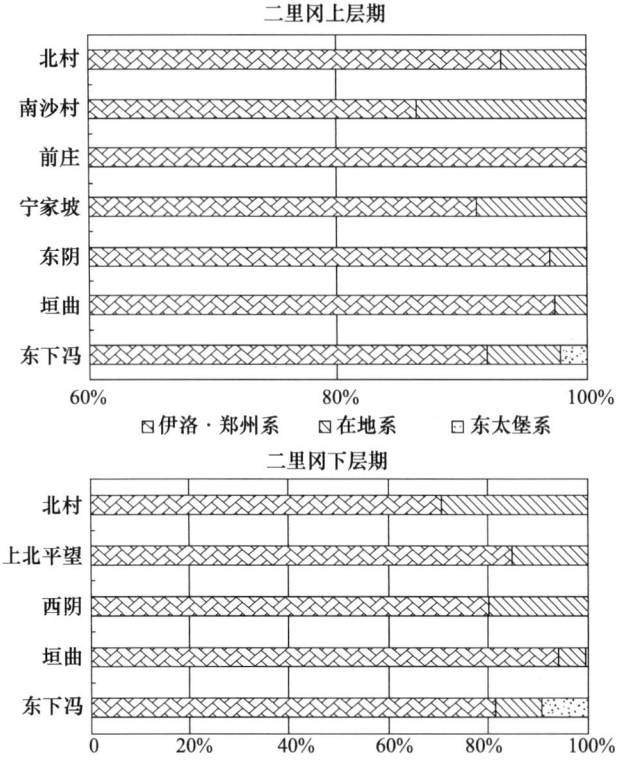

图七九　山西省西南部二里冈文化期诸遗址陶器系统比例

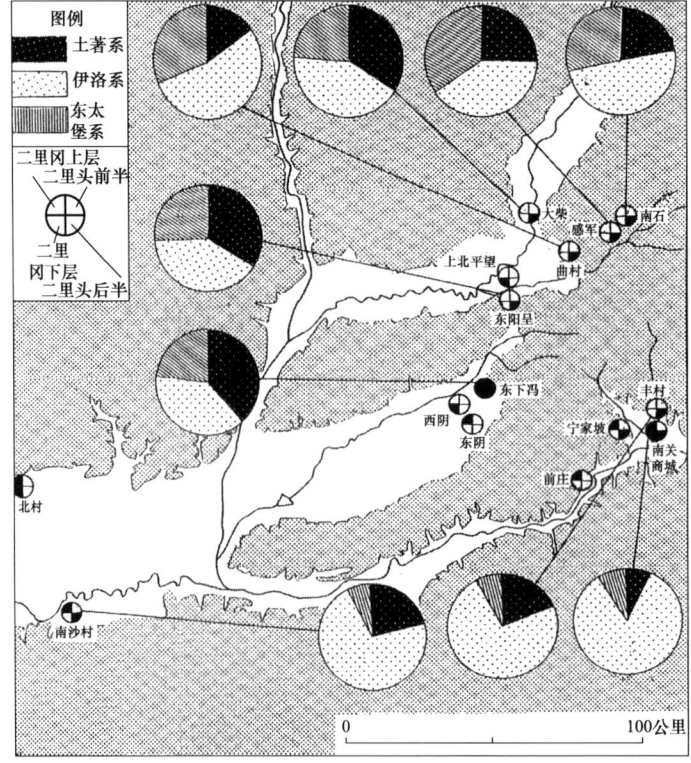

图八〇　山西西南部二里冈文化遗址分布及陶器构成比的时代变化

他遗址中具备所有典型的伊洛系和伊洛·郑州系的器类。鬲AD的比例比前期增加，东阴、前庄、宁家坡三处遗址中炊煮器的尺寸分析结果显示，深腹罐和鬲均有规格化的倾向。这种陶器系统的一元化倾向和炊煮器的规格化趋势与复合遗址是共通的，反映了晋西南地区陶器组合样式的一元化特点（图八〇）。

四、豫南及长江中游地区

（一）遗址资料分析

中原地区政治统治的中心地区，从二里头文化后期开始由伊洛地区转移到东部的郑州地区，这一大的政治变动从陶器系统构成的变化中也可以得到观察。以郑州商城为中心的二里冈文化的出现正是伴随着这一政治变动过程而形成的。在这一历史背景之中，长江中游地区也出现了盘龙城那样与郑州商城有紧密关系的地方性城址。它与二里头文化时代相比，同中原地区的关系则更加密切。这里将通过对同时代诸遗址的陶器系统构成分析来明确豫南和长江中游地区与中原地区的复杂关系。限于对已经发表的发掘资料的观察，能够确认其含有二里冈文化因素的遗址有以下8处（表八）。以下将对这些遗址出土的陶器进行系统分析（图八一）。

1. 盘龙城遗址

遗址位于武汉市黄陂区滠口镇也店村，周围分布有丘陵和湖水，位于三面环水的高地上[①]。城址面积南北290、东西260米，若包含城外面积，总面积有东西1100、南北约1000米。在城址之外，由于盘龙湖与府河的切割，还有分布在不同地点的5处遗址，它们分别是王家嘴、李家嘴、杨家嘴、杨家楼、楼子湾。这里对这5处遗址的陶器构成分别分析。

（1）王家嘴：位于城郭南部城壕之外，南侧有府河流过，东西对岸有李家嘴和艾家嘴。发掘出土的遗迹有建筑基址3、窑址3、灰坑11处。出土的遗物的年代大致介于盘龙城1~6期。第1期相当于二里头文化时期，从第2期开始出现专门烧制大口缸的长窑窑址，并持续到第3期，其时代大约相当于二里冈文化下层晚期。2、3期的陶器器类有鬲、甗、盆形鼎、豆、深腹罐、深腹盆、刻槽盆、甑、罍、大口尊、小口瓮、爵、斝、簋、壶等伊洛·郑州系陶器占63.1%，而土著系的鼎、罐形甗、勺、盆、筒形罐、鼓肩罐、器座等占8.5%，釉陶系有瓮、尊、罍、罐等占6.1%，大口缸占26.8%。发展到第4期，伊洛·郑州系陶器占67.8%，土著系占9.0%都与前期显示着相同的比例。釉陶系占2.3%，大口缸占15.9%均比前期有所下降。到了第5、6期，窑址消失，取而代之的是2座祭祀坑、1座墓葬和1座建筑。从中出土了青铜器和玉器。陶器构

[①] 北京大学考古系、湖北省文物考古研究所：《盘龙城——1963~1994年考古发掘报告》，科学出版社，2001年。

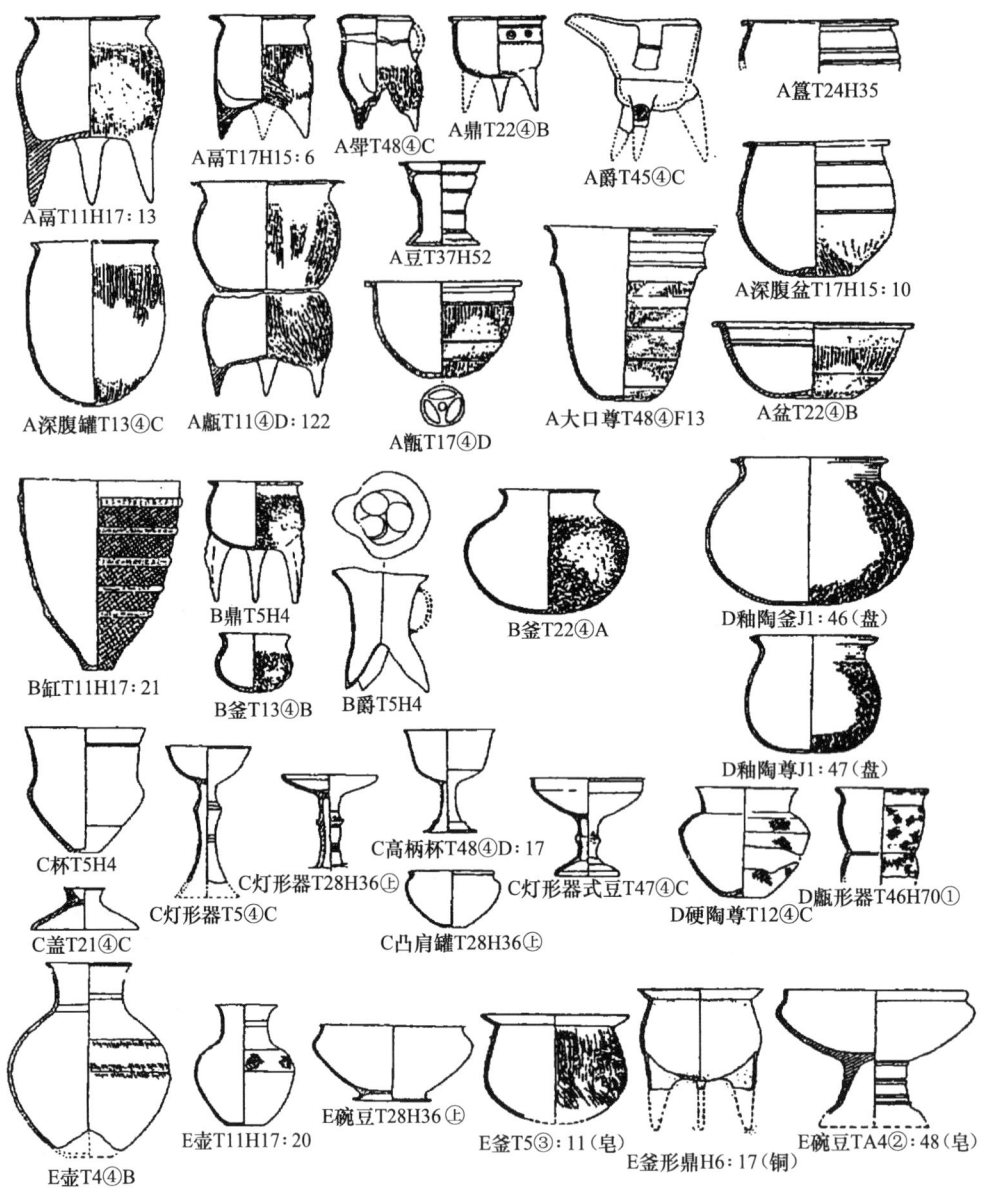

图八一　长江中游地区的陶器系统（比例不同）
（盘：盘龙城，皂：皂市，铜：铜鼓山，他：其他）

成显示伊洛·郑州系仍占 66.7% 的高比例，土著系的 8.3% 与前期变化不大。釉陶系的 4.2%，大口缸占 12.5% 均保持了前期的比例。

（2）李家嘴：位于城郭东南部的半岛形台地上。自从 1974 年发掘著名的李家嘴二号墓以来，这里又发现了 4 座墓葬、30 座灰坑，时代相当于盘龙城第 2~7 期之间。相当于二里头文化时期的第 2 期遗迹非常少，第 3、4 期的遗迹除李家嘴 2 号墓外，还有

表八　豫南和长江中游地区的陶器编年

遗址名	二里头前期（一、二、三期）	二里头后期（四期）	二里冈前期	二里冈后期
八里桥	×			
下王岗	×			
穰东	×	×		
乱葬坑	×			
李家湾	×			
王树岗	×			
杨庄	×			
党楼	×			
北丘上层	×			
斗鸡台	×			
青莲寺	×			
盘龙城		×	×	×
荆南寺			×	×
中堡岛		×		
朝天嘴		×		
铜鼓山			×	×
石门皂市				×
石门宝塔				×
路家河		×	×	×

灰坑3座。出土的陶器中伊洛·郑州系占65.2%，土著系和釉陶系分别占17.4%，大口缸则完全没有发现。墓葬出土了50件青铜器和12件玉器。第5期的遗迹中型墓3座和灰坑7座中出土的陶器中伊洛·郑州系占66.7%，土著系占11.1%，釉陶系占13.9%，大口缸占8.3%。与前期相比均呈现增长的趋势。同时在3座中型墓中出土了24件青铜器和12件玉器。到了第6、7期还有灰坑2座，出土陶器较少，其中伊洛·郑州系占73.3%，土著系占10.0%与前期基本相同。釉陶系占3.3%比前期略有减少，大口缸占13.3%呈现增加的趋势。

（3）杨家湾：位于城郭北部的台地上，1980年和1992年进行发掘，发现的遗迹有住址3处、灰坑4座、祭祀坑1座、墓葬11座，分别属于盘龙城遗址的第2~7期。第3期仅有1座墓葬，出土青铜器3件和玉器1件，还有4件陶器均属于伊洛·郑州系。第4期有住址、墓葬各1座，出土陶器中伊洛·郑州系占75.0%，大口缸占25.0%。其他陶系未发现。第5期仅有地层堆积。第6期发现3座灰坑和8座墓葬，出土陶器中伊洛·郑州系占 55.6%，土著系占 6.3%，而釉陶系占 17.5% 和大口缸占 20.6% 显示出较高的比例。同时墓葬还出土了 25 件青铜器和 2 件玉器，釉陶几乎都是从墓葬中出土的。第 7 期发现的遗迹有住址 2 处、灰坑 1 座、祭祀坑 1 座、墓葬 1 座。出土陶器中伊洛·郑州系占 60.0%，土著系占 11.1%，釉陶系占 15.6%，大口缸占 13.3% 与前期相比没有大的变化。祭祀坑和墓葬出土了青铜器 50 件和玉器 8 件。

（4）杨家嘴：遗址位于城郭东北部的半岛形地带。共发现住址 2 处、壕沟 1 处、灰坑 2 座和墓葬 10 座。年代属于盘龙城第 2~6 期之间。第 3 期的伊洛·郑州系陶器占 54.5%，土著系占 22.7%，釉陶系和大口缸各占 9.1% 和 13.6%。第 4 期有住址 1 处、墓葬 3 座。出土陶器较少，属于伊洛·郑州系陶器占 60.0%，土著系占 20.0%，釉陶系占 20.0%，未发现大口缸。墓葬出土了铜器和玉器各 1 件。第 5 期的遗迹有灰坑 2 座、墓葬 3 座。出土陶器中伊洛·郑州系占 51.1%，土著系占 12.8%，釉陶系占 9.8% 都比前期有所减少。而大口缸占 26.5% 的比例较高。同时墓葬出土了 8 件铜器和 6 件玉器。第 6 期遗迹有建筑址 1 处、灰坑 1 座、墓葬 2 座。出土陶器中伊洛·郑州系占 55.5%，土著系占 13.4%，釉陶系占 6.6%，大口缸占 24.4%。墓葬出土铜器 1 件和玉器 3 件。

（5）楼子湾：遗址位于城郭西部的丘陵地带上。共发现建筑基址 1 处、灰坑 2 座、墓葬 20 座。属于盘龙城第 4~7 期。第 4 期有灰坑 2 座和墓葬 2 座。出土陶器中伊洛·郑州系占 54.6%，土著系 9.1%，釉陶系和大口缸各占 18.2%。其他还出土铜器 7 件和玉器 6 件。第 5 期有建筑基址 1 处、墓葬 6 座。出土陶器中伊洛·郑州系占 52.6%，土著系占 5.3%，釉陶系占 26.3% 比前期有较大升幅。大口缸占 15.8%。墓葬出土的铜器 27 件和玉器 4 件。6、7 期的遗迹仅墓葬各 1 座，出土陶器较少，均为伊洛·郑州系和釉陶构成，另有铜器 2 件和玉器 1 件。

以上分析了盘龙城址内外 5 处遗址的陶器系统构成，各个遗址的陶器系统依据其所在遗迹的性质不同相异，但是总体来看，伊洛·郑州系陶器占据半数以上的高比例，是盘龙城遗址陶器构成的主题成分这一点都是相同的。土著系陶器虽然仅占 6.3%~22.7% 的低比例，而其中很少发现炊煮器这一点值得关注。釉陶系占 13.9%~28.6% 的高比例大多是作为墓葬的随葬品而出现的，而一般遗址中仅占 5% 前后。大口缸占 8.3%~26.5% 与釉陶呈现相同的比例，但是仅在有窑址和居住址的遗址中比例较高。显示了陶器构成与遗迹性质密切相关。5 处遗址的陶器构成均看不出明显的时代变迁的差异（图八二、图八三）。

2. 荆南寺遗址

本遗址中属于二里冈文化期的遗迹年代约相当于二里冈下层期—二里冈上层后期[①]。出土的陶器系统至少包含伊洛·郑州系、巴蜀系、土著系和釉陶系。其中伊

---

① 荆州博物馆：《荆州荆南寺》，文物出版社，2009 年。

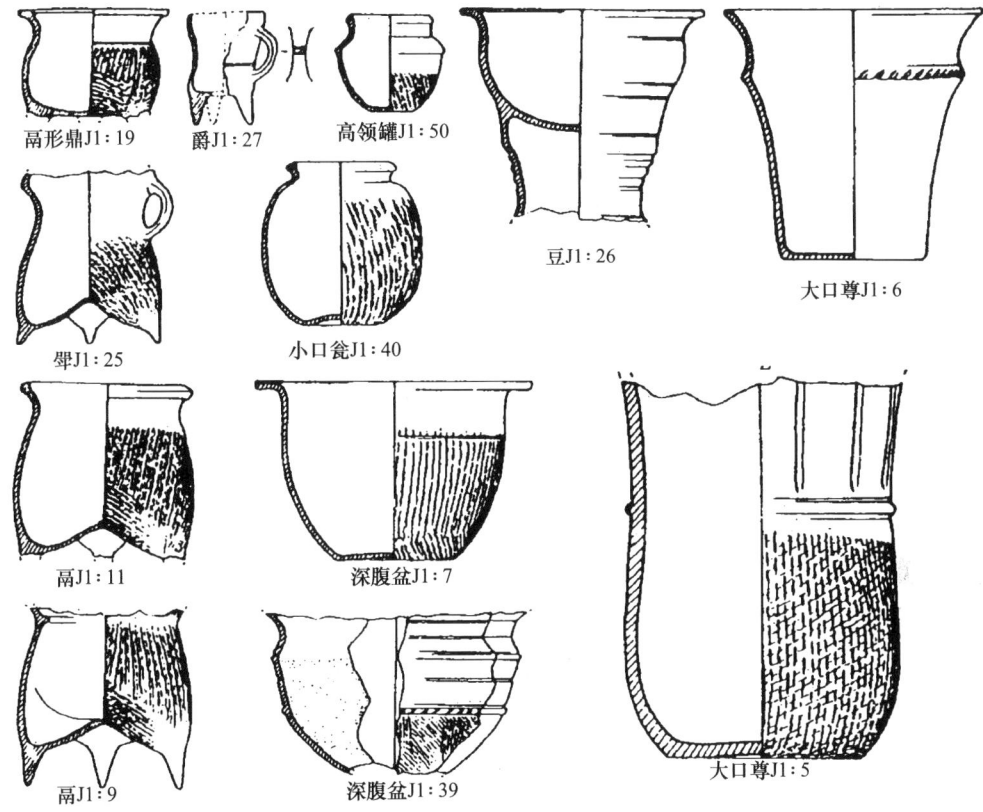

图八二 盘龙城遗址的伊洛·郑州系陶器（比例不同）

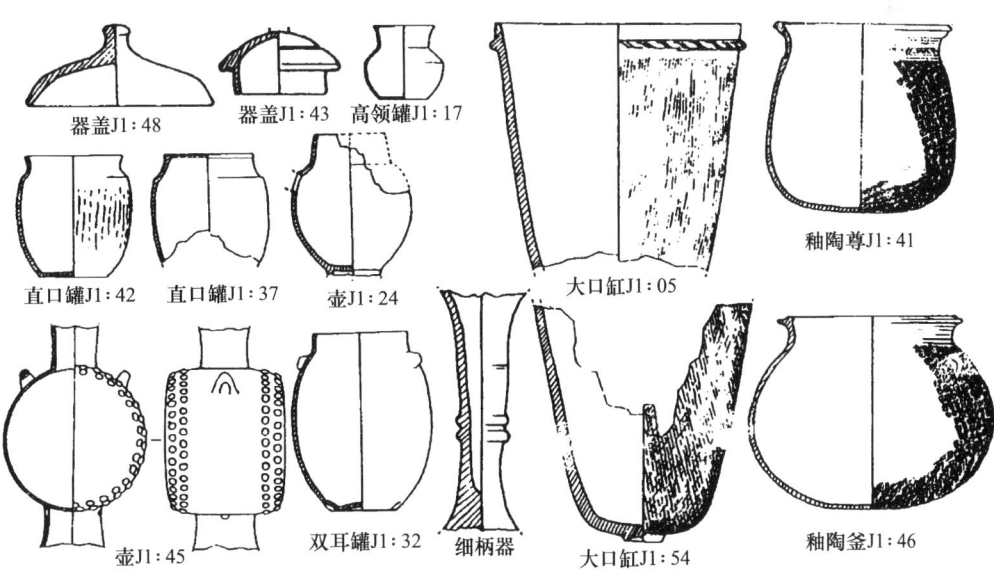

图八三 盘龙城遗址的土著系陶器和釉陶（杨家湾）（比例不同）

洛·郑州系器类有鬲、大口尊、甗、假腹豆、簋、爵、深腹盆、甑、斝、仿铜鼎等、土著系有大口缸、釜形鼎、鬶、釜等，巴蜀系有凸肩罐、灯形器、双腹杯、器盖等、釉陶系有罐、尊等。根据张万高的分析，荆南寺遗址第 2 期，伊洛·郑州系比例占 42.4%，土著系占 53.8%。而巴蜀系仅占 3.9%。到了第 3 期，伊洛·郑州系占 42.9%，与前期比没有变化，但是土著系减少到 49.6%，而前期比例较低的巴蜀系则增加到 8.6%。进入第 4 期之后，伊洛·郑州系逐渐减少到 37.5%，土著系为 43.7% 也呈现下降趋势。而巴蜀系则继续增加到 18.8%。釉陶系非常少。再从陶器用途方面来看，根据遗迹不同，其主要炊煮器的构成相异，或为鬲、甗、深腹罐的伊洛·郑州系，或为釜、鼎、凸肩罐。这三种不同系统的炊煮器根据场所不同而分别使用这一点引人深思。而到了第 5 期的殷墟期，所有遗址的炊煮器均转变为釜和鼎的土著系陶器。

3. 路家河遗址

遗址位于宜昌县太平溪镇伍相庙村的长江北岸与路家河河流处[①]。1984 年两次发掘、发现的遗迹可分为 3 期，分别相当于新石器、二里头、二里冈和殷墟前期。其中二里冈和殷墟期的资料最为丰富。这里仅分析相当于二里冈下层期和上层期的 2 期后半期的陶器构成。这里的器类有釜、釜形小罐、高领罐、凸肩罐、杯、灯形器、大口缸等主要器类构成，但是也有簋、斝、觚、大口尊、假腹豆、鬲、钵、器盖、深腹盆、碗、尊形器、盂、甑、壶、圈足盘、花边罐、釉陶等器类。这些陶器可分 3 阶段。第 1 段以釜类为代表的土著系占全体陶器的 78.9%，凸肩罐为代表的巴蜀系占 19.4%，以鬲罐为代表的伊洛·郑州系仅占 1.7%。第 2 段土著系增加到 84.2%，巴蜀系为 15.3% 略有减少，伊洛·郑州系减少为 0.4%。第 3 段土著系继续增加为 92.1%，而巴蜀系则减少为 7.8%，伊洛·郑州系仅 0.2%。就时期的变迁来看，路家河遗址从二里冈下层到二里冈上层，显示着土著系的增加和巴蜀系，伊洛·郑州系的减少趋势（图八四～图八七）。

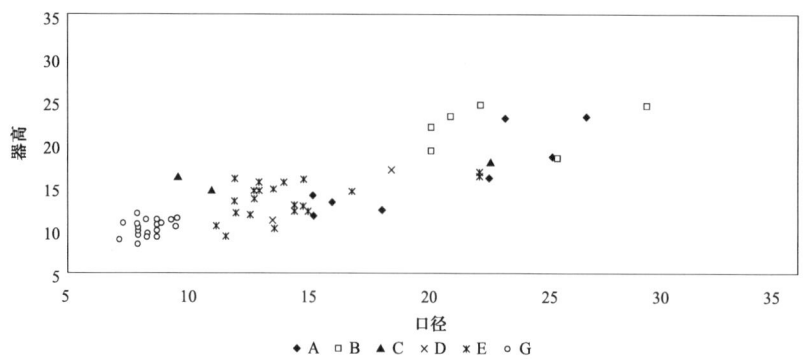

图八四　路家河遗址炊煮器 - 釜的大小

---

① 长江水利委员会：《宜昌路家河：长江三峡考古发掘报告》，科学出版社，2002 年；孙利民：《宜昌路家河遗址夏商时期陶釜研究》，《江汉考古》2007 年第 3 期。

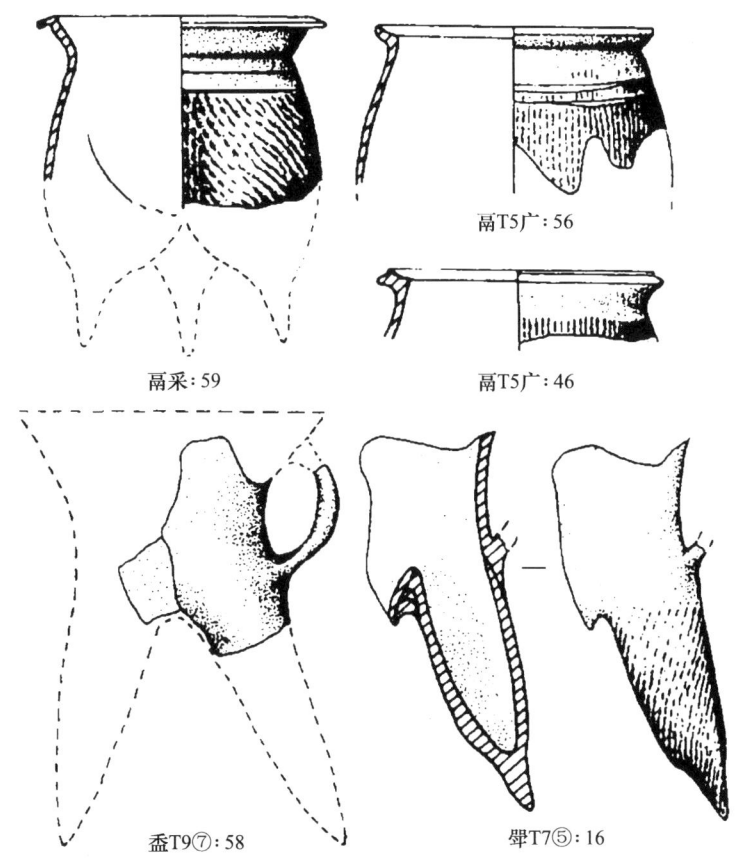

图八五 路家河遗址的伊洛·郑州系陶器（比例不同）

4. 铜鼓山遗址

遗址位于岳阳市东北部约30公里的长江东岸[①]。1987年发掘发现了二里冈文化时期和东周时期的遗迹。二里冈文化时期的遗迹有灰坑6座、壕沟3处。出土的陶器共分3期，第1期相当二里冈文化下层期，第2期相当于二里冈文化上层期，第3期相当于二里冈上层晚期到殷墟时期。陶器系统构成有伊洛·郑州系、巴蜀系、荆南寺土著系和釉陶系。第1期以T13、T15第5层为典型单位分析其陶器构成。伊洛·郑州系占55.6%，巴蜀系占16.7%，荆南寺土著系占27.8%，未见釉陶系。第2期伊洛·郑州系增加到75%，荆南寺土著系则减少为7.1%，巴蜀系17.9%与前期几乎相同。第3期伊洛·郑州系减少至50.0%，而荆南寺土著系则增加为25.0%，巴蜀系为15.4%继续维持前期的比例，显示着稳定的变化趋势。釉陶系占9.6%。从陶器的用途来看，其炊煮器的变化意味深长。第1、2期是伊洛·郑州系的鬲，第3期鬲完全消失，取而代之的是土著系的釜（图八八、图八九）。

---

① 湖南省文物考古研究所、岳阳市文物工作队：《岳阳市铜鼓山商代遗址与东周墓发掘报告》，《湖南考古辑刊》第5辑，岳麓书社，1989年。

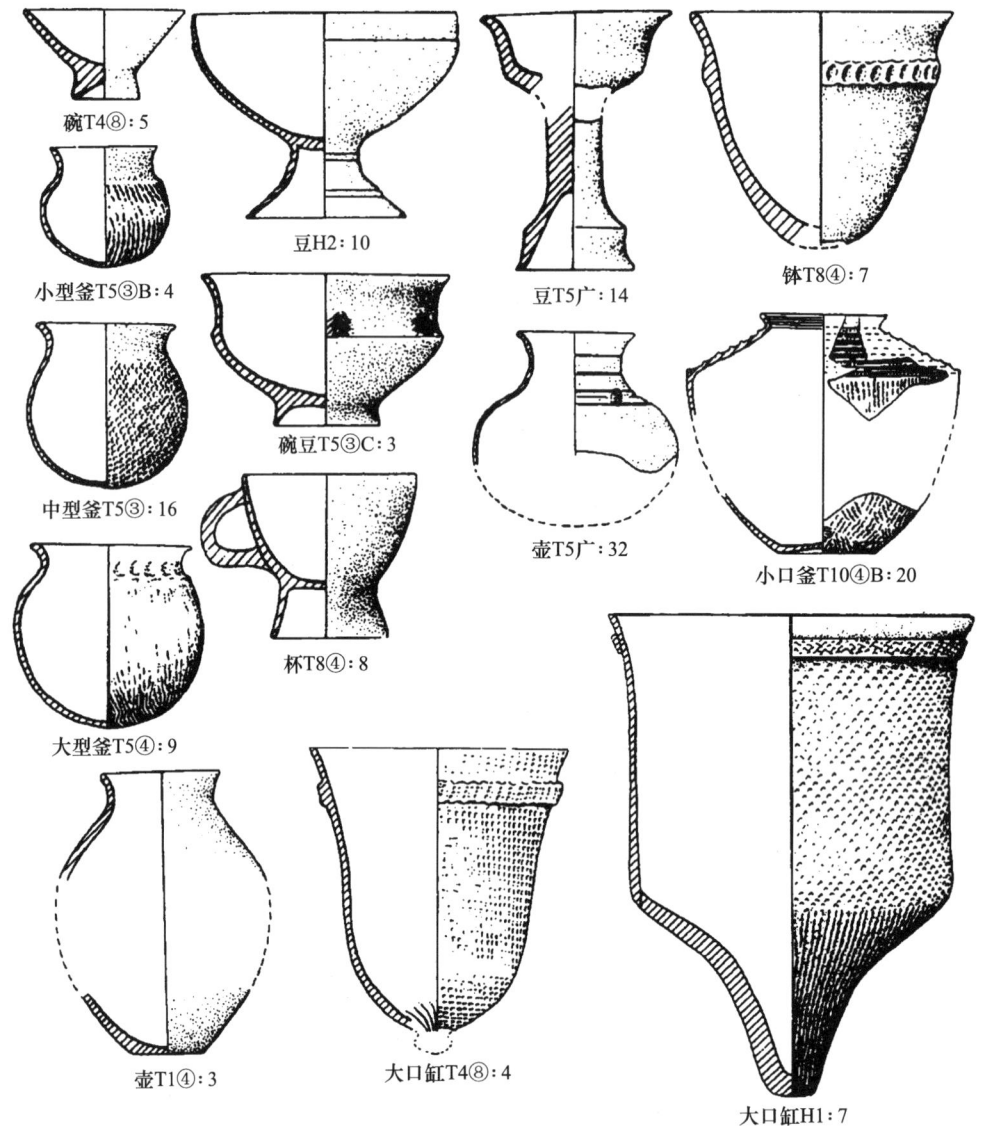

图八六　路家河遗址的土著系陶器（比例不同）

5. 石门皂市遗址

遗址位于武陵山东，澧水支流溇水北岸约100米的台地上[①]。1977年发掘，A、B两区共发现灰坑32座，其中19座属于二里冈文化时期。出土陶器可分三期，分别相当于二里冈上层期—殷墟2期。第1期属于伊洛·郑州系的陶器有鬲、斝、爵、簋、大口尊等，土著系有大圈足盘、细柄豆、圈足碗、盘口罐、鼎、釜等。以大口缸和甑除外，以H23为例，伊洛·郑系陶器占14.3%，土著系占85.7%。第2期相当于殷墟

---

① 王文建等：《石门县商时期遗存调查——宝塔遗址与枥岗墓地》，《湖南考古辑刊》第4辑，岳麓书社，1987年。

第六章　早商时期陶器种类构成所反映的陶器制作体系及其地域间关系 ·207·

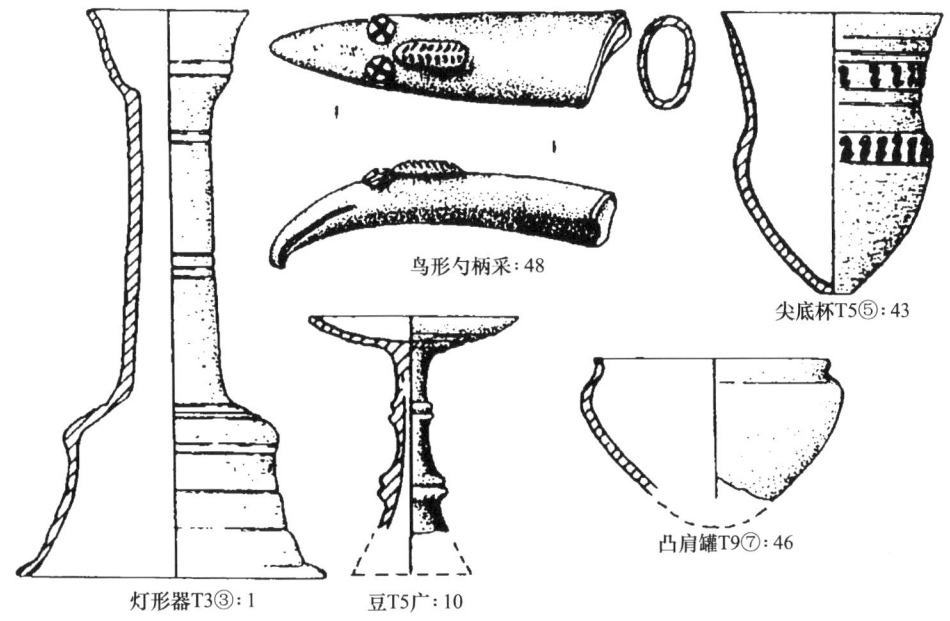

图八七　路家河遗址的巴蜀系陶器（比例不同）

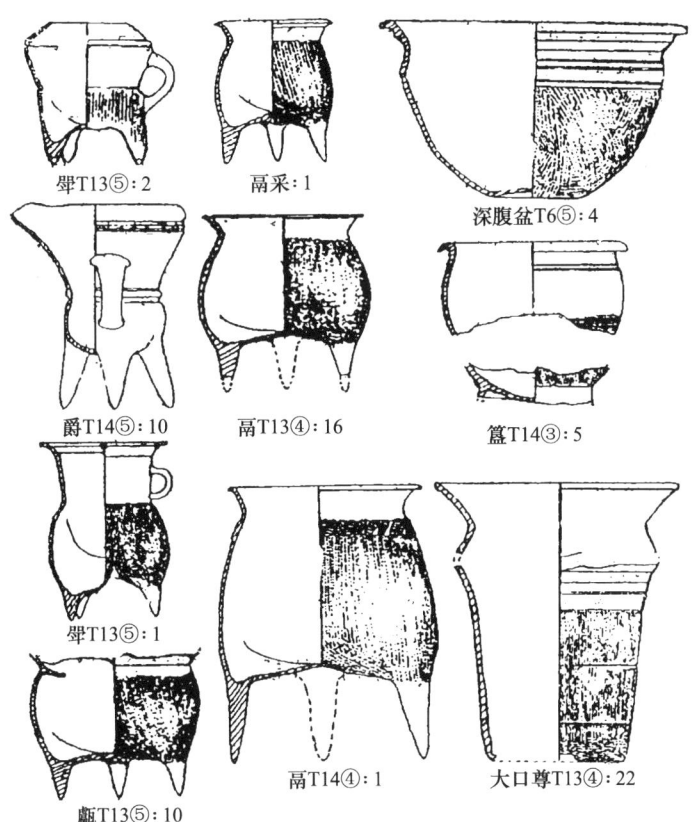

图八八　铜鼓山遗址的伊洛·郑州系陶器（比例不同）

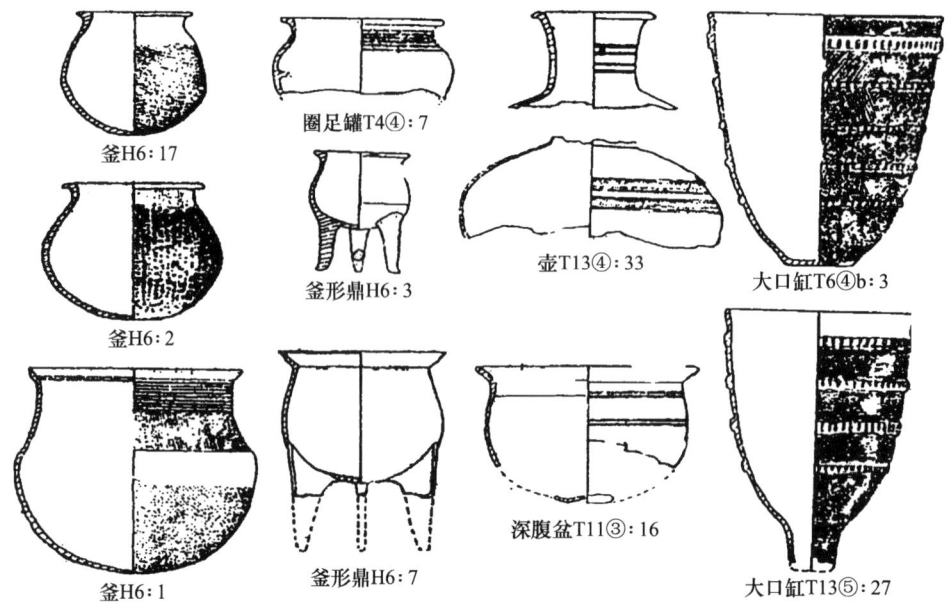

图八九 铜鼓山遗址的在地系陶器（比例不同）

期，以 T9、T46 为例，伊洛·郑州系增加为 32.4%，而土著系减少为 58.1%（图九○）。

6. 石门宝塔遗址和枥冈墓地

宝塔遗址位于澧水南岸的冲积地带，石门县城东约 2.5 公里处。1984 年发掘发现灰坑 4 座。可分三期，分别相当于二里冈上层期—殷墟期。第 1 期陶器中的鬲、簋、假腹豆等占 5.6%，土著系的釜鼎、鼓肩罐、圈足碗、细柄豆等占 94.1%。第 2 期伊洛·郑州系略增加到 16.9%，土著系减少为 86.7%。但是其陶器构成的整体趋势没有发生大的变化。同样位于澧水南岸的枥冈墓地，距离宝塔遗址西约 20 公里处，偶然发现的 1 座墓葬中出土了玉璋、钺 4 件和盉、豆等陶器 3 件，均属于伊洛·郑州系，其时代属于二里冈下层后期到二里冈上层前期之间。

7. 薛家岗遗址

遗址位于安徽省潜山县王河镇永岗村，北距县城约 10 公里，位于皖河流域范围，面积约 6 万平方米[①]。以新石器时代的堆积为主，夏商时期的遗存仅在很小的范围内。发现有住址 2 座、墓葬 1 座、灰坑 47 座、小坑 1 座、红烧土坑 1 座。出土遗物 400 余件。根据发掘者的研究，其时代大约相当于中原地区二里头文化晚期到二里冈文化时期。以上遗迹中出土的陶器有鼎或鼎式鬲、鬲、爵、斝、甗、深腹罐、簋、盉、大口缸、小口瓮、坩埚、印纹陶等器类，其中属于伊洛·郑州系的陶器比例大致占陶器总量的 65.6%，土著系与其他系陶器占 34.4%。从器类构成来看，鬲的比例最高占 34.4%，其次为鼎占 12.5%，斝占 9.3%，豆占 7.3%，深腹罐仅占 2.1%。其他器类的比例则介于 1.0%～3.1% 之间。

---

① 安徽省文物考古研究所：《潜山薛家岗》，文物出版社，2004 年。

第六章　早商时期陶器种类构成所反映的陶器制作体系及其地域间关系

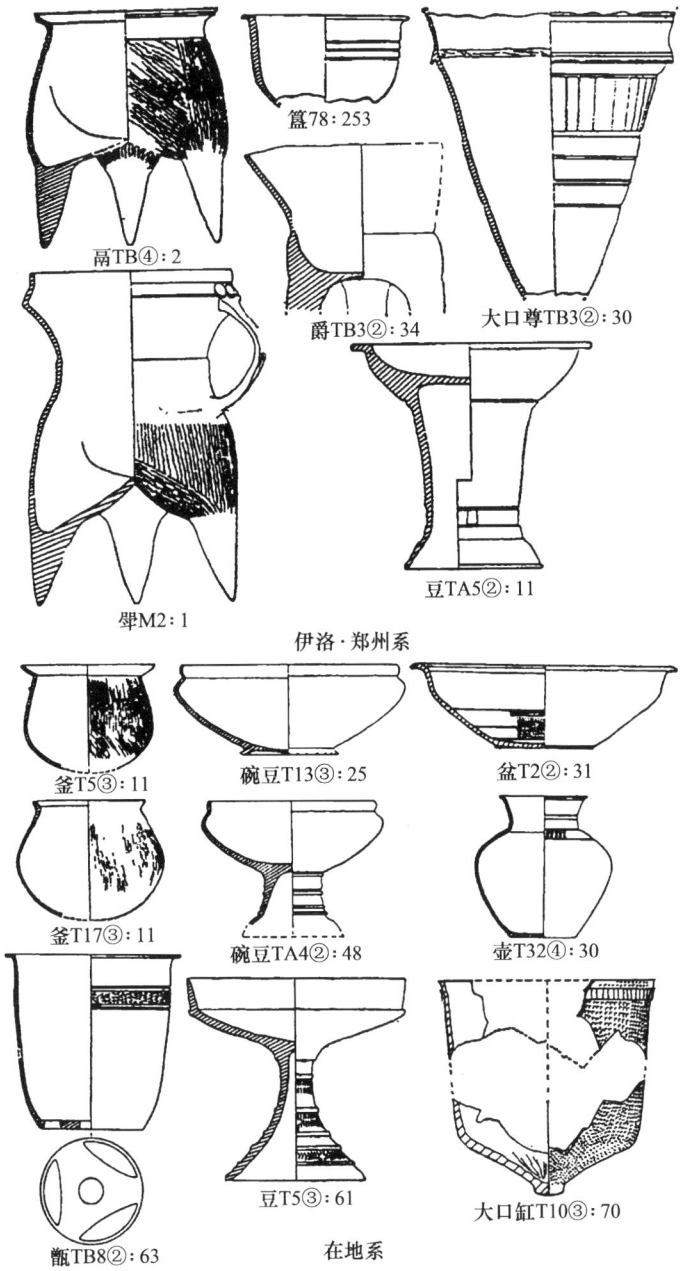

图九○　皂市遗址陶器（比例不同）

8. 吴城遗址

遗址位于江西省樟树市西南部的河西部分的赣江支流萧江上游南岸的低岗上。商代土城围绕吴城村而建筑，北有萧江作护卫，香滨河绕城南而过，左有马鞍山，右有木鱼山。1973 年开始发掘，遗址的年代可以分为三期：第 1 期，二里冈上层期；第 2 期，殷墟早中期；第 3 期，殷墟晚期到西周时期。城址的四面城墙分别是北 1000、南

740、东 666、西 554 米。城周长 2960 米，城内面积约 61.3 万平方米。目前共发现 6 个城门。分别是北门、东北门、东门、东南门、南门和西门。城墙外有壕沟。根据发掘成果可以知道，城墙始建于第 1 期，第 2 期曾经修建，而城外的壕沟则建于第 3 期。考古发掘证明城内的设施布局有居住区，区内发现了住址 2、水井 3、窖穴 1、灰坑 63、灰沟 6。祭祀区，区内发现道路、建筑基址、红土台座、柱洞群等。制陶区分布在西北部的 1 区，发现陶窑 14 座。冶铸区分布在东部的三区和四区，发现了陶范、石范、铜炼渣等。墓葬区共发现 13 座墓葬。器类有鬲、大口尊、甗、簋、罍、深腹盆、圆腹罐、尊形器、大口缸、斝、爵、小口瓮、鼎式鬲、釜、甑、盂、支座、器盖等，其中的鬲、深腹罐、大口尊、斝、爵、簋、甗、大口缸等伊洛·郑州系占全体陶器的 56.5%，而釜、鼎式鬲、甑、盂、碗等土著系或南方系陶器占 44.5%。再从器类构成比来看，鬲和折肩尊分别占 10.8% 和 10.4%，比例较高，其他器类的比例大致均在 10% 以下。但是与此相对，吴城遗址陶器器类则件丰富，即使同一器类，其陶器的外在形态也比较多样，显示着这里在陶器制作方面的独特性。

（二）小结

以上 8 处遗址的分析结果可总结如下：以伊洛·郑州系陶器占过半数的遗址仅盘龙城与铜鼓山两处，分别高达 75%，是遗址陶器的主体构成。而土著系陶器仅占 2 遗址的二成多。与盘龙城不同的是铜鼓山遗址还发现了巴蜀系陶器。另外，起源于江西西部的釉陶系在地理上接近的铜鼓山遗址仅发现不到一成的比例，但是在盘龙城遗址未发现却巴蜀系陶器，出土的釉陶却远多于铜鼓山遗址，其比例高达近三成，而大口尊在两遗址都有发现这一点则是共同的。其他 4 遗址中除荆南寺遗址的伊洛·郑州系陶器占到 40% 左右外，另外 3 遗址的陶器构成中 80% 以上为土著系、伊洛·郑州系仅占一成不到。而巴蜀系和釉陶系在 4 遗址中均占不到一成的比例。

另外再从陶器用途的角度进行分析。炊煮器是日常生活中的常用器具，使用什么样的炊煮器与当地的文化传统习俗紧密相关。二里冈文化时期的中原地区，人们习惯使用深腹罐、鬲、甗、斝等做炊煮器。然而长江中游地区的人们，从新石器时代开始就使用圜底的釜和釜形鼎做炊煮器。进入二里头、二里冈文化时期后，这一传统习俗并无大的变化，但是在一些遗址中发现了鬲、甗、斝、鼓肩罐、尖底罐等新石器时代不曾见到的器类做炊煮器。当然，若从整个长江流域来考察的话，这些新产生的器类并不普遍，只在少数遗址中发现。再从炊煮器以外的器类来看，爵、喇叭形杯、觚、盉等中原式酒器也在一些遗址中发现，而且比中原式炊煮器要更普遍一些（图九一）。由此看来，长江流域发现的中原式陶器至少有两个反映不同动态趋势的类型，即炊煮器与酒器。这可能暗示着长江中游地区与中原地区以及巴蜀之间地域关系的复杂性。此外，虽然 8 遗址中的 4 遗址发现了中原式炊煮器，但是其所占比例在各个遗址中是不同的。比如在盘龙城、铜鼓山、荆南寺三遗址中具有特征性的炊煮器大量出土，而在其他遗址中则很少。从时期的变化来看，中原系陶器在三遗址出土较多的时间段，大都其中在二里冈下层期—二里冈上层期之间，其他遗址则仅有二里冈上层期。由此可以认为以上三遗址可能是郑州政权在长江中游地区的据点性遗址，而其他遗址虽然也受到了这些据点性遗址的影响，但是与从中原地区直接受到影响三遗址相比要小得多。伊洛·郑州系陶器在长江中游地区的影响不是呈面状分布，而仅仅是在一些较为特殊遗址中才占据主体因素。这种点在的分布状况不表现地区间一般的交流行为，而是某种特殊原因，比如战争，或政治统治等。三遗址之外的其他遗址的陶器构成状况所反映的正是这种恒常的，一般的地域间的交流动态。

中国初期国家成立期可分为二里头文化与二里冈文化两个不同的阶段。这种阶段的不同不仅反映在陶器系统构成的不同上，还反映在其聚落分布状况相异。以上分析提示我们这种时代的不同因素在长江中游地区也存在，特别是二里冈文化时期长江中游与中原的郑州政权之间的关系更加密切。

具体来说，二里头文化时期，汉水流域与淮河上游的诸遗址显示了与中原地区更加紧密的关系。这从它们各个遗址中伊洛系陶器占据半数以上，是这些遗址陶器构成的主要成分得以证明。而且距离接近中原的遗址其比例高达70%以上，显示着中心遗址对周围遗址影响过程中地理因素的重要性。因此这一时期长江中游的盘龙城以及沮漳河流域的4遗址，由于远离中心地区，伊洛系陶器仅占约一成，显示地理因素在文

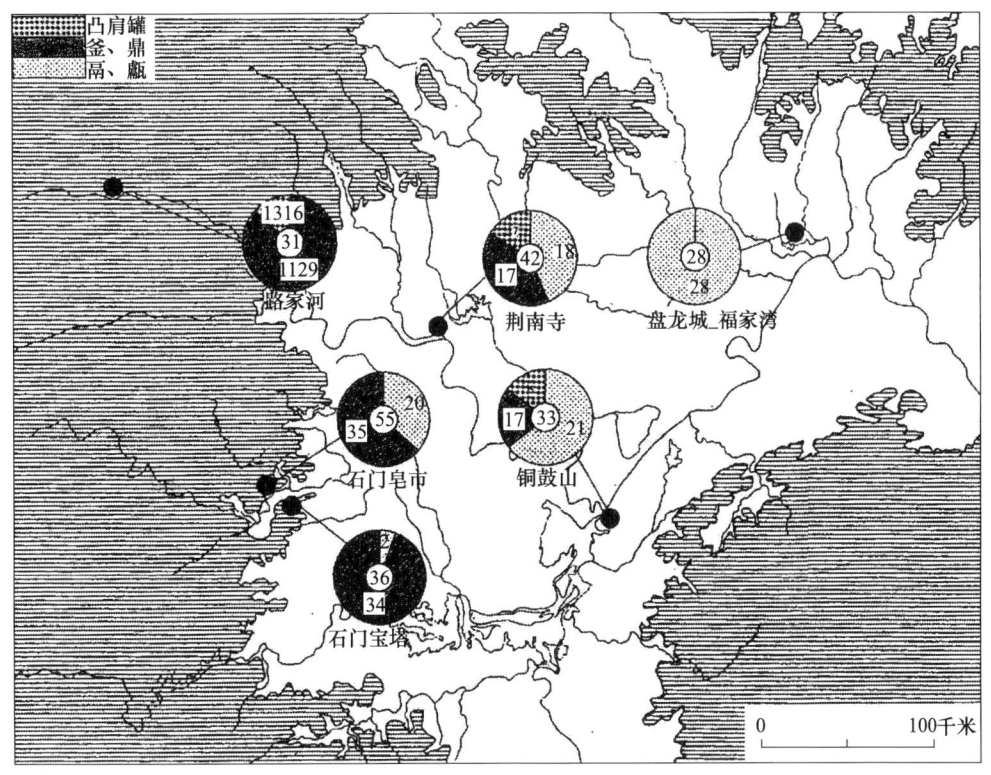

图九一　长江中游地区诸遗址炊煮器的构成比

化交流中的作用。虽然伊洛系陶器具有强势的影响力，但是其影响仍以黄河中游及其周边地区为主，长江中游地区并未发现二里头文化时期的据点性遗址。因此可以说，二里头文化时期的地域间交流仍然反映了一种恒常的一般交流而已。

但是，当时代进入二里冈文化时期以后，以郑州政权为主的二里冈文化不仅在中原及周边地区相继建立了郑州商城、偃师商城、府城商城、垣曲商城和东下冯商城，还在长江中游建立了盘龙城商城和王家山商城。与郑州商城一样，盘龙城内不仅有相同的宫殿配置，而且在城外还发现了大量随葬中原式青铜器、釉陶和玉器的墓葬群。这些随葬品不仅器形相同，而且其纹饰、铸造技术也一样，反映了二者之间的密切关系。而一般的日常生活用陶器，从开始建立盘龙城的二里冈上层前期开始直至城郭废弃，不仅用于随葬的青铜器、玉器和釉陶等器类与中原地区完全相同，即使日常生活用陶器构成中的百分之五十以上也是中原的伊洛·郑州系陶器，并以此构成这一时期陶器群的主体成分。暗示着中原地区对这里的影响力。特别是连炊煮器这种反映地域传统习俗及生活习惯的器具，都不是土著的圜底釜或釜形鼎，而是中原地区的传统炊煮器——鬲、甗、斝等空三足器。因此可以说在盘龙城城郭运营期间，中原地区对这里的影响力，不仅仅限于贵族及以上级别的上层社会，甚至生活在城内外的一般社会阶层也受到了较大的影响。

但是，像盘龙城这样大量发现中原系陶器的遗址在长江中游地区除铜鼓山遗址外，其分布并不清楚。大部分相当于二里冈文化时期的一般遗址，其陶器构成中仍然是以土著系陶器占据主体成分，许多遗址甚至未发现任何中原系陶器。因此可以说，长江中游地区二里冈文化时期受中原地区影响的程度，仅仅表现为点在的一些特殊遗址，并未形成连续的面的分布。也就是说，郑州政权进出长江中游地区是有目的性的和选择性的，而对周围一般遗址的影响很小。

这里从使用量较多的炊煮器鬲的大小来分析。图九二是出土于郑州商城和长江中

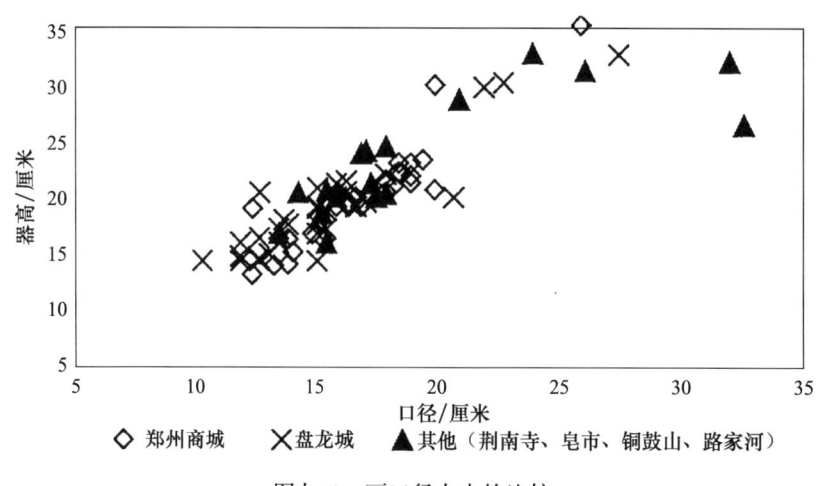

图九二　鬲口径大小的比较

游6遗址的鬲的大小比较图。两地的鬲均集中在口径15、器高25厘米前后。反映了两地之间鬲的制作与使用非常相似。但是，除了盘龙城和铜鼓山遗址之外，其他4遗址虽然鬲的大小与中原一致，但是鬲在其炊煮器中所占的比例却有较大的差异。首先，虽然这4遗址都有鬲出土，但是却仅占极少量，其主流炊煮器仍然是土著系的传统形釜鼎或是巴蜀系的凸肩罐，它们在各个时期都保持一定的高比例，显示其一般的炊煮方式。而盘龙城与铜鼓山不仅鬲的大小相似而且也占到半数以上，是两遗址的主要炊煮器。

另外再从炊煮器的容量来看两地的异同。这里以路家河遗址出土的土著系炊煮器釜的大小来观察其生活方式。正如图八五所显示的那样，路家河遗址的釜可以区分为大、中、小三个群。根据报告书，在许多釜的底部都发现了煤的痕迹，因而其作为炊煮器的功能是可以肯定的。而鬲的容量却很难分出像釜这样的大小不同的群来。由此我们可以推测空三足的鬲，与煮或炊的功能相比，其蒸的功能更合理一些，而煮和炊则使用与其共存的深腹罐或圆腹罐。而圜底的釜或实足的釜形鼎则具备煮、炊、蒸三种功能。因此在分别三种用途时，需要以釜的大小来加以区别。也就是说，圜底的釜或鼎就器形来看，其比较注重煮的功能，这可以与稻作文化特有的炊煮方式有关。而空三足的鬲、甗、斝等器形比较注重蒸的功能，而煮的功能则让位给予其共存的深腹罐、圆腹罐。这与杂谷文化的烹饪方法紧密相关。也就是说在中原地区，日常生活中以陶器的形态来区分炊煮器的炊、煮、蒸的用途，而长江中游地区则像路家河遗址那样是以炊煮器的大小来区分的。

长江中游地区是稻作文化的发祥地，其传统的主食是稻米，而圜底釜是最适合调理稻米的炊煮器，因此自新石器时代以来就普遍使用这种陶器做主要炊煮器。而起源于北方地区的空三足器鬲等中原式炊煮器在长江中游地区的出现，与其说是一般生活需要，倒不如说是随着郑州政权的进入而带来的炊煮器而已，因此它门只在一些据点性的遗址里被大量使用，并没有为其他一般性遗址所接受。当地的一般人群仍然习惯使用它们土著的釜或釜形鼎做炊煮器。这也间接证明了黄河流域与长江流域在食生活上的习惯差异。

长江中游地区在二里头文化时期，汉水及其支流地区的陶器构成与中原地区基本相同，它们与中心地区的遗址相连接形成一个面的分布，但是这一分布趋势并没有波及长江南岸一带。而进入二里冈文化时期后，即使有长江南岸盘龙城的营建，陶器构成所反映的文化分布趋势也并未形成面的分布，而仅在一些特殊的遗址中占据较高的比例，呈现一种点在的分布趋势。而同时期大多数遗址并未发现中原系陶器或仅有少量中原系陶器因素。因此可以说，中国初期国家形成期的长江中游地区至少存在两种形式的陶器构成以及两种形式的聚落分布形态。

第五节 考 察

前4节就已经确认的在中心地区发生的二里冈文化时期陶器组合样式的一元化倾

向，在伊洛·郑州地区、河南北部地区、山西西南地区和豫南及长江中游地区从陶器系统的比例、器类构成、深腹罐和鬲的大小、绳纹技法等方面进行了分析和比较。在这里我们将在考量遗址性质的基础上对陶器组合样式在不同性质遗址中的状况进行探讨。

一、中心地都城、地方城郭、一般聚落

二里冈文化时期的遗址中既有中心地区的都城遗址、地域性的城郭遗址，也有没有任何设防设备的一般聚落。这些性质不同的遗址中的陶器组合样式的异同对我们研究二里冈文化的聚落分布形态和聚落间的相互关系非常重要，以下将在关注这些不同性质聚落间关系的基础上进行分析。

（一）中心地区的陶器样式

带有巨大外城郭的郑州商城在 30 平方公里的范围内分布有宫殿区、铸造手工业作坊、一般居住区、道路等政治、经济和手工业区域，基本具备了一个城市的所有功能。而偃师商城面积小于郑州商城，建有外城和内城，城内也发现了宫殿区、铸造工坊和仓库等遗迹现象。那么这两个城址出土的陶器组合是不是一样，这里将对此进行分析。两城出土的陶器大约 27 类，一般炊煮器除了有鬲 AD、深腹罐 A2、甗 A、甑 A3 和盛食器的深腹盆 A2 及 AD、刻槽盆 A3、大口尊 A1 及 A2、缸 A2、瓮 A4 等之外，还有小口尊 A1 及 A2、簋 A2、豆 AD、鼎 A3、爵 A、觚 A4、斝 A、短颈壶等器类。其中小口尊 A1、爵 A、斝 A、觚 A、短颈壶 A2 等是继承二里头文化以来的器类，而小口尊 A2、簋 A2、豆 AD 和鼎 A3 是二里冈文化新出现的器类。这里以郑州商城为例进行比例的具体分析。二里头晚期遗迹出土的陶器中，食器占全体陶器的 13.4%，二里冈下层期则增加到 19.8%，其中深腹盆 AD 的比例最高。二里冈上层期则大幅增加到 27.3%。白家庄期维持了 27.2% 的相同比例。

再从两城的陶器系统来分析。二里头晚期存在的 D 漳河系、E 岳石系、C 辉卫系等外来系陶器在二里冈下层期仍然有少量发现，但是到了二里冈上层前期则完全消失，陶器系统完全呈现伊洛系和伊洛·郑州系的一元化状况。同时炊煮器的深腹罐急剧减少，鬲 AD 大幅增加的倾向与其他地区相同。

炊煮器鬲 AD 和深腹罐 A2 的尺寸分析如下。二里头晚期两地区出土的深腹罐口径平均值从 20.8 厘米到 18.4 厘米呈现逐渐变小的趋势，同时其变异幅度也从 1.7 厘米缩小到 0.7 厘米，规格化的倾向也很明显。鬲 AD 的平均口径值从二里冈下层期到白家庄期集中在 15.9 厘米到 16.4 厘米之间，二里冈下层后期开始呈现逐渐变大的倾向，而变异幅度没有变化，暗示着鬲 AD 从使用开始就已经规格化。总之，展示了两地域的陶器样式从二里冈下层前段开始呈现齐一化的趋势，到了二里冈下层后期则完成一元化的过程（图九三）。

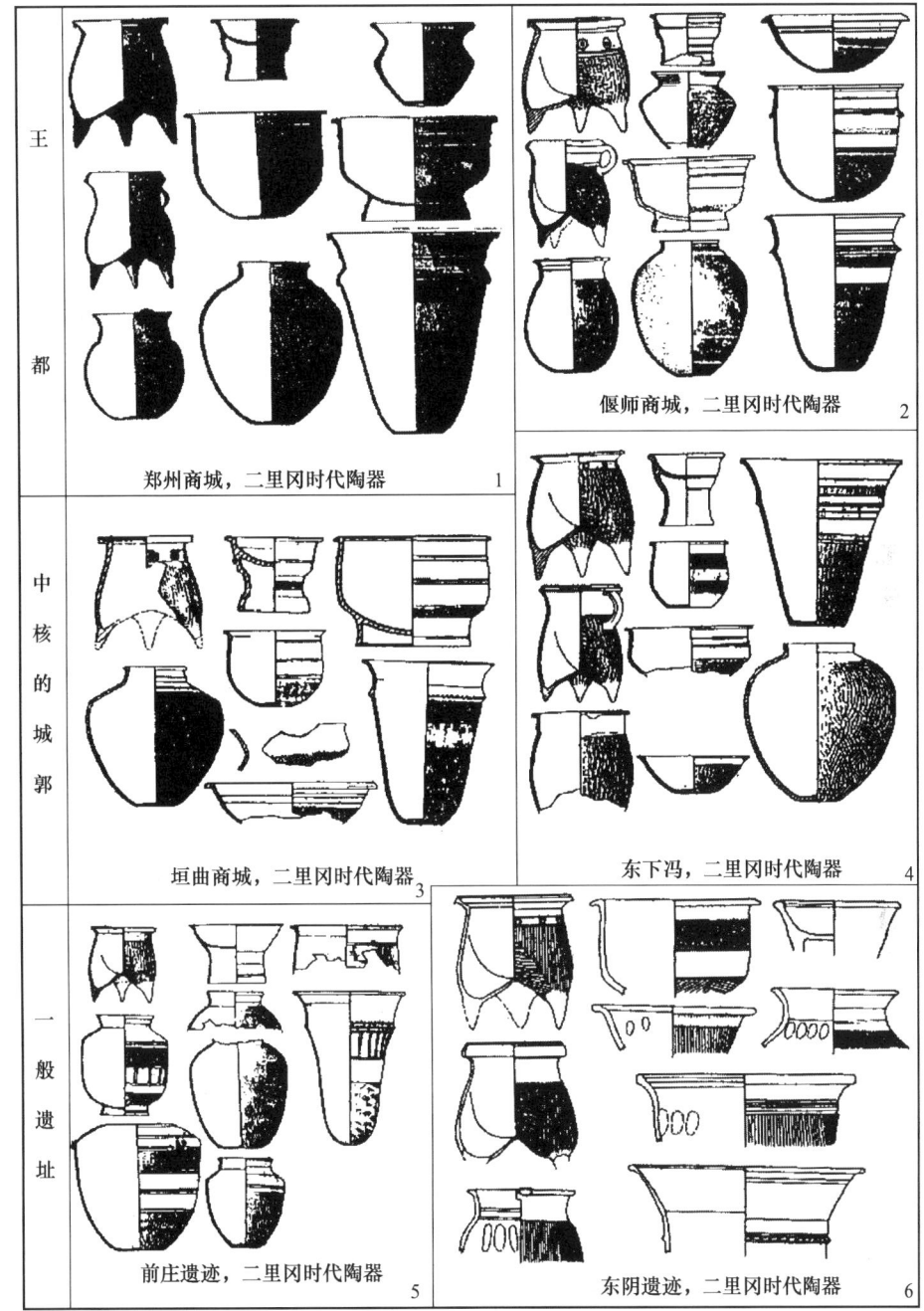

图九三　王都、地方城郭、一般遗址的陶器系统

（二）地域性城郭遗址的陶器样式

属于二里冈文化的地域性遗址有晋西南的垣曲商城、东下冯城址、府城商城、湖北省的盘龙城商城。

府城遗址面积较小，仅有 10 万平方米，在城壁内发现了日字形的建筑祭址，其营造时间在二里冈下层前段，比其他 3 个城址略早。相当于此时的灰坑出土的陶器系统，90.9% 为伊洛系和伊洛·郑州系，其他系统的陶器仅占 10.0%。二里冈上层期较晚阶段则几乎完全一元化为伊洛系和伊洛·郑州系陶器。陶器器类构成中，二里冈下层期的深腹罐 A2 占全体陶器的 37%，呈现较高的比例，而鬲 AD 的比例仅有 11.1%。这反映着地方城郭中炊煮器从深腹罐 A2 到鬲 AD 的转变比中心都市略晚一个阶段。二里冈上层期后段的器类构成与中心地区几乎相同，鬲 AD 占全体陶器的 25.8%，而深腹罐仅占 7.6%。

再来分析山西省西南部的东下冯和垣曲商城遗址。两个遗址的城壁均建在二里冈下层期，这一阶段的陶器系统中，土著系和东太堡系几乎消失，而伊洛系和伊洛·郑州系陶器占到八成以上。到了二里冈上层期更增加到九成以上，陶器系统呈现出与府城遗址相同的一元化倾向。再从器类构成比例来分析。二里冈下层期炊煮器鬲 AD 的比例在两个城址中的比例分别为 25.3% 和 22.7%。进入二里冈上层期后，垣曲商城增加为 33.1%，东下冯为 30.6%，均呈现增加的趋势。此外，大口尊 A2、缸 A2、深腹盆 A2、平底盆 A、甑 A3、簋 A2、豆 AD、瓮 A3、A4 等的比例和府城基本相同。但是中心地区的爵 A、斝 A、盉 A、小口尊 A1、A2、短颈壶 A2 等供器的比例更高这一点则相异。这大概正是中心地区与地方都市的差异所在。

图九四、图九五显示了深腹罐 A2 与鬲 AD 的口径大小。首先来看鬲 AD 的口径变化。二里头晚期的东下冯遗址中鬲口径的变异幅度相当大，但是二里冈下层期开始变小，其变异幅度集中在 14~17 厘米之间。而垣曲商城在二里冈下层期鬲口径的变异幅度仍然较大，但是进入二里冈上层期后逐渐变小。总之，鬲 AD 的尺寸在以上个地方都市遗址中都表现出一致的规格化倾向。深腹罐 A2 的口径如图九四所示。二里头晚期开始小型化，到二里冈下上层期不仅小型化，而且口径的变异幅度缩小，开始呈现规格化趋势。和鬲 AD 一样在三个地方城郭都市呈现相同的变迁趋势[①]。

最后分析盘龙城遗址。位于长江流域的盘龙城商城远离中原地区，是一处带有四面城郭的、中北部有宫殿建筑基址群、一般居民区和城外铸铜作坊遗址、墓葬群的地方城郭都市。由于在城外墓葬群中出土了大量的具有中原传统的青铜容器，而出土的陶器中也以中原传统的二里冈文化特征性陶器为主流，因而表现出与中原中心都市非常一致的文化特点。但是，这里还发现了中原少见的印纹硬陶、灰釉陶、原始瓷器等长江以南常见的土著系陶器[②]。

[①] 秦小丽：《中国初期国家形成过程中的地域间动态》，《古代文明》第 2 集，文物出版社，2003 年。
[②] 秦小丽：《長江中流域地区の地域間交流動態——二里頭·二里岡時代の土器分析を中心として》，《中国の古代文明》，朋友書店，2005 年；秦小丽：《晋西南地区二里头文化到二里冈文化的陶器演变研究》，《考古》2006 年第 2 期；秦小丽：《河南焦作府城遗址陶器研究——对二里头、二里冈文化陶器数量分析的尝试》，《考古与文物》2009 年第 1 期；秦小丽：《史学的な视点から見た中国初期国家形成過程の研究動態》，《遠古登攀》，真陽社，2010 年；秦小丽：《豫北地区二里头时代的地域间关系——以陶器资料分析为中心》，《华夏考古》2008 年第 4 期；秦小丽：《二里头文化时期中原东部地区的地域间动态关系——以陶器资料分析为中心》，《考古一生：安志敏先生纪念文集》，文物出版社，2011 年。

第六章　早商时期陶器种类构成所反映的陶器制作体系及其地域间关系

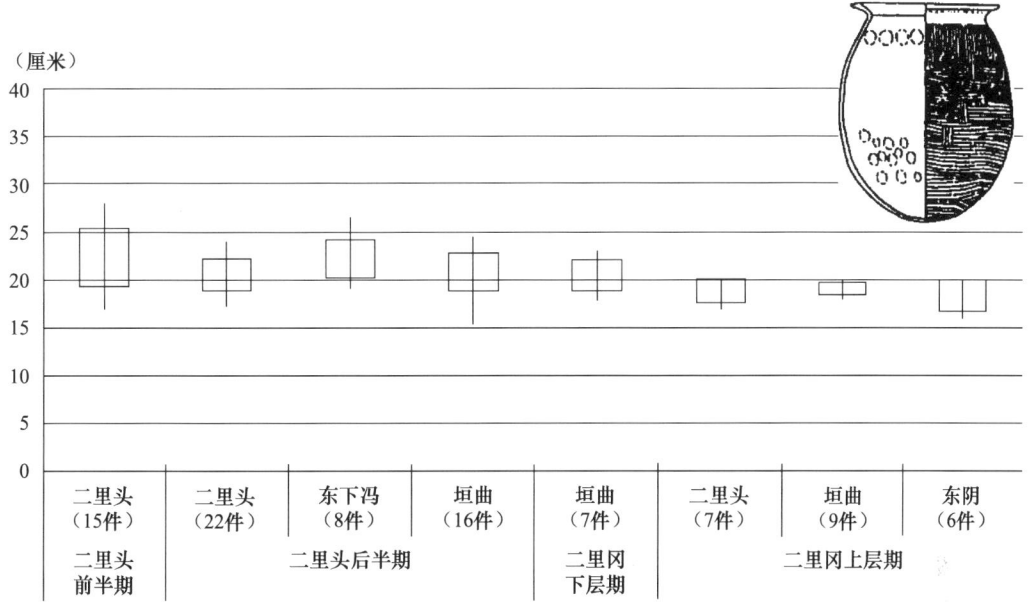

图九四　偃师、郑州商城深腹罐的口径大小

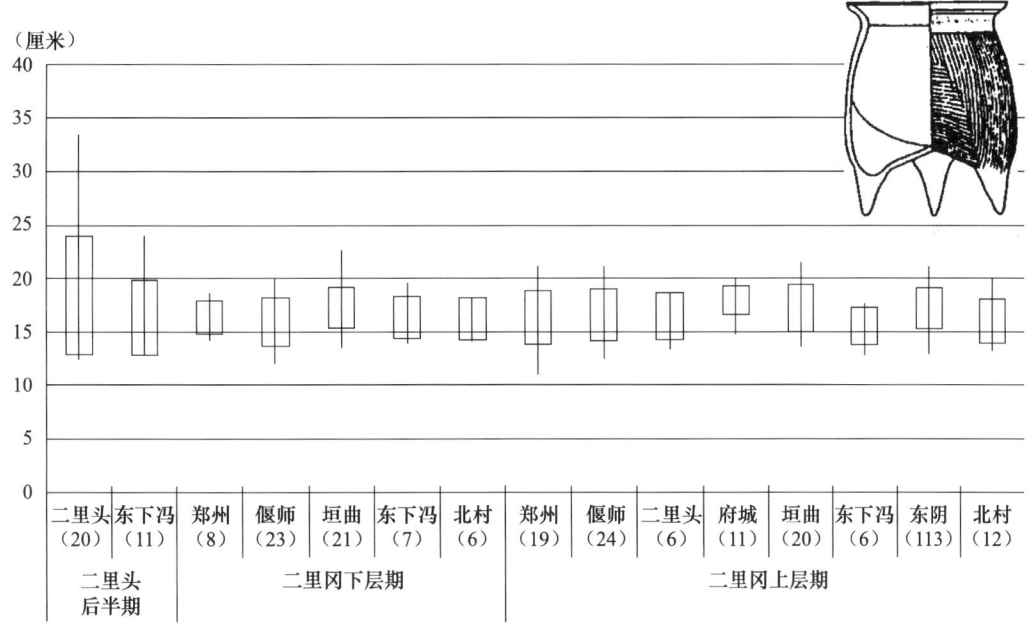

图九五　偃师、郑州商城鬲的口径大小

(三) 一般聚落遗址的陶器样式

伊洛·郑州地区的一般聚落遗址6处，河南北部7处，山西西南部7处，以及长江流域7处。这里将这些遗址区分为二里冈下层期和上层期进行总结分析。

属于二里冈下层期的遗址有二里头、王城岗、西史村、阎河、岔河和孟庄遗址6处。6遗址出土的陶器系统显示，伊洛系和伊洛·郑州系陶器占全体陶器的七成到八成，而与此相对的土著系占25%前后。器类构成中，二里头、西史村、阎河遗址的鬲AD的比例在7.7%～17.6%比较低。而王城岗、岔河、孟庄遗址则占到20%以上。进入二里冈上层期后，以上所述遗址的陶器系统中，伊洛系和伊洛·郑州系陶器占全体陶器的九成左右，显示着明确的一元化组合。器类构成中鬲AD的比例较前期高，占全体陶器的25%，深腹罐A2仅占5%前后，非常低。其他大口尊A2、缸A2、瓮A3、A4、豆AD、簋A2、大口罐A、甗A、甑A3、深腹盆A2、AD、短颈壶A2等成为陶器组合的主体要素，全部17个种类在所有遗址都相同。总结这些一般遗址的陶器样式，可以说日常用的鬲AD、深腹罐A2、深腹盆A2、Ad、甑A3、甗A、豆AD、大口尊A2、瓮A4等均齐全，但是爵A、斝A、壶A、仿铜鼎A3、小口尊A1、A2、瓮A4等则少见。而二里冈下层期鬲AD的比例较低，深腹罐A2占一定的比例这一点，反映着一般遗址中炊煮器从罐到鬲的转变，比城郭都市遗址略晚一个阶段，直到二里冈上层期才完成这种转变。而前一章已经分析过的复合遗址的陶器样式显示从二里冈下层到二里冈上层逐渐一元化的倾向，在一般遗址中也得到确认。这种陶器样式不仅存在于中心地区的郑州与洛阳地区，而且也在晋西南，豫北的同类遗址中普遍存在。虽然陶器系统的构成比例表现出一定的地域差异，但是伊洛系和伊洛·郑州系在所有地区占到75%以上这一点则是共通的。陶器的这种一元化特征在陶器系统之外，还表现在器类构成和炊煮器深腹罐和鬲的尺寸和绳纹的施纹方式方面。

首先总结陶器系统的构成比。中心地区的伊洛郑州地区，在二里冈下层期陈庄遗址中，其伊洛·郑州系的比例占到85%，鬲AD的比例占7.7%，与中心地区的其他遗址相比比较低。二里冈上层期的5遗址中，其伊洛·郑州系陶器占到97%，但是与河南东部3遗址的伊洛·郑州系占87.8%～91.7%相比，土著系之外，还有甗E、器盖E等岳石系陶器占6%前后。而土著系陶器在伊洛地区仅占3%。炊煮器鬲AD在除大河村遗址外，所有遗址均占到全体陶器的25%～33%，而深腹罐仅占15.1%～23.8%，从罐到鬲的转变与复合遗址完全相同。河南北部5遗址均属于二里冈上层期，陶器系统中伊洛系和伊洛·郑州系陶器比中心地区低，大致在75%～91.7%之间。但是鬲AD的比例比伊洛郑州地区高。山西西南部相当于二里冈下层期的遗址有北村、上北平望、西阴3遗址，其伊洛·郑州系陶器占70%～80%，而二里冈上层期的5遗址中伊洛·郑州系陶器占全体陶器的90%以上，显示着较高的比例。

从整体来看，迄今为止有考古发掘报告的单纯的二里冈文化遗址，伊洛·郑州地区有9处，河南北部5处，山西西南部和陕西东部7处，豫南和长江中游5处。从这些遗址中出土的陶器区分为二里冈下层与二里冈上层期来观察，相当于二里冈下层期的遗址有陈庄、西阴、北村、上北平望。分析4遗址中出土的陶器系统，伊洛系和伊洛·郑州系占全体陶器的七八成，而土著系陶器仅占 25% 左右。到了上层期，不仅遗址数量大幅增加到 16 处，而且各个遗址中的伊洛·郑州系陶器分别占到九成，与前期相比变化比较大。

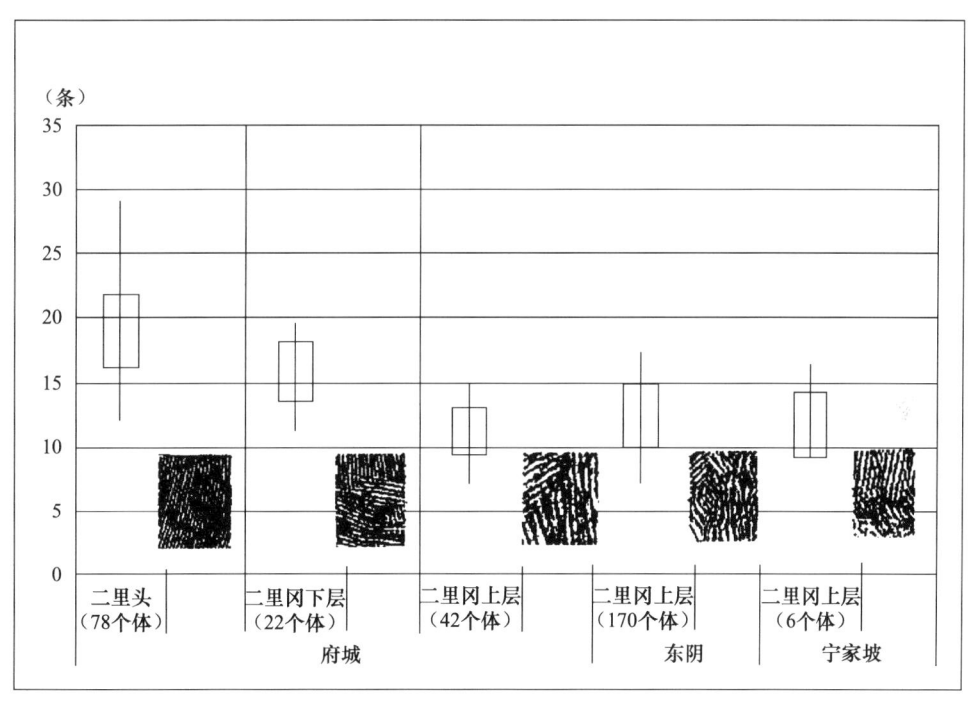

图九六 绳纹条数的比较

再从器类构成来看，二里冈下层期相当的陈庄、西阴、北村和上北平望遗址中鬲 AD 的比例比较低，深腹罐仍然存在一定的量是这一时期的特征。而进入二里冈上层期后，除以上所述 4 遗址之外，还有高寺村、白元、大河村、曲梁、鹿台岗、栾台、柘城孟庄、前庄、宁家坡、东阴、北村、南沙村、辉县孟庄等遗址。这些遗址中出土的陶器构成显示，鬲 AD 的比例比前期高，在所有遗址中均占到 25% 以上。而深腹罐 A2 则仅占 5% 前后。大口尊 A2、缸 A2、瓮 A3、A4、豆 AD、簋 A2、大口罐 A、甗 A、甑 A3、深腹盆 A2、短颈壶 A2 等为主体器类，全部共 17 种在所有遗址中呈现相同构成。但是除了日常用陶器外，爵、斝、觚等器类很少见到这一点则是一般聚落与中心聚落的差异。炊煮器从深腹罐到鬲的变化也较城郭都市晚一个时期，直到二里冈上层期才完成这种炊煮器的完全转换。

图九五所显示的炊煮器的尺寸，横轴表示时期和地区，并以距离郑州的距离远近排列，纵轴表示鬲的口径。图九五显示二里冈下层期口径的变异幅度相当小，上下层均集中在 14～17 厘米之间，总之鬲 AD 的大小从下层到上层期在所有地区均呈现规格化特征。

最后观察绳纹的变化。图九六的横轴表示遗址，纵轴表示每 5 厘米绳纹的条数。在单一的二里冈文化遗址中仅计测到东阴与宁家坡两遗址的绳纹条数，东阴遗址除了甗 B2 之外共计测到 170 件陶器的绳纹条数，其平均值为每 5 厘米 12.3 条，比府城遗址二里冈上层期要细，但是仍然显示较近的关系。而同时期宁家坡 6 件鬲的计测结果显示，其平均值为 11.5 厘米，标准偏差为 9.1～13.9 条。府城遗址二里头后期绳纹条数在 12～29 条之间，变异幅度较大，其平均值是 19.0 条，显示这时期绳纹比较细，标本间的粗细变异幅度较大。但是，进入二里冈下层期，绳纹条数集中在 11～19 条之间，平均值为 15.7 条，显示绳纹在比前期变粗的同时，变异幅度也缩小。到了二里冈上层期，绳纹条数在 7～15 条之间，其平均值是 11.1 条，绳纹进一步变粗，标本间的绳纹变异幅度更缩小。东阴、宁家坡和府城遗址二里冈上层期的绳纹条数非常一致。府城、东阴和宁家坡三遗址虽然处于不同地区相距较远，但是其绳纹条数却显示完全相同的条数，而且也不论城郭的有无、遗址性质是否相同，都显示着相同的施纹和粗细。因此可以说二里冈文化时期不仅陶器的尺寸规格化，而且在制作技法上也显示着高度的超越地域的共同性。这种与制作技法密切相关的绳纹粗细的变异，不仅仅是表面纹饰的变化，也可能反映着两时代之间陶器制作工人集团的不同[①]。

二里冈文化时代陶器组合样式的这种超越距离，超越遗址性质，具有极广泛的共通性是如何形成的需要作进一步的探讨。这里仅以炊煮器甗为线索来试作分析。在作者整理的东阴遗址陶器中，存在土著系甗 A 和伊洛·郑州系甗 B 两种。两种甗和鬲的绳纹条数如图九七所示。甗 A 的绳纹条数在 16～30 条之间，其曲线的最高峰在 22 条上。而甗 B 的绳纹条数在 10～20 条之间，其曲线的最高峰在 14 条上。由此可以看出，这两种甗不仅仅在口缘形态方面有差异，而且在绳纹拍打工具上也有明显的区别。进一步，再就甗 B 和同样属于伊洛·郑州系的鬲的绳纹来对比一下。这种鬲的绳纹条数在 7～17 条之间，其曲线的最高峰表现在 12 条上，这与甗 B 的绳纹趋向非常一致。这种鬲和甗 B 不仅口缘部特征很相似，其绳文条数也一致。因此，可以推测这两种陶器应是出自同一陶器制作集团的作品，这一集团和土著系甗 A 的陶器制作者应是不同的。总之，可以认为，伊洛·郑州系和土著系陶器系统应该是出自两个分别独立的陶器制作集团的产物。若这种推测成立的话，那么，土著系陶器就应该是原住民制作的，而伊洛·郑州系陶器则应有 3 种可能，一是土著的制作者模仿伊洛·郑州系陶器而制作的，另一种可能就是陶器本身是从伊洛·郑州地区搬入的，再一种可能是来自伊洛·郑州地区的工人集团在晋西南地区制作的。不管是哪一种推测，都需要通过今后更为详细的分析来验证。不过，在二里冈文化时代这种具有极其普遍性的陶器一元化的制作背景里，存在着陶器或者工人集团的移动这样一种事实应是没有疑问的（图九七）。

---

① 秦小丽：《河南焦作府城遗址陶器研究——对二里头、二里冈文化陶器数量分析的尝试》，《考古与文物》2009 年第 1 期。

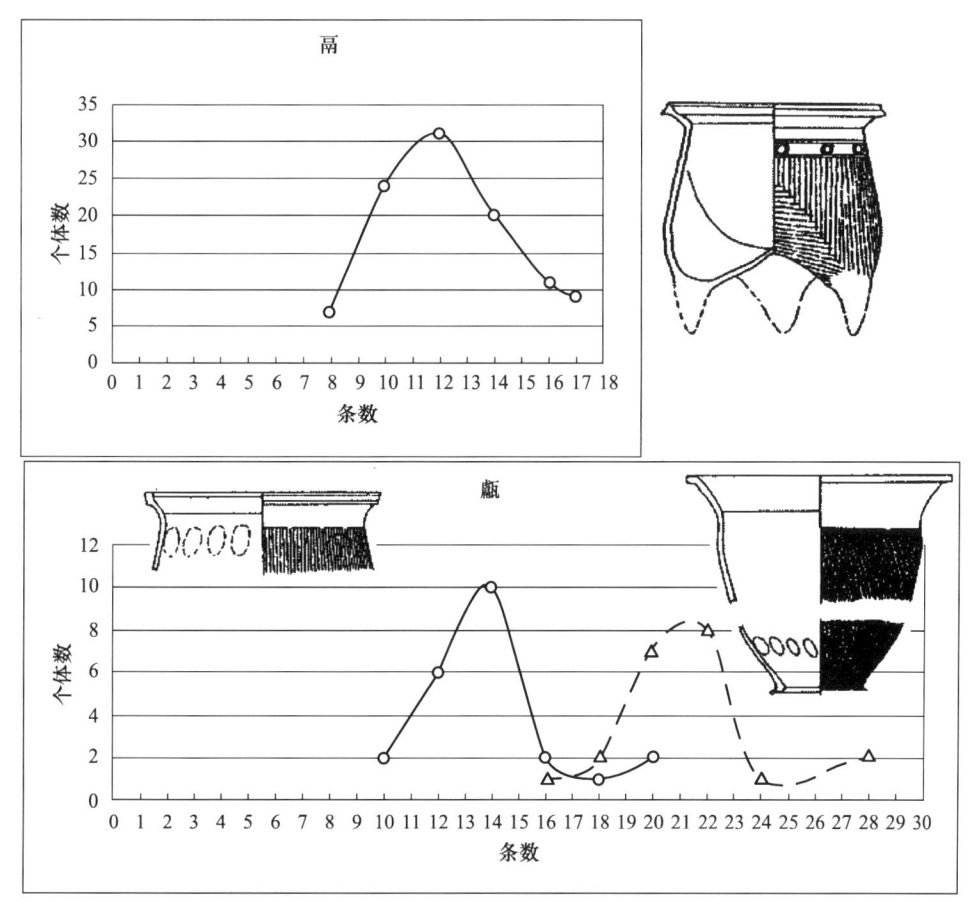

图九七　东阴遗址不同器类绳纹条数的异同比较

本章就二里头文化后期到二里冈文化的转换，以伊洛·郑州地区、河南北部地区、山西省西南部和长江中游地区的陶器资料为中心进行了分析。首先对包含两个时代的复合遗址的陶器组合样式进行了分析。从其结果来看，可以指出的是从二里头文化时期包含多系统类的陶器组合样式到二里冈文化时期具有高度统一性的一元化陶器组合样式的变化这一显著特征。伴随着这一变化，二里头文化时期不曾看到的伊洛·郑州系鬲作为炊煮器替代各种罐类被广泛使用。其尺寸在小型化的同时，还出现了高度划一的规格化倾向。

这种特征不仅在河南北部、晋西南地区、长江中游地区，而且在二里冈文化时期中心地的伊洛、郑州地区以及豫东地区也普遍得到确认。因此可以说，二里冈文化时期的陶器组合样式呈现广泛的齐一性。晋西南、伊洛地区、豫北、长江中游地区在二里头文化时期都是各自具有不同的陶器组合样式的地区，然而，进入二里冈文化时期之后，陶器样式呈现出高度的共通性，而且这种共通性不仅限于器类构成的类似，在陶器的细部特征和制作技法方面也可得到确认。因此，可以认为在二里冈文化时期陶器的这种高度一元化的背后，不仅仅停留在陶器的简单模仿，可能还反映了某种强烈的支配性制度的存在。这种一元化的陶器组合样式，在中心都城的王都、地方城郭都市和一般聚落三类性质不同的遗址中均可得到确认，从这一点也可以推测出产生二里冈文化陶器样式这种共通性的背景里，存在着某种严格的规制。

二里冈文化时期在郑州和伊洛地区分别建立了巨大规模的郑州商城和偃师商城，确立了这一时代的中心地。这两个城址内不仅发现有宫殿基址，还发现有青铜器、陶器、骨器等手工业作坊，充分显示了其王都的性质。这里发现的陶器样式，既有继承二里头文化时期伊洛系的特征性器类，又增加了大量新的器类，而且，大型陶器增多。以此形成了这一时期具有特点的陶器样式。而在二里头文化时期曾各自拥有自我特征的陶器样式的地域单位——晋西南、豫北地区和豫南长江中游地区到二里冈文化时期分别建立了2座或1座城郭。这些地域在二里头文化时期的遗址分布比较稠密，但进入二里冈文化时期以后，随着城郭都市的建立，遗址的数量却急剧减少。一些学者认为这些地方城郭都市的建筑方法以及城内配置等都与偃师、郑州商城极其相似这一点，大概反映了这些地方都市是以郑州商城为中心的郑州政权为实行对地方统治而建设的殖民性都市。二里冈文化时期可看到的陶器样式的这种一元化特征与郑州政权的成立和扩大之间究竟存在着什么样的关系，还有待于今后进一步从陶器样式以外的多方面去进行探讨。

二、陶器的地域间动态

二里冈文化时期在中心地区出现的新的伊洛·郑州系陶器群急速向周边地区扩大的过程中，显现出明显的一元化趋势。

二里冈下层前段是伊洛·郑州系陶器的成立时期。伊洛·郑州系陶器群在这一阶段器类增加，确立了这一时期陶器样式的主要构成要素。这一系统的出现和确立成为时代间转变最明显的体现。也是二里头文化到二里冈文化转变过程最重要的关键。这一阶段首先在郑州和偃师商城形成这一陶器系统值得注意，并成为评价二里冈文化历史地位的一个重要根据。

伊洛·郑州系是随着二里头文化以来的伊洛系而逐渐形成并成为二里冈文化陶器构成的主体因素的。观察郑州商城的陶器样式，伊洛系和伊洛·郑州系陶器群的比例占89.9%，岳石系占5.2%，其余为系统不明者。偃师商城与此相同，伊洛·郑州系陶器占83.9%，漳河系占16.1%，其他陶器系统则完全没有发现。这一时期伊洛·郑州系与伊洛系合计占陶器系统中的绝对多数这一点仅在两个中心都市出现。同时，伊洛·郑州系鬲AD急剧增加，并取代前期的深腹罐成为这一时期的主要炊煮器。

而观察这一阶段其他地区的陶器样式。河南北部的府城遗址仍然以伊洛系陶器为主体，漳河系陶器的比例很低。由于这一阶段陶器资料较少，难以断言，但是与郑州，偃师商城陶器样式不同这一点则很明确。仅仅就陶器系统的分析来看，可以说这一陶器形式的划时代的变化处于二里头第4期和二里冈下层前段之间的郑州商城和偃师商城。

二里冈下层期后段，成立于郑州商城的伊洛·郑州系陶器开始向周边地区扩大。观察郑州商城的陶器样式岳石系较前期减少，97%为伊洛系和伊洛·郑州系陶器，显示着这一阶段陶器系统明确的一元化特征。偃师商城的这一陶器也占到90%。即使周边地区的遗址，其伊洛系和伊洛·郑州系陶器比例也均超过了90%，成为所有遗址的主体构成要素。其他陶器系统则很少见到。

这一阶段的陶器样式在向伊洛·郑州系陶器一元化转化的同时，这种中心地区一元化的陶器样式也开始在周边地区展开，各个地区均出现了陶器的一元化现象。中心地区的陶器样式在短时间内向周边地区扩展的背景，则是以郑州商城，偃师商城为中心的势力，比前代更有影响力，更强大，在这一扩张的背后也许有军事力量的存在。

到了二里冈上层期，陶器系统的一元化范围更加扩大到河南省东部地区。虽然也存在一些陶器种类交替的不同，但是整个陶器样式没有大的变化，保持一种安定的状况。直到此后的白家庄期，陶器样式均没有大的变化。伊洛·郑州系陶器呈现一种安稳的趋势。

三、陶器系统变化的背景

二里冈文化时期伊洛·郑州系陶器群的基础，是在二里头文化第4期时在二里头遗址，郑州商城遗址和偃师商城遗址中开始形成的。这些遗址都是位于中心地区，并带有城郭和特殊建筑基址的遗址。

伊洛·郑州系器类的增加，并形成有特点的陶器群是在二里冈文化下层期前段。这一阶段，郑州商城内城、偃师商城的小城建立的同时，两城内部多处大型建筑基址也在建立中。这些城壁规模的壮大程度与中心地区应有的设施是相符的。

到了二里冈下层期后段，周边地区的一些地方都市也开始建立。山西西南部的东下冯、垣曲商城，河南北部的府城商城以及长江中游地区的盘龙城商城相继建造。而以上诸遗址在二里头文化时期，已经分别建有环壕聚落，或是大型基坛基址，暗示着遗址性质的特殊性。这些地方城郭遗址与中心地区的都城遗址有许多共同点。一些学者认为早商时期的城郭均呈方形，城内的中北部版筑建筑基坛。城壁与建筑基坛的建造均以中心轴略偏东北的方位设计。而且城壁和建筑基坛的版筑方法非常相似，版筑层的厚度和版筑工具的遗留痕迹等都几乎一致[①]。进一步从各个城址内外发现的随葬青铜器、玉石器的墓葬特征来看，中心都市与地方都市也都很相似。这些都显示着王都

---

① 岡村秀典：《農耕社會と文明の形成》，《岩波講座：世界歷史》3，中華の形成と東方世界，岩波書店，1998年。

与地方城郭之间的紧密关系,但是在城郭的规模上中心地与地方都市之间则完全不同。郑州商城仅内城 1870 米 ×1700 米、大约有 300 万平方米,若加上外城郭则更大。偃师商城的大城有 1710 米 ×1240 米。而与此相对的府城商城仅 279 米 ×266 米,垣曲商城是 400 米 ×350 米,东下冯是 670 米 ×370 米,盘龙城是 290 米 ×260 米,位于周边地区的 4 座城址的面积仅是中心地区王都城址的二十分之一,显示着非常大的差异。因此可以指出早商时期中心与地方城郭存在着明确的规模大小区别制度。再从遗址分布现状来观察,随着城郭遗址的出现二里头文化时期曾经分布的遗址大多数废弃,显示了与二里头文化完全不同的分布状况。这暗示着二里头文化与二里冈文化在各地域存在着明显的文化断层。而在二里冈文化晚期的白家庄期,这些城郭遗址包括中心都市的郑州,偃师的 6 座城址在短时间内相继废弃。这都暗示着二里冈文化的中心与地方城郭之间不可分割的密切关系。这种关系不是基于一般的地域间交流而形成,而是反映了在中心都市形成的规格化的都城制度,在各个地方实现的结果。既地方城郭遗址是根据中心都市统治者的意图和计划而设计建设的地方性据点或功能性城址。

而与中心都市密切相关的地方城郭的出现,正好与二里冈文化一元化的陶器组合样式向周边地区扩大的时期一致。因此可以认为二里冈文化陶器样式在地域的一元化正是以郑州、偃师商城为中心的势力向周边地区的强势侵入和对地方支配的具体显现。而一般聚落遗址陶器样式的一元化特征的出现略晚于地方城郭遗址,直到二里冈上层期才明显化。这也许反映着以二里冈下层期后段建立在地方的城郭都市为据点,向其周边地区扩大的陶器样式一元化的进程。因此二里冈文化时期陶器样式正是以中心都市、地方城郭都市、一般聚落遗址这样突显阶层性的进程向周边地区扩大的状况[①]。

---

① 秦小丽:《中国初期国家形成過程における地域間動態》,2002 年に日本京都大学大学院文学研究科に提出した博士論文。

第七章　早商城市文明的形成及经济运营模式对晚商和西周城市的影响

以郑州商城为中心的 6 座城址在二里冈上层晚期的白家庄期相继废弃，使持续了 300 多年的早商政权处于崩溃状态，然而这种崩溃却不像代替前期的二里头文化那样改朝换代，而更像是一种来自自身的内部革新。因为在郑州商城废弃的同时，在距离郑州商城西北约 20 公里处，一个新的商代聚落随之建立，即小双桥遗址。1989、1990 年进行田野发掘，查明其面积约占 150 万平方米，并发现多处夯土台基、青铜冶铸遗迹和祭祀坑等。遗物中除了大量陶器、石器外，引人注目的是发现了铜质建筑构件及铜质容器、武器和工具等。而石器的形态也比较特殊，不同于以往郑州商城常见的石器，而是一种多见于山东岳石文化的长方形穿孔镢形器，显示其包含一定岳石文化的因素[1]。以早商文化为代表的郑州政权结束之后，经历小双桥时期的迷乱，并没有改朝换代，而是将权力的中心地转移到了安阳——今天考古发掘已经证实了的殷墟遗址，正是商王朝后期的统治中心。而位于殷墟外围的洹北商城是延续郑州的建城传统在安阳建立的第一个都城。这是一处超过 400 万平方米，建城方位与郑州商城、偃师商城一致的城址。城内中南部发现了大量夯土台基，且排列密集有序，据推测可能是宗庙或宫殿类建筑基址[2]。在洹北商城周边地区更是发现了诸多随葬青铜器的墓葬。比如目前发表的资料有三家庄、董王度、花园庄等多次发现青铜器的报道。

洹北商城作为连接郑州与安阳的一个中间环节，正好介于早商文化与晚商文化之间，它的使命也正如它所在的位置一样，被一些学者命名为中商文化[3]。这不仅从考古学年代上，还与文献史学的记载非常相符，虽然从考古遗址所显示的聚落分布上中商文化早期仍然在郑州地区，中晚期才转移到安阳一带的事实让人略有违和感。但是在时代进入殷墟文化之前，安阳外围的洹北商城是支持中商文化存在的最大理由这一点不容置疑。而建有大型城郭以及出土陶器等遗物所显示的考古学特征都暗示着洹北商

---

[1] 河南省文物考古研究所：《1995 年郑州小双桥遗址的发掘》，《华夏考古》1996 年第 3 期。
[2] 中国社会科学院考古研究所安阳工作队：《1997 年安阳洹北花园庄遗址发掘简报》，《考古》1998 年第 10 期；中国社会科学院考古研究所安阳工作队：《河南安阳洹河流域的考古调查》，《考古学集刊》3，中国社会科学出版社，1983 年；中国社会科学院考古研究所安阳工作队：《安阳洹河流域几个遗址的试掘》，《考古》1965 年第 7 期；中国社会科学院考古研究所、美国明尼苏达大学考古实验室：《安阳洹河流域区域考古研究初步报告》，《考古》1998 年第 10 期。
[3] 唐际根：《中商文化研究》，《考古学报》1999 年第 4 期。

城为代表的中商文化与郑州商城为代表的早商文化更接近一些。从考古学特征上真正显示变化的是以安阳为代表的晚商文化。无论是陶器、铜器、玉石器等出土物，还是中心聚落的布局、规划以及对外围诸地域的统治形式，同时期周边地区遗址的分布状况等，以安阳为统治地的晚商文化都与早商文化有紧密的联系而又显示着较大的变化。如果说城郭的建立是早商文明的特点之一的话，那么晚商文化的明显不同就在于中心统治地不设城郭这一点，而且这种特征一直持续到改朝换代之后的西周文化时期。那么早商文化时期形成的这一套政治统治制度和经济运营模式对其后的殷墟文化直至西周王朝时期的影响又是如何的呢？本章将对这个问题进行简单分析。

安阳殷墟遗址是 20 世纪开始考古发掘的最早的遗址之一，也是取得成果最显著的遗址[①]。它的发掘从 20 世纪 30 年代开始大约持续了将近一个世纪，并且迄今还在大规模地进行计划性发掘。这里的考古资料足以为我们研究这一时期的政治体制和经济运营提供充足的分析根据。殷墟遗址内除了大型宫殿基址和大量王陵以及墓葬群之外，还发现了大量手工业作坊遗址和大型窖藏遗迹。

殷墟出土遗物中石质工具不仅种类和数量非常丰富，而且出土状况引人注目。在 1982 年度殷墟第三次发掘中，小屯北侧的 B14 坑内一次性发现了石刀 1000 多件[②]。而查阅以前的发掘史，则发现在 1932 年小屯村北的 E181 方形坑内也发掘出土了包括 444 件石刀和 78 件蚌器在内的甲骨、白陶、玉石器和铜器等大量遗物[③]。而在 1932 年以来的第 2 次到第 7 次发掘期间，一个坑内出土 100 余件石刀的坑有许多。其总数量达到 3640 余件[④]。由于目前还没有对其使用痕迹以及实物观察的详细研究，我们不清楚这些被放置在窖藏内的大量石刀是使用过的还是完全没有使用痕迹的新品，但是仅从这么庞大的储藏数字来看，就可以说明这里曾经是殷墟的石刀类工具的仓储区域。而它的生产场所虽然没有明确的考古发现证据，但是根据石璋如的研究[⑤]，这些石器的原材料的大半，都是采自安阳附近西部的宝山，由此可以推测它们的生产地也不会太远，应该就在殷墟内或是其附近的某个地方。殷墟遗址内也发现了郑州商城以来已经发现的制骨作坊和冶铸铜器的作坊，这些作坊除了规模远大于郑州以外，其产品种类、所在位置以及冶炼方式都没有太大的变化。殷墟遗址内发现了集中分布的青铜铸造中心地，它的规模之大是郑州商城无法相比的。1959~1960 年在小屯东南部的苗圃北地发

---

① 中国社会科学院考古研究所安阳工作队：《殷墟发掘报告——1958~1961 年》，文物出版社，1987 年；中国社会科学院考古研究所安阳工作队：《1986~1987 年安阳花园庄南地发掘报告》，《考古学报》1992 年第 1 期；中国社会科学院考古研究所安阳工作队：《1975 年安阳殷墟的新发现》，《考古》1975 年第 4 期。
② 李济：《民国 18 年秋季发掘殷墟之经过及其重要发现》，《安阳发掘报告》第二期，1929 年；郭宝钧：《安阳殷墟 B 区发掘记之一》，《安阳发掘报告》第四期，1933 年。
③ 《第 7 次殷墟发掘，E 区工作报告》，《安阳殷墟发掘》第四期，1933 年。
④ 《第 7 次殷墟发掘，E 区工作报告》，《安阳殷墟发掘》第四期，1933 年。
⑤ 李济：《殷墟有刃石器图说》，《"中央研究院"历史语言研究所集刊》23，《傅斯年先生纪念论文集》下册，1952 年。

现了面积约 1 万平方米以上的铸造作坊，共出土了 4000 多个陶范①。此外还在小屯村和薛家村等发现了分散的铸造作坊②。与此同时，其青铜产品的数量和种类也比前期大幅增加，显示了前所未有的青铜器生产的鼎盛时期。但是在制作方法和技术方面基本是在前期的基础上进行的，而制作经验成熟度所显示的技术娴熟和艺术的高超则是前期无法相比的。骨角牙质产品的生产也基本沿袭前期，1958 年在殷墟王都内的小屯西部 3 公里处的北辛庄发现了一处制骨作坊，虽然其总面积不甚清楚，但是仅在发掘的 247 平方米内的一个坑内就发现了骨材料、废料以及骨制品，半成品等合计 5000 余件③。骨材质的种类有牛、马、猪、羊、狗、鹿等，其中以牛骨和猪骨最多，还有少量鹿角骨。半成品中的大部分是骨笄、笄头部以及骨锥类器具，因而显示了与郑州商城几乎相同的器类，而从骨半成品的观察中则可以看到这是一处专门制作骨笄的手工业作坊，并有一套完整的取材、切割、磨制的制作流程。而郑州商城发现的制陶作坊则在殷墟内尚未发现。

总结以上比较可以发现，以殷墟为代表的晚商时期的手工业作坊在王都内的布局以及生产状况与早商时期相比除了规模大幅扩大外变化不大，包括手工业门类的选择、材质的利用以及制作技法等都完全继承了早商时期的方法。而城内建筑台基所反映的宫殿、宗庙等设施也与此大致相似，但是除了规模扩大以外，一个明显的变化就是在建筑台基下发现了大量的殉葬坑，除了动物骨骼之外还有殉人，从此开始了中国埋葬制度史上一段残酷的殉人制度历史，并一直持续到秦统一中国之前的整个先秦时代。

殷墟之后的西周时代则是自早商以来的首次改朝换代，自恃强大的晚商王朝最后被偏居西北的周人所击败，并在远离殷墟的陕西省西部的周原地区建立了首都以运营这个发家于西北部的新王朝。尽管在商代强大的同时，周人已经在远离商王朝中心地的西北经营自己的传统文化，但是一旦掌握了政权之后，他们并没有保守、狭隘和排斥商人的先进文化因素的浸透，而是毫不犹豫地吸纳。因而使得早商以来建立起来的政治统治体系和经济运营模式在改朝换代之后也并没有中断，而是更加完善和得以积极地发展。首先来比较晚商与西周时期的手工业状况。在西周的首都丰镐二都遗址内，都发现了西周早期的铸造作坊遗址，但是规模不大。在马王村的一个大坑内发现了一群陶范，显示这里曾经是制作青铜礼器的作坊④。而在张家坡的一些住址内则发现了许多车马器铸造范型，暗示着这里或是周围附近曾经是铸造车马器的工坊⑤。而在东都洛阳东郊的泰山庙也发现了一处铸造铜器的遗址，在一个大坑内发现了许多诸如瓿等铜

---

① 周到、刘东亚：《1957 年秋安阳高楼庄殷代遗址发掘》，《考古》1963 年第 4 期；石璋如：《小屯殷墟建筑遗存》，台北：中央研究院历史语言研究所，1959 年。
② 薛家村铸铜作坊资料尚未发表，本文根据《中国考古学·夏商卷》。
③ 中国社会科学院考古研究所安阳工作队：《殷墟发掘报告——1958～1961 年》，文物出版社，1987 年；中国社会科学院考古研究所安阳工作队：《1986～1987 年安阳花园庄南地发掘报告》，《考古学报》1992 年第 1 期。
④ 西安市文物管理处：《陕西长安新旺村、马王村出土的西周铜器》，《考古》1974 年第 1 期。
⑤ 中国社科院考古研究所：《长安张家坡西周铜器群》，文物出版社，1965 年。

礼器陶范，应该是西周早期的铸铜作坊[①]。这时期的铜器制作与殷墟以来的技术没有太大的变化。但是进入西周中晚期之后，铸造技术开始革新，首先是一范多次使用的技术，不同于殷墟时期陶范均是一次性的使用，因而生产量受到限制，西周中期以后的一范多次使用后，在生产能力和效率上有了很大改善。其次是铜器部件分别制作，然后接合的方法。这使得一些附加繁杂耳扳或装饰性立体纹饰的制作成为可能，因而使铜器的外形多样化。其次是陶器制作普遍化和专业化，并成为手工业门类的一个重要部门，由专门的集团来担当。在技术面上也采用了快速轮制的方法大幅提高生产效率。在扶风云塘[②]、张家坡和曹家寨遗址发现了骨器制作工坊。在一个直径近7米的大坑内发现了大量骨角镞和笄的成品与半成品及砺石，显示这里是一处专门制造镞与笄的制骨作坊[③]。这与郑州商城以来是一样的。

此外在周原的齐家遗址还发现了玉石玦的生产工坊，这里出土了大量的玉石玦的材料、半成品以及废料。这也是首次在都城遗址内第一次发现玉石制作工坊。齐家玉石玦制作地北临云塘制玦作坊和云塘齐镇大型建筑遗址，总面积约5000平方米。根据2002~2003年的发掘，出土了灰坑97座、墓葬41座以及房址5座，其中与制作玉石玦有关的遗迹有灰坑42座、房址4座。这里出土了制玦废料、石玦残次品以及制玦工具三大类[④]。根据孙周勇的研究，这是一处规模很大的手工业作坊[⑤]。仅石片、石渣及未加工的原料就有约870千克，分布在42个灰坑内，残次品等毛坯、圆饼、圆环及环玦等总重量约183千克，合计35 993枚。而制玦工具包括石钻、敲打石、砺石、石砧、石钻帽、石锉、分割器、石凿等共计1163件。此外在作坊区域内还发现了石刀以及毛坯108件。齐家石玦的规模与生产量表明这里的石玦产品已经具有了商品的性质。暗示着齐家遗址不仅是政治与宗教的中心，还可能是一处手工业生产与商品交流的中心地。反映了中国都城的功能在西周时期已经由政治宗教中心开始向经济中心过渡的可能性。

西周时期的都城遗址与殷墟一样也没有发现城郭，无论是早期的周原地区还是中晚期的丰镐遗址。但是都城内均有大型台基建筑基址，岐山京当的凤雏宫殿基址和召陈村建筑基址的发掘为我们了解西周时期的宫殿形式提供了根据。首先来看西周早期的凤雏宫殿基址，这组建筑在南北长46、东西32.6米台基上的家屋式建筑，由在前后厅和殿堂以及东西两侧对称分布着各一排8间房子，北端一排3间合计共19间各室组

[①] 洛阳市文物工作队：《1975~1979年洛阳北窑西周铸铜遗址的发掘》，《考古》1983年第5期。
[②] 陕西周原考古队：《扶风云塘西周骨器制造作坊遗址试掘简报》，《文物》1980年第4期。
[③] 中国社会科学院考古研究所：《沣西发掘报告》，文物出版社，1963年。
[④] 罗西章：《扶风齐家村西周石器作坊调查记》，《文博》1992年第5期；周原考古队：《2002年周原遗址（齐家村）发掘简报》，《考古与文物》2003年第4期。
[⑤] 孙周勇：《西周制玦作坊生产遗存的分析与研究——周原遗址齐家制玦作坊个案研究之一》，《三代考古》（三），科学出版社，2006年。

成①。这种形式的建筑结构与二里头开始，经历郑州、偃师到殷墟的宫殿建筑形式基本相同。同时与府城、盘龙城发现的宫殿式建筑基址也基本相同，只是其规模的大小各不相同而已。因此以前堂和后室建筑一体紧密结合的结构形式，表明王室政务与贵族私生活分布在同一空间的事实。这也许是根据中国特有的宗法制度而建立的独特建筑。西周晚期的召陈建筑基址位于凤雏建筑基址东南约2500米处，在基址的外侧有一条宽10、深5米的壕沟，可能是一条防御性壕沟②。基址内共发现4座台基建筑分东西两列分布，其中3号基址比较特别。另外在召陈建筑群中发现了大量板瓦和筒瓦，是除了郑州商城外的又一处遗址。中国最早的瓦可能出现在西北地区的齐家文化时期，但是由于资料没有发表不能断定，而目前发表资料最早的就是郑州商城③。此外在客省庄西周遗址中还发现了没有烧制的瓦坯，可能是烧制瓦的手工业作坊。以往认为西周之前房屋用瓦还没有发生，但是现在至少知道早商文化的郑州商城就已经有了成熟的房屋用瓦，而且其瓦的形态与召陈发现的瓦非常相似，都在表面施绳文，只是郑州仅发现板瓦未见筒瓦，而且瓦的表面也没有见到西周时期的施复杂纹饰的板瓦。

---

① 陕西周原考古队：《陕西岐山凤雏村西周建筑基址发掘简报》，《文物》1979年第10期。
② 陕西周原考古队：《扶风召陈西周建筑基址发掘简报》，《文物》1981年第3期。
③ 河南省文物考古研究所：《郑州商城宫殿区商代板瓦发掘简报》，《华夏考古》2007年第3期。

第八章 结　　语

1. 早商文化的形成

郑州地区的早商文化的形成，是河北北部下七垣和山东岳石等外来文化经过豫东开封一带、进入郑州地区与当地二里头文化融合而形成的，因这一遗存首先在郑州西郊的洛达庙遗址发现，故可称之为先商洛达庙类型。这类遗存在郑州商城内城下面分布较广，文化内涵也十分丰富。目前郑州商城内发掘的地点有黄委会青年公寓、紫荆山路中段、电力学校、北大街菜地等。重要遗迹有面积约 300 万平方米的郑州商城内城、夯土基址、夯土水井、陶窑、墓葬等。它代表的是先商文化最后的一个阶段。通过对洛达庙遗存和二里冈早商文化的比较分析，我们认为郑州电力学校 H6 为代表的文化遗存是洛达庙类型向二里冈下层二里冈 H9、南关外 H62 的过渡期文化，二里冈文化是洛达庙类型的自然延续。

洛达庙类型在郑州一带形成以后，开始向外扩张，其发展线路方面主要分北、西、和南三条，最主要和最清楚的一条是向二里头文化腹地——二里头遗址发展。偃师商城就是在这一背景下出现的。偃师二里头、黄河北岸的辉县孟庄、陕西南沙村、湖北李家湾遗址、盘龙城等遗址的早商文化遗存都是洛达庙文化扩张的结果。

因此，二里头文化的四期已经进入早商文化，早商文化第一阶段的特征是以洛达庙类型的特征体现的，而学术界认为的郑州商城 C1H9 为代表的陶器如鬲、甗、罐等器物的形制特征都比较规范，实际上它代表的是早商文化的第 2 个发展阶段。

2. 早商城址的发展

我们把早商时期的城址演变大体分为三个时期。

第一期，以郑州商城内城、偃师商城小城为代表。该阶段是商代城址的形成和初步发展时期，城墙基础有无基槽或浅基槽。陶器总体表现出混合型文化的特征，主要是二里头文化和下七垣文化以及岳石文化的混合体。

第二期，以郑州商城外郭城、偃师商城大城为代表。本期晚段湖北盘龙城开始有城。该期是早商城址大发展的时期，郑州大师姑、焦作府城、垣曲商城、湖北盘龙城、东下冯商城也已经出现。同时也是郭城出现和发展的时期，郑州商城外郭城、偃师商城大城、新郑望京楼郭城、湖北盘龙城外郭城都在此时兴起。陶器可以分 3 个阶段，表明该期存在的时间较长，已是十分成熟的商文化，各地区考古学文化特征都比较接近。

第三期，以小双桥遗址和洹北花园庄商城为代表。小双桥遗址虽然没有城墙发现，但有宫城和巨大的遗址面积，表明它具有都城的性质和突出的文化特征。花园庄商城在黄河以北的安阳出现以后，整个商文化的中心移居太行山以东地区。

3. 早商时期的都城制度

早商时期都城有如下几个特点：一是都城居中。如郑州商城，是当时的政治、军事、经济中心。第一它是位于"王畿"的中心。郑州商城周围则密集分布有规模大小不一的中小型聚落。第二它是位于方国的中心，如郑州商城北部有焦作府城，西北有垣曲商城、夏县东下冯商城，南部有望京楼商城，西部近处是大师姑商城，较远的是偃师商城。第三它是位于早商王朝统治区域的中心。早商文化向西已经分布到三门峡和陕西关中地区，如陕县七里铺、华县南沙村、西安老牛坡等遗址都发现典型的早商文化遗存。二是城郭制度出现。从考古资料分析，郭城的出现是在早商文化的第二个发展阶段，郑州商城是在内城修起来使用过很久以后才修外郭城的，目前早商时期带有郭城的城址有四处：郑州商城、偃师商城、望京楼商城和黄陂盘龙城。郑州商城内城保护对象均为宫殿遗址、祭祀区等，规划得比较规整。郭城内分布着居民点、手工业作坊、墓葬区等设施。郑州商城内城主要为商王宫殿分布区，占据了城内北部、中部的大部地段，城内不见平民居住区、墓地及各类手工业作坊。三是"王畿"制度的萌芽。郑州大师姑夏商城址，东南22公里为郑州市区。新郑望京楼商城，北距郑州市35公里。偃师商城西距离郑州不足100公里。这些城址面积大，距离郑州比较近，特别是新郑望京楼城内也有大面积的宫殿基址。因此当是君王经常居住往来之地。此外我们发现在郑州周围约100公里的范围之内早商时期的遗址特别多，而且考古学文化面貌十分一致。从考古类型学观察这一广大地区是二里冈文化的中心区，或者说是商王朝直接控制的王畿地区。四是都城与王畿的迁徙制度。郑州商城周围密集分布有规模大小不一的中小型聚落。郑州商城周围共发现早商遗址40余处，但到了花园庄期以及以后的殷墟时期，这里的商城遗址均已废弃，遗址不足5处。类似的情况在洛阳更是如此。但到了花园庄期以及以后的殷墟时期河北省南部，河南省北部的安阳、濮阳等地，原来没有二里冈文化遗址的地区则出现大量的这个时期的遗址。太行山东麓、漳河流域较多的早商晚期遗址的出现，洹北花园庄商城聚落群的形成成为早商聚落东进北上的代表。与此形成鲜明对比的是郑州商城开始进入废弃阶段。这恰恰反映出商王朝经营重心的转移，王畿内居民也随之迁移。

4. 早商时期城市的经济体系

早商文化时期的郑州商城不仅有内城，而且还有郭城，城内布局已经完全具备了城市的定义，宫殿群和祭祀场所所代表的政治中心，各种手工业作坊区域，一般民众的居住区，代表城市设施的池苑及供水和排水道系统、城门、水井、城内外道路、壕沟、埋葬区等，体现了政治与经济中心兼有的性质。

郑州商城、偃师商城这些中心性综合城址的出现，它们不仅面积规模大，而且除了中心宫殿性基址之外，大都发现了不同性质的手工业作坊、一般居住区和祭祀性礼仪基址。这些变化与防御性城堡的最大不同就是城市体现诸功能的出现。首先是体现政治性功能的、有一定规模的中心宫殿基址和祭祀性建筑基址在城内发现。这体现了城市的形制已经由早期的军事性防御发展为政治性统治中心的特点。其次是城址内布局成熟的各种手工业作坊的分布格局，比如郑州商城。城南和城西的铸铜作坊，城北的制骨作坊和制陶作坊等分布明确。而且在手工业作坊内部还有了行业的内部分工，比如郑州商城内的两处制陶作坊与两处制骨作坊等不仅仅是数量上的规模增加，而且因为手工业内部分工的需要，他们分别制作不同用途和器类的陶器与骨器。第三是城内除了体现政治性特权阶层居住的宫殿台基外，还在城内远离宫殿区的周边地区发现了各种劳动者或一般居民的居住区。这些布局性特征都显现了一个完整的政治性与经济性不可分离的城市特点，而郑州商城就是这种城市的典型例子。郑州商城的建城年代虽然早于偃师商城，但二者并行使用了相当长的一个时期。内部设施也有不少相同之处，但是规模和出土物却非常不同，显示了两座城址在建造之初就有功能上的区别。郑州商城作为早商初期唯一的中心城市，它的规模与布局的完善显示着当时城市设计与建造的最高水平。

郑州商城外城郭内完备的手工业作坊的配置，为中国古代城市布局之先河。因为手工业作坊在城内外城郭部的设置，表明城内平民居住区以及由此而必须出现的相关设施在城市内的存在。它使以政治和王权至上的城市设计理念发生变化，将维系社会运转的经济元素考量其中，并将它们设计在政治权力中心的城市范畴内。显现了经济因素在国家统治中逐渐占有重要的地位。

早商城市文明的形成与其之前的夏代国家文明在内在支配与外在形式上的不同，就是经济形态和在政治上强权统治的证据，也就是有些学者已经提出的特权阶层对空间的控制和支配。这种空间的控制和支配包括政治性的统治体系和经济性的支配模式以及政治与经济不可分割的相互依赖的社会循环系统。

都市出现以及阶层性聚落分布的外在性质显示了早商都城在政治上的强权统治，而它的统治内容以及运营系统除了从对自然资源的控制以及由此设置在各地的地方性城址和大小不同的聚落的层层支配关系的推测之外，还没有有力的证据来证明它们内在的具体运营系统以及与经济不可分割的依赖关系。早商时代的聚落分布特点是中心都市、功能性城址、出土礼仪性特殊遗物的窖藏遗址与墓葬以及专业性聚落遗址的空间分布形式。

经济是政治的基础，经济模式决定了政治体制。早商王朝时期的都城配置也正是它社会结构的反映。都城具有强烈的空间控制色彩，空间控制权力被政治上的统治者所垄断，城内布局不仅明显，而且有了明确的规划理念。除了中心的郑州商城之外，这些地方城址无论它的大小或城内设置的异同，它们都不是一个完整的城市，但是都有某一方面的特别功能。而那些以生产某一种产品的专业性村落遗址更是这种规划下的特殊产物。因为这样高度专业化的生产作坊需要一个对原材料和生产成品流通的统一规划和统领，或是计划性指令。也就是说它们之所以成为专业生产作坊而不是一个自给自足的村落，是因为在整个社会系统的运转中只需要它们生产某一种产品就能生存。而决定它们生产哪一种产品则有两种可能，一种是市场的需要，另一种就是被要求，而原材料的得手和产品的去向则由那些命令它们生产的机构来完成，或者是通过生产者之间的协调自己解决。早商时代后一种形式的可能性比较大，应该是早商统治集团当时的一种统治形式，这种形式体现为对空间领域强有力的支配模式，而城址和专业化村落的出现就是这种形式的体现。当然这种对空间的支配形式究竟是直接由郑州来控制还是由次一级的地方性城址为代表的机构来管理则值得探讨。尽管许多学者从地方城址与资源的关系以及遗址大小的等级关系作了很多的推测和分析，而本书认为通过对出土遗物的详细观察和研究才是真正明确这一关系的根本基础。

附 表

早商城市文明的形成文献资料集成表（部分）

省名	地市名	遗址	时代	作者	简报·报告名	书·期刊名
河南省	平顶山市	蒲城店遗址	二里头文化	河南省文物考古研究所、平顶山市文物局	河南平顶山蒲城店遗址发掘简报	《文物》2008-05
河南省	郑州市	岔河遗址	二里头·二里冈	李维明	郑州市岔河遗址1988年试掘简报	《考古》2005-06
河南省	鹤壁·淇县	调查报告	晚商	夏商周断代工程朝歌遗址调查组（王迅执笔）	1998年鹤壁市、淇县晚商遗址调查报告	《华夏考古》2006-01
河南省	荥阳市	薛村遗址	二里头晚-早商	河南省文物考古研究所	河南荥阳薛村遗址2005年度发掘简报	《华夏考古》2007-03
河南省	荥阳市	大师姑遗址	二里头·二里冈	郑州文物考古研究所	郑州大师姑（2002~2003）	科学出版社，2004年
河南省	三门峡市	南家庄遗址	仰韶-二里头	河南省文物考古研究所	河南三门峡南家庄遗址的调查与试掘	《华夏考古》2007-4
河南省	偃师市	二里头遗址	二里头	许宏、赵海涛、王丛苗等	河南偃师市二里头遗址宫城及宫殿区外围道路的勘察与发掘	《考古》2004-11
河南省	偃师市	二里头遗址	二里头	许宏、赵海涛、陈国梁等	河南偃师市二里头遗址4号夯土基址发掘简报	《考古》2004-11
河南省	偃师市	二里头遗址	二里头·二里冈	方酉生	河南偃师二里头遗址发掘简报	《考古》1965-05

续表

省名	地市名	遗址	时代	作者	简报·报告名	书·期刊名
河南省	偃师市	二里头遗址	二里头	偃师县文化馆	二里头遗址出土的铜器和玉器	《考古》1978-04
河南省	偃师市	二里头遗址	二里头	中国社会科学院考古研究所二里头队	偃师二里头遗址新发现的铜器和玉器	《考古》1976-04
河南省	偃师市	二里头遗址	二里头	中国社会科学院考古研究所二里头工作队许宏、陈国梁	河南偃师市二里头遗址发现一件青铜钺	《考古》2002-11
河南省	郑州市	商城遗址	早商	于晓兴、陈立信	郑州市铭功路西侧的两座商代墓	《考古》1965-10
河南省	郑州市	商城遗址	早商		郑州市铭功路西侧的商代遗存	《文物参考资料》1956-10
河南省	郑州市	商城遗址	早商	马全	郑州市北二七路新发现三座商墓	《文物》1983-03
河南省	郑州市	商城遗址	早商	杨育彬、郭培育	郑州新发现商代窖藏青铜器	《文物》1983-03
河南省	郑州市	商城遗址	早商	杨育彬、于晓兴	近几年来在郑州新发现的商代青铜器	《中原文物》1981-02
河南省	郑州市	商城遗址	早商	安志敏	郑州市人民公园附近的殷代遗存	《文物参考资料》1954-06
河南省	郑州市	商城遗址	早商		郑州医疗矫形机械厂考古发掘报告	《郑州商城考古新发现与研究》，中州古籍出版社，1993年
河南省	郑州市	商城遗址	早商	河南省文物考古研究所	郑州商代制陶遗址发掘简报	《华夏考古》1991-04
河南省	郑州市	商城遗址	早商	河南省文物考古研究所	1992年度郑州商城宫殿区考古发掘收获	《郑州商城考古新发现与研究》，中州古籍出版社，1993年
河南省	郑州市	商城遗址	早商	河南省文化局文物工作队第一队	郑州白家庄遗址发掘简报	《文物参考资料》1956-04
河南省	郑州市	商城遗址	早商	河南省文物考古研究所	近年来郑州商代遗址发掘收获	《中原文物》1984-01
河南省	郑州市	商城遗址	早商	郑州市商代遗址保管所	郑州商代二里冈期青铜基址	《考古学集刊》6
河南省	郑州市	商城遗址	早商	郑州市大河村遗址保管所	郑州市木材公司商代遗址发掘简报	《华夏考古》1990-04
河南省	郑州市	商城遗址	早商	河南省文物考古研究所	郑州商城外夯土墙基的调查与发掘	《中原文物》1991-01

续表

省名	地市名	遗址	时代	作者	简报·报告名	书·期刊名
河南省	郑州市	商城遗址	早商	郑州市文物考古研究所	郑州南关附近商代灰坑发掘简报	《中原文物》1998-02
河南省	郑州市	商城遗址	早商	河南省文物考古研究所	郑州商城新发现的几座商墓	《文物》2003-04
河南省	郑州市	商城遗址	早商	郑州市文物工作队	河医二附院等处商代遗址发掘简报	《中原文物》1986-04
河南省	郑州市	商城遗址	早商	郑州市文物考古研究所	郑州市银基商贸城商代外夯土墙基发掘简报	《华夏考古》2000-04
河南省	郑州市	商城遗址	早商	曾晓敏、宋国定	郑州商城北大街商代大街的发掘与研究	《文物》2002-03
河南省	郑州市	商城遗址	早商	袁广阔、曾晓敏、宋国定	郑州商城外郭城的调查与试掘	《考古》2004-03
河南省	郑州市	商城遗址	早商	曾晓敏、李素婷、宋国定	河南郑州商城宫殿区夯土墙1998年的发掘	《考古》2000-02
河南省	郑州市	商城遗址	二里冈上层	河南省文物考古研究所	郑州商城宫殿区商代板瓦发掘简报	《华夏考古》2007-03
河南省	郑州市	商城遗址	二里冈上层	河南省文物考古研究所	郑州商城：1953-1985年考古发掘报告	文物出版社, 2001年
河南省	郑州市	小双桥遗址	二里冈上层	河南省文物考古研究所	郑州小双桥：1990-2000年考古发掘报告	科学出版社, 2012年
河南省	郑州市	小双桥遗址	二里冈上层	河南省文物考古研究所等	1995年郑州小双桥遗址的发掘	《华夏考古》1996-03
河南省	郑州市	商城遗址南部	二里冈上层	王彦民、赵清	郑州二里冈发掘一座商代墓	《中原文物》1982-04
河南省	郑州市	石佛乡	二里冈上层	陈焕玉	郑州市石佛乡发现商代铜戈、刀	《华夏考古》1988-01
河南省	郑州市	东里路	二里冈下层·上层	杨育彬、赵灵芝、孙建国、郭培育	近年来在郑州新发现的商代青铜器	《中原文物》1981-02
河南省	许昌市	大路陈村	二里冈上层	胡永庆、张玉石	许昌县大路陈村发现商代墓	《华夏考古》1988-01

续表

省名	地市名	遗址	时代	作者	简报·报告名	书·期刊名
河南省	临汝	李楼遗址	二里冈上下层	张久益	河南临汝县李楼出土商代青铜器	《考古》1983-09
河南省	舞阳	北舞渡	二里冈上层	朱帜	北舞渡商代铜鬲	《考古》1983-09
河南省	淇县	鲍屯	晚商	耿青岩	河南淇县鲍屯发现一件商代青铜觯	《考古》1984-09
河南省	伊川	高山乡坡头寨	二里冈上下层	宁景通	河南伊川县发现商代墓	《文物》1993-06
河南省	灵宝	文底东桥	二里冈晚期	杨育彬	河南灵宝出土一批商代青铜器	《考古》1979-01
河南省	柘城	闷心寺遗址	二里冈上层	张河山	河南柘城闷心寺遗址发现商代铜器	《考古》1983-06
河南省	新郑		二里冈时期	赵栩焕、白秉乾	河南省新郑县新发现的商代铜器和玉器	《中原文物》1992-01
河南省	焦作	南朱村	二里冈晚期	马全	焦作南朱村发现商代墓	华夏考古 1988-01
河南省	郾城	孟庙河潘村	二里冈晚期	孟新安	郾城县出土一批商代青铜器	《考古》1987-08
河南省	南阳市	博物馆	与蟒张墓地相似	艾延丁、崔庆明	南阳市博物馆藏的商代青铜器	《中原文物》1984-01
河南省	南阳市	十里庙遗址	中商	游清泉	河南南阳十里庙发现商代遗址	《考古》1959-07
河南省	新乡市	博物馆	商代	唐爱华	介绍几件新乡市博物馆藏青铜器	《中原文物》1984-01
河南省	新乡市	博物馆	商代	杨秀清、付山泉	新乡市博物馆藏商代青铜酒器	《文博》1988-05
河南省	新乡市	博物馆	商代	杨秀清、付山泉	新乡市博物馆收藏的一批殷商铜器	《文博》1990-03
河南省	新乡市	博物馆	二里冈晚期	杨秀清、付山泉	河南省新乡市博物馆收藏的商代青铜鼎	《文博》1988-03
河南省	辉县	褚丘	商代	王守谦	河南辉县出土的商代祖辛卣	《文物》1979-07
河南省	新乡市	博物馆	商代晚期	新乡市博物馆	介绍七件商代晚期青铜器	《文物》1978-05
河南省	辉县	褚丘	商代晚期	齐泰定	河南辉县褚丘出土的商代觯	《考古》1965-05

续表

省名	地市名	遗址	时代	作者	简报·报告名	书·期刊名
河南省	新乡市	博物馆	二里冈期	新乡市博物馆、孔德新	河南新乡市博物馆藏几件商代早期青铜器	《文物资料丛刊》1983-07
河南省	新乡市	博物馆	二里冈期	唐爱华	新乡市博物馆收藏的无眼兽面纹瓿	《文物资料丛刊》3
河南省	鹤壁	庞村	西周	周到、赵新来	河南鹤壁庞村出土的青铜器	《文物》1986-03
河南省	林县	元康	二里冈上层	张增午	河南林县拣选到三件商代青铜器	《文物》1975-02
河南省	温县	城关	商代晚期	杨宝顺	温县出土的商代青铜器	《考古》1984-05
河南省	舞阳	吴城北高	商代晚期	朱帜	河南舞阳县吴城北高出土铜爵	《文物》1982-09
河南省	项城	孙店	二里冈期	邓同德	河南项城出土商代前期青铜器和刻文陶拍	《文物》1980-12
河南省	中牟	黄店、大庄	二里冈期	赵新来	中牟县黄店、大庄发现商代铜器	《中原文物》1992-01
河南省	荥阳	陶河	二里头·二里冈	张松林、刘彦峰	河南荥阳陶河遗址的调查与试掘	《考古学报》1982-01
河南省	柘城	孟庄遗址	商代	胡谦盈	河南柘城孟庄商代遗址	《考古》1987-05
河南省	郑州市	岔河	商代	郑州市文物工作队	郑州岔河商代遗址调查简报	《华夏考古》1991-03
河南省	荥阳	高村寺遗址	商代	陈立信、马德瑞	荥阳县高村寺遗址商代遗址简报	《华夏考古》1989-01
河南省	鹿邑	栾台遗址	商代	张文军、张志清、樊温泉、王胜利	鹿邑栾台遗址发掘简报	《中原文物》1982-03
河南省	伊川	白元遗址	二里冈上层	郭引强、宁景通	伊川白元遗址发掘简报	《中原文物》1986-02
河南省	郑州市	陈庄遗址	商代	郑州市博物馆	郑州市陈庄遗址发掘简报	《考古》1981-02
河南省	罗山	蟒张墓地	商代	信阳地区文管会、罗山县文化馆	河南罗山县蟒张商代墓地第一次发掘简报	《考古学报》1986-02
河南省	罗山	天湖墓地	商周	欧潭生	罗山天湖商周墓地	

续表

省名	地市名	遗址	时代	作者	简报・报告名	书・期刊名
河南省	信阳市	三里店遗址	商代	安金槐	河南信阳三里店遗址发掘报告	《考古学报》1959-01
河南省	罗山	罗山蟒遗址	商周	河南省文物研究所、信阳地区文物管理委员会、罗山县文物管理委员会	1991年河南罗山考古主要收获	《华夏考古》1992-03
河南省	杞县	鹿台冈遗址	二里头・二里冈	郑州大学考古专业、开封市博物馆、杞县文物保管所	豫东杞县发掘报告	科学出版社，2000年
河南省	夏邑	清凉寺遗址	晚商	张翠莲	河南夏邑县清凉山遗址1988年发掘简报	《考古》1997-11
河南省	偃师市	偃师商城	早商	中国社会科学院考古研究所河南第二工作队	河南偃师商城宫城第八宫殿建筑基址的发掘	《考古》2006-06
河南省	偃师市	偃师商城	早商	中国社会科学院考古研究所河南第二工作队	河南偃师商城宫城IV区1999年发掘简报	《考古》2006-06
河南省	偃师市	偃师商城	早商	中国社会科学院考古研究所河南第二工作队	河南偃师商城池城遗址	《考古》2006-06
河南省	偃师市	偃师商城	早商	段鹏琦、肖淮雁	偃师商城的初步勘探和发掘	《考古》1984-06
河南省	偃师市	偃师商城	早商	赵芝荃、徐殿魁	1983年秋季河南偃师商城发掘简报	《考古》1984-10
河南省	偃师市	偃师商城	早商	赵芝荃、刘忠伏	1984年春偃师尸乡沟商城第五号宫殿遗址发掘简报	《考古》1985-04
河南省	偃师市	偃师商城	早商	赵芝荃、刘忠伏	河南偃师尸乡沟商城第五号宫殿基址发掘简报	《考古》1988-02
河南省	偃师市	偃师商城	早商	王学荣	偃师商城第II号建筑群遗址发掘简报	《考古》1995-11
河南省	偃师市	偃师商城	早商	王学荣、张良仁、谷飞	偃师商城东北隅发掘简报	《考古》1998-06
河南省	偃师市	偃师商城	早商	王学荣、杜金鹏、岳洪彬	河南偃师商城小城发掘简报	《考古》1999-02
河南省	偃师市	偃师商城	早商	张良仁、谷飞、岳洪彬	河南偃师商城IV区1996年发掘简报	《考古》1999-02
河南省	偃师市	偃师商城	早商	张良仁、杜金鹏、王学荣	河南偃师商城北部大灰沟北部发掘简报	《考古》2000-07

续表

省名	地市名	遗址	时代	作者	简报·报告名	书·期刊名
河南省	偃师市	偃师商城	早商	王学荣	河南偃师商城商代早期王室祭祀遗址	《考古》2002-07
河南省	新密县	曲梁遗址	夏商	李维明	河南新密曲梁1988年春发掘报告	《考古学报》2003-01
河南省	淇县	宋窑遗址	夏商	北京大学考古系商周组	河南淇县宋窑遗址发掘报告	《考古学集刊》10
河南省	豫东	诸遗址	夏商	宋豫秦、张相梅、宋峰等	豫东北考古调查与试掘	《考古》1995-12
河南省	洹河流域	诸遗址	商代	中国社会科学院考古研究所安阳工作队	洹河流域的考古调查	《考古学集刊》3
河南省	大正	郭村西南台遗址	殷墟早期	杨锡璋	安阳洹河流域几个遗址的试掘	《考古》1965-07
河南省	大正	老磨集遗址	商代	杨锡璋	安阳洹河流域几个遗址的试掘	《考古》1965-07
河南省	鹤壁市	刘庄遗址	下七垣文化	赵新平、韩朝会、靳松安等	河南鹤壁市刘庄遗址下七垣文化墓地发掘简报	《华夏考古》2007-03
河南省	鹤壁市	刘庄遗址	下七垣文化	国家文物局	2005中国重要考古发现（河南鹤壁刘庄遗址）	文物出版社，2006年
河南省	安阳	大寒南岗遗址	二里头早期	中国社会科学院考古研究所安阳队	安阳大寒村南岗遗址	《考古学报》1990-01
河南省	辉县	孟庄遗址	二里头·二里冈		辉县孟庄	中州古籍出版社，2003年
河南省	焦作	府城遗址	二里头·二里冈	袁广阔、秦小丽	河南焦作府城遗址发掘报告	《考古学报》2000-04
河南省	新乡市	潞王坟遗址	早商	河南省文物工作队	河南新乡潞王坟商代遗址发掘简报	《考古学报》1960-01
河南省	武陟	大司马遗址	二里头·二里冈	杨贵金、张立东、母建庄	河南武陟大司马遗址调查简报	《考古》1994-04
河南省	辉县	丰城遗址	二里头·二里冈	刘习祥	河南辉县丰城遗址调查简报	《考古》1989-03

续表

省名	地市名	遗址	时代	作者	简报·报告名	书·期刊名
河北省	正定	曹村遗址	商周	河北省文物研究所、石家庄市文物研究所、正定县文物保护管理所	河北正定县曹村商周遗址发掘简报	《考古》2007-11
河北省	唐县	北放水遗址	夏·东周	国家文物局	2005中国重要考古发现（河北唐县北放水遗址）	文物出版社，2006年
河北省	邢台市	东先贤遗址	商代	段宏振、牛世山、何弩洪	河北邢台市东先贤遗址1998年的发掘	《考古》2003-11
河北省	蔚县	遗址调查	夏商	张家口考古队	蔚县夏商时期考古的主要收获	《考古与文物》1984-01
河北省	容城	上坡遗址	晚商	段宏振、孙继安、张丽	河北容城县上坡遗址发掘简报	《考古》1999-07
河北省	灵寿	北宅村遗址	商代	陈应祺	河北灵寿县北宅村商代遗址调查	《考古》1966-02
河北省	卢龙	东阚各庄遗址	晚商	河北省文物研究所	河北卢龙县东阚各庄遗址	《考古》1985-11
河北省	唐山市	古冶遗址	商代	文启明	唐山市古冶商代遗址	《考古》1984-09
河北省	滦南	东庄店遗址	商代	文启明	河北滦南县东庄店遗址调查	《考古》1983-09
河北省	正定	新城铺	商代	刘友恒、樊子林	河北正定县新城铺出土商代青铜器	《文物》1984-12
河北省	正定	新城铺	商代	刘友恒、樊子林	河北正定出土商周青铜器	《文物》1982-02
河北省	新乐、无极		晚商	文启明	河北新乐、无极发现晚商青铜器	《文物》1987-01
河北省	灵寿	西木佛村	商代	正定县文物保管所	河北灵寿县西木佛村出土一批商代文物	《文物资料丛刊》5
河北省	石家庄市	诸遗址	商代	石家庄地区文化局文物普查组	河北石家庄地区的考古新发现	《文物资料丛刊》1
河北省	易县	涞水流域	新石器—商代	卜工、朱永刚、吴东风	河北易县涞水古遗址试掘报告	《考古学报》1988-04

续表

省名	地市名	遗址	时代	作者	简报·报告名	书·期刊名
河北省	蔚县	诸遗址	新石器—商代	张家口考古队	蔚县考古记	《考古与文物》1982-04
河北省	邢台市	诸遗址	商代	云明、罗平、明远	邢台商代遗址中的陶窑	《文物参考资料》1956-12
河北省	邢台市	南大郭遗址	商代	唐云明	邢台南大郭村商代遗址探掘简报	《文物参考资料》1957-03
河北省		诸遗址		张忠培	河北考古学研究与展望——九九〇年十一月二十八日在河北省文物普查总结大会上的讲话	《文物春秋》1991-02
河北省	安新	诸遗址	商周	吴东风、徐浩生、邸建芝	河北安新县考古调查报告	《文物春秋》1990-01
河北省	容城	白龙遗址	夏商	吴东风、徐洁生	河北容城县白龙遗址试掘简报	《文物春秋》1989-03
河北省	邢台市	诸遗址	商代	河北省文物复查队邢台分队	河北邢台县考古调查简报	《文物春秋》1995-01
河北省	灵寿	诸遗址	商周	刘瑞山	灵寿县文物普查简报	《文物春秋》1992-01
河北省	邯郸	诸遗址	商周	邯郸市文物管理所	邯郸县商周遗址的调查	《文物春秋》1992-02
河北省	承德	诸遗址	商周	河北省文物研究所	河北承德县考古调查	《文物春秋》1996-01
河北省	沧州孟村	高窑庄遗址	商代	卢瑞芳	孟村回族自治县高窑庄遗址调查简报	《文物春秋》1993-03
河北省	泒河	诸遗址	新石器—商代	高建强、王会民、史云征等	泒河流域考古调查简报	《文物春秋》1992-01
河北省	迁安	诸遗址	夏商	任亚珊	迁安县古遗址调查	《文物春秋》1991-03
河北省	藁城	北龙宫遗址	商代（中商）	唐云明	藁城北龙宫商代遗址的调查	《文物》1985-10
河北省	邢台市	葛家庄遗址	先商·早商	贾金标、任亚珊、郭瑞海等	河北邢台市葛家庄遗址北区1998年发掘简报	《考古》2000-11
河北省	沧县	倪杨屯遗址	商代	王世杰	河北沧县倪杨屯商代遗址调查简报	《考古》1993-02

续表

省名	地市名	遗址	时代	作者	简报・报告名	书・期刊名
河北省	邯郸	峰峰北羊台遗址	商代	徐海峰、张治强	河北邯郸市峰峰矿区北羊台遗址发掘简报	《考古》2001-02
河北省	永年	何庄遗址	二里头・二里冈	邯郸地区文物保管所、永年县文物保管所	河北省永年县何庄遗址发掘简报	《华夏考古》1992-04
河北省	磁县	下七垣遗址	二里头・二里冈	孙德海、罗平、张泂	磁县下七垣遗址发掘报告	《考古学报》1979-02
河北省	磁县	下潘汪遗址	二里头・二里冈	唐云明	磁县下潘汪遗址发掘报告	《考古学报》1975-01
河北省	武安	赵窑遗址	二里头・二里冈	陈惠、江达煌	武安赵窑遗址发掘报告	《考古学报》1992-03
河北省	邯郸	龟台遗址	早商	北京大学、河北省文化局邯郸考古发掘队	1957年邯郸发掘简报	《考古》1959-10
河北省	邢台市	贾村遗址	商代	唐云明	邢台贾村商代遗址试掘简报	《文物参考资料》1958-10
河北省	邢台市	尹郭村遗址	商代	唐云明	邢台尹郭村商代遗址及战国墓葬试掘	《文物》1960-04
河北省	邢台市	曹演庄遗址	商代	唐云明	邢台曹演庄遗址发掘报告	《考古学报》1958-04
河北省	磁县	界段营遗址	早商	河北省文物管理处	磁县界段营发掘简报	《考古》1974-06
内蒙古	鄂尔多斯	朱开沟遗址	夏商	田广金	内蒙古朱开沟遗址	《考古学报》1988-03
陕西省	彬县、淳化	调查	商代	张天恩	陕西彬县、淳化等县商时期遗址调查	《考古》2001-09
陕西省	临潼	征集	商代	赵康民	陕西临潼博物馆新征集的青铜器	《文物》1982-09
陕西省	绥德	墕头村遗址	商代	黑光等	陕西绥德墕头村发现一批商代青铜器	《文物》1975-02
陕西省	延川	马家河	商代	姬乃军	陕西延川出土一批商代青铜器	《考古与文物》1992-04

续表

省名	地市名	遗址	时代	作者	简报·报告名	书·期刊名
陕西省	蓝田	黄沟、怀真	商代	蓝田县文化馆 樊维岳、陕西省考古研究所 吴镇烽	陕西蓝田县出土商代青铜器	《文物资料丛刊》3
陕西省	礼泉	朱马嘴等	商代	秋维道、孙东位	陕西礼泉县发现两批商代铜器	《文物资料丛刊》3
陕西省	礼泉	朱马嘴等	商代	北京大学考古系商周组、陕西省考古研究所	陕西礼泉朱马嘴商代遗址试掘简报	《考古与文物》2000-05
陕西省	商州	东龙山	二里头·二里冈	国家文物局	1998中国重要考古发现（陕西商州东龙山遗址）	文物出版社，2000年
陕西省	耀县	北村遗址	二里头·二里冈	北京大学考古系商周组、陕西省考古研究所	陕西耀县北村遗址1984年发掘报告	《考古学研究》（二），北京大学出版社，1994年
陕西省	蓝田	怀真坊	商代	西安半坡博物馆、蓝田县文化馆	陕西蓝田怀珍坊商代遗址试掘简报	《考古与文物》1981-03
陕西省	渭南、华县	诸遗址	二里头·二里冈	张松培	华县、渭南古代遗址调查与试掘	《考古学报》1980-03
陕西省	城固		商代	王寿芝	陕西城固出土的商代青铜器	《文博》1988-06
陕西省	西安	老牛坡遗址	早商·晚商	刘士莪、宋新潮	西安老牛坡商代墓地的发掘	《文物》1988-06
山西省	长子	北郊	早商	郭勇	山西长子县北郊发现商代铜器	《文物资料丛刊》3
山西省	灵石	旌介村	晚商	戴尊德	山西灵石旌介村商代墓和青铜器	《文物资料丛刊》3
山西省	浮山	桥北遗址	晚商	田建文	山西浮山桥北商周墓	《古代文明》第5卷，文物出版社，2006年
山西省	柳林	高红遗址	晚商	马升等	山西柳林高红发现商代夯土基址	《中国文物报》2005年3月2日第1版
山西省	长治市	小神遗址	新石器—商周	宋建忠、石卫国、杨林中	长治小常乡小神遗址	《考古学报》1996-01
山西省	侯马市	上北平望	二里冈	周忠、田建文	山西省侯马市上北平望遗址调查简报	《华夏考古》1991-03

续表

省名	地市名	遗址	时代	作者	简报·报告名	书·期刊名
山西省	平陆	前庄遗址	二里冈	李百勤	山西平陆前庄商代遗址清理简报	《文物季刊》1994-04
山西省	平陆	前庄遗址	二里冈	卫斯	平陆前庄商代遗址出土文物	《文物季刊》1992-01
山西省	垣曲	垣曲商城	二里头·二里冈	佟伟华、王睿	1991~1992年山西垣曲商城发掘简报	《文物》1997-12
山西省	垣曲	垣曲商城	二里头·二里冈	中国历史博物馆考古部、山西省考古研究所	垣曲商城——1985-1986年度勘察报告	科学出版社，1996年
山西省	夏县	东下冯遗址	二里头·二里冈	中国社会科学院考古研究所	夏县东下冯	文物出版社，1988年
山西省	夏县	东阴遗址	二里冈	山西省考古研究所、夏县博物馆	山西夏县东阴遗址调查试掘报告	《考古与文物》2001-06
山西省	夏县	西阴遗址	二里冈	山西省考古研究所	西阴村史前遗存第二次发掘	《三晋考古》2
北京市	昌平	张营遗址	夏商	国家文物局	《2004中国重要考古发现》（北京昌平张营夏商时期遗址）	文物出版社，2005年
北京市	北京市	永外	古代	程长新	北京市拣选古代青铜器续志	《文物》1984-12
山东省	滕州市	'官桥镇	商代早中期	陈庆峰、孙柱才、张耘	山东滕州市发现商代青铜器	《文物》1993-06
山东省	济南市	大辛庄遗址	商代	山东大学东方考古研究中心	大辛庄遗址1984年秋试掘报告	《东方考古》4，科学出版社，2008年
山东省	济南市	大辛庄遗址	商代	方辉、陈雪香、党浩、房道国	济南市大辛庄商代居址与墓葬	《考古》2004-07
山东省	昌乐	邹家庄遗址	商周	北京大学考古实习队、昌乐县图书馆	山东昌乐县邹家庄遗址发掘简报	《考古》1987-05
山东省	滕州市	前掌大墓地	商周	梁中合、贾笑冰、王吉怀、合飞	山东滕州市前掌大商周墓地1998年发掘简报	《考古》2000-07
山东省	潍坊市	调查	商周	曹元启	潍坊市古文化遗址调查	《考古》1989-09

续表

省名	地市名	遗址	时代	作者	简报・报告名	书・期刊名
山东省	潍坊市	调查	商周	曹元启	山东潍坊地区商周遗址调查	《考古》1993-09
山东省	邹平	丁公遗址	商周	马良民、蔡凤书	山东邹平丁公遗址试掘简报	《考古》1989-05
山东省	邹平		商周	许宏、方辉、栾丰实	山东邹平县古文化遗址调查	《考古》1989-06
山东省	邹平		商代	山东省文物考古研究所、邹平县文化馆	山东省邹平县古文化遗址调查简报	《华夏考古》1994-03
山东省	菏泽	安邱固堆	二里冈上层晚期	邹衡、邹生龙、王迅、朱豫鉴	菏泽安邱固堆遗址发掘简报	《文物》1987-11
山东省	聊城、茌平	诸遗址	商代	陈昆麟、孙怀生、吴明新、孙恒生	聊城、茌平古文化遗址调查简报	《考古与文物》1998-01
安徽省	含山	大城墩遗址	二里冈晚期	安徽省文物考古研究所	安徽含山大城墩遗址发掘报告	《考古学集刊》6
安徽省	含山	大城墩遗址	二里冈晚期	张敬国	安徽含山大城墩遗址第四次发掘报告	《考古》1989-02
安徽省	含山	孙家岗遗址	商代	吴兴汉	安徽含山县孙家岗商代遗址调查与试掘	《考古》1977-03
安徽省	颍上	郑家湾	商周	马人权	安徽颍上王岗、赵集发现商代青铜器	《考古》1984-12
安徽省	颍上	王岗、赵集	商代	刘海超	安徽颍上王岗、赵集发现商代文物	《文物》1985-10
江苏省	盐城	龙冈遗址	商代	韩明芳	江苏盐城市龙冈商代墓葬	《考古》2001-09
江苏省	邳县	梁王城遗址	大汶口・商周	国家文物局	《2005中国重要考古发现》（江苏邳县梁王城遗址）	文物出版社，2006年
江苏省	铜山	丘湾遗址	商代	南京博物院	江苏铜山丘湾古遗址的发掘	《考古》1973-02
湖南省	宁乡	炭河里遗址	西周	向桃初	湖南宁乡炭河里西周古城址与墓葬发掘简报	《文物》2006-06
湖北省	黄州市	下窑嘴商墓	商代	吴晓松、董子儒	湖北省黄州市下窑嘴商墓发掘简报	《文物》1993-06
湖南省	石门	皂市遗址	商代晚期	周世荣	湖南石门县皂市发现商殷遗址	《考古》1962-03

续表

省名	地市名	遗址	时代	作者	简报·报告名	书·期刊名
湖南省	石门	宝塔遗址与柜岗墓地	商代晚期	王文建、龙西斌	石门县商时期遗存调查——宝塔遗址与柜岗墓地	《湖南考古辑刊》4，岳麓书社，1987年
湖南省	宁乡	黄材遗址	商代	高至喜	湖南宁乡黄材发现商代铜器和遗址	《考古》1963-12
湖南省	岳阳市	费家河遗址	商代	何介均、张中一、符铰、吴宏	湖南岳阳费家河商代遗址和窑址的探掘	《考古》1985-01
湖南省	岳阳市	铜鼓山遗址	商代·东周	湖南省文物考古研究所、岳阳市文物工作队	岳阳市郊铜鼓山商代遗址与东周墓发掘报告	《湖南考古辑刊》5，岳麓书社，1989年
湖南省	石门市	皂市遗址	商代	何介钧、王文建	湖南石门皂市商代遗存	《考古学报》1992-02
湖南省	津市	浒瘩农场商墓	商代	谭远辉	湖南浒瘩农场发现商代铜器墓	《华夏考古》1993-02
湖南省	岳阳市	易家山遗址	商代·东周	岳阳市文物工作队、岳阳县文物管理所	岳阳县筻口镇易家山商代与东周墓发掘报告	《湖南考古辑刊》7，岳麓书社，1999年
湖南省	汨罗市	玉笥山遗址	商代	岳阳市文物考古研究所	汨罗市玉笥山商代遗址发掘简报	《巴陵古文化探索》，华夏出版社，2003年
湖南省	望城	高砂脊遗址	商代	向桃初、裴安平、柴焕波等	望城县高砂脊商周遗址的发掘	《考古》2001-04
湖北省	沙市	官堤遗址	商代	湖北省博物馆	沙市官堤商代遗址发掘简报	《江汉考古》1985-04
湖北省	孝感市	遗址调查	商周	熊卜发	湖北孝感地区商周古文化调查	《考古》1988-04
湖南省	益阳	石湖、新兴诸遗址	商周	益阳地区博物馆 盛定国	益阳县石湖、新兴古遗址的调查试掘	《湖南考古辑刊》3，岳麓书社，1986年
湖南省	岳阳	温家山遗址	商代	湖南省岳阳市文物管理处	湖南岳阳温家山商时期坑状遗迹发掘	《江汉考古》2005-01
湖南省	岳阳	诸遗址	商周	湖南省博物馆 熊传新	湖南新发现的青铜器	《文物资料丛刊》5
湖北省	大冶	罗桥	商周	梅正国等	湖北大冶罗桥出土商周铜器	《文物资料丛刊》5

续表

省名	地市名	遗址	时代	作者	简报·报告名	书·期刊名
湖南省	宁乡		商周	熊传新	湖南宁乡新发现一批商周青铜器	《文物》1983-10
湖北省	襄樊		商周	张家芳	湖北襄樊拣选的商周青铜器	《文物》1982-09
湖北省	黄陂	盘龙城	夏商	武汉市博物馆、湖北省文物考古研究所黄陂县文物管理所	1997-1998年盘龙城发掘简报	《江汉考古》1998-03
湖北省	秭归	朝天嘴	夏商	王军、王鲁茂、杨林	湖北秭归朝天嘴遗址发掘简报	《文物》1998-02
湖北省	宜昌	中堡岛	夏商	湖北省宜昌地区博物馆、四川大学历史系	宜昌中堡岛新石器时代遗址	《考古学报》1987-01
湖北省	钟祥	乱葬冈	夏	荆州市博物馆、钟祥市博物馆、韩用祥	钟祥乱葬冈夏文化遗存清理简报	《江汉考古》2001-03
湖北省	大悟	双河李家湾	夏	付守平	大悟县城关镇双河村李家湾遗址发掘简报	《江汉考古》2000-03
湖北省	襄樊	法龙王树冈遗址	二里头	襄石复线襄樊考古队	湖北襄阳法龙王树冈二里头文化灰坑清理简报	《江汉考古》2002-04
湖北省	汉川	诸遗址	夏商周	熊卜发	湖北省汉川县考古调查简报	《考古》1993-08
湖北省	江陵	荆南寺	夏商	王宏	湖北江陵荆南寺遗址调查	《文物资料丛刊》10
湖北省	江陵	荆南寺	夏商	王宏	湖北江陵荆南寺遗址第一、二次发掘简报	《考古》1989-08
湖北省	黄陂	盘龙城	夏商	湖北省博物馆、北京大学历史系考古专业	盘龙城1974年度田野考古纪要	《文物》1976-02
湖北省	黄陂	盘龙城	夏商	湖北省博物馆	盘龙城商代二里冈期的青铜器	《文物》1976-02
湖北省	黄陂	盘龙城	夏商	湖北省博物馆	一九六三年湖北黄陂盘龙城商代遗址发掘	《文物》1976-01
湖北省	松滋	西斋汪家嘴	商代	何驽、邓启江、肖玉军	湖北松滋西斋汪家嘴遗址发掘报告	《江汉考古》2002-04

续表

省名	地市名	遗址	时代	作者	简报·报告名	书·期刊名
湖北省	江汉地区			陈贤一	江汉地区的商文化	《中国考古学年会第二次年会论文集》，文物出版社，1980年
湖北省	随州	庙台子	殷墟一期	武汉大学历史系考古专业、襄樊市博物馆、随州市博物馆	随州庙台子遗址试掘简报	《江汉考古》1993-02
湖北省	新洲	香炉山遗址	殷墟一期	武汉大学历史系考古专业、新洲市文化馆、武汉市博物馆	湖北新洲香炉山遗址（南区）发掘简报	《江汉考古》1993-01
湖北省	江陵	梅槐桥遗址	殷墟一期	何驽	湖北江陵梅槐桥发掘简报	《考古》1990-09
湖北省	江陵	张家山遗址	二里冈—殷墟	陈贤一	江陵张家山遗址的试掘与探索	《江汉考古》1980-02
湖北省	安陆	诸遗址	商代晚—西周	熊卜发	湖北安陆市商周遗址调查	《考古》1993-06
湖北省	黄梅	意生寺遗址	早商	韩楚文、崔仁义	湖北黄梅意生寺遗址发掘报告	《江汉考古》2006-04
湖北省	黄陂	杨家湾13号墓	商代	武汉市黄陂区文管所、武汉市文物考古研究所、武汉市盘龙城遗址博物馆（筹）	商代盘龙城遗址杨家湾十三号墓清理简报	《江汉考古》2005-01

后 记

　　城市是人类文明的主要组成部分，也是伴随着人类文明的进步而发展起来的。新石器时代早期，人类在开始定居的同时就有城堡的迹象出现，直到新石器时代中晚期，我国大部分地区都发现了这种带围墙的城堡性质的城址，但其作用大多是军事防御和举行宗教祭祀仪式，城堡内的居住者也大多数以生产来满足自给自足的要求，并不具有生产、流通与贸易的经济性功能。这种仅仅以权力支配、军事防御与宗教祭祀为主要功能的聚居地还不能称作城市，只能称作城堡或者政治性中心。

　　根据学者的研究，城市的概念应该包含两方面的含义："城"为行政地域的概念，即人口的集聚地，也可以理解为城必须是一个行政地域的中心，即城址应该与城址之外的其他遗址有各种关系，而不仅仅指一座独立的城址。"市"为经济的概念，即经济贸易、交换的场所。世界史上最原始的"城市"也多是因经济流通与交换集聚人群后形成的。而城市的出现，也同商品流通与经济贸易的方式变革有着直接的渊源关系。新石器时代人类社会虽然有了多种多样的手工业以及分工，但是它们的流通与经济模式以自给自足为主要方式，不需要积聚更多的人口到同一个地方，或者城址周围，经济性城市产生的必要性不足。只有当产品的生产与消费是独立的时候，它们之间赖以生存的流通手段才不可或缺。而流通的出现使得相聚较远的地域之间也可以通过商品贸易而联系起来。在这种需要联系的流通线路上，人口集聚地的城市的产生就成为必然。因此早期城市中的工业集聚，是为了使商品交换变得更为容易而形成的。比如可就地加工、就地消费等。在城市中直接加工消费相对于将已加工好的商品拿到城市中来交换而言，是一种随着工业城市的出现而产生的一种商品交换方式的变革。而随着城市人口的增加，城市需要扩大，依存着第三产业而兴起的地域社会也开始在城市的周边形成。因为城市内部的工业生产与贸易市场已经不能满足城市功能的需要，因此就这个意义而言，真正的城市不仅指围墙内的城市功能，还需要关注与城市息息相关的地域社会。

　　纵观古代中国的城市形成，虽然与世界其他地区有所不同，与经济的意义相比，政治统治以及与之相关的宫殿布局、官衙组织、祭祀空间等都在早期城市中占据着重要的位置。但是当经济的比重开始在城市构成中增加时，城市的定义也就越来越接近通俗的概念，不仅仅指围墙内的城市，也与特定城市的周边社会紧密相关。

　　自从二里头遗址发掘以来，无论是夏商之争还是早期国家之争，以二里头遗址为代表的二里头文化与此之前的龙山文化有本质的区别这一点则都是认同的。二里头遗址作为中国首个王都或者初期国家的都城被大多数学者认可。在此之后以郑州商城为代表的二里冈文化阶段与二里头文化的区别也可以从多种物质文化遗留物进行辨认，那么同样是政治中心的二里头遗址与郑州商城的区别又是什么？对于这个问题许多学者不仅具体实施了大量的田野发掘与资料研究，也在大量收集考古资料的同时进行过两个时代城址性质的比较研究。但是大多数有关城址或者城市的研究较多注重城址与城址的比较、分类或者分析，而忽视对城址与一般遗址内在关系的研究，特别是出土遗物所显示的产品功能化与城址性质以及由此所显示的城址与地域社会的关系的研究，以经济模式和地域社会的角度进行研究的成果还比较少。本书意在除了注重政治、祭祀与军事性因素外，还将经济模式纳入城市以及由此形成的地域社会中来思考早商城市文明的形成与发展。

本书的书名《早商城市文明的形成与发展》是2007年国家哲学社会科学基金研究项目的研究课题，首都师范大学历史文化学院袁广阔教授是本课题负责人，并撰写了本书的第一章、第二章、第三章与第八章的部分内容。日本金泽大学人间社会环境研究域国际文化资源研究中心的秦小丽教授担任第四章到第八章早商城市经济模式部分的研究与写作，注重对出土遗物的观察与分析，并将她本人博士论文中关于以二里冈文化为代表的早商时期陶器研究的部分加入本书作为第六章，其中第四章、第五章、第七章与第八章均为首次撰写。最后由袁广阔对完稿进行通审。因此，陶器以外的出土遗物研究方面尚且存在许多需要进一步分析的可能性，也将激励作者将此作为下一步深入研究的课题。本书两位作者在整个课题的研究上持相同观点，但是在一些具体的论证以及表达上可能有所差异，希望这些差异不至于影响到整本书的构成。

彩版一

1. 94ZSC8ⅡT58G2⑤:9

2. 99ZSC8ⅡT261H18:26

3. 99ZSC8ⅡT261H18:2

4. 03C8ⅠT77H93:4

5. 03C8ⅡT505H35:5

洛达庙类型陶器

彩版二

1. 07ZSC8ⅠT197⑩:1

2. 94ZSC8ⅡT58G2⑤:11

3. 98ZSC8ⅡT204:60

4. 95C8ⅡTG12:3

5. 07ZSC8ⅡT434H249:5

6. 97ZSC8ⅠT25H6:20

洛达庙类型陶器

彩版三

1. 89ZDT1H6∶20

2. 97ZSC8ⅡT159G2∶1

3. 98ⅡT207H78∶32

4. 98ZSC8ⅢT25H12∶3

5. 97ZSC8ⅠT25H6∶120

6. 99ZSC8ⅡT176∶18

洛达庙类型陶器

彩版四

1. 99ZSC8ⅡT263H25:3

2. C8HQT41H63:2

3. C7H15:37

4. C8HQT45⑥:18

5. 99ZSC8ⅡT264H80:11

6. 99ZSC8ⅡT264H80:57

洛达庙类型陶器

彩版五

1. 99ZSC8ⅡT276⑤∶8

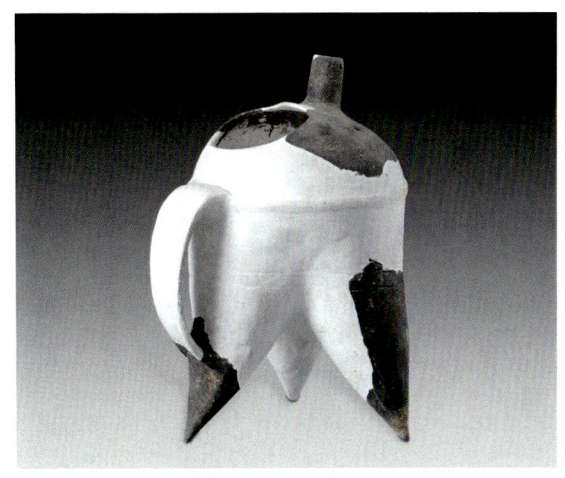

2. 99ZSC8ⅡT265H58∶3

3. 99ZSC8ⅡT265H60∶1

4. 99ZSC8ⅡT264H80∶148

5. 99ZSC8ⅡT275⑥∶2

洛达庙类型陶器

彩版六

1. C1H9:20

2. C1H14:3

3. C1H44:21

4. C9.1H111:6

二里冈早期陶器

彩版七

1. C9.1H118:16

2. C9.1H118:24

3. C9.1H118:13

二里冈早期陶器

彩版八

1. 扁足圆鼎（向阳食品厂）

2. 方鼎（杜岭2号）

3. 方鼎（南顺城街1号）

4. 方鼎（南顺城街2号）

5. 觚（向阳食品厂）

6. 斝（南顺城街5号）

二里冈早期铜器